后浪出版公司

八卦城谈易

首届中国·特克斯世界周易论坛论文集

龚鹏程 主编

世界图书出版公司
北京·广州·上海·西安

首届中国·特克斯世界周易论坛编辑委员会

总顾问：
  刘　莉
主　任：
  江尔森　　　　龚鹏程
副主任：
  谢克林　　　　努素甫　　　　海米提　　　　李万平
  张新州　　　　帕丽达　　　　于国华　　　　居努斯
  刘卫疆　　　　王新卫　　　　李青梅　　　　阿曼太
  段凤英　　　　余正虎　　　　靳文涛
委　员：
  庄政宪　　　　张勇志　　　　开米西　　　　白云逸
  别克波拉提　　万长青　　　　杜殿卿　　　　赵璐凡
  何泽虎　　　　薏亚全　　　　梁兰兰　　　　穆景隆
  薛建疆　　　　王恭敏　　　　魏长明　　　　陈卫东
  刘星群　　　　赵小生　　　　许世彪　　　　罗康波
  陈红岩　　　　鲁欣　　　　　哈汗　　　　　郭晓峰
  郭中华　　　　卡米力　　　　宋平　　　　　张利
  依力哈木　　　胡安　　　　　喻军　　　　　戈明别克
  周丹　　　　　张琳
主　编：
  龚鹏程
副主编：
  谢克林　　　　庄政宪
执行编辑：
  齐艳艳　　　　李星儒

序一

  2012年9月21日至25日，在我县委县政府和中国非物质文化遗产推广中心、北京大学文化资源研究中心的通力合作之下，我县成功举办首届"中国·特克斯世界周易论坛"，来自韩国、新加坡、马来西亚、中国台湾、中国香港、大陆的三十几位学者莅临八卦城，并在论坛期间从哲学、建筑、音乐、兵法、风水、武术、《易经》、民俗风情等方面对周易八卦文化进行积极研讨，视角新颖，内容丰富，别开生面。与会学者们亦就特克斯历史、乌孙古道、各民族一体多元的文化等和谐现象进行了深度讨论，为我县文化内涵之发掘、文化事业的发展建言献策。

  今诸位专家的论文终于集结成册。此论文集之出版将成为我县打造独具魅力的文化大县，积极挖掘易经文化内涵的重要成果之一，也必将进一步扩大特克斯八卦城在世界的影响力，加快打造"生态、人文、和谐、幸福"特克斯的进程。

  感谢参与本次论坛的专家学者们，他们为特克斯带来诸多新思维和新理念。特别感谢北京大学龚鹏程教授，在龚教授的积极推动和组织筹备下此次论坛才得成功举办，并结集出版论文集。感谢为此次论坛辛勤工作的全体工作人员。

特克斯县县委书记　刘莉
2013年4月23日

序二

由于新疆建省较晚，且当时将名称定为"新疆"，以致现在常有人认为它原先并非中国疆域。同时，由于此地为多民族混居地区，所以又予人以新疆非汉文化传播地之感。

可是，这样的印象实是天大的误会。张骞到西域，即曾见到蜀中贩来的筇竹杖，可见文化商贸关系由来已久。

汉武帝元封元年细君公主嫁至乌孙，更扩大了这层关系。因此，公元前60年，汉朝已于此设西域都护府。从政治体制上看，此地已不折不扣地被纳入中国版图了。

而这又绝非军事及政治上强力之行为，实有深厚之文化渊源甚或国家认同之基础。

因为1995年，民丰县尼雅遗址就出土过一方蜀锦护臂，上用隶字绣着"五星出东方利中国"字样，与另一方"讨南羌"护臂可合为一幅。这句话出自《史记·天官书》，云："五星分天之中，积于东方，中国利；积于西方，外国用（兵）者利。"此锦在新疆出土，充分证明了此地人已自居中国。

至于文化，更是早与中原融为一体。今敦煌已有大量经史子集文献出土，如《周易》（王弼注）、《尚书》、《论语》、《文心雕龙》等，道教经卷也达五百卷以上，如《老子想尔注》、《老子化胡经》等均为中土久佚之本。此足证北朝隋唐间汉文化传播于河西走廊之盛。而新疆古文书，年代实比敦煌更早、更令人惊艳。

除各种少数民族文书外，现今发现的吐鲁番文书中，汉文的竟多达二千七百余件。其中如《毛诗·关雎序》、《礼记》、《孝经》、《尚书》、《论语》（郑玄注）、《急就篇》等，均可证明汉文化在此地早已与各民族文化紧密交融了。所以历日、占经、医方、本草乃至王土解、醮辞等道教经咒文、道教符籙也多有发现，可见儒家道家文化皆在此地有广泛的传播。

事实上，目前新疆正是古文献存世的大省。且由于新疆幅员广大，目前考古发掘仍十分有限，所以遗存文物殆千百倍于已知者。但仅就上述各端，已知新疆久为中国固有疆域，该地文化也早已与汉文化融合为一体了。

这是从汉代以后的关系说的。然而，新疆地区与中原的一体化，可能还要远远早于汉代。

因为此地在殷商时期就已经是中原王朝采玉之地了。《逸周书·世俘解》记载：

"武王俘商旧玉,亿有八万",这么多玉,主要就来自新疆,所以李斯与秦王书明确说:"今陛下致昆仑山之玉。"

玉是殷周礼祭重器,如此大规模的玉石贸易,说明了当时此地与中原之关系已极为紧密。后来周穆王西征,往见西王母,许多人以为是神话故事,殊不知那只是由实际的商贸关系发展为政治关系而已,绝非神话。这与《竹书纪年》等书记载西王母屡赠中土君主白玉管亦是相符合的。

而且,西王母与中原文化的交涉,亦非周穆王时才开始。按《文心雕龙·诸子》有一段说:"《归藏》之经,大明迂怪,乃称羿毙十日、嫦娥奔月。殷易如兹,况诸子乎?"夏人的《易经》称为连山、殷人的称为归藏、周称为周易。其中,早在殷易里就提到了后羿射日、嫦娥服西王母不死药而奔月的事。可见西王母在殷商人心目中,业已不只是西域的领袖,更是神仙世界的领袖了。

由此,我们似乎也可以说:新疆西域与中原,老早就由《易经》铭记了他们的渊源。

或许,也要由此才能说明为何现今最典型、最壮观的八卦城会在新疆伊犁的特克斯。草原上美丽的特克斯城,正是天山脚下一个《易经》的印记。

所以我们要在这儿讨论《易》、研究《易》,寻找八卦城的奥秘。2012年"中国·特克斯周易国际高峰论坛",就是为此而办的。

探秘的结果,辑编成了这一册论文集。谨提供给热爱《易经》,也热爱新疆特克斯的朋友。

龚鹏程

目 录

首届中国·特克斯世界周易论坛论文集编辑委员会	1
序一	2
序二	3

特克斯考古记	龚鹏程	1
论特克斯文化资源的整合与传播	王国华	7
推进周易文化世界化之先决课题	金炳基	18
伊犁地区的居民与特克斯城	王明荪	25
从八卦神牌论述泰国的中国神明崇拜	杨松年 关瑞发	36
易经哲学中感应和谐思想	金圣基	55
南洋洪门对八卦文化的诠释与传承	王琛发	73
场有哲学——周易的时代意义	汤伟侠	91
道教风水学精义探微	李远国	97
《易经》中《河图》、《洛书》之阴阳五行生克思想	萧登福	109
营造八卦城风水美学的新气象	洪富连	140
预测与筮法的科学依据——周易八卦的占筮理论	刘介民	150
易经思想与怀特海范畴图式之会通和比较初探	郭海鹏	168
从八卦到六十四卦的生命关怀	郑志明	178
《易经》"八卦"起源问题之检讨与刍探	黄海德	198

《周易》隐藏着姜太公的阴谋——兼及《孙子兵法》 ………………… 萧　兵　204

《易庐易学书目》体例简析 ……………………………………………… 陈炜舜　210

易学三论 …………………………………………………………………… 李书有　233

《周易》八卦哲学思想的特点 …………………………………………… 金春峰　240

"参同"易学小史 ………………………………………………………… 朱越利　249

彝文献记载的先天八卦文化体系概论 …………………………………… 龙正清　253

由"易学在蜀"说到早期易学入蜀及其路向 …………………………… 彭邦本　271

道教生命文化中的易学应用 ……………………………………………… 张美樱　283

汉代象数易学及其在易学发展史上的地位 ……………………………… 倪　南　304

道教斋醮科仪中的周易思想——以道教斋醮禹步为例 ………………… 张泽洪　320

中国文化名城特克斯八卦风水论 ………………………………………… 柯　可　330

舆图与城市的历史空间及其文化变迁——以佛山历史地图为例 ……… 邓启耀　336

特克斯考古记

一、特克斯

特克斯县，属新疆伊犁哈萨克自治州，在伊犁河谷的东南端。总面积8352平方公里，下辖六乡两镇，总人口16.8万人，含哈、汉、回、维、蒙等33个民族。县城根据《周易》八卦"后天图"方位设计建成，路路相通，街街相连，有着迷宫般的街道布局，是现今世界上唯一一座保存良好、卦爻完整、规模最大的八卦城，2001年荣膺世界吉尼斯之最，2007年又被国务院命名为国家历史文化名城。

特克斯所在地，乃是细君、解忧公主远嫁乌孙生活的地方。有世界十大高原草甸大草原之一喀拉峻，及草原石人、乌孙古墓、远古壁画等遗迹。

以上这些介绍，大体依据《特克斯县志》。该县志同时也记载了：特克斯独具特色的八卦城，始建于伊犁屯垦使邱宗浚（1936），完成于班吉春县长（1939）。

二、乌孙地

特克斯虽在晚近才建制，但特昭盆地及伊犁地区的历史文化却十分悠久，是东西历史文化荟萃之地。其历史文化，在西域这个大范围中，有中亚（包括欧洲）、北亚的族群与文化在此发展，也有汉文化的浸润。但以时间来看，非汉族文化所据有的时期较长，也是当地的主流。

据文献与考古发掘（尤其是墓葬）：伊犁地区（往西延伸至伊塞克湖、塔拉斯河，往北至巴尔喀什湖）早期居民为塞种（斯基泰）、大月氏、乌孙，中期有突厥、契丹、蒙古，晚期以哈萨克为主。

早期的几个族群，广义而言都与塞种相关，乃是印欧语系的东伊朗语族群。

较长期住在伊犁地区的乌孙人，属于中亚两河类型与古欧洲人类型，但有些不同程度的蒙古人种特征。换言之，即以欧洲人种为基础的塞种人与乌孙人在体质人类学上是相近甚至是一致的。乌孙人居于伊犁地区约有七八百年之久，是当地的主干族群。《旧唐书》、《通典》说乌孙故地在天山东部的庭州（吉木萨尔地），当有所据。

稍早于乌孙人到伊犁地区的是塞种的伊塞顿人。故塞种族群至少在公元前7

世纪到公元 5 世纪的约 1200 年中生聚于伊犁地区。

其后伊犁地区族群更为复杂，相互通婚及政权更迭，约到 15 世纪时有哈萨克族的形成，其在人种分类上属南西伯利亚人种，即欧洲与蒙古人种混血而成。

换言之，整个新疆就是一东西民族与文化交会之地，在天山北麓伊犁河上流特克斯河流域、特（克斯）昭（苏）盆地东端的特克斯，族群文化的背景不异于新疆全境各地。而它本身，无论从塞种、乌孙、哈萨克任何角度看，其非汉文化之角色与内涵，恐怕也十分强烈。可是这样一个边区小城，在 20 世纪初，却以八卦城闻名全国。以汉文化甚至道教文化打造出来的新城市，要以八卦作为自己的文化身分，这在非汉文化为主体的地区，如何可能呢？

无怪乎王明苏教授要感叹："（此举）在新疆的环境而言是难能可贵，以全国甚至全世界来看，也属独有的特色。若非造城者独有的情思与创意，要在新疆找到如此完整的汉文化建构恐怕不太可能。"

三、八卦城

但建城者固然可以有他个人独特的情思与创意，这个独特性为何竟可以获得当地人的广泛认同呢？

前文已说过：该城建起于伊犁屯垦使邱宗浚，完成于班吉春县长。班吉春显然就不是汉人。城建好以后，历经近代新疆翻来覆去的政治与民族风波，这个城不仅没有被推倒，还越来越获重视。当地人热心地去申请成为"世界吉尼斯之最"及"国家历史文化名城"，或许我们可以认为他们当有发展经济的动机；然而，几十年生活中，这个城被保护了下来，却也是个事实。

我见过"文化大革命"时期特克斯的老照片。这座八卦城的中心位置，有一个方塔。当时这个塔上贴满了头像及标语，故被称为语录塔。塔的四周，挥舞着激情的拳头。可见当年此地狂潮席卷之烈，不逊于内地，甚且过之。

而八卦、道教，在那个年代，不都是封建迷信之象征，该要被打倒扫除的吗？然而该城居民并没有这样做。所以至今八卦城的格局与建筑，基本仍维持着建城时的情况。仅此，即可见八卦文化，甚或道教，在当地并无异文化认同问题。

我在当地做田野调查时的具体感觉也是如此。

对于八卦城的来历，许多人不说邱宗浚，而说是当年丘处机路过此地去雪山见成吉思汗时点的穴。不同民族人士，对《易经》、八卦、风水、道教，虽感兴趣之程度不同，基本也不排斥，某些还格外热衷。尤其有趣者，是刚刚说过的那个中心塔。

这个塔，在"文革"以后改革开放期间，改成了个电视塔；后来又在上头加上个球，变成了观光塔，以便游人俯瞰八卦城。前几年，觉其已不合时宜，又拆了改建成一座江南飞檐式的宝塔，高数十米。但才建了几层，当地人即论议纷纷，说地方不宁，书记年仅四十余便猝死了，这个塔必是风水有问题。一时群情汹汹，只好停工。后来还因究竟要拆要建，争议万端，举棋不定，迫使县长书记群聚北京，广询住建部及各路专家意见。

这个事例，某些人闻之，当笑其荒唐。但此地风水思想之深入人心，却不难概见。

四、古文献

我就是因该县在北京病急乱投医时找到咨询的专家之一。听闻其事，颇以为异，乃赴该县亲身考察。

2012年7月到了特克斯，对其八卦城虽以为奇，却也以为不过就是民国时期邱宗浚建城时如此建罢了。

后来偶然在其八卦公园看到一张海报张贴，发现该地居然有蒙古文的《易经》，还有一些道教雷法符咒的书，才大感惊异，忙托当地朋友设法把书访来。

访得的书，都在民间老百姓手上，颇费唇舌才让看。看后我才知道此地汉文化乃至道教实在是渊远流长。邱宗浚建城，不是如贴狗皮膏药般勉强在这一方哈萨克文化区上建起一座八卦城，而是如树一般，有根有脉的。

举例来说，此地有蒙文《易经》。这一点，虽不一定能立刻和当年丘处机西行见成吉思汗的史事联结起来，证明八卦城就是丘处机点址定位的，但至少可以说明八卦文化或道教在当地曾经流通甚至流行过。且可证明《易经》是中华文化之一大源，虽主要由汉民族传承推广其学，可是绝不仅限于汉族。

《易经》在少数民族中流传，南方非常明显，彝族运用《易经》八卦于其思想及社会生活中，即为一例。蒙古的情况也是如此，蒙文《易经》本身就证明了易文化在这儿的本地性。易文化当可视为汉族与其他民族共同拥有的文化资源。

而找到蒙文《易经》对我的惊异感，又还不如雷法书。这是一般人难以体会的。

因为雷法是道教中的一种法术，起于北宋。原先由宋徽宗提倡，所信赖的是温州人林灵素与江西人王文卿，号神霄派。其理论是通过内在修炼，让人与天地合一。一旦天人合一，人与天通，自然就能呼风唤雨，召唤风雨雷电。此法对封建王朝来说，最大的贡献在于能祈雨，故为帝王与官员所乐崇奉。对老百姓来说，在现代火炮炸弹出现以前，雷电霹雳可说就是宇宙间最强大的力量了，雷电劈下，一切妖魅无不灰飞烟灭。所以民间都喜欢神霄雷法道士替他们辟邪除妖。

但此派本出于江西（另一支雷法，出于江西龙虎山张天师）。北宋灭亡后，尤其只能流传于江西、福建、浙江，另一部分则在四川，宗师有萨守坚、王善等。

可谁能料到这个南方道派居然还传到了这里？我请教过四川社科院的李远国先生，他写过《神霄雷法》，乃雷法专家，他也说从来没听过这儿还有雷法传承。

然而事实上竟是有的，而且我所见至少有四个抄本：《火雷镇雹大法》、《雷门镇厌大法》、《五雷大法镇书》、《先天五雷治病大法》，可见雷法在此并不偶然，是确有传承的。

但是这传承从哪来呢？我也很纳闷，后来由《明史·礼志》及《万历野获篇》里看到明初有行雷法的周思得曾随成祖北征，才找到可能的线索。

周氏是钱塘人，据说祈雨檜兵，如响斯应，他随永乐大帝北征，雷法才因而北传。或许即因此一路传到了伊犁特克斯。我听前辈说过有传萨守坚法的，称为西河派（萨真人乃西河人）或天山派，唯其详无考。如今发现的特克斯这批雷法符咒书，恰好就衔接上了这个失落的环节。

而且这些雷法书还有几个特点：一是以治病为主，如《五雷大法镇书》又称保病大法，《先天五雷治病大法》又称上清神霄五雷天医符水大法，重点均在治病。相较于上文所说一般雷法书以祈雨降妖为主者，这些雷法书特色十分鲜明，十分贴近民众生活。《雷门镇厌大法》则是保六畜兴旺的，更贴合此地民众之需。其与中原江南所传雷法诸派颇不相同。

其次是这些手抄本并非一般的道书，乃是道教法师临坛施用时的秘本手册。道教方术是实用性很高的实践性知识，一般道书只供讽诵，看破千卷，你也不会应用。只有真正经过师授之后，你才晓得这一步骤和下一步骤如何衔接，符咒每一步、一点、一画是什么作用。而道士临坛时，也必有一种自己抄记的手册，上头记录了许多自己看得懂得的符号，以免遗忘。

特克斯这些手抄本即属于这一类，大多出自一位道士王若泰的传本，所以抄本封面上多题为"玄门弟子王若泰"及"太和堂"。太和堂既是道馆也是医馆。称它为堂而不称宫或观，一方面是规模恐怕不大，不符称宫称观之规制；一方面也符合雷法道士较偏于不出家之正一体系传统。我知道有些人至今仍否认特克斯曾有道教、曾有道院，此类抄本可说是有力地反驳了这个误解。

说到治病，我还发现有本可能是清朝陈士铎编著的《石室秘录》，非常有趣。一般医家都宗歧伯黄帝，故医术又称为歧黄之术。但黄帝有书，如《黄帝内经》即是，歧伯之术则无传。这本书却以"歧天师"为主，配上孙思邈真人、张仲景，还有雷公等人彼此相对答，凡论治病之法一二八门。对每一种病，主要由歧天师提出治法，诸真人及雷公或附和，或补充，或引申，或提出不同意见以相发明。

从文体上看，它颇有众声喧哗的小说或虚拟戏剧的架式；从内容上看，纯是医理之讨论，而又与其它医书都不同。它在道医体系中算得上是极有价值、极具特色的，可称珍本。内容也一分平正，毫无玄虚。例如说人常常见鬼，本来是道士可以大肆发挥其说鬼说神伎俩之处，此书反而不如此，直言此乃病人精神耗弱之故，应在精神及身体上如何如何调理，所以十分难得。

至于风水堪舆。八卦城既以八卦立名，地方上也颇讲究风水，其风气似乎亦深有渊源。我发现有本《改良人地眼》，是民国元年上海的石印本，有道光中黄中模序，一扫玄虚，具儒家理性态度，在堪舆书中也算是十分平正的。其主张兼用理气和峦头两派，但是先理气后峦头，因此先论六星，再论龙、砂、穴、水。而在龙法、砂法、穴法、水法之外，还论向法，可谓本书一大特色。此外，它也还是阳宅阴宅合论的。

五、汉文化

由这些古文献看，汉文化在这个地区的历史与传承，恐怕是长期被低估了。环绕着道教、风水、八卦、丘处机的传说似乎也不能说全属子虚。

乌孙人，若据《汉书》说，则他们原在敦煌、祁连的河西地，后来才往西迁。虽然近代学者倾向采取《旧唐书》、《通典》之说，谓乌孙人最多是由天山东部往西迁至伊犁，不可能如《汉书》所言初期生聚地在河西地区。但是第一，《汉书》之说较早，较接近汉人之认知。其次，乌孙是最早向汉朝求婚的民族，是否由于早期较多来往的经验？他们或是本来居地就与汉人密迩，或是对汉文化不排斥，则是无疑的。

另外，王明荪曾依《元史》及《长春真人西游记》诸书考证：七十四岁的丘处机自元太祖十六年（1221）二月启行，出长城、万全、张北等，由蒙古达里泊、西北行克鲁伦河、鄂尔浑河、色楞格河等，越杭爱山、乌里雅苏台、科布多等地，过阿尔泰山即到新疆地界，南行经准噶尔沙地到吐鲁番东的回纥城，西行至别失八里（吉木萨尔），沿昌吉西行，经石河子、乌苏、过沙地、天池（赛里木湖），南下到阿力麻里（霍城地），西行渡答剌速没辇（伊犁河），往西经过塔什干，十一月十八日到撒马尔干驻冬。出发到此历276日，次年三月西行渡阿姆河到大雪山行宫（八鲁湾行宫，兴都库什山脉间），面见成吉思汗。前后数次讲道，往返于撒马尔干数次（共停留约八个月）。到太祖十八年（1223）三月东归，回程路径相同。

他来回路途上虽然都经过了距特克斯最近的霍城，但去程未见他有渡伊犁河往南方的特克斯的记录，只知他往西渡河再继续西行。返程也未见他经过特克斯，且当时也还未有"特克斯"这个地方。以地理而言，似乎他也不至于往南到特昭盆地去。唯有到阿力麻里是九月廿七日，有铺速满（木速蛮，伊斯兰教徒）王、蒙古塔剌忽只（达鲁花赤）领部人来见，宿于城中西果园，又记载供礼秃鹿麻（棉花）、作诗记事等。因"连日所供胜前"，当在城里住过三五日。或许在此期间看过特昭盆地的风水，订出八卦的方位也未可知。

这样的推测，当然只是推测，其实并没有直接的证据。但丘处机在鳖思马大城时，曾见"王官士庶僧道教数百，具威仪远迎。僧皆赭衣，道士衣冠与中国特异。泊于城西蒲萄园之上阁，时回纥王部族劝蒲萄酒，供以异花杂果名香，且列侏儒伎乐，皆中州人。士庶日益敬，侍坐者有僧、道、儒。因问风俗，乃曰：此大唐时北庭端府，景龙三年，杨公何为大都护，有德政，诸夷心服，惠及后人，于今赖之。"

又往西，至邪米思干大城，则知道："方算端氏之未败也，城中常十万余户。国破而来，存者四之一，其中大率多回纥人。田园不能自主，须附汉人及契丹、河西等。其官亦以诸色人为之，汉工匠杂处城中。"

可见当时这条路沿线汉文化、汉人、汉工匠，乃至儒道佛都有。其道士之衣冠诚然与中原不同，其道法毕竟仍是汉地发展来的。他们在丘祖来此之前即已来，晓得成吉思汗优礼道士，当然更会追寻着丘祖的足迹而往。特克斯由丘祖点穴的说法，其真相不过是说明此地道教渊源有那么久远罢了。当然未必即是丘处机，但大方向是不错的。我们发现的这些古书，便进一步印证了这个传说。

我读到的，还有一册有趣的《诹吉便览》。序说："《诹吉便览》合《宝镜图》一书，遵尚久矣。其图简而明，其说约而备，其用赅乎百事，而犹取利于行军。洵选择善本也。自坊本讹舛相沿，而于进退存亡吉凶消长，误人殊非浅鲜。湘乡石泉制军甚惜之，特为重刊，以广嘉惠。"显然是这位湘军将领嘱人编辑刊刻的。

这书参考了乾隆间的《协记辨方书》等，属于择日之学。其中，《宝镜图》假托诸葛亮所作，体例是"自甲子至癸亥，凡六十日，而日系十二时。每一日主一局，以八卦定方向。以本日九星所值中宫为主，外八星分布八门，门以星定吉凶，日以时分休咎"。每一天利不利于行军、出战、行舟等等，哪个方位利，哪个方位不利，什么时辰利，都有说明。乃是八卦与择日学的配合运用，而专用于行军作战，无怪乎被这位将领看中了。

这样的书发现于特克斯，当是随着清末湘军而来的，其内容又恰好呼应了八卦城的八卦文化。你说，不是有趣的巧合吗？

（龚鹏程，北京大学文学院教授、北京大学文化资源研究中心主任）

论特克斯文化资源的整合与传播

2011年，我在新疆特克斯县做过一次专题讲座，内容是如何利用特克斯八卦城这个国家历史文化名城的品牌来打造中国著名的文化旅游品牌。在进行特克斯文化产业发展规划制定的一年多时间里，我发现特克斯文化品牌的打造与传播是目前迅速发展特克斯文化旅游产业的首要问题。目前特克斯的品牌打造与品牌传播存在着传播理念、传播内容、传播形式的创新问题，而这些问题依然是特克斯文化资源的深入整合与广泛利用的关键问题。

一、特克斯文化品牌打造与传播的理念创新

利用特克斯"八卦城"这个中国西部地区少有的国家级历史文化名城品牌，打造国际著名的文化旅游目的地，这是特克斯发展文化旅游产业最佳路径，也是最能吸引世界游客的正确选择。文化旅游产业是一个综合性、交叉型、复合型和带动性极强的现代服务产业。它不仅能够带动当地的交通、城市景观，以及"吃、住、行、游、购、娱"等基础设施建设的迅速改观，更能够激发当地人的创业激情，转变当地人的思想观念，还能够促进当地文化、经济社会与世界的密切交流合作。特克斯文化品牌的打造与传播是在当今的全球化时代背景下的现代文化传播，它面临着传统与现代、实体与虚拟、单一与多元、具象与抽象等新的环境、新的技术、新的理念的变化与不确定性，更面临着新的机遇与挑战。分析这些机遇与挑战，对于特克斯民众，尤其是特克斯领导阶层转变传播观念、创新传播内容、变革传播方法等有着巨大的借鉴作用。

我们认为，特克斯文化品牌的传播存在着如下三个方面的弱点：首先，在传播理念上，缺乏对当今"符号经济"发展现状的认知，缺乏在数字经济时代背景下对特克斯文化资源与现代人的生活方式、价值取向以及精神需求的创新认知与观念引领；其次，在传播内容上，缺乏对特克斯文化的现代精髓的深入挖掘，较少发掘特克斯文化与当下世界潮流、普世价值的内在关联；第三，在传播方式上，缺乏对特克斯文化品牌的符号性创造，没有抽象出既能够便得受众感到新奇、时尚、

震撼的，又能够象征特克斯文化内涵的符号系统。

应当看到，当前的世界文化传播已经不是过去的那种平面式、单一式、单向性的信息传递。在数字化时代，文化传播早已经成为一种立体式、综合式、互动式、多向性的信息辐射与信息互生的时代。任何信息传递都将表达着传递者和接受者的多种价值取向和审美观照。信息传递的本身就是一种对信息的再认知、再创造、再生发的过程。而我们在特克斯文化品牌的传播方面，似乎一直是一种依照传统的"直白式"、"照相式"、"展览式"的传播理念来介绍特克斯的周易文化、乌孙文化、草原文化的。传播的内容也大多是介绍特克斯文化有多么丰富悠久，多么辉煌灿烂。我们更多地还是停留在人们早已知晓的特克斯历史的一般性知识介绍方面。例如："特克斯八卦城"是我国历史文化名城，"特克斯乌孙文化有着几千年的悠久历史"，"特克斯的克拉峻草原是世界少有的高山草原"，"特克斯的天马文化与侠客文化是天山南麓的神秘文化"……总之，"特克斯文化是值得人们敬仰、传承、了解、认知、观赏、探秘的多民族交融的多元文化"等等。这种传播理念自然缺乏传播效果上的视觉冲击力、听觉上的吸引力、想象上的震撼力。

我们以美国好莱坞大片《星球大战前传：魅影危机》为例，看看他们是如何将一部科幻电影打造成为风靡全球的品牌大片的，如何在传播理念、传播方式以及传播内容方面进行创新和突破，如何创造这一利用影像符号来统治人类精神的一大奇观的。这也许对我们提升特克斯品牌有一定的借鉴作用。

有媒体报道，1999年5月19日，《星球大战前传：魅影危机》在美国上映，整个美国似乎都陷入了星球大战的狂热之中。在这之前，迫不及待的英国、意大利、日本、韩国等地的影迷早已坐飞机赶来，电影院趁机大发不义之财，首映30美元的价格，被抬到了200美元。午夜时分，无数还没有买到票的影迷围住了电影院。为了防止意外，各大影院宣布实行24小时连映。CNN当天的晚间新闻报道说：美国各级政府机构和企业有高达220余万名员工向所属单位请假，为的是前往观看这部影片！这股狂热迫使许多老板索性决定5月19日放假一天。一部电影能够创造出这样壮观的场面，或许可以作为影像符号对人类精神发挥统摄作用的奇观吧。《星球大战》作为一部具有开拓性意义的科幻影片，被誉为科幻电影史上最为经典的作品之一。它除了特技的出神入化、情节的新奇热闹或故事的曲折离奇，似乎更具有一种精神力量，否则很难解释一部电影何以能够在各种年龄段、不同民族、不同职业的人中间唤起如此的热情。除去其中媒体炒作的成分，原因就在于乔治·卢卡斯在想象和技术的基础上，建构出了一个庞大的符号帝国，在这样一个多元化的时代，用一种超乎现实的符号力量占领了人们空缺的精神领地，唤起了一种类似宗教的狂热。

首先，《星球大战》在想象的基础上构建了一个超现实的完整体系，他在电影当中集中借助最先进的高科技电脑及数字制作手段，创造了一个前所未有的太空世界，带来的是一种梦幻般的视觉奇观。其中性格鲜明的人物浓缩了种种人格理想或邪恶化身，寄托了人类对于自身精神的探索和期待。其次，整个《星球大战》包括已经推出的和预告中的，构成了一个庞大的叙事体系，叙述了一个可以无限延伸的太空故事。在这里，善与恶被重新定义，力量与斗争获得了全新的表现，从而成为一种超越叙事的想象整体。第三，《星球大战》不仅实现了科幻想象的一种完善的新神话系统及其视觉展现，顺应并且引领了20世纪后期在全球文化市场上大获成功的"新神话主义"文艺潮流，而且在现实社会的层面上衍生出一个庞大的符号王国。数十年来，《星球大战》中的人物和情节成了人们交流中的潜在语境，每一部《星球大战》的推出都带来文化话题和经济的盛典，以《星球大战》为原型的相关产业蓬勃发展，各种电子游戏、虚拟社区层出不穷，带来了不可估量的经济效益。《星球大战》已经成为一个高度象征化的体系，作为一个个案，可以作为当今符号帝国的一个缩影，也可以当做"符号经济"如何借助神话的编码方式获得超常规利润回报与知名度的活教材。用符号经济的话语来说，神话原型已经不再是书斋学术的专利品，同时也成为打造产品的符号附加值、拓展消费和市场份额的制胜法宝。因此，不光心理医生们和文学批评家对它情有独钟，今日的商场经营者和广告传媒人士、品牌创意者们也在如饥似渴地补习神话学的知识。

新神话系统构建、数字化高科技体系、超现实手法、符号创造模式等等，这些都是《星球大战》所创新的理念与方法，是它吸引全世界眼球的核心要素。1986年美国经济学家彼德·德鲁克（Peter Drucker）提出了"符号经济"与"空间经济"的概念。他将经济系统分为两种，即实物经济和符号经济。所谓符号经济是指货币和信用，即资本的运动、外汇汇率和信用流通；实质经济即产品和服务的流通。他进一步分析了世界经济出现的新变化，即"符号经济已经取代实物经济，成为世界经济的车轮，而且大体上独立于实物经济，这是一个最为醒目而又最难理解的变化"。符号经济更多地强调在经济活动中，人类将会创造更多的具有符号价值的产品，更多地依赖人类的创造力、想象力生产人们精神所需要的符号性商品。特克斯文化的本质是一种符号文化，它更多的作用于人们的精神层面，更大程度上影响着人们的思维与价值判断。

从这个意义上来看，特克斯文化传播不能仅仅只看到特克斯八卦城的建筑、喀拉峻草原的自然景观以及远古乌孙王国留下的草原石雕、石像和大量的乌孙古墓等，而应当看到这些实物、实景背后所隐含的深层次的特克斯文化内涵。传播这种文化内涵就需要有一套高度抽象、凝炼、概括的精神符号体系，用神话原型方式和符号学原理来提炼、概括特克斯精神，这样的传播理念是提升特克斯文化品牌的重要途径。

二、特克斯文化品牌打造与传播的内容创新

众所周知，"品牌"一词是市场经济条件下的产物。它是一种时代的标识文化，是一种时尚。按照美国现代销售专家菲力普·柯特勒（Philip Kotler）的说法，品牌就是一个名字、名词、符号和设计，或是上述的总合。无论是个人品牌、商品品牌，还是企业品牌、机构品牌，乃至国家品牌，都遵循着品牌塑造的基本规律：品牌的核心是文化，文化的背后是人，品牌是人创造的种种文化的独特显现。在当今的社会，与其说品牌是一种时尚，更不如说品牌是一种提升商品价值的方法。

任何一种品牌的构成都离不开其独特的资源内涵、文化内涵以及形象内涵。有些知名品牌是依靠它的独特"时尚口号"引人注目，有的品牌是凭借它耀人的"色彩与形式"，有的名牌则是凭借它所讲述的"独特的故事"……但无论如何，所有品牌都是由它形式背后的文化内涵在支撑着的。

特克斯的品牌形式和内涵究竟是什么？我们认为，特克斯的文化品牌是它的独特的自然资源和丰富悠久的多民族历史文化的综合显现。特克斯的文化品牌应当包括它的自然资源和历史文化资源两大部分。

特克斯的自然资源主要有"五大"——大草原、大溶洞、大温泉、大石林和大水库。

"大草原"是指特克斯的世界独一无二的喀拉峻大草原。目前正在申报世界自然遗产的喀拉峻大草原，属典型的高山五花草甸天然大草原，被联合国粮农组织官员誉为"世界上少有的高山天然优质大草原"。"喀拉峻"是哈萨克语，意思是"肥沃辽阔的黑色莽原"。

"大溶洞"是指特克斯的科桑溶洞，它是新疆伊犁地区独有的国家森林地质公园。那里的亚高山针叶林与亚高山草原交错分布，公园内集中分布着高大挺拔的雪岭云杉，树龄200年至300年以上的古云杉遍布林中，森林与草原相间交错，构成美如诗画的风景。公园内茂密的森林、辽阔的草原为野生动物繁衍生息提供了优越的自然资源，野生动物资源非常丰富，常见的珍贵哺乳动物有盘羊、马鹿、狍子、雪豹、熊、野猪、北山羊等，珍禽有大天鹅、雪鸡等。经专家鉴定，该溶洞是中国最西部的溶洞。

"大石林"是指特克斯的天山石林。它处在天山腹地，阔克苏河上游，被人们称为"天山石林"。该石林是200万年前的一次强烈造山运动形成的典型的雅丹地貌景观，长约9公里，宽约5公里。天山石林状如塔松，顶尖底圆，垂直高

耸，一般高20—30米，形态各异，有的如怒吼的雄狮，有的似奔腾的骏马，有的若负重的骆驼，千姿百态，栩栩如生。石林中有个石窟，石窟上有一天窗。传说，草原英雄尕勒腾拜为民除害，追赶一条奇大无比的妖蛇，但他的长枪却被窟顶的落石击落，掉进了深谷。英雄丢了武器，不由地怒发冲冠，大吼一声，竟使库克苏河改变了方向，汇入了特克斯河。

"大温泉"是指特克斯的"阿热善"的温泉。"阿热善"在哈萨克语中意思是"能治百病的神仙之水"。温泉流量大，水源稳定，四季流量不变，四季温度在42—51摄氏度，富含四十余种矿物质和微量活性元素，医疗保健价值较高。温泉位于特克斯县城以南库克苏河大峡谷西岸。沿大峡谷南行，是特克斯县自然人文旅游资源最集中、最多样的地区之一。沿途自然风光秀丽，人文景观独特，有峡谷、河流、瀑布、雪山、草原、古代岩画、乌孙古墓、塞人古墓、地质奇观冷风洞以及珍稀野生动植物等，一路风景一路游，真可谓是"一山四季景，十里不同天"。

"大水库"是指特克斯的恰甫其海水库。它位于临近特克斯的"乌孙—夏都"旅游景区，是特克斯河梯级规划中最大的控制性综合水利枢纽工程，建成后是一个集灌溉、发电、旅游和水产养殖为一体的大型综合水利建设工程。该工程开始蓄水后，将形成58平方公里的库区水面和周围30公里的黄金水岸线，在人们视野里呈现出一种"高峡出平湖"和草原映云岭的壮美景观。

特克斯的历史人文资源主要是"四特"——独特的易经文化、独特的乌孙文化，独特的古丝路文化以及独特的民族大融合文化。

"独特的易经文化"是指在中国遥远的西部边陲竟然建设了一座世界独一无二的易经八卦城。特克斯县城是世界上唯一一座建筑正规、卦爻完整的八卦城。其独特的"八卦"筑城布局，真实呈现出"八卦"的玄机理律，民间得名曰"八卦城"，并享誉海内外。《特克斯县志》记载，特克斯八卦城最早出现在南宋时期。道教全真七子之一、龙门派教主"长春真人"丘处机应成吉思汗之邀，前往西域向大汗教授治国扶民方略和长生不老之道。丘处机历时三年游天山，被途中集山之刚气、川之柔顺、水之盛脉为一体的特克斯河谷所动，便以此作为"八卦城"的风水核心，确定了坎北、离南、震东、兑西四个方位，形成了特克斯八卦城的雏形。

"独特的乌孙文化"是指特克斯地区曾经有一个已消失了2000多年的乌孙古国。根据我国古代历史文献《史记》、《汉书》、《唐书》、《魏书》等记载，公元前2世纪前期，乌孙人由甘肃西迁至新疆伊犁，占据了最富饶的特克斯河流域天然大草原，生息繁衍长达500余年，成立了当时西域第一大国——乌孙国。

乌孙人是今天哈萨克族的主要族源，"乌孙"在哈萨克语中意为"团结、联合"。特克斯在中国古代是有史记载的远嫁公主最多的地方（汉朝解忧、细君二位公主均嫁入乌孙国），也是中国古代最大的赛马场——"汗草原"的所在地，是中国古代游牧民族建立"牙帐"最多的地方。目前，特克斯的土地上处处都有乌孙墓群。乌孙古墓分布在依山傍水的草原上，呈南北走向，五至七座为一列，其中有大墓、小墓之分。乌孙文化里有一个重要特征就是马文化。乌孙马又称"天马"、"西极马"。特克斯位于天山降水丰沛区，水草丰美，气候温寒，因此自古出骏马。据史学家考证，公元前105年，乌孙王向西汉王朝求婚，呈送汉武帝的千匹良马，就是从当时特克斯赛马会中挑选出来的乌孙马。然而，在以马为主要交通工具的众多民族中，只有乌孙人和他们的后代哈萨克人有熏食马肉的习惯。据专家认定，马肉有益于恢复肝脏机能，防止贫血，促进血液循环，预防动脉硬化，增强人体免疫力。

"独特的丝路文化"是指特克斯区域是当年古丝路的重要节点。公元前119年，汉使张骞第二次出使西域。张骞回来后，丝绸之路全线正式开通（越来越多的学者认为，丝绸之路在公元前6世纪到公元前5世纪左右已经分段形成。考古成果显示，西方使用丝绸为公元前5世纪左右；而新疆一带的丝绸贸易，至迟在公元前4世纪就已经存在）。而早在张骞来到西域之前，月氏与乌孙相继西迁，沿天山北麓至伊犁河流域及天山西部地区，开辟了从河西沿天山北麓到天山西部的道路，是有记载的丝绸之路的最早开通者。取道天山北面的通道及伊犁河流域包括特克斯，以后成为了丝绸之路的支线。

"独特的多民族融合文化"是指特克斯的多元民俗文化。哈萨克族在特克斯县占总人口的比重较大，民风朴素淳厚、自然诚实、热情好客，最具民族特色，最具草原文化的代表性。只要亲眼目睹了哈萨克族的歌舞、刺绣，亲口品尝了哈萨克族餐饮的人，无一不赞不绝口。因此，哈萨克族的歌舞、餐饮、刺绣被称作哈萨克民间的"三绝"。

对特克斯如此众多的自然与人文资源进行品牌定位，是打造与传播特克斯品牌必须完成的重要任务。我们认为，今天特克斯的品牌形象可以用"时尚八卦城，国王大草原"来概括和生发。特克斯的品牌传播可以通过如下几种传播符号进行提升与扩展。例如，方案1：一部鲜活的易经——中国特克斯；方案2：时尚易都，国王草原——中国特克斯；方案3：天山八卦城，神奇特克斯；方案4：国王大草原，时尚特克斯。

在传播内容的创新方面，尤其要注重如下几个问题。

首先，在特克斯文化品牌的内容挖掘上，我们必须从现代游客的欣赏观念、欣赏内容以及欣赏方式的角度出发，深入挖掘出符合当代人审美情趣的独特历史文化资源内涵。

例如，在中国遥远的边陲，为什么会出现这么一座神奇的特克斯八卦城？在伊犁特克斯这个古丝绸之路的重要节点上，为什么会有这么多的草原石像、石柱？汉朝皇帝为什么要把他的公主下嫁到这么遥远的乌孙古国？

其次，关于内容挖掘的方法，不能只看到有形的建筑和实物显现的表象，还应当看到建筑以及实物表象背后的文化内涵。例如特克斯的八卦城，它的表象只是按照易经的八卦来建造八条主要街道，在外型上就像一个放大了的罗盘。但是，八卦城不只是看得见的八卦建筑，更多的是看不见的建筑背后的城市建设理念，以及由该理念生发出来的中国传统文化中天人合一、和谐相生的人生哲理。

另外，深厚的文化资源整合，必须要进行具象的现实分析和抽象的哲理概括与提炼，将特克斯的"五大"自然资源特征和"四特"人文历史资源内涵与当今人类共同关注的现实问题结合。探究这些文化资源对于促进当今区域之间的和谐生存与发展的价值。例如，高山草原对于现代人究竟有何景观价值和精神陶冶价值？西部地区的温泉与其他国家地区的著名温泉究竟有哪些不同之处？乌孙古国兴盛与消失的历史因由究竟是什么？乌孙文化对于促进"上海合作组织"之间的社会、经济与文化交流究竟有何现代价值？乌孙文化的发掘对于中亚地区的文化复兴究竟起到什么样的推进与提升作用？

可以肯定地说，内容的创新不能就一个区域现有的内容谈内容，更不能就内容本身进行自我陶醉式的说教。而应当"跳出内容本身来看内容"，要永远站在现时的高度来看待特定区域的文化内容。内容创新是一项仁者见仁、智者见智的工作，它不仅需要扎实的学术功底、独到的历史眼光，更需要开阔的世界视野和对现实社会潮流的精准而深刻的把握。

三、特克斯文化品牌打造与传播的形式创新

独特丰富的文化内涵要想发挥其巨大的文化熏染价值，必须依靠独特的传播形式来实现。我们往往说内容决定形式，形式服务于内容，文化产业是内容产业，现在是内容为王的时代。在一定程度上来看，这种观点是正确的。但是，人们往往因为关注内容，而忘记了形式同样重要的价值与作用。文化产业其实是内容与形式完美结合的产业，内容与形式同样重要。一样质地的服装，往往因为表现形式的差异，而在价值和价格上产生天然差别；一样功能的汽车，往往因为造型、款式与色彩的区别，其市场亲睐度会决然不同。这说明传播形式创新之重要。

要使得特克斯的文化品牌打造与传播获得迅速提升的效应，在传播形式上的创新尤为关键。信息化时代创造了前所未有的传播技术和传播模式，网络化、数

字化、全球化技术使得传统的生产、交易和消费方式发生了巨大的改变。我们的星球已经变成了"智慧星球",网络化生存与智慧化的管理,使得我们传统的文化生产、文化传播以及文化消费发生了根本性的改变,文化创造与文化消费的空间出现了无限扩展的趋势,尤其是空间的活化与新理念、新方法的创造,对于我们传播特克斯文化品牌有着巨大的借鉴作用。

过去我们在挖掘文化资源、创造文化产品或传播文化信息的过程中,一直注重文化资源或文化产品的时间概念,几乎很少发现和注意资源或产品的空间概念。我们一直把空间当作一种自然和精致的存在。而现代文化传播则十分注重产品空间的多维创造和无限扩展。《星球大战》系列就是典型的空间活化与空间无限拓展的成功案例。

《星球大战》的编剧以奇妙的想象力构建了一个超现实的空间体系——一个前所未有的太空世界,一个完全脱离日常生活经验的时空条件。它对宇宙中各种星系、文明、生物的描述,它所创造的各种奇形怪状的外星人与航天器,它所表现的波澜壮阔的太空场景和星球大战场面,带来的是一种梦幻般的视觉奇观。其中性格鲜明的人物浓缩了种种人格理想或邪恶化身,寄托了人类对于自身精神的探索和期待。这样的全新空间创造出巨大的精神吸引力和视觉上的强烈冲击力,使得受众久久不能忘怀。

《星球大战》之所以风行数十年,不仅仅定格在一代人富有激情的青春记忆中,而且获得了自身的符号价值。而这种效果,很大程度上来自于编导和制片人卢卡斯对于人类潜意识中的神话思维的发挥以及对传统形象传播手段的创新,他十分迷恋古代神话思维,对于神话的创作手法极为钦佩。据背景资料显示,在《星球大战》的剧本草创阶段,导演卢卡斯就与神话学家约瑟夫·坎贝尔(Joseph Campbell)进行了深入的交流,借助坎贝尔对于神话的精到把握,卢卡斯实现了对人类远古神话思维的重新发现,从而使自己的作品唤醒了全世界的神话热情。

《星球大战》不仅仅只是神话思维使它风靡世界,它的视觉空间、精神空间以及感知空间的再造也是它在电影形式创新上的独创。

关于空间,现在有很多说法。《现代汉语词典》中对于"空间"的解释是:"物质存在的一种客观形式,由长度、宽度、高度表现出来。是物质存在的广延性和伸张性的表现。"这是传统的关于空间的解释。空间究竟是一种物质形态还是一种精神形态?传统的观念显然否定了空间的精神形态、符号形态、意义价值的存在……

法国学者列斐弗尔(Henri Lefebvre)在1974年撰写了一部论著《空间的生产》,提出了空间是生产关系和生产力的一个组成部分。空间既是产物,又是生产者,是经济与社会关系的生产物和支撑物。列斐弗尔在他的另一篇论文《空间：社会产物与使用价值》中论述过："生产空间是令人惊异的说法，在概念上与实际上是最近才出现的，主要是表现在具有一定历史性的城市的急速扩张、社会的普遍都市化以及空间性组织的问题等各个方面。今日，对生产的分析显示我们已经由空间中事物的生产转向空间本身的生产……"

列斐弗尔摆脱了空洞、静止的空间观念，认为空间是具有社会性的，在空间日益社会化、复杂化的过程中，空间逐渐走向了一种自身生产，这使得空间内部的生产之间相互流动，不再独立……列斐弗尔提出了一种独特的社会空间理论，用社会和历史来解读空间，又用空间来解读历史与社会，并使用"空间实践——空间的表征——表征的空间"的"回溯式进步"来强调"社会——历史——空间"三者之间的辩证统一的关系。他将自己的理论指向了"空间的革命"，即"重建一个差异性的空间"。

英国学者爱德华·苏贾是一个深受列斐弗尔影响的哲学家，他曾经提出过"第三空间"的概念。他认为，"第一空间"是指空间形态的物质性；"第二空间"是指人类认知中的空间概念；"第三空间"则是结合前两种意义空间的视角，指的是"就是鼓励你用不同的方式来思考空间的意义和意味，来思考地点、方位、方向性、景观、环境、家庭、城市、地域、领土以及地理这些有关的概念，他们构成了人类生活与生俱来的空间性"。

由此看来，空间并不只是指某种特定的产品——某事物或者某物体——而是指"一束关系"的集合。显然，在空间生产所蕴含的复杂关系中，有一种要素成为连接与沟通各种要素之间以及实现整体性空间的重要关系，这种要素可能就是花建教授所提出的"文化"[①]……只有人类的文化才能成为各种空间或各种力量组合形成的空间的粘合剂……在这种意义上来说，人类的文化才是空间生产的灵魂……

当前发达国家的文化创意产业的成功实践证明，凡是获得受众的亲睐与拥戴的优秀流行文化产品，往往都在空间活化、空间再造、空间拓展方面有新的突破与创造。

特克斯文化品牌传播，除了创造一系列的新的传播空间之外，还需要创造出一系列具有高度抽象意义的精神符号。符号是什么？维基百科中将符号定义为"在一种认知体系中，符号是指代一定意义的意象，可以是图形图像、文字组合，也

[①] 花建：《文化产业的集聚发展——从创意集群到文化空间》，上海：上海人民出版社，2011年，第161—162页。

不妨是声音信号、建筑造型，甚至可以是一种思想文化、一个时事人物"。文化符号是一个抽象概念，应该可以解释为能够代表一国一族或一地文化的代表性事物、人物、建筑等。符号是最具代表性、表彰性的文化创意元素，它凸显了文化符号的创意、设计、生产在空间再造过程中的重要地位。

特克斯的历史文化资源极为丰富，不仅品质高，而且数量、门类繁多。但是，特克斯文化传播有一种使人眼花缭乱的感觉，主基调、主旋律不够鲜明，有必要提炼出一套系统的有代表性的文化符号来。这种符号创造不仅是对特克斯文化精髓的深入挖掘与再创造，更是对特克斯文化的一种提炼与升华。

特克斯文化传播符号系统的构建，至少有三个方面的价值：首先，它有利于更好地凸显特克斯的整体文化形象。现代传媒的实践证明，符号是传播的一种快捷工具，文化符号可以高效地树立一个国家或地区的文化形象，代表这个国家或地区的深层次文化。例如长城是公认的中国文化代表符号之一，体现了中华民族坚韧自强的形象。其次，有利于更深入地挖掘特克斯文化的深刻内涵。文化符号是文化精神的高度凝炼和概括，所以能够更好地体现出特克斯文化精神的深邃内涵。第三，有利于引领特克斯文化发展，提升特克斯文化产业级次。

代表性的文化符号犹如旗帜，能够起到龙头作用，引领文化发展的方向。文化产业必须以"内容为王"，代表性的文化符号就是内容的统帅。创造特克斯文化符号系统，不仅不会影响特克斯文化的多样性、丰富性，更不会压抑、束缚特克斯文化的传播，反而会起到促进、引领和提升特克斯文化品牌的作用。

提炼与创造特克斯文化具有代表性的抽象符号，并不是简单地勾画或描摹一两个有代表性的LOGO，而是要有一系列对于特克斯文化精神的深入研究与发掘之后，抽象出一系列有概括性、象征性与意象性的符号系统来。这是一项艰巨而复杂的工作，它需要一批具有现代传播学术和深厚的传统文化素养的仁人志士积极参与，尤其是需要那些中西文化素养兼备的传播人才积极参与其中。近百年以来，我们的审美观念、传播观念、接受观念等，都深受前苏联的现实主义、写实主义文化思潮的影响。在今天的世界文化市场上，"依然是西方美学主导世界的时代"，而我国的艺术设计所面临的困惑与纠结，正在于我们的文化审美观念与西方发生着"逆向冲突"——"我们每时每刻都受着抽象审美与具象审美两种不同观念和评价标准的困惑与煎熬。"[1] "我们的设计思想游离于'抽、具'两者之间的混乱，我们常常从具象的审美角度去看待抽象美，为此我们为国外设计师的创意叫绝而感到自己想不到。其实，问题的根本不是我们中国人缺乏创造力，而是我们没有

---

[1] 张琪：《视觉生态学与艺术设计》，中国建筑出版社，2011年，第19页。

掌握一种获得创造力的方法。"这些方法包括后期印象派、包豪斯现代设计思想、后现代主义思想等。

因此，特克斯文化的传播应当在空间拓展、符号创造方面，多多创新出表现现代人的心灵空间、情感空间、梦幻空间的叙事故事和符号系统。当下流行的所谓"符号即空间"、"空间即符号"等理念，表明人类在精神产品生产与传播方面开始进入到有一个全新的境界——新空间的创造时代。我们的特克斯文化品牌传播也应当与时俱进，在符号创造、空间创新上做出我们的突破与创新。

总之，特克斯文化品牌的传播应当立足于全球化、数字化时代的传播新理念、新方法、新模式之上。在特克斯文化的符号重构与空间再造、数字化技术应用，大众化传播手段与"在地化"的品牌构建等方面，充分运用新思维、新观念、新模式来改变传统的照相式、直白式、展览式的传播理念与方法，将特克斯文化品牌进行符号式的抽象概括与整合传播，使特克斯文化品牌迅速成为世界性的文化品牌，促进特克斯文化旅游产业迅速成为引领新疆乃至整个西部地区的品牌产业。

（王国华，北京工业大学文化创意产业研究所教授、所长）

推进周易文化世界化之先决课题

2009年伊始于美国、席卷世界的金融危机，及最近希腊与西班牙等打击欧洲的金融危机，不仅是单纯的金融危机，伴随而来的还有文化危机。市场资本主义（Market Capitalism）、产业资本主义（Industrial Capitalism）的结合，诞生了称为"资本主义之花"的金融资本主义（Financial Capitalism）。但是许多人已经耽溺在"金融资本主义"之中，这便脱离了资本主义的本来理念，形成了近似"以钱吃钱"的赌博投机。这是单纯的以钱聚钱，钱上堆钱，只有算钱的数字而已，毫无实质的东西，这即是泡沫资本主义。人们在自己笃信的金钱泡沫之下，最终迎来了今天的经济危机。金融资本主义不仅在经济，同时也在政治、社会、文化、艺术等领域形成了泡沫蔓延的趋势，放下了诚实性。因此，以净化、深化、诚实性、清净性及解脱性为理想目标的东洋艺术精神（就是周易精神）便处于难以发扬的局面，甚至将处于即将被泡沫艺术所淹没的尴尬境地。目前这种泡沫文化艺术还在向全世界蔓延，这预示着世界文化总体的没落趋势。随着这种国际性的泡沫文化艺术的影响，汉字文化圈固有的文化与艺术也在遭受袭击。一部分似是而非的艺术家们打着潮流的旗帜，以号称具有潮流性的作品来骗取社会的认证，或是吸引大众的注目。

因此，在要付出更大代价之前，应当迅速地摆脱泡沫效应的影响。回复到人类本来的美德中去，重新拿起诚实、节约、懂得节制等等。我们应弘扬东方文化的精髓经典——《周易》的精神，摸索出净化泡沫世界的经济、文化、艺术的方案。

一、《周易》文化世界化的必要性——借汉字文化圈文化净化世界文化

世界的经济、文化、艺术的危机在于"浮华的泡沫"。其形成原因如下：

1. 以"时尚"（Fashion）的名义使浮华的外饰正当化

时尚（Fashion）本是始于人类本性对于流行的追逐。但这最终都将成为资本主义社会追求利润的工具，使人类远离质朴性，成为污染地球的主犯。由于时尚而引起的人们对于奢侈举动的无动于衷，以至于产生了在流行过后又追求新的流行。由于追逐流行而购置的衣物或许在一年之间没穿几次便被毫无顾忌地抛弃了。

这些东西原封不动地变成垃圾，由于这些垃圾的不断产生，便形成了地球环境的不断恶化。不仅仅是衣物，还有家具、室内装潢、家电产品等等也是如此。现在人们的意识需要以《孝经》中的"先王之法服"概念来改变。《孝经·卿大夫章》中有云：

> 非先王之法服不敢服，非先王之法言不敢道，非先王之德行不敢行。是故非法不言，非道不行。口无择言，身无择行。言满天下无口过，行满天下无怨恶。叁者备矣，然后能守其宗庙。

"先王之法服"原本的意义在于"守分精神"，即各自穿符合分寸的衣服才是"先王之法服"的原本意思。衣、食、住任一项，一旦开始奢侈并陷入浮华就难以自拔，最终的结果只有破灭。所以，现在应弘扬"先王之法服"内涵的守分精神，防止浮华的外饰，转变"时尚"（Fashion）、"包装"、"设计"（Design）等文化潮流，并净化世界的文化。

2. 在"无限幸福"的欲望下，沉溺于五感满足

满足人类所有感官，使享有绝对满足与无限幸福。这种傲慢的资本主义理念使人类陷入浮华泡沫的文化中。但汉字文化圈的传统文化，一直警戒五感满足。《老子》曾云：

> 五色令人目盲，五音令人耳聋，五味令人口爽，驰骋畋猎，令人心发狂，难得之货，令人心放。

《庄子》云：

> 天地有大美而不言，四时有明法而不议，万物有成理而不说，圣人者原天地之美，而达万物之理。

我们需要用老子与庄子话中内含的汉字文化圈的文化精神，净化追求五感满足而陷入充满泡沫的人类文化。并且应以淡泊为基础，形成新的文化潮流。

3. 认可了凭借艺术之"无常形"的欺诈行为

中国宋代大文豪、诗人、书法家及画家的苏东坡曾云：

> 凡可以欺世而取名者，必托于无常形者也。

最近，在一些美术展上可以看到不具备绘画基本构型，却被作者解释为抽象画的作品。这些用以展示的"难解的名画"中不排除有欺诈行径的作品。苏东坡在一千年以前已经预先看到了艺术的欺诈性，对艺术的弊端，他以一句"凡可以欺世而取名者，必托于无常形者也"作为后人寻找艺术道路的指示。

以上的三个例子，即《孝经》的"先王之法服"精神，老子指出的"五色、五音、

五味"的弊端,苏东坡主张的"欺世而取名者,必托于无常形者"等,其实都是从《周易》精神始发而想的。因为《周易》是比中国所有经书更早形成的,可以说后代出现的经书思想以《周易》为基础。易中天曾云:

> 其实《周易》最重要的意义,就在于提供了一种世界观和方法论。也就是说,《周易》对后世的影响,主要是教会我们怎样看问题。于是,我们民族的很多思想,源头都可以追溯到《周易》。比如我们后面要讲的《中庸》和《老子》,就直接与《周易》有关。所以,《周易》不但是中国智慧的"金字塔",也是中国智慧的"昆仑山",即"万水之源"。讲中国智慧,不能不从《周易》开始。

《周易》的"天行健,君子以自强不息"中,内含《孝经》的"先王之法服"思想,《老子》主张的"五色令人目盲,五音令人耳聋,五味令人口爽",及苏东坡的"常理"与"常形"的理论。不仅如此,《孝经》的"先王之法服"思想或《老子》主张的"五色令人目盲,五音令人耳聋,五味令人口爽",还有苏东坡的"常理"与"常形"的理论,都直接反映了《周易》中的忧患意识。只要世界人类对《周易》的忧患意识得以共鸣,那么就可以净化以及去除以"时尚"(Fashion)为名义的奢侈浮华的外饰、在"无限幸福"的欲望下沉溺于五感满足、凭借艺术之"无常形"的欺诈行为,并创造出崭新的人类文化。

那么,为了使东亚细亚汉字文化圈的文化精髓——《周易》之精神起到净化世界文化的作用,我们东亚细亚汉字文化圈的人们应该从什么开始做起呢?首先我们应该做到真正了解我们自己文化的精髓,然后再以此为基础向世界推广我们汉字文化圈文化的清净精神。为此我们应该对用来记录我们文化的"汉字"加深正确的认识。

二、韩国社会对于汉字的认识与加强汉字教育的必要性

1. 汉字与汉字教育的认识

在韩国,汉字教育目前并没有被正式纳入国家公共教育的范畴。但是学生家长及学生自身对汉字学习的要求比较积极。与此相反的是社会领导人及政策立案者们反而对此呈消极的态度。其原因是由于缺乏对汉字教育必要性的认知,并且认为学习汉字是"日帝时代的残滓"等保守主义态度。但是,我认为汉字是21世纪必学的文字。

2. 21世纪,韩国加强汉字教育的必要性

我想韩国需要加强汉字教育的必要性相当大,至今为止学者们提起的理由大

致如下：

（1）韩国语语汇的 70% 以上由汉字构成，因此进行汉字教育有利于加强词汇量，使教育效果加倍。

（2）与学习韩国语及英语时的数以万计的词汇要求相比，学习 3000 个字以上汉字便可以在实际生活中自由应用。

（3）韩文以其科学性得到了世界的认证，这一优秀的文字如果可以与世界上最发达的汉字共同使用，便是表音文字与表意文字的结合，这种文字结合便可以使韩国享有世界上最便利的文字生活。

（4）韩国的历史与传统文化几乎都是利用汉字记录的。所以只有懂得了汉字才有利于传统文化的继承及民族文化的发展。

（5）目前使用的韩语词语中有许多与汉字同音，为了识别这些同音语，汉字教育非常必要。

（6）使用汉字时，由于汉字具有丰富的造语力，可以使语言表达丰富有趣。

（7）汉字因其高度的概括力，可以使得语言表达言简意赅。

（8）使用汉字可以对专业术语进行更加详尽的解释，也可以对研究结果加以明了的定义。

（9）了解汉字才可以对汉字著作加以理解和评价。

（10）使用汉字有利于对汉字文化圈艺术的精髓——书法加以继承和发展。

（11）使用汉字才便于与使用汉字的中国、日本等汉字文化圈国家进行沟通。

3. 21 世纪进入信息化时代、网络时代，新兴的加强汉字教育的必要性

（1）汉字通用代码的制定

目前已制定了汉字统一编码。处于汉字文化圈的韩国、日本、中国、新加坡、越南等国家与地区，也有必要将各自在使用的汉字编码进行统一，以促进各国之间的学术信息的交流。根据这个需要，1993 年完成了"国际汉字统一编码"。现在，只要有了依据"国际汉字统一编码"而编制的软件程序，便能在世界各国实现信息交换。汉字再也不是在电脑上使用不便的文字了。

（2）汉字输入法的开发

韩国大部分人以为，汉字未能在网络上广泛使用，是因为汉字的输入时间较长。但是，现在中国已开发了多样的输入法，使汉字的输入日益简单化。在今后的研究中还会产生更加智能的输入方法。现在，以输入不便为由而逃避使用汉字的原因已不复存在。

（3）信息化时代流通速度最快的文字是汉字

在信息化时代想要赢得竞争的关键是速度，这一点众人皆知。21 世纪信息化

时代的真正胜利的关键不是物理性的流通速度，而是人类将流通的信息放入大脑并进行信息再创造的速度。在对文字信息的读破与理解的速度上，没有其它文字可与汉字相媲美。更具体地说，利用英语或韩国语书写的两张 A4 纸张内容，利用汉字书写仅需要不到一张 A4 纸便已足够。如此，汉字是 21 世纪信息化时代中流通速度最快的文字。

（4）超越时空的传达力及保存力

与表音文字（英文、韩文）的使用相比，表意文字（汉字）的使用更具有时间及空间上的优势。用汉字编写的文献无论历史多么悠久，只要知道汉字就能很容易地理解其意思。在表音文字无法在长时间内保持其原意的特点的反面，表意文字能在长久的时间之下保持原意。

三、中国，正体字（繁体字）恢复的理由

今天我们已经习惯性地会用到"繁体字"这个词语，事实上本没有繁体字这个说法。简体字出现后，为了强调简体字的便利性而使用了与其含有相反意义的概念——繁体字，但是它本不是繁体字，而是数千年以来一直使用的"正体字"。因此，笔者认为，与繁体字这一用语相比，正体字这一用语更加准确。因此在此文章中将使用"正体字"这一用语。

在上面我已讲过应以中国的《周易》文化为中心，净化世界文化的必要性。要实现这一点，首先要转换对汉字的认识。怎样转换呢？应扔掉简体字，尽快恢复正体字（繁体字）。上面所言及的韩国对汉字的使用及需要加强教育的理由，大部分也是中国需要恢复使用正体字的理由。以下将从更加理论性的角度上探讨中国恢复使用正体字的理由。

1. 简体字的普及受到了第二次世界大战后以美苏为中心展开的世界文化秩序改编的影响

1945 年 8 月 15 日，第二次世界大战结束之后，美军即驻扎在了南韩。在美军政治之下，韩国的所有政策都由美军定夺。美军组织了朝鲜教育审议会对各种教育问题进行了分别探讨，其中教科书分科委员会提倡停止使用汉字。后来通过了小学、中学的教科书专用韩文编制，但是在必要时可以在标注括号内使用汉字的决议。这个决议于 1945 年 12 月 8 日得到通过。而这一决议也是一直沿用至今的"韩文专用政策"的母体。为什么美军如此急于推行"韩文专用"语文政策呢？第二次世界大战以后，无论是韩国汉字的废止，中国的汉字的简化，还是日本的汉字使用抑制等，都从某种程度上受到了外势（美国和苏联）的影响。早前也曾有"中国的文字改革或多或少受到苏联的影响的可能性主张"。日本于 1948 年在联合军

总指令部（GHQ）关于日本的"国语改革"一环上实行汉字的阶段性废止及日本文字的取消，同时对使用罗马文字进行标记进行强烈的劝告。日本的传统茶道、剑道、柔道等学校教育因其对日本精神的孕育而被取消。联合军指令部的类似政策，虽然由于日本国民坚忍不拔的说服力得到了相当程度的缓和，但日本的语文政策与文化政策的树立深受美军的干预，朝鲜及蒙古也是如此。由此，第二次世界大战以后，东亚汉字文化圈地区以自己国家的力量恢复传统民族文化的努力，由于占领者美国和苏联的影响而转为对美国或是苏联文化的随从。换言之，当时东亚汉字文化圈地区，在作为新兴统治权登场的美国和苏联影响下，一定程度弱化了汉字文化。

2. 简体字的普及导致阅读正体字古代典籍的不便

目前，许多中国的典籍都以简体字的方式被普及。这些变换为简体字的典籍在网络上较容易找到。但是尚未能转变为简体字的典籍也在一定程度上存在着，特别是手写本的古文书，这类古书永远无法变换成简体字而存在的可能性较大。历史及传统文化在21世纪文化知识产业时代是居先导的宝库。在发达资本主义国家美国畏惧中国的理由中，最重要的恐怕就是这点：其短暂的历史渊源无法与中国丰富的历史经验相媲美。以《周易》为始，中国所具有的传统文化资产在21世纪文化产业发展中具有强有力的竞争力。而这些传统文化资产又都是由正体字记录完成的。在阅读这些记录的同时，我们深刻感受到数千年没停止使用正体字的文化意义，所以必须要恢复正体字。

3. 计算机时代的到来使"难写"问题不复存在

当初普及简体字的最大原因之一是摆脱由汉字笔画多而带来的书写的不方便。但现在是手写文书已渐渐消失的时代，多数人都是利用电脑书写文件。电脑只是伴随着罗马拼音的指示输入文字，并不存在书写难易的问题。因为用罗马拼音来打字，所以汉字笔画之多少，一点都无关乎"难写"问题。就这样，"难写"的问题得到解决之后，外观优美的正体字没有继续被埋没的理由。笔画较多的正体字在使用时反而有利于文字间的辨别，减少了文字之间易混淆的可能性。

4. 汉字文化圈宗主国应承认邻国的汉字文化，将来电子计算机的在线互换性也应考虑

中国可以堪称为汉字的宗主国，但是汉字从中国传入韩国至今也已有两千多年的历史，日本对汉字的使用也有悠久的历史。由此可见，汉字已不仅仅是中国的文字，而是东亚国家之间共有的文字。不仅如此，台湾、新加坡、越南等东南亚地区也在使用汉字，因此汉字已经可以被称之为亚洲的文字。但是作为汉字的宗主国，中国并没有合理的理由不使用正体字。中国使用简体字，使其与邻国的交流形成了原本没有必要的障碍。正如在前面已经提到的使用正体字的理由，恢复使用正体字将有利于汉字文化圈国家之间的沟通。在志向将周易文化等汉字文化圈文化传播至世界的时刻，共同的努力至关重要。

5. 排除了生活中的正体字将无法期待汉字文化圈固有的艺术——书法的世界化

书法汇集了汉字的象形性，或者是绘画性基础，发源于中国并传播至汉字文化圈的各个国家，它是汉字文化圈里特有的艺术。因此，1956年1月28日，中国国务院在发表汉字简化方案的同时，提出"除翻印古籍和有其他特殊原因的以外，原来的繁体字应该在印刷物上停止使用"的方案。这个"特殊原因"例外地保护了书法。但是书法家们在活用这个"特殊原因"的同时，却无法抵抗一般公民只认识简体字的尴尬局面。在这样的环境之下，中国的艺术精髓便得不到应有的发展。象征中国的书法艺术若想与汉字共同进入世界艺术，则需恢复正体字的使用。

6. 恢复正体字的使用并非耗费时间的工程，一年就足矣

有人提出这样的主张：中国使用简体字已达半个世纪之久，重拾正体字将会是一个长期的工程，恢复使用正体字难以达成。但是这些都是杞人忧天。总共2235字（部首简化字14字与附录登载的常用异体字39字，共2288字）的简化字重新恢复为正体字的时间，一年已足够。

以韩国的情况来说，以小学1—2年级为对象的汉字私教育机构所设定的学习目标是，一年之内识别3000个字以上的汉字。每天仅仅学习10个字也可以在一年之间充分地掌握3000字。以大学生为例，若想达到汉字水平考试"中级"以上的成绩，则需要有3000个字以上的词汇量。普通大学生在假期的两个月时间里用功学习的话便可以拿到。这些情况都是笔者以学生为对象的调查结果。如果中国也从小学开始教正体字，并给以往学习简体字的同学发放标有正体字的生词表，应该在一年之内完成对正体字的学习。并在成人教育电视的字幕上标注正体字，这样在一至两年内就会达到对正体字的熟识。与此同时，在政府机关的公文书及网络信息上以正体字来完成，不过一两年的时间就可以恢复正体字的使用。

（金炳基，韩国国立全北大学中文系教授、世界书艺全北双年展总监督）

伊犁地区的居民与特克斯城

一、引 言

伊犁地区今以"伊犁哈萨克自治州"为名，位于中国西北的边疆，一般视之为准噶尔盆地的范围内。自治州原辖伊犁、塔城、阿勒泰三地区，设伊犁区时辖有伊宁、巩留、尼勒克、昭苏、特克斯、新源、霍城七县，以及察布查尔锡伯自治县。此为最狭义的伊犁地区。在清代新疆设省之前，新疆全境最高的首长即是以伊犁将军为名，可见伊犁所指在历史上因不同的指称而有不同的含意。伊犁地区主要是以伊犁河及其流域而来，自汉、唐以来伊犁即有伊列、伊丽的名称，如《汉书》中说"北击伊列，西取安息"[①]，指新疆、中亚之间，《新唐书》中记"渡伊丽河，一名帝帝河，至碎叶界"[②]，已至中亚地界。汉、唐时代对伊犁地区的记载当不止在于这个地方名称而已，实际上要多出许多的相关记载，与当时传统上称为西域地方的种种关系都要涉及到伊犁地区；伊犁在历史上始终占有重要的地位。因此除去今天的伊犁自治州之外，往西延伸到巴尔喀什湖、伊塞克湖、楚河等地，都可以是广义的伊犁地区，也就是今哈萨克斯坦、吉尔吉斯斯坦东方部分地区，往往在古代历史中仍泛视之为伊犁地区。大体上是以伊犁河为主的南北地域，北面由阿尔泰山、塔尔巴哈台山以南，南面至天山山脉一线，东面是乌鲁木齐以西，是古代所称西域西北部分的中间地带。以天山北麓看来，是由东往西的必经中途，往西就是到中亚内陆的地方。

汉人势力与汉文化的传播除传说故事之外，文献上是自汉朝通西域开始较为明确；尔后以唐、元、清三朝最能广及于西域地区。清朝建新疆省以后，传统的西域大部分成为中国的领土，伊犁地区（狭义）即在版图之内。汉人与汉文化初始并未为伊犁地区乃至于新疆的主要族群与文化，是汉朝以后逐渐地、局部地往西发展，清代以后始有较多的进入新疆，遂造成多元族群及多元文化的状况。

[①] 《汉书》卷70《陈汤传》，北京：中华书局，1992年（以下引正史，皆为北京中华书局本），第3010页。

[②] 《新唐书》卷40《地理志四》，第1047页。

二、伊犁地区的史前文化

伊犁地区是因伊犁河而得名，其源头为西天山山脉，往西流入今哈萨克斯坦国境的巴尔喀什湖，故伊犁河流域东部在中国境内。在中国境内的伊犁河的主要支流，右岸有喀什河、霍尔果斯河、巩乃斯河，左岸有恰伦河、奇利克河、特克斯河，在哈萨克斯坦另有数河支流，全长约1500公里，沿河两岸都是伊犁河流域地带，在中国新疆西北形成狭谷形状。如以伊宁为中心的伊犁谷地，以昭（苏）特（克斯）为中心的特克斯河流域，是西端新疆的绿洲地区。这些绿洲型地区自然因水草丰美之故而成为人们生聚的良境，伊犁地区当地的居民是欧亚草原的部分族群。新疆在中国是西北地区，但在欧亚草原却处在较中心的位置，因之新疆的历史、文化、族群与欧亚草原是密不可分的。其中又以接壤的中亚地区更为密切，几乎应做一体的考察，尤其是史前时代。一般以汉朝通西域作为新疆史前时代的结束，尔后除中亚地区仍与新疆密不可分外，又加增与东方汉族与汉文化的密切关系，以及汉朝前后与蒙古高原的关系。概略而言，对新疆各方面的探讨与研究是以中亚、蒙古、汉地三者关系为主要的重心。中亚与蒙古并在阿尔泰语系或游牧文化圈之中，与南方汉系或农业文化二者间的相异，又有二者的种种关系，此在中国古代的传统中视之为"胡汉"关系，但多在于文献记载之后的种种关系，在史前时代则多依赖考古发掘。

新疆史前文化大体分为旧石器时代早中期、旧石器时代晚期（细石器时代、中石器时代）、金属时代（青铜时代、早期铁器时代）。也有分为旧石器、细石器、青铜、铁器四时代，或者分为旧石器、中石器、石器、铜石并用、青铜、早期铁器时代六个时期。[①]在一般论述中国新旧石器时代的著述中，甚少论及西北新疆而仅及于甘、青地区，原因大概是新疆地理、气候关系，以及工作起步较晚，虽已建立起基本框架，但存在一些问题，如缺乏比较全面性、科学性准确的资料，文化类型与分期及关系尚不够准确，与周边各地文化关系的渊源与交往也尚未厘清等。在考古文化的类型学、地层学、器物定名、文化概念、时代等都有需加强的空间。[②]新疆史前各时代都有考古文化的发现，但绝大部分的发现是旧石器时代晚期

[①] 郭物：《新疆史前晚期社会的考古学研究》，上海：上海古籍出版社，2012年，第18、19页。第二种分类参见苗普生、田卫疆主编：《新疆史纲》，乌鲁木齐：新疆人民出版社，2004年，第18、19页。第三种分类参见陈戈：《新疆史前文化》，《传统文化与现代化》，1995年第5期，第47—54页。

[②] 陈戈：《新疆史前文化评述》，收在孙进己、孙海主编：《中国考古集成·西北卷》（以下简称《西北卷》），郑州：中州古籍出版社，2000年，第一册，第512—515页。郭物前揭书，第35—37页。吕恩国：《论新疆考古学研究中存在的几个问题》，《西北卷》第一册，第502—508页。

以后的遗址，距今约 20,000 至 10,000 年前开始，以及距今 4000 年以后的金属时代遗址较多。新疆考古文化表现出一些值得注意的特点，其一是彩陶与金属器共存，不似中原地区彩陶属于新石器时代文化般地区分；其二，是彩陶与金属器的年代不超过距今 4000 年；其三，是准确的新石器时代文化尚未发现；其四，是史前时代的类型与区分有待新的进展。①

伊犁地区的考古调查早前多是附随新疆考古调查来进行，以所见遗址为主，诸如古城、寺庙、古冢、石雕像等②，多以所见而简略记述或择选部分简列。较完整的地区调查，是 1988 年开始为期一年的文物普查，于各县进行田野调查工作，发表的报告说墓葬可达 142 处，有 10,300 座古墓，并介绍其中 79 处。这些墓葬仅极少数有考古发掘，如特克斯一牧场墓群中的几座，霍城大西沟墓等。③后来的第三次普查，发现墓地为 1100 余处，墓达 5 万座，又有岩画 40 多处。④墓葬的考古调查与发掘，由内、外部所得的各方面、各种的资料，是探讨历史、文化的重要依据，故而最受重视。但考古调查只是初步面貌的认识，必赖发掘后始能得到更多的、具体的内涵，若发掘不足，则难以说有具体的发现及周延的结果。

伊犁地区较明确的史前晚期（前 13 世纪至前 2 世纪）墓地，典型的墓群有索敦布拉克、吉林台二地，另有部分区域性墓地等。⑤索敦布拉克墓群，在察布察尔县城西南，乌孙山北麓山前的沟口，数量达百余座，发掘有 30 余座。墓葬时间约在公元前 5 世纪至公元前 3 世纪。墓的形式、葬式、器物等有属于塞人遗存及乌孙早期的文化，与新疆、哈萨克斯坦伊犁河流域墓葬有同也有异。总的来看，伊犁河流域在面貌上可能属同一种文化系统，因年代、地域而存在些差异。此墓群所见应较可能与塞人有关，又显示出有少量农业与相对定居的生活，但其经济形态仍以畜牧业为主。吉林台墓群，分布在喀什河南北岸及山前坡地沟谷，数量达

---

① 参见前陈戈文。
② 黄文弼：《新疆的考古发现——伊犁的调查》，《西北卷·综述一》，第 857—862 页。西北文化局新疆省文调查工作组《新疆伊犁区的文物调查》，《西北卷·综述三》，第 1422—1425 页。其他见向达：《新疆考古概况》，《西北卷·综述一》，第 403—408 页；李遇春：《新疆维吾尔自治区文物考古工作概况》，《西北卷·综述一》第 412—416 页；新疆维吾尔自治区博物馆新疆社会科学院考古研究所：《建国以来新疆考古的主要收获》，《西北卷·综述一》第 417—430 页；穆舜英：《新疆考古三十年》，《西北卷·综述一》第 433—441 页。
③ 新疆维吾尔自治区文物普查办公室、伊犁地区文普查队：《伊犁地区文物普查报告》，《西北卷·综述二》，第 1173—1190 页。张玉忠：《伊犁河的文物考古新发现》，《《西北卷·综述三》，第 149—150 页。墓葬发掘的大概情形，参见郭物前揭书，第 215、216 页。
④ 郭物前揭书，第 214 页。
⑤ 郭物前揭书，第 217—248 页。本文所述本于此。另参见刘学堂、李溯源：《新疆伊犁河流域考古新发现》，《西域研究》2002 年第 1 期，第 109—110 页。

600余座。主要发掘为穷科克台地1号墓、2号墓,墓葬时间约在公元前10世纪左右。文化类型上以1号墓葬与察吾呼文化(和静县哈拉木敦)存有某种关系,又与另一遗址克拉苏都县有哈萨克斯坦的安德罗诺沃文化有关。其他规模较小的发掘,有如加勒克斯卡茵特(喀什河南岸)、哈拉图拜(尼勒克县东)、琼博拉(尼勒克县西南)、乌尔塔克尔(巩留县东南)、黑山头(新源县东北)、恰甫其海A区(特克斯县喀拉托海乡、喀拉达拉牧场)、恰甫其海山口水库(巩留县莫合乡)、特克斯—牧场(特克斯县东南)、夏台(昭苏县西南)、萨尔霍布(昭苏县南)、昭苏种马场(昭苏县东)、波马(昭苏县西南)。这些规模较小的发掘也有文化关系可见,如琼博拉墓群发现的青铜盘,与哈萨克斯坦的发现相近,为公元前5世纪至公元前3世纪之物。铁木里克墓葬的带柄铜熨斗,与哈萨克斯坦所见相似。恰甫其海山口墓葬特征与穷科克1号墓葬特征相似,且墓葬形制完全一致。特克斯—牧场釜钵的腹部纹饰特征,在辛店、寺洼文化(甘肃临洮)中较为流行。阿克不早沟的葬式、铁剑刀、颅骨形等与蒙古汉代匈奴墓葬中较为常见。就以上史前晚期伊犁地区发掘的重要墓葬来看,其在文化关系的地域上与新疆、哈萨克、蒙古有关联,与塞种、乌孙、匈奴族属也有关联,尤其确知的乌孙族人墓葬为数甚多,这些考古资料显示的族群应曾为当地居民无疑。

  再回述新疆的史前考古文化来看,旧石器时代晚期的遗址如吐鲁番盆地交河故城西南台地及鄯善县土克台、乌鲁木齐东南柴窝堡湖东侧、帕米尔高原塔什库尔干河谷、阿勒泰哈巴河多朵特等,都是采集与目见的遗址,仅有各类的石器、石片、火烧堆、彩绘等,未能有进一步的研究,也无法确实掌握其文化类型与关系,但至少说明有史前人类活动的遗迹。被认为属细石器时代的地点,有哈密的七角井,阿尔金山的野牛泉、喀尔墎,鄯善县的底坎尔,尼雅河上游的乌鲁克塔拉,木垒县的塔尔巴克陶等地。晚期细石器遗址较多,如吐鲁番的阿斯塔那,罗布泊的孔雀河下游等。在晚期细石器遗址中较突出的是曾发现矛头、石镞、陶制品等,但也有铜器的使用。若透过所发现的细石器遗址看,其分布地区广阔,几乎遍及天山南、北。其次是制作工艺特色明显,较多的是细石叶石器,也有几何形石器,而据推测细石叶受华北细石叶的影响。其三是时间延续颇长,由距今10,000年至4000年,且与金属器、陶器共存一段时间。[①]在这里说明新疆整体的史前考古调查与发掘的大约面貌,但在这些基础上的文化类型与关系有待进一步的探讨,也约略呼应了前文所述的史前考古的问题。

  距今4000年以后,新疆进入金属时代或金石并用时代,考古发现较多,文化内涵也较丰富。较早的如著名的罗布泊古墓沟、哈密五堡遗址等。而罗布泊遗址

---

① 苗普生、田卫疆主编:《新疆史纲》,第35—42页。

的西方人种更是名闻中外的发现。此后的札洪鲁克墓地（阿尔金山麓且末河畔）、察吾呼沟墓葬、苏贝希墓地（鄯善县）、索敦布拉克（伊犁）等等是铁器时代重要的考古文化。①

伊犁地区的史前文化不能脱离新疆的考古，在于二者之间关系密切，必须置于并列考察的地位，如前述的索敦布拉克、吉林台的伊犁考古即是。公元前 3000 年以后，欧亚草原及中国甘青地区的文化进入新疆，形成人种及文化汇聚之地，加上气候因素，经济与生活形态渐趋变化，或为草原游牧，或为城郭农牧。经目前的研究大体上可以知道，欧亚草原铜石并用时代及额那亚文化（Yamnaya，伏尔加河下游，欧洲人种）人群沿额尔济斯河进入北疆阿勒泰地区，阿凡纳羡沃文化（Afanasyevo，塞尼塞河中游，欧洲人种）、奥库涅夫文化（Okunev，南西伯利亚，蒙古人种）也进入北疆，这些文化融汇成切木尔切克（阿勒泰）文化，而后分别进到博格达山北麓、塔里木盆地、哈密等地区，又孕育成其地的文化支系。稍晚的安德罗诺沃文化群（Andronovo-like Culture Horizon），由西方沿塔城、阿拉山口、伊犁、喀什等地进入新疆，在伊犁地区的考古发现都有受到这文化群的影响。又发现有稍早的辛塔什塔—彼德罗夫卡文化（Sintashta-Petrovka Culture）的铜斧、铜铸等。伊犁及新疆西部在铜铁器时代深受安德罗诺沃文化影响，而此种文化又与塞种（SaKa，Sacae）有密切关系。中国北方甘青地区的四坝文化、辛店文化、羌族系文化、红山文化、李家崖文化、夏家店下层文化等，在新疆考古中都发现其文化因素及相近的类型。在商、周时期的文化影子在新疆考古文化中略有所见，应是有接触、交流的现象。此种情形愈往后关系也愈明显，到汉朝与匈奴及西域的关系，则在文献中更为明显。

总之，伊犁与新疆较清楚的文化关系在史前晚期，即金属时代，受到东、西二方文化的影响，目前看来似乎西方的文化及人种因素较多。公元前 2000 年至公元前 1300 年为东西文化接触、融合较明显的时期，到此下至公元前 3 世纪为各地区域文化形成、发展及分化的时期，而人种与文化、社会的各方面也一直在涵化之中。②考古与文献在各方面都提供了历史文化发展及其各方面间的关系。

三、伊犁地区的居民

由前述考古文化的发掘与调查，已知伊犁地区于史前即存在东、西方文化的交流及影响，但以西方欧亚草原东来的比重较多。以公元前 4000 年以后的金属文

---

① 苗普生、田卫疆主编：《新疆史纲》，第 42—49 页。
② 郭物前揭书，第 250—313、488—492 页。

化关系较为清楚，即史前晚期发掘所见较多。晚期青铜与早期铁器时代当为草原游牧化开始时期，约在公元前14世纪时，到公元前10世纪至公元前9世纪游牧化在欧亚草原的萨彦——阿尔泰地区基本已完成。公元前8世纪至公元前7世纪斯基泰（Scythians）等游牧民族开始形成。公元前7世纪至公元前3世纪，活动于欧亚草原的有塞种(泛称)，包括斯基泰、马萨革泰(Massagetae)、伊塞顿(Issedones)、戎狄、大月氏、匈奴等游牧民族，其中有政权建立，势力大小不等的邦国，而城郭之国与行国，因畜牧、农耕社会逐渐形成。[①]不论城国或行国，及伊犁地区即为曾在该地的生聚族群。

　　新疆居民的人种学分类有印欧人的三种类型（帕米尔费尔干纳型或中亚两河型、原始欧洲型、地中海型），另外即蒙古种[②]。这些类型又可细分为几种型。在金属时代要以印欧人为主，他们起源于近东小亚细亚一带，向东、西发展，南俄草原是迁徙者的故乡。在伊犁地区金属时代的居民，塞种人最值得注意，塞种人有不同族群，故而有不同族称，但也有将不同族群笼统称为塞种。大体上塞种起于黑海北岸与克里米亚北部，各群四处游牧为生，也受族群间挤压而有迁徙。如被波斯人称为塞族的斯基泰人至少就有三种族群，他们有游牧或城郭的生活分别，公元前7世纪已出现在楚河、伊犁河流域，有学者主张在此前或来自东方；甚至是由黄河流域在公元前11世纪西走，则远在3000年前塞种人先早已东迁至华北地区。[③]若依此来看，先秦时的诸戎狄羌胡等可能部分为塞种人的族群。稍后在新疆的大月氏、乌孙，被视为塞种的旁支或遗留，大约就是其族群的称呼。

　　就考古的人类学材料而言，伊犁与中亚地区乌孙人的人种关系呈现出一致性的结果，其主要成分是印欧种安德诺沃型、中亚两河型，少量的北欧型及蒙古种。其中蒙古种的类型尚不清楚，而何时有蒙古种的混合也尚未找出，但也因蒙古种的混合，形成南西伯利亚人种类型的重要因素。[④]由于人类学人种的研究，可以并文献所载来考察史事，如《汉书》载张骞所说大月氏与乌孙共在"敦煌间"或"祁连、敦煌间"[⑤]，故多以为大月氏与乌孙在河西之地，往西迁至新疆。若以吐火罗

[①] 郭物前揭书，第16页。所说有萨罗马泰、萨尔马泰人，然未记其对音，笔者据余太山：《塞种史研究》（重订本），北京：商务印书馆，2012年，第1—40页。
[②] 郭物前揭书，第283页。韩康信：《丝绸之路古代居民种族人类学研究》，乌鲁木齐：新疆人民出版社，1993年，第1—33页。
[③] 余太山：《塞种史研究》，第1—40页。曾宪法：《先秦时期塞种人之族源及其东渐问题》，《国际关系学院学报》2001年第2期，第47—54页。
[④] 韩康信前揭书，第261—289、293页。
[⑤] 《汉书》卷96《西域传》"乌孙"条，第3902页。卷61《张骞传》，第2691、2692页。

(To'kharoi)语来分析"祁连"是指天山,而非河西的祁连山,在当地的译语为"析罗漫"山①,故而应是在敦煌以西天山山脉一线直到伊犁地区,当大月氏为匈奴所破,往西夺取乌孙伊犁地区,乌孙余众往东迁至吐鲁番一带,依附匈奴,后得匈奴协助西攻大月氏,收复"故地"。②《旧唐书》中记载伊州的伊吾(哈密)说在"炖煌之北,大碛之外",又说"天山,在州北一百二十里,一名白山,胡人呼折(析)罗漫山(巴里坤山)",可知唐代的记录为确。又记北庭都护府的庭州(奇台西北)有金满县,说是"前汉乌孙部旧地"。③也可知有所根据,即乌孙曾为大月氏所攻破,在旧地博格达山、吐鲁番一带。又河西地区的考古发掘全是与蒙古人种关连的遗存,若乌孙原生聚于此地,当为蒙古种族类型,以后迁徙往伊犁地区,则成为欧洲人种类型,恐怕绝无可能在短时间内得以完成其"变种",而河西地区至今也尚未发现与乌孙相关的资料。④应可说乌孙不可能早年即生聚于河西地区,然后为大月氏所逐往西到伊犁地区,而应是与中亚的塞种人东来时即在伊犁地区及以东之地的,而后得匈奴之助再收复伊犁地区。

欧亚草原民族的移动早为各种东西方文献所记载,本是游牧性质的族群频繁迁徙的历史,彼此之间有并联的关系,也有相互推移的关系。一个民族可能含有不同种族的体质类型,而一个种族也可能含有一个至多个的民族。像伊犁地区或新疆族群往来迁徙的频繁,难以简单地归属成必定是由单一民族聚居或构成,如说匈奴、乌孙,只是便于认知这些集团或政权或主体族群,实际上由文献与考古发掘都可知这些集团政权不会是单一的种族或民族。

中国先秦的文献(包括甲骨文、金文),记载许多方国及戎狄等族群,在地理分布、族属上有不少争议,加上迁徙流动,使得问题更形复杂。关于地域上的居民也是如此,即族群迁徙到地境,成为土著,而外来族群及原地土著共同生聚,形成"新"族群,如此历史的发展,显现出族群的变动及复杂性。故而地域上的居民是文献记载及考古发掘可知的即曾为当地的居民。但在考古发掘所说的考古文化有时未必能确知其族群,而只能显示出其文化关系,如在墓葬中发现有匈奴型器物,又有汉人型器物,则无法确定墓主为匈奴人或汉人;故而只能说墓主有这二型文化关系,若有遗骸可供人类学的考察,庶几可以知其种族。遗址为地域居民的存留,遗址的文化类型可知,则居民所属大体可知。在伊犁或新疆地区,

---

① 林梅村:《汉唐西域与中国文明》,北京:文物出版社,1998年,第64—69页。
② 戴春阳:《乌孙故地及相关问题考略》,《敦煌研究》2009年第1期,第38—47页。
③ 《旧唐书》卷40《地理志三》,第1643、1646页。
④ 韩康信前揭书,第289页。

由于许多的遗址调查或发掘,还不能有较多的文化类型可以建立,因此不易得知较完整的族群文化关系。伊犁地区的调查,至少可知的考古文化,在族群上有塞种人、乌孙人、突厥人,曾为当地的居民。①伊塞顿人、月氏人也曾是当地的居民。②文献所载可知较多者,有伊塞顿人、独目人、斯基泰人,③以及中国文献中的匈奴、回鹘、蒙古、汉、乌孜别克、柯尔克孜、满、锡伯、俄罗斯等等,都是因统治与迁徙关系而来到此地,使得愈往后愈多族群成为当地的居民,成为欧洲与蒙古人种汇聚之地,也带来历史上各时期民族的文化。

古代伊犁地区的居民,原以欧洲人种的族群占大多数,在考古文化与文献所载都可呈现出来。在中国文献上较为人所知的塞种、大月氏、乌孙可为欧洲人种族群的代表,虽然考古发现混有些许蒙古人种因素,但主体是属欧洲人种。蒙古人种开始较多地往新疆及伊犁地区应是始于匈奴人,由于匈奴帝国统治范围所及,应有其族群为当地的居民,但究竟其情形如何并不能确知。后因汉朝通西域,各种和战、通婚、贸易关系,渐有汉族的居民西移,如众所周知细君、解忧公主与乌孙的联姻,即是著名的例子。以下由史料中简要指出各族群的势力所及。匈奴之后为东胡鲜卑人势力,达到匈奴、乌孙故地,即伊犁地区,④当时是魏晋时期,约公元3、4世纪时,乌孙仍居于伊犁地区或部分有所迁徙,不过为鲜卑初期势力所控制,是否有鲜卑人入居伊犁则不得知,推测应有一些。乌孙人大规模撤离伊犁地区是由于东胡的柔然兴起,扩张于大漠南北,并西及于新疆,于是约5世纪中乌孙"西从葱岭山中"⑤,此后约是柔然人为伊犁的居民;但部分乌孙人应仍留居于当地,并未全部撤走。柔然之后为突厥所取代,因之也控制了新疆之地。约在6世纪中期时,史书载突厥的势力"东自辽海以西,西至西湖(里海)万里,南自沙漠以北,北至北海(贝加尔湖)五六千里"⑥,可知西面新疆、中亚一带为突厥所控制。而后西突厥别部突骑施以"弓月城、伊密水为小牙(帐)"⑦,弓月城当在今伊宁县或尼勒克县境内。突厥之后

---

① 前揭《伊犁地区文物普查报告》。
② 王小甫:《先秦我国西北的塞种》,收在孙进己、孙海主编《中国考古集成·西北卷·青铜时代》,第756—761页。
③ 郭物:《欧亚草原东部的考古发现与斯基泰的早期历史文化》,《考古》2012年第4期,第56—69页。另见余太山前揭书,第15—45页。纪宗安:《9世纪前的中亚北部与中西交通》,北京:中华书局,2008年,第52—65页。
④ 《三国志》卷30《乌丸鲜卑东夷传》,裴松之注引《魏书》,第837页。又《魏书》卷1《序纪》,载拓跋郁律(平文皇帝)时曾"西兼乌孙故地",见第9页。都说明鲜卑曾势力及于伊犁地区。
⑤ 《魏书》卷102《西域传》,第2267页。关于乌孙的迁徙,或有三阶段说,参见马曼丽《关于乌孙西徙的几个争议问题》,《西北史地》1990年第2期,第9页。
⑥ 《周书》卷50《异域传下》"突厥"条,第909页。
⑦ 《旧唐书》卷215《突厥传下》,第6066页。

的回纥为同种，即以欧洲人种为主，混有蒙古人种，当回纥强大时控有西域地区，同样也成为当地的居民；回纥又与今日维吾尔族有密切关系。①由此下历契丹、女真、蒙古、满族等族势力与版图所及于新疆，中亚地区的政治、军事、婚姻等关系，这些民族也成为当地的居民，开始有较多的蒙古种族群向西移入。同样自汉、唐以来，汉族因西域的控制及战略的需要，已有些许汉族移驻新疆地区，如都护、都督府的设置及驻军即是基本上的移驻。不论何种原因，族群的迁徙是自古长期进行的历史现象，因此关涉民族问题、地域问题、族群关系问题，都可以看到这种历史现象，由于相关的探讨研究甚多，无法多论。②总之，移徙到地，或暂短停留，或为土著，即可视为当地的居民，也因此几乎在任何地方极少有单一族群始终为单一居民之处。从历史上考察不难发现族群及其文化的交流、融合情形，尤其像新疆伊犁地区，远古即为欧亚草原族群活动频繁之地，川流来往不息。较特别的是当地处于欧洲人种与蒙古人种交会之区，而早期要以欧洲人种各族群为多，蒙古人种有后来居上之势；蒙古人种往西移动渐盛的时期，应是由 10 世纪左右开始。

四、关于长春真人的西游与特克斯城

特克斯（Tekes）源于蒙古语"岩羊"，即"野生山羊"（特克、Teke，另外有近似 Tege 音，意为大羊角）之意。在行政区划上时归伊犁地区，未设区级政府时则直属自治州，今属伊犁哈萨克自治州。其地理位于天山北麓褶皱带，伊犁河上游特克斯河流域，特克斯—昭苏盆地东端，南部为南路天山，中部为特克斯河谷盆地，北部为属于中路天山的乌孙山，地势南北高、东西低，呈自西向东倾斜之势。特克斯县城是民国二十六年（1937）由伊犁屯垦使邱宗浚发起设计兴建，民国二十八年（1939）经县长班吉春主持建城，当年十月县府由科布迁入新城，即俗称的"八卦城"。③城市格局依《周易》八卦图而建，成为世界唯一的八卦城（村镇类不计入），近十余年来颇受国人注目。因为罕见的城市景观是基于对《周易》文化的热衷而形成，故引来了文化、旅游的兴致。县城的兴建缘起虽出自邱宗浚个人的喜好与构想，但随之也有不少的异闻传说在其中。本来地方上的历史、文化传说杂多是普遍现象，不足为奇，能添加地方的色彩与趣意，也可供今后人

---

① 杨建新：《中国西北少数民族史》，银川：宁夏人民出版社，1988 年，第 390—395 页。
② 历代以来各族群及汉人在西域的活动关系，参见黄盛璋、钮仲勋：《从历史地理看西北边疆》，《西北民族研究》1986 年第 1 期，第 21—34 页，有简要说明。另参见贺灵主编：《丝绸之路：伊犁研究》，乌鲁木齐：新疆人民出版社，2009 年，全书对伊犁地区的历史与文化有颇完整的论述。
③ 特克斯县地方志编纂委员会编：《特克斯县志》，乌鲁木齐：新疆人民出版社，2004 年，第 44、450 页。

作为参考或考查的线索，流传或记载应是地方的美事。

特克斯八卦城的"八卦"，流传最常见的是长春真人丘处机，说是他游经天山见特克斯河谷集山刚、川柔、水盛于一体，立方位而定城的雏形。以上说法出自《揽胜伊犁》等有关资料。[①]关于长春真人，他是古代历史文化名人，又是道教全真派一代掌门，他也曾往天山至中亚地区，八卦又与道教关系紧密，而新疆僻远，伊犁更近中亚，古来即罕有汉文化的踪迹，何况又将汉文化具体成规模地呈现，绝非易事。恐怕因此长春真人就成为传说的最佳人选了。

长春真人是华北全真教派龙门一脉的掌门，全真教的源起及历史非本文主旨，有许多资料及论著可参看。在金、元之时道教各派盛行于华北，这与女真、蒙古的统治背景有关，是为社会民生与文化保存致力的宗教。真人丘处机在金朝统治的山东栖霞出生，时为12世纪中期。他在二十岁时为全真教创教主王喆收为弟子，道号长春子。在西行之前，真人大都在山东、陕西修道、传道。13世纪初蒙古兴起，随之南进攻金，西征西域。成吉思汗西征时遣使召请名闻华北的真人见面，于是就有长春真人西游天山之事。[②]成吉思汗（元太祖）十五年（1220），真人奉诏西行；次年二月到河北涿鹿，往宣化，开始西行，时年已七十四岁高龄。他的行程由张北走达里泊，绕道克鲁伦河见可汗弟斡辰大王，再转往蒙古和林西行，经杭爱山、科不多，过阿尔泰山，下准噶尔沙漠经吉木萨尔到吐鲁番，西走乌鲁木齐、昌吉、石河子、乌苏，过沙地、赛里木湖到达霍城，停留三日后沿伊犁河西行，渡河往楚河，再渡河到托克马克、塔什干，终点到撒马尔干；即所谓八鲁湾行宫（在兴都库什山脉间），面见成吉思汗，于是有前后数次的讲道，也往返撒马尔干数次，共约有八个月时间停留在西域地方。到太祖十八年（癸未，1223）三月东返。次年二月回到燕京（北京），共历时三年之久。往返行程路径基本相同，在来回路途上虽都经过距特克斯最近的霍城，但去程未见有南下渡伊犁河到特克斯的行程纪录，只有往西渡河再西行之事。返程也未见有到特克斯的记录，且当时或许还未有"特克斯"地名的称呼；以地理言似不至于南下到特昭盆地去。长春真人西行的路径就是此前蒙古西征的路径，沿路开山架桥，辟路通道等等，已建构出由蒙古、新疆往中亚的通道，都无往特昭地区的必要及路径。在《长春真人西游记》中记载行程颇为详尽，记录时间、路程、地名外，还时有记载所见地理、山川，所见人物、居民等，或有言谈及诗作。

[①] 魏凯旋：《城市景观中的文化融合——以新疆特克斯八卦城为例》，《保定学院学报》2009年第22卷第4期，第116—118页。相关的说法甚多，不赘举。

[②] 于长春真人事迹及其西游，参见姚从吾：《元邱处机年谱》，《东北史论丛》，台北：正中书局，1968年，下册，第214—276页。本文所述邱处机西行根据此文，不再多注。又邱处机的西行，有其弟子李志常编：《长春真人西游记》，台北：正中书局，王国维校注《蒙古史料四种》，为本文所据史料。

若特克斯地理丰美，山河气顺，当有所记录，且应有诗作才对，奈何皆无所见。

若说长春真人到过特克斯的话，可能或有二种推例，其一是往返路程走稍偏南一线，即由吐鲁番西南走阿拉沟、巩乃斯沟、新源到特昭盆地，可以去到特克斯，但据史料所见并非走这条行程。其二是按《西游记》所载，前已言及真人到阿力麻里（霍城）曾有停留数日，时是九月廿七日，有铺连满（木速蛮，伊斯兰教徒）王，蒙古塔剌忽只（达鲁忽赤，地方监镇首长）等领部人来见，宿于城中的西果园，供献来的物品有秃鹿麻（棉花）。真人由阿尔泰山一路作有长诗，诗中说明蒙古西征时沿途架桥通路，正是此行的路径，到达霍城因一路上的艰苦总算可以休养数日，"连日所供膳前"，是有在霍停留数日。后面记载离霍城"又西行四日"，然后渡伊犁河，时间是十月二日，于是可知真人在霍城休息了三天。在停留期间或许听闻特克斯之地风水佳美，因而作兴前往，故得能预定出八卦方位也未可知。其次，或在返程时停留间前去，但在返程中停留时间不详，似乎未作一日之留。①照上述看来，臆测的可能是西行去程在霍城停留三天期间，真人或者到特昭盆地一行，因此可以产生定八卦城方位的传说。传说就是传说，不在于"认真"对待，留给地方凭添美事，岂不甚佳？这也是一种另类的文化。

五、结 语

本篇短文极简略地说明文献与考古并用的探讨是发现历史文化必要的方法，尤其是史前时期。伊犁地区有必要与新疆、中亚、蒙古、华北的历史文化探讨并观，都不能分离独立来看，除去个别主题的研究，是为深入细部的了解而进行探讨外，整体相关的资料与研究是有助于往更精深及周延的方向发展。

特克斯虽在晚近才建制，但特昭盆地及伊犁地区的历史文化却有着长远的发展，是东、西历史文化会萃之地。古代的历史文化放在西域这个大范围中，有中亚（包括欧洲）、北亚的族群与文化在此发展，也有汉族及汉文化的浸润。以历史时间来看，非汉族文化所据有的时期较长，也是当地的主流。约近300年来，汉族及其文化始西渐趋盛，而民族与文化的涵化融合至今仍在进行之中。在新疆西域之地，如特克斯的八卦城确属特色。儒、道二家都讲易理与八卦，道教与风水更喜谈论，在既有的八卦城基础上，不止将这种符号象征的意义加以文化的构思，也应将传统的西域文化融入，有和谐共鸣之效；同时也符合"天地交而万物通，上下交而其志同"的旨趣。

（王明荪，中国文化大学史学系教授）

---

① 《长春真人西游记》，卷上第38页上—卷下第10页下

从八卦神牌论述泰国的中国神明崇拜

一、前 言

十九世纪末二十世纪初，随着华人大量南来东南亚，中国神明也广泛传播海外。以泰国的情况来说，其虽然是一个笃信佛教的国度，但是祭拜中国神明的风气也非常兴盛。随着闽南、潮汕移民的迁入，天后圣母、清水祖师、玄天上帝、观音、九皇爷、太上老君、八仙、济公、善才童子、哪吒、关帝爷等神明也来到泰国。在泰国北部、中部、南部到处都可以看到供奉这些神明的庙宇、神坛和神位。

我一向认为，海外华文文化深受中国的影响，这种影响使得海外华文文化具有浓浓的中国性。不过，中国文化传播到海外，海外华文文化在当地生根成长，更在当地文化、政治、社会的哺育下，和当地的文化、政治、社会融合，而具有当地的本土性。这种本土性随着时日的进展，会越来越浓烈，而成为当地文化的灵魂与生命。中国神明文化的传播也是如此。在泰国的神明崇拜，一方面受到中国影响，如前面指出的，泰国人民供奉不少中国神明，但是又有自身的特色。如泰国的道教寺庙，不但寺庙名称兼用泰文、中文，庙宇建筑也兼具泰国与中国特色。所供奉的神明中，佛教的神明与道教的共处，甚至还有神明融合的状况。此外，在崇拜的神明上，泰国人民又有对当地人物与神明的供奉，如对政治人物郑王的崇拜就是一个例子，也有他们对自己神明如林姑娘的供奉等。有关这些方面，已有不少文章论及，此不赘述，本文将从另一个方面来讨论泰国的中国神明崇拜。

泰国佛庙常制作佛牌，供信徒佩戴。据说佛牌有避邪、生财、挡灾、护身等功能，深受泰国民众的爱戴，也广受东南亚华人的欢迎。因此佛庙纷纷推出佛牌，佛牌样式多，数目极多，琳琅满目。至今为止，还没有人真正统计过泰国佛牌的数目，不过相信会有数十万种。本文作者之一的杨松年多年来频繁往返泰国，深深受到这些佛牌的吸引，于是广泛收藏。在收集的过程中，他也对中国道教寺庙、神坛的神牌非常地向往，于是连带收集。本文将通过所收集的神牌，从八卦的层面来论述泰国的道教神明崇拜。这类神牌很多，有些是铁制的，有些是灰土制的，也多不胜数。本文单就铁制神牌论述。

二、由八卦神牌看泰国的土地神崇拜

中国有土地神崇拜,为时极早。《左传》记载春秋社事云:"凡有社里,必有土地神。""社"字的造字,从示从土,《说文》:"示,神事也。凡示之属皆从示。""示"的字义有种种解释,不过可以肯定的一点就是,如《说文》所指出的,其必与神事有关,也就是与祭祀有关。"土",《说文》:"土,地之吐生物者也。二象地之下,地之中,物出形也。"字凡具土者都和土地有关。因此:"社"字的意涵,清楚包括与土地有关的意思。早期的中国,二十五家可以成为一社,其后随着时日变迁,社的规模也就因时因地而异。但可以肯定的是,在中国社会,人们群居,达到一定数目,可称为社,而社有社神,那就是土地神。而由于政治动乱、社会不安、经济困境,人们不得不经常迁居移徙,土地神也跟着搬迁,有的在内地迁移,有的更跨国传播。土地神原来只有土地公,其后又增加土地婆,土地公婆都是慈祥的白发苍苍的老人家(见图1),非常符合中国人尊老敬老的心态。

中国土地神来到中南半岛,形象有些改变,也换了一个名称。越南、泰国、柬埔寨的土地神,人们称之为"本头公"。本头的意思是什么,有各种的说法。我们的意见是中南半岛潮籍人居多,潮籍人讲我们这里,音为本土,与本头音近,本头公,意即我们这里的土地神。在泰国,本头公的祭拜风气极盛,大小地方,都有本头公寺庙、神坛、神位。泰国道教寺庙,制作不少本头公神牌,一些神牌只署本头公而已,如图2。从这神牌图可以看出,虽

图1 土地公、土地婆神像

然本头公的座位、服装,和中国的土地神略有不同,但从笑容等神采看,可以说是中国土地神的泰国版。

泰庙本头公像一般是文装的,如图2,但是也有武装的,如图3,神采就和中国土地神有很大的不同了。

图2　　　　　　　　　　　　图3

图4　　　　　　　　　　　　　图5

图6　　　　　　　　　　　　　图7

泰国本头公庙到处林立，这符合中国地方凡有社，就有社神，就有土地公庙的状况。早期的泰国本头公庙，多称为老本头公庙，最早的是建立于1816年的为万望老本头公庙。1818年，曼谷培英学校前伊萨拉努帕巷内也建立老本土公庙，正殿供奉的为诸位神佛、本土公、玄天上帝，排列由左至右。其他的本头公庙，有建立于1899年的洛坤咬吉县的本头公庙，建于1929年的曼谷三聘金龙巷的新本头公庙等。而本头公庙以外的寺庙、神坛，供奉本头公神像的更多，如暹罗代天宫，正殿供奉的神明为关帝爷、观音、韦驮，左面为注生娘娘，右面为福德正神（本头公）；关圣帝君古庙，正殿由左到右供奉的是玄天上帝、本头公、关帝、大伯公、观音。曼谷的新兴宫，正面供奉的天后圣母，左本头公，右观音；素叻他尼府的天后圣母庙，正面供奉的是天后圣母，左本头公，右关帝爷。洛坤的天后宫，正面供奉的是天后，左本头公，右关帝、观音。等等。

泰国本土公庙有老本土公庙，如图2及图3，新本土公庙，还有木本土公庙、石本土公庙，是根据本土公像制作的材料而定名。如图4就是石本土公像。

石本头公像与其他庙宇的本头公像不同，图5是著名的素攀石本头公像。段立生《泰国的中国寺庙》道："（素攀石本头公庙）正殿的前部分，隔成一间小屋，供有本头公，其所谓的石本头公，实际是印度教信仰的毗湿奴神。据说这两尊毗湿奴神已有百年历史，华人将它看作土地神—本头公。"从图5，可

图 8   图 9

图 10

以看到石本头公的形象。图6这尊神牌，更可清楚见及毗湿奴神的神状了。印度毗湿奴神能被华人视为本头公膜拜，印度文化和中国文化在泰国交融而形成泰国宗教文化的另一特色。

南来泰国的华人居住日久，经济能力增强，于是也就把家乡的老伴迎来泰国相聚。在这种心态的反射下，庙里所供奉的本头公旁于是也多了一位老伴，那就是本头妈。因此我们看到许多庙宇供奉起本头公妈来了。位于那空沙旺市区的本头公庙，正殿正面所供奉的就是本头公妈，左天后，右关帝。位于甘烹碧府那空春的本头古庙，正殿正面供奉的是本头公妈，左阳光大帝，右关帝。图7为本头公妈神牌，椭圆形，前面正中为本头公妈图像，上有春盛字样，右旁有本头字样，左旁有公妈字样，双龙盘绕左右两边。后面中间为符签，左刻本头公妈，右刻保佑平安，上为庙名三盛古庙。

图8是一个八角形神牌，前刻本头公妈像，两旁分别有本头及公妈字样，上有春盛二字，背面有出入平安及百事无忌字，也有制作年份2536，亦即公元1993年。

不过有些庙虽然称为本头公妈庙，但是神牌还是只刻本土公像的，如图9，圆边三角形。

在泰国本头公妈崇拜中，有些庙宇只是供奉本头妈的，如建于1861年曼谷万勒石龙军路的本头妈庙，正殿正面供奉的是本头妈神像，左关帝爷，右财神。本头妈神像，如图10。

从图8及图9，我们已经看到泰国本头公神牌背面刻有八卦的图样了，图8只是八卦的造型，图9在八卦的雕型上则有考究，由于供奉的是本头妈，因此八卦的位置与其他不同，坤卦在上而乾卦在下。

本头公妈神牌背后有八卦图像的，为数不少，我手头上的这类神牌还有：如

图 11   图 12

图 13   图 14

图 11，椭圆形，前为本头公像，两旁分植本头及公妈字，背面八卦图中嵌入出入平安及百事无忌字，下有制作年代 2540，即公元 1997 年。

图 12，曲圆形（梅花形），前为本头公妈像，两旁分别有本头及公妈字样，上有二字：春盛。背面八卦太极图，周边嵌入出入平安及百事无忌字。

图 13，椭圆形，前本头公妈像，后八卦太极图，两旁分别有出入平安及百事无忌字。

图 14，椭圆形，前本头公像，并有保佑平安字样，后八卦太极图。

三、从八卦神牌看泰国的关帝爷崇拜

在泰国，最受民众膜拜的神灵，除了本头公妈之外，要数关云长、天后圣母与观音娘娘了。

关云长是中国人高度敬仰的三国人物，人们敬仰他的忠义，商界也佩服他的义气。人们尊称他为关帝爷，或称呼关圣帝君。在泰国，许多寺庙设有关帝爷神位，人们甚至立庙祭祀，如曼谷石龙军伊萨拉努帕巷建有关帝古庙，专祀关帝爷，寺内横匾书有"丹心贯日"，赞扬的就是他的忠心。曼谷月亮路翁拉商业中心有关圣帝君古庙，内有对联："关圣精忠功德被庙宇，帝君义勇威武镇乾坤。"洛坤有关帝庙。其他寺庙同时供奉关帝爷的不少，如暹罗代天宫、曼谷龙尾古庙、

图 15　　　　　　　　图 16

图 17　　　　　　　　图 18

曼谷石龙军路本头妈庙、曼谷石龙军路仙公宫、曼谷石龙军路七圣妈庙、曼谷打恼路玄天上帝庙、佛统市普元堂、素叻他尼府天后圣母庙、素叻他尼府海太子庙、素叻他尼府海南神庙、洛坤府紫文阁、北榄坡本头古庙、甘烹碧府本头古庙、甘烹碧府齐天大圣庙等。

关帝爷的神牌不少。有些神牌背后雕有八卦像。图15威武的关帝爷,手持偃月刀神像后,八卦图像设置在直书的"财源广进"、"合家平安"间。

我收藏的关帝爷神牌中,还有一枚有八卦图的。这神牌八角形,前有关帝爷神像,神像上上刻有关帝爷君的字样,背后中有八卦太极图,图外环绕八仙,极为精致。见图16。

另有一枚神牌,前为浮雕的关帝爷神像,下刻关圣帝君,自右至左,横排。背后有八卦图像及泰文,八卦图像四周有出入平安字样。见图17。

泰国其他关帝爷神牌,或正襟危坐,或拊须微笑,皆栩栩如生。见图18及图19。图18,正面,关云长手持偃月刀,坐姿,眼望远处,一脚斜放,雄姿英武。背面有关圣帝君字样。

图19,椭圆形,正面坐姿与图18同,但图像中有一正字,正义凛然的意思,背面为关帝爷站立手持偃月刀形象,旁边也是有一正字,形象也予人有正义凛然的感觉。

图 19　　　　　　图 20

图 21　　　　　　图 22

图 23　　　　　　图 24

图 20 是一枚北榄坡大港区关圣帝庙的神牌,椭圆形,前为关帝爷正襟危坐像,后有关圣帝君、发财平安及庙宇名称的字样。

图 21 是一枚关帝爷站立拈须图,身披战甲,威风凛凛。背有一正字。在泰人心中,关帝爷予人印象深刻的是一正字,予人深心敬佩的,也是一个正字。

四、从八卦神牌看泰国的天后圣母崇拜

天后圣母亦称天妃,俗称妈祖,泰国人也有称为七圣妈的,是为海神,渔民、船民都尊奉。在沿海地区,妈祖的供奉尤其兴盛,庙宇也非常之多。图 22 及图 23 为黄桥天后圣母神牌,八角形,前为天后圣母神像,后面有太极图及黄桥天后圣母

图 25   图 26

字样。

图 24 神牌也是八角形，正面为天后圣母像，天后圣母四字刻于右旁，左旁四字为保佑平安。背面为八卦图。

泰国濒海，妈祖崇拜鼎盛，自在意料之内，天后庙也多，素叻他尼府班多路有天后圣母庙，洛坤主街有天后宫，如曼谷的新兴宫，主祀的即为天妃，亦即天后圣母。洛坤达努普区莱姆村有天后庙，也是以天后圣母为主神。曼谷迈的集路七圣妈庙，正殿中央供奉七圣妈（天后圣母），左慈悲娘娘，右龙尾爷。曼谷石龙军路七圣妈庙，主祀七圣妈，左观音，右关帝爷。至于附奉在其他寺庙的天后圣母神像的更多，如曼谷打恼蹉玄天上帝庙，素叻他尼顺福宫也配祀天后圣母，素叻他尼府本头公庙主祀本头公，也供奉天后圣母；六坤府广灵庙也配祀天后圣母，北榄坡本头古庙也供奉天后。

五、由八卦神牌看泰国其他神明的崇拜

泰国神牌刻有八卦图的神牌还很多。与中国神明有关的，这里可再举出玉皇上帝、玄天上帝、大峰祖师、水尾娘娘、八仙、孙悟空、哪吒、十二生肖等说明。玉皇上帝，即玉皇大帝，为天界、神界的皇帝。玉皇大帝居玉清宫，上掌三十六天、三千世界，总枢百神，下管七十二地、四大洲，也掌管天上诸神、仙佛以及人间生灵，是三清所化身太朴的第一位尊神。在泰国道教寺庙中，多有供奉。图 25 为泰国挽西合兴佛堂所制造的"玉皇大帝"佛牌，佛牌正面上端有玉皇大帝字样，中为玉皇大帝神像，两旁文字分别为"出入"、"平安"，下为"挽西合兴佛堂"。后面上下为泰文，中为八卦图。

一些寺庙也供奉玉皇大帝，如在曼谷的昌纯阳庙，庙的最高层所供奉的就是玉皇大帝。

玄天上帝，全称为北方真武玄天上帝，或称北方大帝、真武大帝、元武神等。泰国曼谷玄天上帝庙位于曼谷四枋厂 468 号，四枋厂也称为打恼路（Tanao

图 27　　　　　　　　　　图 28

图 29　　　　　　　　　　图 30

Road）。庙内有横匾"圣寿无疆"，对联"玄通天地风调雨顺，帝并山河国泰民安"。图 26 即为四枋厂制造的玄天上帝神牌，正面为玄天上帝神像，左右两旁各有玄天、上帝字样；后面中为八卦图，两旁为"保佑"、"平安"，上为泰文，下有"四枋厂"字样。四枋厂铸造的这种类型的玄天上帝神牌不少，除了神像造型略有不同外，有些如本图一样，是圆形的。

此外也有八角型的。如图 27。

我收藏的玄天上帝神牌中还有一枚刻有太极图的，如图 28。那是一枚庆祝新庙落成的神牌，正面为玄天上帝神像及字样，后有太极图，图下泰文，上有四季平安及辛巳年庆祝新庙裕利社字样，辛巳年为 2001 年，裕利社是什么组织，待考。

手头上的另一枚玄天上帝神牌，前为玄天上帝神像，后面中有八卦图，上有玄天上帝字样，下有泰文。见图 29。

和东南亚许多国家一样，泰国许多善坛都尊奉宋大峰祖师。宋大峰祖师，福建人，俗姓林，曾任浙江绍兴县令，后削发为僧。1120 年潮阳蚝坪乡暑灾，庄稼失收，大峰祖师设坛祭拜，为民消灾，并研制良药，解救民困；后又造桥，帮民解决渡江至苦。桥未成而先去世。潮阳民众感念之，不但设坛供奉大峰祖师，甚至还建立宋大峰祖师庙。随着潮州人外流，大峰祖师崇拜也散播海外。在泰国、马来西亚、新加坡，大峰祖师也广受人们的尊敬和爱戴，人们纷纷设立善坛来祭

图 31　　　　　　　　　　　　　图 32

拜他。在新加坡，就有修德善堂、养心堂、普救善堂、南安善堂、同敬善堂诚善社、南风善堂、南洋同奉善堂、报德善堂、新加坡众弘善堂等。其中修德善堂更有六个分堂，分别在新加坡和马来西亚：新加坡大巴窑修德善堂、武吉知马修德善堂、马六甲修德善堂、麻坡修德善堂、笨珍修德善堂、威北修德善堂。

泰国的善坛更多，虽然有些并不祭拜大峰祖师。除了华侨报德善堂外，还有：泰国崇德善堂，世觉善堂，道德善堂，玄辰善堂，义德善堂，同德善堂，宏德善堂，振兴善堂，明月善坛，明寿善堂，明灯善堂，玄辰善堂，德教慈善总会，清迈修德善堂，清莱府昌来明善堂，清莱府美塞光明善堂，攀县善堂，甘烹碧府全德善堂，南邦府南邦善堂，南奔府湄宏顺府，北榄坡同德善堂，拍天府碧瑶善堂，碧差汶府立德善堂，彭世洛府一心善堂，能知善堂，美速县全德善堂，青雅峰同德善堂，存心善堂，万沛同德善堂，春德善堂，慈德善堂，种德善堂，夜柿光明善堂，兰空大峰公互助社，鱼湖善堂，北榄天德善堂，立德善堂，合艾德善堂，合艾同声善堂，也拉慈善堂等。

祭拜大峰祖师的最大善坛是报德善坛。1902年泰国侨领郑智勇等人发起筹建大峰祖师庙，并名之为报德堂，其后改名为暹罗华侨报德善坛。数十年来，报德善坛在后来的侨领蚁光炎、郑午楼等领导下，事业发达，创设华侨医院，建筑高达22层楼，又成立崇圣大学，而报德堂每年也颁发助学金、慈善金给需要的人士，造福泰人不小。报德社为纪念先贤的功绩，甚至制牌纪念，图30为郑午楼博士纪念牌，前为大峰祖师神像，后为郑博士像。

这些善堂如有纪念大典，也肯制作神牌纪念，如图31，为兰空大峰公互助社庆祝开光大典的神牌，前为大峰祖师像及庆祝开光大典字样，后有泰国兰空宋大峰祖师、保佑平安字样，中间一个德字显示这善堂是属于德教系统的。

图32神牌乃为该堂庆祝八十周年而制作，八角形，正面宋大峰祖师像，下刻华侨报德善堂八十周年纪念。后面上端有一善字，下有由左至右横刻的报德古堂，再下有宋大峰祖师敕令镇，直排，左右有四季平安字样。

报德堂成立百年，善堂也制作神牌纪念，见图33、图34。

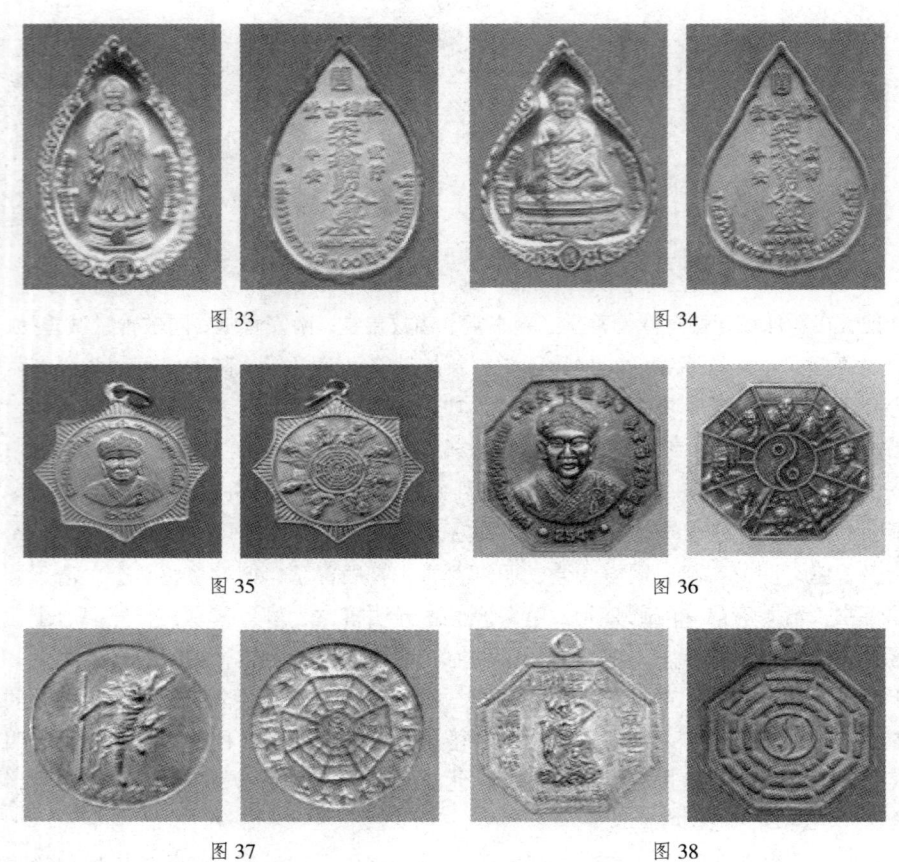

图 33 图 34

图 35 图 36

图 37 图 38

大峰祖师神牌后有八卦、太极图的，我手上有两枚。两枚图样基本相同。图 35 前为宋大峰祖师像，八角尖突形，后面为八卦图像，四周围绕八仙。

图 36 前为大峰祖师像，八角形，和上一个神牌不同的，在前面大峰神像上，有中文宋大峰祖师字样，右旁刻有泰国明月慈善会，下有制作年份佛历 2541，亦即公元 1998 年，神牌后面八仙围绕的不是八卦而是太极图。

《西游记》中的一些形象如唐三藏、孙悟空、猪八戒等，也受到泰国华人的尊敬而成为祭拜的对象。其中尤以灵巧、机智的孙悟空更受到欢迎。其次是哪吒三太子。泰国华人甚至为他们立庙祭祀。如曼谷拉玛四路有大圣佛祖庙，正殿供奉的是孙悟空与慈悲娘娘。乌泰他尼市区有吁隆府齐天大圣圣坛，甘烹碧府市区有齐天大圣庙。泰国寺庙所制作的大圣佛祖神牌中，有多个具有八卦图及太极图的，如图 37，圆形，正面为大圣执棒舞动图及大圣佛祖字样，后为八卦图，八卦周围围绕十二生肖，及五行金木水火土字样。

图 39　　　　　　　图 40

图 41　　　　　　　图 42

图 38，八角形，前面中间为孙悟空神像，上有大圣佛祖字样，神像两旁，刻有南无阿弥陀佛，各分三字排列。下为泰文。后面为八卦太极图。

泰国孙悟空神牌神像，或文静站立，或挥棒舞动，都非常生动。见图 39 及图 40。

北榄坡哪吒太子古庙是著名的寺庙，正殿供奉的是哪吒，左佛祖，右诸位神佛。春武里府有一座雄伟的哪吒庙，共三层，非常壮观。合艾也有哪吒庙，并有哪吒神牌，见下文。

在一些庙宇中，也有供奉哪吒太子的，如建于 1887 年的洛坤关帝庙，正殿正面关帝爷，左哪吒，右观音。我所收藏哪吒三太子神牌中，有好几枚是有八卦和太极图像的，像图 41，圆形，王面为哪吒脚踩风火轮，右手执水尖枪，左手高举乾坤圈的神像。上有哪吒太子的字样。背面为八卦太极图，上有凤凰宫字样，由右到左，下刻出入平安。

另一枚也是圆形，正面多手哪吒太子，脚踩风火轮，一手执水尖枪，一手举乾坤圈，上有哪吒三太子字样。背面中间八卦太极突，上有上福两字，直列，上福字两旁，有日月二字，左为月字，右为日字，八卦图下刻有哪吒三太子庙。见图 42。

图 43 亦为多手哪吒太子手执水尖枪、脚采风火轮神像，八角形，正面如前述，

图 43　　　　　　　　　　　　图 44

   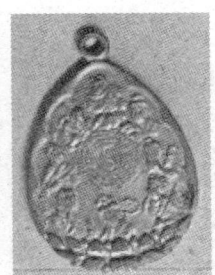

图 45　　　　　　　　　　　　图 46

后面为太极图。

图44为哪吒脚踩风火轮、手执水尖枪图，后面有八卦太极图，以及合艾和出入平安字样。

八仙名称，明代以前众说不一，至明吴元泰《八仙出处东游记》始定为铁拐李、汉钟离、张果老、蓝采和、何仙姑、吕洞宾、韩湘子与曹国舅。八仙分别代表着男、女、老、少、富、贵、贫、贱，为道教重要的神仙代表，中国许多地方有八仙宫，迎神赛会也都有八仙。泰国华人，特别是潮州人，对八仙非常崇敬，除在家里供奉八仙外，还建庙祀拜。大多数的泰国道教寺庙，都供奉八仙，即使是组织庞大的泰国佛教众明联谊会，所供奉的也还是八仙。特别是善坛，主要供奉的是八仙。以下是一些八仙神牌。图45为明信善坛的八仙神牌，梅花形，正面有八仙祖师字样，背面刻坛名明信善坛。

八仙神牌常有八卦图，都是有八仙围绕八卦的图样。图46就是一个例子。瓜子形，前为太上老君像，两旁署出入平安，背为八仙围绕八卦太极图。

图47，八角形，前有大峰祖师神像，下署善坛名称，背为八仙围绕八卦太极图。

八仙神牌中，也有单独人物神牌的，其中以吕洞宾受到更高的敬仰与供奉。泰国甚至有吕纯阳庙的设立。该庙位于曼谷帕拉猜路494号，庙高四层，第二层供奉的是太上老君、吕洞宾与姜太公。图48至图50，为吕洞宾神牌。

从八卦神牌论述泰国的中国神明崇拜 49

图 47　　　　　　　　　　图 48

图 49　　　　　　　　　　图 50

图 51　　　　　　　　　　图 52

其他尚有韩湘子神牌，图51；蓝彩和神牌，图52，等等。
水尾圣娘，是海南人普遍供奉的神明。据说很早以前在海南文昌县水尾村，一个慈善的渔民捕鱼时捕到一支香木，香木护身求财，十分灵验，据传是女神水尾圣娘的化身，于是居民加以供奉。泰国的海南同乡会，多有水尾圣娘庙，供奉水尾圣娘。乌泰他尼市区还建有水尾圣娘庙，专门供奉水尾圣娘。图53为佛历2535年制造的一枚水尾圣娘神牌，正面为水尾圣娘神像，两旁有"水尾"及"圣娘"字样，后面上为泰文寺庙名称，中为制造年份佛历"2535"，即公元1992年。

图 53　　　　　　　　图 54

图 55　　　　　　　　图 56

泰国华人除了祭拜中国南传的神明外,也敬奉本土的人物。郑王的尊奉就是一个例子。郑王,原名郑信,出生于中国广东澄海,雍正年间南渡暹罗,居住大城。郑信被暹罗国财政大臣收为养子,接受泰国传统教育。长成后从政,曾经担任甘碧府府尹,封爵披耶,所以暹罗人称他为披耶达信。1763年缅甸军入侵暹罗,郑信率部防卫暹都大城。4月,缅军攻入暹都,大城王朝亡。然而郑信并不服输,他以东南沿海为基地,组织军队,抵抗缅军,并节节胜利,后来击退缅军,光复大城,并迁都吞武里,12月被拥立为王,开始吞武里王朝。1770年,统一暹罗。1782年在宫廷政变中被杀。但由于他抗拒外敌、统一暹罗的贡献,深受人民爱戴,因此成为民众供奉祭拜的对象,由人格上升为神。图54为泰国普遍看到的郑王神牌。

中国十二生肖也传入泰国,泰国在接受十二生肖的信念上,与中国没有太大的区别。十二生肖的动物与排列也与中国的相同,只是更赋宗教色彩。从泰国寺庙所制作的十二生肖神牌可以看出,他们安排观音菩萨分别坐在十二动物上,象征了观音菩萨的保佑覆盖所有的生肖。以下比较中国十二生肖牌与泰国十二生肖神牌,展示前面的说明。中国十二生肖牌见图55,泰国十二生肖神牌见图56,神牌后面有八卦图,见图57。

泰国还有许多寺庙制作有八卦图像的神牌,或在纪念节日制作这类神牌,如

从八卦神牌论述泰国的中国神明崇拜   51

图 57   图 58

图 59   图 60

图 61   图 62

图 58 至图 60，为玉皇赐四大皇公佛光三才盛典的神牌。圆形，前有玉皇赐四大皇公佛光三寸及盛典大会纪念衣历五月出一日围绕在神牌周边，中有八卦太极图，上刻公元 1990 年，两边分别刻有佛统府及塔行乡字样，下署一天王公。图 58 至图 61 造型与文字与这枚神牌同，只是一天王公分别易为二天王公、三天王公及四天王公。

另有一些其他神明的神牌，如图 62，何野云祖师的神牌。椭圆形，前何野云祖师立像，后八卦太极图，图上有何野云圣祖，下有泰国莲联字样。

图 63，圆形，弥勒佛佛像，前弥勒佛像，上有平安如意字样，背八卦图。图中央有一好字。

图 64 为一枚学会制作的黄帝神像牌，圆形，前为黄帝神像，旁有指南针图，

图 63　　　　　　　　图 64

图 65　　　　　　　　图 66

图 67　　　　　　　　图 68

只是方位对调，南在上，北在下，东在左，而西在右。背八卦太极图，图内有泰国易学堪舆会字样。

图 65 为财神神牌，圆形，前有财神神像，两旁有富贵床□，招财进□的字样，后为八卦太极图，周边围绕十二生肖。

更有一些是供宗庙仪式用的，只有简单的八卦太极图而已。如图 66。

而中国的五雷钱，也在泰国广泛使用，有些中国制作的，见图 67。

有些当为泰国制品，如图 68。

六、结语

以上通过神牌论述了泰国的中国神明崇拜。泰国崇拜的道教神明绝对不止文中所举述的，更确切地说，文中所举述的只是泰国道教神明的少部分而已，即使是神牌，文中所举述的也是现有情况的少部分。这说明了一个事实，在泰国道教研究中还有一个非常宽大的空间。许多资料有待发掘，许多文物有待收集，许多

 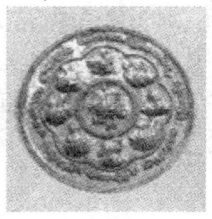  

图 69　　　　　　　　　　图 70

问题有待解决。

移民到一个陌生的社会，现实情况要求他们容忍、适应、包涵，以及迅速融入当地社会。从泰国的道教研究我们可以看出这一点，即使是神牌，我们也可以察觉与中国内地宗教研究有不同的地方。以下举出在上文中不曾提

图 71

到的神牌作说明。图 69 是一枚八仙神牌，后有八仙图，但正面的是泰神 jatukam Rammathep。jatukam，中文或译为乍度堪。

图 70 是另一枚八仙神牌，八角形，正面八仙及太极图，背面中央为泰国高僧龙波昆像。两个神牌显示，在宗教上泰国道教和佛教可以融合共处。事实上，在泰国的许多寺庙中，经常可以看到这种佛道神明共处的现象。

不但道教可以与佛教相处，佛教也能容纳道教，图 71 的佛牌就显示这点。这枚佛牌圆形，前有高僧龙波昆吸烟像，后仿八卦图形，中间各植入八个兴字。兴在潮州人看来是个吉祥字，有兴旺、幸运等意思。

文化研究空间很大，可以觅书面研究，可以做田野调查，而细小如佛牌、神牌也可作为研究的对象，并且从中可以发觉一般研究所没能发现的方面。这让我们醒悟到不能轻易放弃可能提供给我们资料的细小文物。

从八卦神牌的研究，可以了解中国道教走出中国在海外传播的情形。海外的中国神明，如何具有浓浓的中国性，又如何具有落地生根的本土性。因此海外中国神明的研究，当可丰富中国文化传播的内涵。

《周易》的传播，是世界性的，不仅是中国地区而已。研究《周易》，不应只是限于中国。大中华的视野是一般《周易》会议所欠缺的，探讨《周易》应有更宽广的视野与怀抱。

中国以外的道教研究，非常贫乏。在探讨与写作这论文时，我就深深感到资料的匮乏。研究中国以外的道教，可以是阵容庞大的中国研究队伍努力的方向。

泰国佛牌、神牌很值得进一步的研究，只是要搞通泰文实在是一个挑战。我年纪不轻了，要再学习一种语言实在力不从心，本文署和关瑞发同学联合写作，就是希望他能接棒，利用我所收集的众多佛牌与神牌，开拓这方面的研究。段立生《泰国的中式寺庙》，在探寻泰国中式寺庙上，用心不少，对本文写作有重大帮助，谨致谢意。

（杨松年，前新加坡国立大学汉学研究中心副主任、台湾佛光大学文学系专任教授、台湾南洋文化学会学术顾问；关瑞发，马来西亚韩新学院副研究员）

易经哲学中感应和谐思想

一、前　言

在本文中，笔者要讨论的是易经哲学中人与宇宙万物的关系及其意义，目的乃是阐述易经哲学中人的自律，并扩展到宇宙万物之间。人先脱离外在的命定限制，再进一步迈向建立人道。在此，人要形成与宇宙、天地万物的新关系。在第一节中将对人性的自觉加以阐述，经过该讨论，可了解人与万物的性命关系皆源本于乾道变化，这种意识之下"穷理尽性至于命"的含义很明显。人均由"能穷理尽性，以及其所感通之量"的途径，才可达成自律人的第一步。在第三节中则讨论人效法天地之意义与其内面化。人效法"易道"创生真几。第四节中则讨论人效法天地常道，人透过效法天地之行健不息、元亨利贞、博厚润物之活动，以逐渐自觉人与天地之合一之道。第五节中讨论，人与万物之感应。其目的是阐述人如何追求与万物合一之道。易经哲学的感应之道终于产生"人、物"、"人、人"、"物、物"之"同源一本"意识。在此，人已达成宇宙之间万物齐一之主体。人再成就宇宙中之人自律之主体。这亦是目律的人。

二、人性的自觉：人自律性之端初

如众所知，易经哲学肯定人的地位居于天地之间，把天、地、人三者作为构成宇宙或世界的基本成员。而且，这三者关系也是和谐的。

本文要探讨的是在易经哲学中人与宇宙、人与万物、人与人的关系，而其目的在于如何形成与万物之关系而扩展人道。

本文首先要探讨的是在易经哲学中人性的自觉。人如何自觉人性的内涵，而其意义何在？

人先自觉人性的内涵，而后才可以达成自己人性的扩展。对人性命，《系辞传》云：

> 昔者圣人之作易也，将以顺性命之理，是以立天地之道，曰阴与阳；立地之道，曰柔与刚；立人之道，曰仁与义。

前面两句话，说圣人之揭示此天、地、人之道，非随意拟定，乃是"顺性命之理"。易的本身只在对人指示以吉凶祸福，并没有顺性命之理的意思。以作《易传》为"将以顺性命之理"，即以易是按照天命与人性的一贯关系，以及天人一贯的关系而作的，这是孔门的易学对周易所作的本质上的彻底转换。《易经》乾卦《彖传》曰：

> 乾道变化，各正性命，保合太和，乃利贞。首出庶物，万国咸宁。

上句指点，人与万物的性命皆源本于乾道变化。这性命之意义如何？

《大戴礼记》所云：

> 分于道，谓之命。形于一，谓之性。

上文"分于道"的"道"，是宇宙自然最高的原理，王肃说："分于道，谓始得为人。"《易》曰"一阴一阳之谓道"，"分阴分阳而人以生"。戴震在《孟子字义疏证》说："《大戴礼记》曰：'分于道，谓之命；形于一，谓之性。'分于道者，分于阴阳五行也。一言乎分，则其限之于始。有偏全、厚薄、清浊、昏明之不齐，各随所分而形于一，各成其形也。"换句话说，在易经哲学中，人不是与自然对立或孤立于自然中的。人是自然中的一部分，与其他透过各种方式联系，共同构成大自然这一统一的整体。所以，人性是禀受天道之命赋而来的，因此人性的内涵也是由天道所影响而定的。

人性是具有天道的内容与意义的，在《中庸》首章，道尽其意：

> 天命之谓性，率性之谓道，修道之谓教。道也者，不可须臾离也；可离，非道也。

于是，天不仅是四时运行、万物生成变化的形上根源，亦是人类道德的形上根源。

北宋理学家程伊川也解释说：

> 称性之善谓之道，道与性一也。性之本谓之命，性之自然谓之天，性之有形者谓之心，性之有动者谓之情，凡此数者皆一也。圣人因事以制名，故不同若此。

天道与人性从究其根源而言是同一的，性在不同的层面上有"天"、"心"、"情"等不同名称，究其根则一性也。

《易经》中指点天道与人性命一本同源的思想蕴涵，《系辞传》云：

> 一阴一阳谓之道。继之者，善也。成之者，性也。

"一阴一阳谓之道"指天道是在阴阳迭运不已的生化历程中显现。阴阳迭运是宇宙生化的内在作用，作易者据此以指点出道体的存有。这是中国哲学惯用的即用证体之证道方式。既然使阴阳产生作用是道，那么，接着"继之者善也"，是如何继法呢？为什么有善呢？这个"继"字者是一个关键字。

李光地在《周易折中》说：

> 圣人用继字极精确，不可忽过此继字，犹人子所谓继体，所谓继志。盖人者，天地之子也，天地之理全付入而人受之，犹《孝经》所谓"身体发肤，受之父母"者是也。但谓之付，则主于天地而言；谓之受，则主于人而言。惟谓之继，则见得天人承接之意，而付与受两义皆在其中矣。天付于人，而人受之其理，既无不善，则人之所以为性者，亦岂有不善哉？

由此可知，"继之者"就是由天到人，自然的流行。如加以分析，"继之者"的"之"字，指的是由上文一阴一阳的变化而来的生生不息。一阴一阳的结果便是生育万物，所以继之而起的，便是生生不息的作用。"继之者善也"的"善"在此处指的，可认为是"仁"、"生生"。所以其本身即要求具体实现于所生的万物的生命之中。

"成之者性也"的"成"，乃成就之成，即具体实现之意。"成之者"的"之"，正指的是"继之者善"的"善"。善实现于万物之中，即成为万物在其生命中的性，所以便说"成之者性也"。这里的性，指着万物之性而言，就如乾卦《彖传》所言的"各正性命"的"性"。但仅人对自己的性，能有其自觉，故自然而然地侧重到人之性的上面。性既是"继之者善也"的善之实现，则性当然也是善的。

《说卦传》中下面的一段话，把性命的关系，说得更为清楚。

> 昔者圣人之作易也……发挥于刚柔而生爻，和顺于道德而理于义，穷理尽性以至于命。

"和顺于道德而理于义"，与前引"将以顺性命之理"，是同一意义。"穷理尽性以至于命"，这是说明圣人作易的目的。万物奥妙之理皆弥纶于易。圣人之作易，即圣人之穷理，理为性所涵；穷理即所以尽性。性之根源是命。"命"是就天的方面而言，"性"是就人的方面而言，也就是说天对人而言是"命"，人对天而言自是"性"。然事实上"性"与"命"二者本是一而非二，这即是"至于命"。"至于命"的人生境界，乃是与天地合其德的境界。唐君毅先生说：

> 孔子之思想，固重人道。然吾人已言由重人道之义，即可引至命立命之思想，而于吾人所遇一切生死顺逆之境，皆得见天所命于人之义之所存，与天命之昭露流行于吾人之前，而吾人逐无往而不可见天命之正。则顺此思

想,再将人之自我一念,加以收敛而忘我,或将吾人之所知之天命之正之正,一念方开,不视为私有,而视为天地之间之公物;则当见人之耳之所闻,目之所接,时时处处,无非我之志之所在,仁之所存,而亦即客观之天命之所洋溢充满……故人道之善之原,亦同在此太极阴阳之道。今通天地万物之相感以观,天地万物皆在合同而化之历程中,则吾人可泯除万物之差别相,而视整个天地万物之相感而相继以生,唯是一太极阴阳之道之表现之相继而成"易"。就太极阴阳之相继所生之万物以观,则万物皆如受太极阴阳之命以生;而所生万物又互有不同,而合成其自己,是谓各正其性命。故推万物之所自生之原而言,可说唯有一太极,一阴阳之道。而就万物之各正性命而言,则皆为分于道,分于一太极阴阳之道之命,而各有其性命者。

由此可知,有天道所赋的人性的尊贵性。人之所以为人,均由"能穷理尽性,以极其所感通之量"。

总而言之,人性由天道所赋,人心亦含具天道之生生之理。因此,人由性命之理,能尽"继善成性",能穷究天人之际,能顺性命而成之于正,此则本天道立人极之始。亦可以说人性的自觉就是人自律可能性之端初。

三、人效法天地之道与其内面化

1. 效法天地之意义

既然人已有自觉人性之尊贵性以及其由天道所赋,应当迈向自己完成之路。在此易经哲学之道使人效法天地之路。

易经哲学主张人当效法天地,由上文探讨已可知这是很自然的,因为人与天地既为一道之分殊现象,而人又具有认识此道之流行之玄妙智慧,则进而达到与天地自然之道合一的境界。所以,在易经哲学中,圣人也效法天地变化。所谓"天地变化,圣人效之"是也。《系辞传》又云:

> 古者包牺之王天下也,仰则观象于天,俯则观法于地,观鸟兽之文,与地之宜,近取诸身,远取诸物,于是始作八卦,以通神明之德,以类万物之情。

由八卦演变为六十四卦、三百八十四爻,卦象符号的演变,是用来反映宇宙人生的复杂变化,这应是《易经》的本义。在这种变化中,找出一种法则为人生行为的规律。人尊敬天地规律而效法之。这就是"参赞天地之化育"之第一步。所以《中庸》亦云:

> 唯天下至诚,为能尽其性;能尽其性,则能尽人之性;能尽人之性,则能尽物之性;能尽物之性,则可以赞天地之化育;可以赞天地之化育,则可

以与天地参矣。

总之，易经哲学要人效法天地，因为天地之道见于天地万物运行之道，故经由遵行天地之道，人是可能达到"参赞天地之化育"的境界。

2. 人效法天地之"广生"、"大生"

那么，人已自觉"效法天地"是人能达到"参赞天地之化育"之第一步，人到底效法什么？易经哲学中"天地"之所以为"天地"，并不在于"人格神"，或者神性意，而在于其具有"生生之理"。

宇宙万物一切的变动，无非一阴一阳的流行消长，无不同具此阴阳二性。孤阳不生，孤阴不长，所以《系辞传》云：

> 天地絪缊，万物化醇，男女构精，万物化生。

"絪缊"是指天地之交感，"化醇"是指万物的成熟，这是天道生物，无心自画的过程。再说，天地阴阳之气，相交相合，使万物感应，滋长成熟。男女雌雄之性，相交相合，使万物相感，生命延续。所以，发天地生生之德即法天地调和万物之意。何以如此？理由最直接，因为如果无天地之能生，人及万物都不存在。《系辞传》云：

> 夫乾，其静也专，其动也直，是以大生焉。夫坤，其静也翕，其动也辟，是以广生焉。

以乾的性能为"大生"，坤的性能为"广生"。如果这种"大生"、"广生"的性能被毁损，"易经"全思想体系也就不存在，而且天下万物也不存在。所以，《系辞传》说：

> 乾坤，其易之缊邪！乾坤成列，而易立乎其中矣。乾坤毁，则无以见易，易不可见，则乾坤或几乎息矣。

由此可知，乾坤之所以存立的根据在于"生生"的功能。易经哲学中对"生生之德"之重视，如：

（一）天地之大德曰生。
（二）大哉乾元，万物资始，乃统天。
（三）至哉乾元，万物资生，乃顺承天。

上句（一），即为天之道是生物的，地之道是成物的，乾是大生的，坤是广生的，而易行乎天地之中，又是生生不息的。所以说天地之大德就是生。上句(二)、（三）均是用"大哉"、"至哉"等，最高的表示赞叹的字，都拿来用在生生之德上。此外，《易经》爻传中，对于六十四卦中凡具阴阳相交以生物之义之卦，多举"天地"以立言，例如：

复卦：彖曰，反复齐道，七日来复，天行也；利有攸往，刚长也；复其见天地之心乎。

朱熹注云：积阴之下，一阳复生。天地生物之心，几于灭息，而生至此，乃复可见……

姤卦：彖曰，姤，遇也；柔遇刚也。勿用取女，不可与长也。天地相遇，品物咸章也。刚遇中正，天下大行也。

"天地相遇，品物咸章也"意思是说，天地阴阳的正当相遇是万物昌盛发展的要素，不可或废。

咸卦：彖曰，天地感而万物生化，圣人感人心，而天下和平，观其所感，而天地万物之情可见矣。

意思是说：天地互相的感应，就使得万物化生。

归妹卦：彖曰，归妹，天地之大义也。天地不交而万物不兴，归妹，人之终始也。

在易经哲学的影响下，中国文化无不以"生生之德"居于最高位。方东美先生说："易经哲学主张'万有含生论'之新自然观，视全自然界为宇宙生命之洪流所弥漫贯注。自然本身即是大生机，其蓬勃生气，盎然充满，创造前进，生生不已；宇宙万有，秉性而生，复又参赞化育，适以图成性体之大全。《易》曰'生之谓性'；'生生之谓易'；'易……曲成万物而不遗'。"

此即本文中"人效法天地生生之德"陈述的主要意义。"生生"就是人道德和价值的根源。

宋明理学家，自以为其对宇宙之看法根本不同于佛家，即佛家以当前之现实宇宙为空，而宋明理学家则多以之为实。其迥异点亦是"生生不已"。唐君毅先生说：

上节吾人已提及儒家言生生、生成、始终、元亨利贞，不言生灭之义。孔子之言"逝者如斯夫，不舍昼夜"，易之言"与时偕行"、"天地之道，恒久不已"，易卦终于未济，以示物不可穷之义。中庸之言"天知道生物不测"，"唯天之命，于穆不已"，则儒家自始即不许宇宙有断灭之义甚明。其所以不许宇宙为有断灭之故，则在以生生不已为宇宙之本性。此即天道为生生不已，宇宙之诚为生生不已之义……而儒家则以宇宙生生不已真几，潜运于缘生诸法，言宇宙之恒久不已，与宇宙恒久不已之形上学的根源。于是诸法之待缘而生，既是自生。生而不灭，唯有相续不断之生成。故宇宙之恒久不息，源于宇宙之本性；诸法之生生，本于内在之不容已之生机而有。是儒佛之义，毕竟不同。佛虽未尝谓生法为无，然就其未尝肯定宇宙之本性为生生不议价，在理论上未说明宇宙之必不断灭、恒久不已之根据言，则其宇宙观仍可说为空观，而非实观。故明道曰："佛也言一前后际，纯亦不已是也，彼乌知此哉。"至古代儒家，则未明言宇宙为实，然就其肯定一宇宙生生不已之真几，为宇宙之恒久不息之根源言，则为绝对值实观，而非空观。此生生不已之真几，哉孔孟之天道中言之，在中庸之诚之自成中言之，在易传之乾坤之大生广生中言之。

因此可知，"生生之谓易"在儒家思想中的主要地位，且与佛家思想之分别相。此即本文中"人效法天地生生之德"陈述的主要意义。宇宙天地的"生生"之德即为儒家思想中道德和价值的根源。天地之所以为人效法的对象，在于天地具有的"生生不已"的创造力。

四、人效法天地之道与其内在化

1. 效法乾道变化

乾、坤在《易经》含着两种意义。一个是表示八卦之乾卦、坤卦。另外一个表示六十四卦中第一卦、第二卦。反正乾坤在《易经》中代表卦变的基础。《易经》的天地，象征阴阳，为阴阳乾坤的具体形象。《系辞传》说："易与天地准，故能弥纶天地之道。是故阖户谓之坤，辟户谓之乾，一阖一辟谓之变，往来不穷谓之通。"而且天地之道，即是天和地代表乾坤变化之道。乾坤是卦德，卦代表宇宙的变化之道。乾卦和坤卦所代表宇宙变化的道，就是天和地。因此，《易经》所用的天地两个名词，指着天地变化之道。《系辞传下》说：

　　乾坤，其易之门邪！乾，阳物也；坤，阴物也。

阴阳合德，而刚柔有体，以体天地。这是以乾坤两卦为《易经》的门户，即以乾坤两卦为其他卦的基础。《系辞传》又说：

　　乾坤，其易之缊邪！乾坤成列，而易立乎其中矣。乾坤毁，则无以见易，易不可见，则乾坤或几乎息矣。

乾坤，指乾坤两卦象。"易"指《易经》讲的变易之道。孔颖达说："易者，阴阳变化之谓。卦爻变化皆效法阴阳变易，而其根源则从乾坤而来。故乾坤既成列位，易道变化便建立乎乾坤之中。乾坤若缺毁，则易道毁坏。若易道毁坏，不可见其变化之理，则乾坤亦坏，或其近乎止息。"

上文皆表示，乾坤是易理所含蕴的精义。

乾坤不仅是《易经》卦爻系统及哲学系统的纯宗，亦是资以解释万物变易的根源。因此，乾坤皆一方面为万物所资始资生的原因，在六十四卦中，其余六十二卦，则由乾坤二卦衍生以错综于其间。吾人在此探讨的是乾坤两卦，分别探究乾阳坤阴，化生万物程序。

《乾卦·卦辞》云：

> 乾，元、亨、利、贞。

《乾卦·彖传》云：

> 大哉乾元，万物资始，乃统天。云行雨施，品物流行，大明终始，六位时成。时乘六龙以御天。乾道变化，各正性命。保和太和，乃利贞。首出庶物，万国咸宁。

上文是乾卦卦辞与其彖传。朱子对"元亨利贞"注云：

> 元，大也，始也。亨，通也。利，宜也。贞，正而固也。

"元亨利贞"四字乃说明乾之作大通、至正而利物。这乾卦卦辞很显然以乾之作用的起用为始，向下展开一个变化生生的思想体系。

（1）大哉乾元，万物资始，乃统天——变化生生之大始

上文"大哉乾元，万物资始，乃统天"，是解释卦辞"元"的。乾既然取象于天，但不唯有天之形而已，且取天之生生不已的"健"义。所以熊十力先生说：

> 古之言天，本指彼苍而目之，即星体也。天一日一夜，过周一度。其行至健，故乾以之取象。然则乾者，果何物欤？此其运行不息，神化难思。故象之以天，形容其健也。

天体运行不息，变化无穷，所以天之自然之理。那么，"乾元"又有什么含义呢？《乾卦·文言传》说："乾元者，始而亨者也。"故"乾元"二字的含义为"生之始"。值得注意的是，"乾元"合在一起而连称的意义。对此，高怀民先生说："本来一个'乾'字，只不过说出了含有生成宇宙万物的生机的大作用，该作用尚未有动而生的意味，今在'乾'下着一'元'字，便觉乾的作用已开始起用，'元'字的含义像是一个'一'，明确地将乾的作用指向生化万物的方向。所以'乾元'一名的定立，是孔子为其哲学思想体系取一始点。"而且，黄庆萱先生指出

其二种意义。第一，乾坤是六十四卦之首，六十四卦也全由乾阳爻与坤阴爻构成。所以《象传》于乾称乾元，于坤称坤元。第二，乾是元的本体，元是乾的作用。下面言亨、言利、言贞，都渊源于乾元之德；而非于乾元之外别有亨、有利、有贞。所以，朱熹说："元者，天地生物之端倪也。元者生意，在亨则生意之长，在利则生意之遂，在贞则生意之成。"

"万物资始"，说明"乾元"就物方面说，是天地万物所凭资以产生的总根本；就事方面说，又是宇宙运行变化、生物生生不息的运动力。"乃统天"，言乾元仁体本乎天道，合乎天道，于是也就统着天道。

总之，"大哉乾元，万物资始"中"乾元"是一切变化生生的最开始的一动之微，整个宇宙万物由此一动之微而展开。

（2）云行雨施，品物流行——天道的具体呈现

在上文，以乾元合天，于是思想由抽象转为具体，这两句即为天道的具体呈现，且此阐明乾道流布滋润万物之状。"云行雨施"指出乾道周流不已，像云的飘行，像雨的施被一般。"品物流行"指出各类物品受此乾元（元德仁体）的流布滋润而完成其形体。所以，万物本为乾道所分化，而乾元必然亦备于"万物流行"之中。

"大明终始，六位时成。时乘六龙以御天。""大明"，即乾元仁体，虚灵不昧，具众理而应万物事。在表面上，是虚空的，不具知解之相；在本体里，却灵明湛然，是一切知识的源头。"终始"，形容大明之体，纯健不息，为万物全终复始的根源。"六位"指六爻之位，"位"乃指空间之落入人间物界而言，人及万物各在空间中有其位置，故以"位"名。因而"六位时成"中包括空间与实践之配合。因此可知，这两句，上借日月之运转，言时间之发生，下言与时间发生之同时，空间之"位"也呈现出来。而且，"六位时成"一语，也表现了时、空的一体不可分性，位因时成，位在时在。

"时乘六龙以御天"是人类禀承天命、仁体亨通之后，转而弘扬天道，驾驭天道。这才是"亨"的极致。

（3）乾道变化，各正性命

"乾道变化，各正性命。保合太和，乃利贞。""乾道变化"之天体的运行与化育，如日月丽天，四时待序，化生万物而不息。"各正性命"指各受天命而正己性。"保合太和"中，"保"谓常存，"合"谓发而皆中节。"太和"即普遍和谐的天道。

总之，万物实为乾道的分化，所以万物所自来的"命"及由命而来的"性"，亦与乾道是一而非二，如此应当人人皆为成德之君子，但因大部分之人皆不知，所以要"各正性命"。

（4）行健不息

宇宙为一大流行作用，而宇宙中之事物又各为一小流行作用，皆由乾、坤二

性而变化。《易经》便是由此乾、坤二卦建立原则，先立大本，而表示人如何做应合天道。平心而论，易经哲学所示的人，可以说都包括在"发天地"一义之下，因为天地即乾坤，由乾坤而成的宇宙万物，本身即自然在乾阳坤阴之统行法则之中。人为万物之一，也必须顺此法则而生存。本文先要探讨乾道变化之内涵与乾道所示人的意义。

"乾"字，《说文解字》云："乾，上出也，从乙。乙，物之达也。"是乾字以"乙"为义，乙为"物之达"。《说文解字》"乙"字又言："象春草木冤曲而出，阴气尚强，其出乙乙也。"可知"乙"为象形字，象春草木始生时曲之状。故"乾"字在造字之始，即代表万物发生的大作用大势力。乾卦强调"健"德。《乾卦·象传》云：

> 天行健，君子以自强不息。

上句则以天体之运行与化育作用比拟乾，强调"健"德，再由天行落实于人事。再说，所谓"天行"，不仅指明历天的空间变化，也指昼夜和春夏秋冬的时间变化，更指作息和生长收藏的化育作用。因此自强不息的君子，效法天行之"健"德，要进德修己，自明明德；还要居业安人，亲民新民；更要参赞化育，止于至善。《系辞传》也强调乾卦之"健"德云：

> 夫乾，天下之至健也，德行恒易以知险；夫坤，天下之至顺也，德行恒简以知阻。

上句"恒"字是持之以恒、守之以恒的意思。乾，就是天下最刚健之象，它的德行表现是，永远的以平易光大，而看清艰险之途。

上文说，乾卦之所以为效法之对象即在于其"健"德。乾卦刚健之道落在具体的人生行事上，易经哲学借《乾卦·爻辞》以说明之：

> 乾初九："潜龙勿用。"言乾健之性始生，蓄积未厚，不当躁急而用世，潜养为尚。
>
> 九二："见龙在田，利见大人。"蓄养渐厚，时位方至，应以大人之德业自勉。
>
> 九三："君子终日乾乾，夕惕若，厉，无咎。"九三为诸侯之位，下理万民而上听命于天子，必也乾乾奋勉，虽危无咎。
>
> 九四："或跃在渊，无咎。"跃升自下卦，应自量德业，及时而进。
>
> 九五："飞龙在天，利见大人。"刚健中正，得时得位，大展抱负之秋。
>
> 上九："亢龙，有悔。"过高无民，极健而失众随，是以有悔。

乾之"健"德要在因时因位，乘变化而御天道。

2. 效法坤道变化

《坤卦·象传》云：

> 至哉坤元，万物资生，乃顺承天。坤厚载物，德合无疆，含弘光大，品物咸亨。牝马地类，行地无疆，柔顺利贞，君子攸行。先迷失道，后顺得常。西南得朋，乃与类行；东北丧朋，乃中有庆。安贞之吉，应地无疆。

《坤卦·卦辞》云：

> 坤，元，亨，利牝马之贞，君子有攸往。先迷，后得主，利。西南得朋，东北丧朋，安贞吉。

上文象辞中，除了倚卦辞称述坤之柔顺之德性外，则大赞颂坤元之生化万物。在此，探讨坤道变化之含义。

（1）至哉坤元，万物资生，乃顺承天——坤顺成乾

称坤元，则由其为万物造形之始。而且乾、坤两作用在生化万物上不可缺一，所以坤虽后起，与乾同以"元"明。《乾卦·象传》赞美"大哉乾元"，坤德法乾，至乾之大而后止，所以言"至哉坤元"。此即赞美坤元至柔至静，能配合乾德。所以，《坤卦·文言》"坤至柔而动也刚，至静而德方"，正是此意。乾元言"统天"，坤元言"顺天"。熊十力先生在《读经示要》云：

> 万物资于乾以始者，理也；资于坤以生者，材也。理健而主施，材顺而主受。顺以承健，譬如地承天施。故曰乃顺承天野。世俗共计天以光热雨露之泽施于地，而地承之。故易乃顺俗以取象。其意在明万物之材质，莫不受成于乾，易言之，即莫不受成于理也。

因此可知，"坤元"之顺承的意义是顺承乾功，即于乾道变化当中产生之一切，含养之，保任之，而便助以形体。

（2）含万物而化光

本人在上文已述《坤卦·象传》中"坤元"之生化万物途程，本文再进一步探讨坤卦"顺德"之意义。本人不妨回头看清"坤元"的顺承乾元而得万物意义。坤以"元"名者，就以"顺德"顺承乾元（天）之创始万物而得"元"之名。所以，由乾元之创始万物，"乾元"顺承天道之创生，而不失乾元"大明终始"之义。万物既有坤元贞定其形而上之必然性，不令其幻妄者，因为坤元至顺之厚德故，故曰"坤厚载物"。所以《坤卦·象传》云："至哉坤元，万物资生。"这里"生"义即是"坤元"之创生万物，"坤元"之厚德以"乾元"之创生力而继承下来的。所以，"乾元"之"始"即通于"坤元"之"生"，故说"德合无疆"。《坤卦·象

传》又云：

> 含弘光大，品物咸亨。牝马地类，行地无疆。柔顺利贞，君子攸行。

程颐云：

> 以含弘光大者，形容坤道，犹乾之刚健、中正、纯粹也。含，包容也；弘，宽裕也；光，昭明也；大，博厚也。由此四者，故能成天之功，品物咸得亨。

程颐以坤之"含、弘、光、大"四德，说"坤元"实德如乾之刚健、中正、纯粹。依"坤元"无限之实德，证立万物形而上之必然性，是即品物上通于"乾元"、"始而亨"之"亨"。所有"品物咸亨"也以乾健之德为超越的根据，而不是一独立的意义。因此，以坤之柔顺亦有成物正物之功（品物咸亨），这也是以坤正顺之德而然。所以"坤元"证立万物形而上之必然性，实即"乾元"至健之德所显发，亦是"乾元"仁体至健之德所贯彻。

总之，"坤元"之正顺之德之超越根据即是"乾元"至健之德，坤之性依乾道的创生力而显发。既然"坤元"正顺之德之超越根据即是"乾元"至健之德，坤也有"健"性，因此坤亦可说"行地无疆"。程颐云："乾健坤顺，坤亦健乎？曰非健何以配乾，未有乾行而坤止也。其动也刚，不害其为柔也。柔顺而利贞，乃坤德也，君子之所行也。君子之道，合坤德也。"上句"君子之道，合坤德也"，即为主观地明其内在的意义，即主观地证成"乾元"至健之德。因此，如坤元之具体而真实之内容是由道德实践而证成其全幅内容的意义，则他即是乾元之具体而真实之内容，以元本一故。

本人就《坤卦·文言传》"含万物而化光"一句，而讨论坤之"顺德"。《坤卦·文言传》云：

> 坤至柔而动也刚，至静而德方。后得主利而有常，含万物而化光。坤道其顺乎，承天而时行。

坤本质是柔顺的，但当其接受乾道而行动，亦有其刚强的一面。所以《说卦传》云："立地之道曰柔与刚。"因此，上句云"坤至柔而动也刚"。

"至静而德方"，即为坤本质除柔顺之外，而且是寂静的。当其承乾施德，行为亦有一定的原则，那就是与乾合德，体现其广生万物的功能。"含万物而化光"，即《象传》"含弘光大"的意思。"含"为包容，言坤于万物，无所不有；"光"为昭明，言坤于万物，无不使之显著；"大"为博厚，言坤于万物，无不使之成长。"化光"，"化"为化育，"光"为光辉发越，就是含藏培植着万物，并且使它们成长而呈现光辉。坤道一定就是"顺"吧！所以，《象传》亦云：

地势坤，君子以厚德载物。

"地势坤"，以地与天相比较，天的气象崇高而伟大，地的形势卑顺而深厚。《中庸》云：

博厚，所以载物也；高明，所以覆物也；悠久，所以成物也。博厚配地，高明配天，悠久配无疆。

《中庸》又云：

今夫天，斯昭昭之多，及其无穷也，日月星辰系焉，万物覆焉；今夫地，一撮土之多，及其广厚，载华岳而不重，振河海而不泄，万物载焉。

在此，天地之德很明显。

"君子以厚德载物"，言君子小法地势卑顺的现象，也要凭藉其厚如地的大德。

在上文，本人就诸易传，而讨论坤之"顺"德与其意义。至于坤之六爻，吾人亦可发显坤之顺德。简约之。

坤，元，亨，利牝马之贞。君子有攸往，先迷，后得主，利。
初六："履霜，坚冰至。"言驯致其道。
六二："直方大，不习无不利。"言秉承自然之性，顺以行事。
六三："含章可贞，或从王事，无成有终。"因事而发，辅成其事而不居功。
六四："括囊，无咎无誉。"居重阴中应慎而不害。
六五："黄裳，元吉。"黄为中色，裳为下饰，守中道而能谦下，是尊位之德。
上六："龙战于野，其血玄黄。"阴登至极，违其顺德，必遇阳而战。
用六："利永贞。"坤性顺承，不宜先，宜后，故无论处任何时位，均应谨守顺德。

坤卦自初六至六五，都不背顺德，唯上六违背于顺德，乃有龙战之凶事。所有坤之顺位永恒不渝之常德，即无论任何时代，均应承乾功而行事。

总之，本文就"乾道变化"、"坤道变化"来探讨效法天地之意。一个生命的起源，在它未现形之先，已经有过"乾道"与"坤道"两个层次的变化，而每一层次中又有其变化过程，万物皆由这个变化中发生出来的。由上文可知，人效法"乾"、"坤"之德，以可达成与天地同样的生生之德，这就是"仁"。这也是人迈向完成自律人的巨步。要之，人要效法"乾"之"自强不息"与"坤"之"厚德载物"之德。

五、易经哲学"感应"之意义

对"迈进"完成自己的人,易经哲学之道由"效法天地"达成其目的。易经哲学再提供一个与宇宙万物合一之道,就是"感应"。由"感应",人再进一步接近与宇宙万物合一之道。

乾坤二卦之言健言顺,是就纯阳纯阴之理所当然处言。实在,现象界万物均为阴阳并具,无纯阴纯阳之存在。六十四卦中除乾坤之外的其它六十二卦,便是实实在在从万物中设例以教人明于变化之正。因此,吾人可说整个宇宙的万物即为由一太极分阴分阳而生成的。《系辞传》云:

> 天地缊缊,万物化醇,男女构精,万物化生。

由上文可知,"万物化醇"与"万物化生"均由天地"缊缊"与男女"构精"而产生。这里,本人要提出的问题是,何以说明天与地二而一,男与女二而一,阴与阳二而一,以产生"缊缊"、"化生"呢?

本人在此提出"感应"理论,以说明这问题。对"感应"的意义,高怀民先生说:

> 宇宙间还有一个规范万物的大势力,这一势力在西洋哲学中还未明白提出,而中国大易哲学则自始就大力提倡的,便是"应";一般人所谓的"感应"是……所以天地之大,万物之繁,大化还流中恍若乱流交错之复杂情状,而在一"应"之下融通起来。我们可以说"应"的势力是宇宙间大奥秘之一,也可以说它是宇宙以大太极的最有力的权杖,则宇宙万物不虞其复杂纷纭,终维系着至高的统一性。试举例言之:东海圣人,西海圣人,其心同,其理同,是人与人间之相应。闻猿鸣而感泣,笑青山之妩媚,是人与物之相应。枝头花发,蜂蝶来戏;珍木异草,龙蛇付守,是物与物之相应。春雷发声而蛰虫起伏,东风扇和而百花吐蕊,是天与物之相应。见丽日晴天而心情感发,闻疾风迅雷而怵然惊悸,是天与人之感应。是天、人、物貌虽异而神相通,"应"的势力贯穿其间,其真实性不亚于时间与空间。

在此应注意的是"时"、"空"彰显出万物的存在,而"应"则彰显出万物间相互的关系。万物的生而有,一方面是存在,一方面是与他物的关系,我们所生存的这个世界是依于"时"、"空"而立,然而使这个世界成为有秩序、有法则的,却是"应"的力量。

对这种感应意义,本人要举《咸卦·彖传》以说明。《咸卦·彖传》云:

> 咸,感也;柔上而刚下,二气感应以相与,止而说。男下女,是以亨利贞,取女吉也。天地感,而万物化生;圣人感人心,而天下和平。观其所感,

而天地万物之情可见矣。

《咸象》所云之"二气感应以相与"之二气，就是阴阳二气。阴柔往上而阳刚下来，二气交感互应，两相亲和。天地之交感带来万物化育生长，圣人感化人心带来天下和平昌顺；观象"交感"现象，天地万物的性情就可以明白了！上文所说的是，"天下和平"、"万物化生"均由"天地感"、"圣人感人心"而来。"天下万物之情"也是由观所有的"感应"现象而成就的。《咸卦·象传》亦有：

　　山上有泽，咸；君子以虚受人。

"山上有泽"，《周易正义》注曰："泽性下流，能润于下；山体上承，能受其润，以山感泽，所以为咸。"所以说，山上有泽，其象征"交感"。且上句"君子以虚受人"，王弼注："以虚受人，物乃感应。"

《周易正义》："君子法此《咸卦》下山上泽，故能空驱其怀，不自有实；受纳于物，无所弃遗；以此感人，莫不皆应。"咸卦取天地感应、人人感应，以显示《易经》感应现象之重要意义。

既然"感应"蕴含这么重要的意义，其思想在《易传》如何表现，本人且举几个卦象而讨论之。先看"泰"卦。

　　《泰卦·象传》："小往大来，吉，亨。则是天地交而万物通也，上下交而其志同也。"

泰卦卦名，下乾上坤，象征"通泰"。所以《序卦传》说："泰者，通也，物不可以终通。"由此可知"卦名"也表示天地之交感而吉。这表示"天地阴阳交合，万物的生养之道畅通。"所以，其《象传》曰：

　　天地交，泰，后以财成天地之道，辅相天地之宜，以左右民。

上文中，"后"乃言职司天下之治者，"财"同裁。所以，《象传》意味着泰卦天地交而万物通，上下交而志同，故治天下者见泰象，当思及己身应如何裁制以合天地相交之道，应如何教化人民以参赞天地之化育。《否卦·象传》又云：

　　大往小来，则天地不交而万物不通也，上下不交而天下无邦邦也。

否卦卦名，下坤上乾，象征"否闭"。《象传》说的是，天地阴阳互不交合，万物的生养之道不得畅通；君臣上下互不交合，天下离异而不成邦国。"万物不通"是由"天地不交"而产生的结果。《否卦·象传》云：

　　天地不交，否；君子以俭德辟难，不可荣以禄。

否与泰反，此时天地不交，上下异志，因此君子处此时，则当收敛其德以远小人之害。《谦卦·象传》又云：

> 谦，亨。天道下济而光明，地道卑而上行。天道亏盈而益谦，地道变盈而流谦，鬼神害盈而福谦，人道恶盈而好谦。谦尊而光，卑而不可踰，君子之终也。

谦卦卦名，下艮上坤，象征"谦虚"。对上句，《周易正义》云："下济者，谓降下济生万物也；光明者，谓三光垂耀而显明也。""地道卑而上行"，此句合前句，以"天"、"地"之道均谦下而致"光明"、"上行"，释卦辞"谦，亨"之意。《周易正义》云："地体卑柔而气上行，交通于天以生万物也。"由此可知，"天、地"交通之事理。其《象传》云：

> 地中有山，谦；君子以裒多益寡，称物平施。

"裒"义为取。山高于地，今谦卦山在地中，喻人不自高而卑以下人。君子见谦之象，当思及取己之多以益人之寡，德厚者勉人与己同德，财丰者施人不使穷绝，才高者教人进于才能，故云"称物平施"。《睽卦·象传》又云：

> 天地睽而其事同也，男女睽而其志同也，万物睽而其事类也。

睽卦卦名，下兑上离，象征"乖背睽违"。本卦之象是物与物、人与人相乖背。因为上离为火，故火动而上；下兑为泽，故泽动而下。此象征人与人相乖背。且上句"天地睽"指天高地下。天高地下乖睽，但化育万物的事理却相同，故云："其事同也"。男女异质，是女睽。男女乖睽，但交感求合的心志却相通。"万物睽"，指万物之形象各异。故程颐注云："生物万殊，睽也。然而得天地之利，禀阴阳之气，则相类也。"故万物之形象各异，但禀受天地阴阳气质的情状却相似。其《象传》云：

> 上火下泽，睽；君子以同而异。

"以同而异"指君子当办其异而知其同。

> 《姤卦·象传》："姤，遇也，柔遇刚也……天地相遇，品物咸章也。"

姤卦卦名，下巽上乾，象征"相遇"。《序卦传》云："姤者，遇也"。"品物咸章"："品物"，犹言各类事物；"章"，通"彰"，又为盛。《周易正义》云："天地若各亢所处，不相交遇，则万物庶物，无由彰显。必须二气相遇，乃得化生。"《程氏易传》又云："阴始生于下，与阳相遇，天地相遇也。阴阳不相交遇，则万物不生。天地相遇，则化育庶类，品物咸章，万物章明也。"

《归妹·彖传》："归妹，天地之大义也。天地不交而万物不兴。归妹，人之终始也。"归妹卦名下兑上震，象征"嫁出少女"。"人之终始"，指人类能终而复始地生息繁衍。上《彖传》举天地、万物因阴阳交合而蕃生，说明"归妹"的意义。

对这些较明显表现出阴阳之意的卦，《彖传》中抬出"天地交"、"天地不交"、"二气相感应以相与"、"天地相遇"等用语来，表示感应之道为宇宙间创造之几。

除此，在六十四卦序中看"立"，尤给人以深刻的感受。卦序上经言天道始"乾坤"，下经言人道始"感恒"。万物化生，依于乾坤两大作用的感应相交；而人类繁衍则依于男女两性的相感相悦。对"感应"的意义，在下文可寻。《乾卦·文言传》云：

同声相应，同气相求，水流湿，火就燥，云从龙，风从虎，圣人作而万物睹，本乎天者亲上，本乎地者亲下，则各从其类也。

由上文，得到的是"感应"在易经哲学中的意义。所有的天地万物都不是固执不变的，其都是天地万物互相感应产生的。那么，就进一步讨论"感应"对人赋予的感受和意义。《系辞传》云：

是以君子将有为也,将有行也,问焉而以言,其受命也如响。无有远近幽深，遂知来物。

易无思也，无为也，寂然不动，感而遂通天下之故。

君子居其室，出其善言，则千里之外应之……居其室，出其言不善，则千里之外违之……言行，君子之所以动天地也，可不慎乎！

同声相应，同气相求，水流湿，火就燥，云从龙，风从虎，圣人作而万物睹，本乎天者亲上，本乎地者亲下，则各从其类也。

由上文"无有幽近远深"、"千里之外必应之"、"千里之外必违之"可知，感应的观念，显然已超过日常经验的基本限制。时空已不再是纯粹的形式，而已超越其限制。人的感受与天地变化，已经不是两种不同的隔离的存在模式，而是可以有互相影响（言行，君子之所以动天地）。"感通"观念在《易传》中所占的地位，并非是残留，而是发挥得更彻底，更为一致，也更为深远。它不但指出了占卜的经验中含有"感通"的性质，再进一步说明"感应"已成为人在宇宙中的共存与共感的存在的根源。《易传》作者眼中的人的地位，已具有宇宙中的主要"感应"的主角。因此，人在宇宙中仰观俯察，都是处在新新不已的自然之流行当中。所以：

日往则月来，月往则日来，日月相推而明生焉……尺蠖之屈，以求信也，龙蛇之蛰，以存身也。

神也者，妙万物而为言者也。动万物者莫疾乎雷，挠万物者莫疾乎风，燥万物者莫熯乎火，说万物者莫说乎泽，润万物者莫润乎水，终万物始万物者莫盛乎艮。故水火相逮，雷风不相悖，山泽通气，然后能变化，既成万物也。

咸，感也，柔上而刚下，二气感应以相与……天地感而万物化生，圣人感人心而天下和平。观其所感，而天地万物之情可见矣。

所有的物体物相都不是固执独立的，都有神在其中贯穿，都是两气感应相与下的产物。因此，就《易传》作者所理解的个体物根源上来看，它们都是同质的。

总之，人与万物感应时，人经过进德修业之后，才可达成与天地和谐。《象传》作者在这方面表示得最为明白。例如：

水雷，屯。君子以经纶。
地中有水，师。君子以容民蓄众。
山下出泉，蒙。君子以果行育德。
地上有水，比。先王以建万国亲诸侯。
明出地上，晋。君子以自昭明德。
山上有水，蹇。君子以反身修德。

据《象传》内容，在句子开头所描述的卦象，当然不是人的进德修业所凭藉的动力根源。据《晋卦·象传》可以看出，进德修业的根源是内在的"明德"主题。从《蹇卦·象传》可以知道，修德的主要方式是"反身"。易卦本身是"无思"、"无为"的。赋予易卦以物象与意象的是人，使这些物象、意象衍生进德修业讯息的，仍然是人。《系辞传》云：

易无思也，无为也。寂然不动，感而遂通天下之故。非天下之"至身"，其孰能与于此？

所以，所谓"感而遂通天下之故"的关键，在于成德君子的神明之知。

（金圣基，韩国成均馆大学东洋学部教授兼主任）

南洋洪门对八卦文化的诠释与传承

一、前　言

　　洪门尊崇中华传统"八卦"的最根本表现，就在它的入会仪式。洪门入会的"先锋问答"，是由拥有头领身份的资深会众扮演"先锋"，模仿带领新丁入城参军的过程。主持仪式的"先生"认可"先锋"职位，就要从脚踩八卦起式，才能开始和"先锋"对答。而新丁参会的基本问答，是问："你入洪门，进的是什么会？信的是什么教？"标准答案正是："进的是天地会，信的是八卦教。"以后，会众再深入学习各种互相盘问底细的诗句，其中有一首基本的会诗亦一样提起"八卦教"。会众在对诗前，首先有一番强调堂口源头在"天地会、八卦教"的说辞，然后方才念出证明诗句："天兴扶日OO红，地理OO透天OO，会合阴阳四OO，八拜兄弟在木杨，卦令日月OO中，教子OO立誓章。"这整首诗的每句抬头第一个字依序结合正是"天、地、会、八、卦、教"。另外还有些堂口《会簿》所记载的"入会问答"，则是问新丁"拜"的是什么教？新丁也要回答"拜的是八卦教"。在南洋的洪门分支之间，各自不同的《会簿》内容也许有出入，但只要组织渊源于洪门，大家尊崇八卦的基本意识是一致的。脚踩八卦，其实是洪门"先生"应对各种场面常用的步法，包括适用在拜祭关圣帝君等参神敬礼仪式。[①]

　　撇开外界对洪门的诸多评论，不去评论它们，事实上，洪门长期秘密结社的历史极影响会党坚持本身的历史本质，却也限制了外界对它的认识。外界对洪门历史的起源，本来就有颇多不同的观点。就中国大陆学者来说，也出现过多种关于洪门历史的讨论，各有所见，百家争鸣。但是，中国国内学者在多有引用各种历史文献之余，却不一定有机会接触到正在南洋继续流传的洪门五房传统，包括五房各个支脉堂口由祖辈传承下来的《会簿》，所以就不见得会有太多文字重视

[①] 为尊重各方，凡属新加坡和马来西亚独立以后继续流传的《会簿》诗句，引用来源保密，部分文字以"O"符号代替，后文同。

到洪门会党至今流传的普遍特征居然是自称"八卦教"。一方面,许多至今继续使用的《会簿》源于前人冒着生命危险历代传抄的努力,传抄者把洪门理念视为信仰,传抄的态度也是力求保护原文和不改传统,以示流传正宗、源远流长。但另一方面,有些洪门弟兄被捕后为了保全组织,也往往启用会内流传的"夹口供"模式,即使分别在南北东西各处受审,也有本事把子虚乌有的事情说得极为一致,甚至会伪造煞有其事、似真不真的《会簿》。这一来,很多真相就宝贵在"机密",在会众之间一样是以不立文字、世代相传的姿态显得神秘兼且神圣。

基于洪门推崇忠心义气,有些会党文献即使是最新抄本,也还是历代叮咛的证词,也有的材料根本是坚持"背罪上身"的杰作,这样的事即使在近二三十年间还是一再发生。也因此,研究者阅读洪门文献,确有必要重视紧记和再三考虑洪门长期地下活动的特征:一方面,不能过于"好古",以为官方搜获的《会簿》就是完全正确或者材料完整;另一方面也要重视《会簿》以外有许多不可记载,只能口耳相传、身体力行的礼仪习俗。那些已经演进到后人以圆珠笔抄录还在继续流传的版本,还有会内不立文字的俗成约定,其实更应该受到研究者重视,它们是打开洪门真相的关键部分。

更进一步说,研究洪门还需认识到洪门本来是根据明代军阵分列"五行"的思路,将各路队伍分配到"五房"旗号底下,五房《会簿》其实不尽相同,在强调互相的共同点之余,各自也流传识别本房的特点。就因为各房自有特征,传统上也必须保存本房特征,因此,源自南洋洪门的《会簿》也就极有参考价值。例如后人要追溯洪门的八卦尊拜,对照各房发出的腰凭就是入手方向:洪门各房在19世纪形成华人开发南洋各地的领导势力,各房为了争取生存空间和扩大地盘,也曾经发生过无数次兄弟阋墙。结果,主导各地头的会党分支势力要想证明自己根苗正统,以及确保奸细不得干扰成员互相识别与认同,不止在入会仪式以及互相盘问底细的诗词强调自己"进的是天地会,信的是八卦教",他们也会再发给成员认证身份的"腰凭",以至分配会众职务的传统,都会一再强调本房的存在如何能联系上有关八卦之教义。但一旦强调"本房"以至本堂口,从腰凭到盘底诗句就会出现各种与他人不共有的特征。

这样的历史情势,在新加坡和马来亚尤其强烈,当地源自第二房的义兴公司与源自第三房的海山公司,自19世纪50年代以后便各自结盟各路马来土侯,此后60年代至70年代以后长期成为霹雳州与雪兰莪州内战力量,争夺锡矿等资源的开拓权。[①]

[①] Blythe, W.L.(1969).*The Impact of Chinese Secret Societies in Malaysia: a historical study*, London: Oxford University Press.

但是，到了 20 世纪初期，南洋洪门的二、三房组织经过痛定思痛，以后便演变出互相增援传统，共同在南洋殖民地以应付外人以及支持中国革命作为大方向，甚至形成所谓"二房三"的联系组织，以至有了"二房做戏三房看"的入会仪式。这种联系的结果，是东南亚警方自 20 世纪初在取缔会党活动时搜获了一些更特别的"腰凭"，有些"腰凭"上边明明写着是三房家后堂所发，却在上端出现拆字隐喻二房洪顺堂的"氵川口"。

若以东南亚原英殖民地区所流传的洪门组织，二、三房的分支或"二房三"的联合体，至今还是主要的力量。南洋洪门坚持"八卦教"的说法，包括会中流传会史有过"天地会、八卦教、洪门"三阶段演变，也是后来的"先生"们屡屡有机会互相参详二、三房与互柜传授《会簿》的结果。基于南洋洪门的历史与现实，笔者也有必要进一步说明，本文所根据的会党文献，主要还是源自二房与三房各分支。

二、身中乾坤：从入会到身份认同都在依赖八卦之教

欲知洪门对"八卦"的信仰如何渗透会众思想，可以从洪门发给入会者的腰凭谈起。洪门兄弟之间除了采用一系列隐喻的手势和暗语互相认别，各分支认证自家人的传统方式，还包括举行入会仪式以后发出"腰凭"作为新会众的身份认证。在洪门的诗句里头，原来的《腰凭诗》曾经写作"天下腰屏一般同，父母亲赐我随身中，上绣五龙伴真主，下绣彪寿和合同"。[①] 这首诗的内容自 19 世纪中叶从东南亚荷兰殖民地泄漏以后，各处会党对原文皆一再略有改变，以萧一山《近代秘密社会史料》为例，此书抄到伦敦大英博物馆在 1881 年收存的 Oriental 2339 钞本，其内容就变作"天下腰屏大不同，母亲付我带身中，上绣五龙扶真主，下绣彪寿和合同"。[②] 以后，还有再次修改的。但是，《腰凭诗》的内容无论经过如何的改动，其基本的尊崇意识不变，腰凭在会众心目中，是带有神圣意义的。

腰凭既然是入会的证明，分发腰凭的意义和腰凭的内容也是入会宗旨的延伸。以上个世纪末犹在流传的一组开香堂诗句为例，可以确知洪门在传统上自认开香堂招新丁是天地鬼神共鉴的大事，必须按照乾坤正位、天地正气的道理脚踏实地。在开香时，洪门的"教书先生"脚踏八卦与先锋互相对吟的六首诗，其中有四首是推崇"八卦"的，第六首则是以吟唱"乾坤圈"结尾。这其中，由先生带头开

[①] Schlegel, Gustave（1886）. *Hung-league*, Batavia: Lang & Co, reprinted by New York：AMS（1973）, p. 55.
[②] 萧一山编：《近代秘密社会史料》卷五，北京：国立北平研究院是学研究会，1935 年，第 11 页。

句吟诗是说:"八卦起由姜子牙,现今流落我洪家,明朝可比OOO,洪家兄弟庆OO",而先锋答诗,首两句对答则是"八卦踏来天地客,两转日月伴我家",先锋吟毕,再由先生回应,夸赞先锋"八卦踏来第一功,五湖四海路皆通,今晚有作太平戏,封你佑洪第一功"。其实,类似诗句之前也曾出现不同版本,在许多以天地会为主题的书刊发表过;只是,一旦把以上文字还原到它们原本应该出现的场合,并且确定吟诗者的身份与先后秩序,便足以说明洪门对"八卦"的理解与推崇。

如果从上述诗句内容看洪门对易经八卦的信仰,洪门是以"反清复明"去证明其组织的历史存在意义,并以此号召中下层群众参加其虚拟"招军"的入会仪式,其组织对《周易》的推崇显然要从民间神话的角度切入,才能更符合一般群众的理解起信。因此,诗句强调姜子牙,是借用民间熟悉姜子牙作为周文王"老师"以及善用阴阳八卦的典故,并以姜子牙辅佐周室灭掉纣王暴政的事迹作为缘起,说明洪门正承担着由《易经·革卦》推演出的"汤武革命,顺乎天而应乎人"[①]的天命道统。由此也暗示其成员,洪门既然在当下拥有演绎"八卦"的主权,就有能耐发挥"八卦"的变化莫测。

于是,根据上述《先生开香脚踏八卦对先锋》的演练系列,诗文隐指着洪门的"先生"本身是继承子牙的任务,在会中既是大众的老师,也是组织的军师之流,向会众传授的也是姜子牙用过的八卦之教,以示洪门在承续源远流长的文化传统。先生在主持开香时踏着八卦步和先锋对答,不论是说"两转日月"(复明)的道理,又或者在仪式上重演洪门传说中的天佑洪投军,宣称"天佑洪"是明朝忠臣黄成(承)恩死后托身在灵王庙苏洪光身上改名[②],都是立足在八卦的原理上。包括先生在仪式上重演洪门传说,吟唱诗句说明天佑洪死过翻生,受洪门封赐复明"先锋",也要唱出"八卦踏来第一功",以示天佑洪是所有洪门后来"先锋"的前人楷模,人死复生也是立足于八卦转爻换卦的原理。由此演绎,洪门入会仪式"一进洪门,二进洪门忠义堂,三进乾坤圈"[③]的说法意义更显神圣,"进乾坤圈"仪式所强调的洗心革面与反清复明,会众通俗形容入会为"死过"或"出世",意即大家跟着天佑洪的步伐,加入洪门等于重新做人。

在通俗说法的背后,洪门"进乾坤圈"仪式原本有诗句说"阴阳和合配乾坤,

[①] 《易·革·彖辞》。
[②] 萧一山编:《近代秘密社会史料》卷四,北京:国立北平研究院是学研究会,1935年,第13页。
[③] 同上注,卷四,第12页。

始产洪而结万人",乾坤圈对联则作"定乾坤而再造,明日月以中天"①,可见洪门眼中的清朝的颠倒乾坤,而洪门则认为而转乾坤才是符合易理,一再出现"把乾坤再复明"②等说法。根据这一思维模式,出现在各房肢凭上的字眼包括指出八卦效果的"千变万化";也有些腰凭会以"顺天行道"等字眼形容八卦演变的人世规律;还有就是"参天宏化",表示上接天道而普化世间。③

今日能看到的清代腰凭,大部分是从南洋洪门历史流传下来的。李子峰在《海底》一书提到腰凭说,"腰凭"或称"八卦",又称"罗汉图",多用布帛之类印制,按会员的执事地位分为赤、白、黄等色;又说,大抵八角形的就称为"八卦","凭票"形的就称为"腰凭",四方形称"罗汉图",简式长方形称"票布"。④李子峰也记载说:"惟于逊清中叶以后,官厅一旦搜获此类证件,不问其为人如何,有无犯罪行为,即判'斩立决',故会员为消灭证据起见,于领到凭证诵读熟稔之后,辄即焚毁灭迹,是以处今之时,欲觅三十年前之'腰凭票布',诚属不易之事……太平天国后,基于清廷变本加厉、取缔更严之故,会中对于'腰凭票布'之制作,亦更趋于简单之途,大半不分职位颜色。"⑤其实,李子峰所言情况也是单指中国而言。在华人人口最集中的英殖地区,英政府到1890年方才在新加坡和马来亚实行《社团法令》,宣布许多渊源于洪门的组织为非法。因此,会众对腰凭的处理往往是存放在安全处,不是熟读后自行销毁。在后来流传的查探身份的诗句中,还有问腰凭的,其第三句是"你有腰凭过来看",标准回答的前两句诗是"我在洪门当义兵,出门忘记带腰凭"。

但事实上,南洋大多数流传的腰凭,不一定如李子峰所说,一定要呈现为八角形才叫"八卦"。早期出现在南洋的洪门腰凭的设计不见得复杂。以19世纪中叶由二房的义兴公司所发的"洪单"为例,它其实是一块四方白布,上边写着"公司"的名号,中间是先天八卦图,围着阴中带阳部分正在重叠阳中带阴部分的太极图,左上角写上会众姓名,右下角则要加添会党内部用的记号。⑥如果这块布的上边没有加上"义兴公司"的字眼,仅有以叠字构成的"记号",类似道教符箓使用的"符胆花字"一般,它乍看就是一张符。民间本来也广泛流传使用先天八卦图案的习俗,

---

① Schlegel,op.cit.,p92.
② 萧一山编:《近代秘密社会史料》卷四,北京:国立北平研究院是学研究会,1935年,第13页。
③ 李子峰:《海底》,河北:河北人民出版社,1990年影印版(原版出版于1940年),第88—89页。
④ 同上,第85页。书前《编辑本书之十大要旨》第3页:"对于洪门最重要之三昧,仍保守其秘密","本书以供洪门弟兄参考为限"。
⑤ 同上注。
⑥ Schlegel,op.cit.,p32.

通常认为它有镇守鬼怪和辟邪化煞的功用。

也正如李子峰书上引用的"腰凭"范例，南洋流传的腰凭大多是正方形或者长方形的布条，上边以八卦图案作为主要构图。其八角框子内分数层，中间的八角空间又有多重格子，八卦的内容就由填满在层层格格中的许多文字组成。这些文字，有些是数个字重叠的造字，有些是特殊去掉边旁的造字，也有把许多字句颠倒错综的排列，或形成回文诗。①如果细读这些文字，可以理解它们几乎概括了洪门的所有教导，字里行间涉及从创会传说到反清复明的目标。由此也就明白，这种没有卦爻的八角图案确如会众所称，也是"八卦"，它是借用了八卦的外形配合层层生出的文辞内涵，强调洪门的天命是"参天宏化"，源自八卦演变出来的一切，洪门对待八卦的千变万化也有所取向。八角图案内部传达的文字，即是洪门意识中要求的八卦变化，所有变化出来的正确教导，是呼应着八角框内外"千变万化"、"顺天行道"的定论。

传统的"腰凭"内容，也印证了洪门诚实自称"八卦"之教的一面。组织所有的教导，几乎都集中在一片布条的八卦图形上边，熟悉腰凭的内容，自然熟悉组织的教导，关于个人在组织内外如何为人处世的说法，尽在"八卦"中。一旦从入会仪式开启信仰，以后又持续着洪门内部的节日庆典与祖神崇拜，心目中感觉到的腰凭的神圣性也就与日俱增。收藏或携带腰凭的过程，其实是把"八卦"内化为自我意识的过程。

三、忠堂教子：借助八卦文化解说伦理纲常义理

回到早期洪门文献，洪门在入会仪式起始时演练的"先锋问答"，不仅表现出组织本来拥有严格的筛选会众的传统，其模拟先烈"招军"的对白，也可视为组织对新进会众拥有强烈的人格要求，为新丁进行一场民族大义的说教。当会场上以纸牌模拟重构历史上成立洪门的"红花亭"原址，它是配合着从"先锋问答"开始的情节，重演传说中的大聚会，让入会者感受故人胸怀。而"红花亭"名下写着"洪门堂上历代宗亲"的牌位，中央除了诸位先贤先烈的名号，还供奉着"仁义礼智信"五个大字②，实可证实组织的本意。它对会众人格态度的要求极为严肃，已经到了寻求神人共鉴的地步。

后人可能更较少注意到，在19世纪中叶以前，洪门入会仪式的"先锋问答"情节是把《孟子·万章》作为论述纲常的根本，实可印证洪门伦理观念有它源自

---

① 李子峰：《海底》，河北：河北人民出版社，1990年影印版（原版出版于1940年），第86—89页。
② 萧一山编：《近代秘密社会史料》卷一，北京：国立北平研究院是学研究会，1935年，第1页。

孔孟之教的理论根源。

　　如果根据施列格引用荷兰殖民政府搜获的洪门文件，他曾记载说，在洪门入会仪式中，演练到先锋带领"新军"入城的一段，先锋接受"守城将军"盘问的其中一项回答是表明自己曾与满堂师友习读"经诗"一百零八章，并且要在接下去的回话说明自己读《万章》；到"守城将军"再问先锋《万章》是何事所本，先锋就要回答出"天本、地本、人本、神本、自本"，再依据要求吟出总结诗句："天本团圆，地本威风，人在其中，三才并立，一理皆同。"① 按照伦敦大英博物馆所藏的 Oriental8207G（1）抄本，同一段问答情节则演变成为使用粤语文字记载的别一版本，双方的问答内容是："有多少书友？一百零八。读乜书？读孟章书？读边句？读到洪水横流，泛滥于天下。"② 后一抄本虽把《万章》写成《孟章》，但两者并列，反而更可说明洪门早期的思想起源。

　　若以红花亭的设置对比"先锋问答"的内容，先锋在提出本身曾经习读《万章》之前，先前的另外一轮问答也必须是"以诗为证"，声明曾经度过"先生教习立纲常，花亭相会作文章"③ 的生涯。洪门诗句不止一处出现"纲常"两字，不外是重复儒家"三纲五常"的说教，其中"五常"即是红花亭牌位上强调的"仁、义、礼、智、信"。而《孟子·万章》的内容，是从各种史例讨论朝野君臣、父子、师友、夫妻相处之道，亦不外是讨论各方如何能真正兼达仁、义、礼、智、信的境界。可见，红花亭聚义创会的宗旨，和牌位上大书"仁、义、礼、智、信"的理想一致，又正是参考《孟子·万章》所真能启发的。

　　再之后，"先锋问答"的诗句还出现以"顺天行道"为冠首排出的"顺心和气孝双亲，天意无私本是仁，行过两京十三省，道排兵将左右分"。④ 将这段诗文对比过去会场上竖立起的四方形的"天庭国式"招军帅旗⑤，旗的中央是以"仁、义、礼、智、信"围绕"帅"字，旁添上书"顺天行道，复转明朝"的飘带⑥，当然都是在宣教着同一道理。

　　由此看来，洪门强调其入会传统是"忠堂教子"，确实是以纲常为本；而"先锋问答"提到《孟子·万章》会提高到"三才并立，一理皆同"的总结，也不是无缘无故。正由于洪门的组织思维模式不曾脱离儒家基本的易理观念，认为万物

---

① Schlegel,op.cit.,pp.63—64.
② 萧一山编：《近代秘密社会史料》卷四，北京：国立北平研究院是学研究会，1935年，第3-4页。
③ Schlegel,op.cit.,p63.
④ Ibid.,p73.
⑤ Ibid.,TAB.XI.
⑥ Ibid.,p34.

出于八卦也可以归纳或分配到"八卦",因此洪门不论对"五行"或"五常"等概念也都作如是观。这表现在洪门的入会仪式,就是强调脚踩八卦步带来千变万化、万物复生、反清复明的意象;表现在洪门设计的腰凭,便是层层八角框装满各种涉及忠孝仁义的文字,以会意洪门意识中对八卦变化内涵的取向。洪门对八卦文化的认识和推崇,也正如洪门19世纪开香堂准备的《毫笔诗》所说:"一枝毫笔夫子传,能反天下栋梁材;八卦分明皆有准,知机晓意便可藏。"①根据此诗,可见洪门的先辈不见得缺少传统学问,并非不了解孔子传《易》的典故。

可是,如果进一步看洪门对待五行、九宫、八卦等传统概念的立场,还是会发现洪门的组织思维不一定是跟随一般的表面见解,有时会有自成一路的诠释方式。

就以洪门入会仪式重演洪门弟子走入木杨城为例。过去所见,洪门入会仪式上问答"木杨城中多少井",曾经出现多种已被公开的不同年代版本,文字也各有出入,但它们的共同点都是说木杨城有五口井,五井之间"东方甲乙木无水,南方丙丁火无水,西方庚辛金成水,北方壬癸水有水,中央戊己土水连天",洪门弟子要喝水,就选喝中间一口井的水。②这里应该考虑到,在古代中华,即使在一般民众之间,戊己中央"五行属土"也是牢不可破的传统"常识";因此,洪门出现所谓"土水连天"的说法,又或者还有另一些版本是写作"中央戊己土成水"③,在表面看起来,显然已经违反大众关于"五方"配对"五行"的集体认识。尤其是,当这段文字的最后一句说法提出"土生水",它和前边定义的四方五行属性就变得互相矛盾,破坏了大众原来熟悉的"木、火、土、金、水"五行循环相生的整体知识结构。从这点看来,探讨洪门内部为何有"土水连天"这种说法,无疑也是理解其前辈如何诠释八卦生克变化的一条进路。洪门要维护自身的正统定位,也确实必须向会众交待会内是如何诠释"土"能生"水"的。

过去以来,其中一种常听闻的解释,是站在洪门的立场从创会神话去解说:洪门秉承天地会传统,本来天地会有大小两会,大会在天,小会在地,出于三河④;三河水既然作为洪门意象中神圣的大地水源,它的地理位置便应对应天上。根据这个观点,地生水,水连天,就有了根据。另外有说:反清复明标榜注重"中土",必须以"中"字寓意"中和"或"忠"的谐音,取饮木杨城中间水井的水象征着合乎天意的神圣行为,所以,也得是"土生水、水连天",才能赋予天地相连、

---

① Ibid.,p46.
② 萧一山编:《近代秘密社会史料》卷四,北京:国立北平研究院是学研究会,1935年,第21页。
③ 同上注,卷四,第10页。
④ Schlegel,op.cit.,p.xi,pp60—61. 兼参萧一山编:《近代秘密社会史料》卷四,北京:国立北平研究院是学研究会,1935年,第3页。

洪门宗旨兴旺的神圣象征。但是，这两样解说，若发生在传统社会，显然没有充足理由说服古人放弃他们的"常识"，接受整套五行知识可以在说到"戊己土"时大转弯，导致五行循环不全。所以，要解说洪门先辈为何会有中央戊己"土成水"之说，还得回到上述一整段问答系列的本体脉络，寻找洪门先辈解套的痕迹。

　　施列格的《天地会研究》出版于1866年之前，他所见到的承接上述原文的"有诗为证"，原本是写作"东方甲乙木为先，南方丙丁火相连，西方庚辛金成锭，北方壬癸水连天，中央戊己为太极，土生兄弟百万千"。[①]萧一山后来在《近代秘密社会史料》引用的伦敦大英博物馆Oriental8207E（3）存件，内容则作"中央戊己成太极，五行变化万千千"。[②]虽然两段不同版本的诗文内容有别，但是，后人根据其行文语气，再配合对洪门入会仪式的情景理解，或可大致明了洪门先辈的思维背景是建立在对《河图》与《尚书》的认识与发挥，借着新丁集体演练卦理的行为喻示洪门的宏图大展。其实，在洪门入会仪式中，进木杨城是从东门进而由西门出，出路正合《河图》象天的西方"四九"之数，洪门新丁从西门"出世"之后，在会中也确实是通称为"四九仔"。所以，先人是因应着河洛大数中的五行循环说，设想由五十中央戊己土转生西方庚辛四九金，再而生旺北方壬癸水，但这中间隐瞒着重大的"向西出世"的秘密情由：洪门大业要靠中土能生"四九"，中土继续"四九"成群就能从"参天宏化"开始，进而千变万化，五行生生不息。另一方面，中央戊己固然属土，但中宫实质上是个真正的空间，才能成为化生万物的太极所在，确保五行循环不息，正如《尚书·洪范》铺陈其之所以能"立皇极"的性质和作用，中宫是"无偏无党，王道荡荡；无党无偏，王道平平；无反无侧，王道正直。会其有极，归其有极"。[③]由此便可知，上述"中央戊己为太极，土生兄弟百万千"或"中央戊己成太极，五行变化万千千"，并非是没有来历的说法。很明显的，洪门勇于自况"参天宏化"，也是由于它在文化传统中寻找到自认"八卦"正统的自我诠释。

　　当然，一般洪门会众来自中下层，不可能有充足的易理知识。所以，他们要解说为何腰凭上的"参天宏化"四字会各加"雨"字部首和左边再加三点"水"，并不可能从《河图》说起先天的乾天卦是位在北方，能生同一方位的后天坎水，也更不可能引申到去解释诸位"四九"的"人能弘道"即是生旺北方，甘霖普降。

[①] Schlegel, op.cit., p101.
[②] 萧一山编：《近代秘密社会史料》卷四，北京：国立北平研究院是学研究会，1935年，第11页。
[③] ［唐］孔颖达等：《尚书正义》下册，《十三经注疏》，北京：中华书局，1957年影印本，第416页。

但是，即使他们不企图从易卦去圆说，他们也还是可以从纯粹相信"三河之水水连天"的立场去解说"天地"为何一气。只是，一旦许多会内专用名词和隐语背后的文化底蕴涉及易理，偏要会众或外人脱离易理去理解，自然越说越不清楚。

　　无可否认，洪门在很多时候都是在"应用"八卦，目标也着重于借助"八卦"在人们心目中的神圣地位，但其内部主要还是要借用"八卦"烘托出会党伦理，宣扬其"义理"神圣崇高，有时候就难免会忽视最基本的"易理"。例如洪门《净坛诗》，其内容作"天一生水水为先，地二生火火相连，水火合成天地格，寅年变化万〇千"①，如果单从"八卦"的层面去看，这首诗就是纯粹为了排比出"天地相会"，认识到南方先天乾卦可以"天一生水"，刻意不理相对面的北方先天坤卦"地二属土"并不能"生火"。然而，它其实是根据《河图》的布局，谈论北方是以阴六癸水配生阳一壬水，南方是阴二丁火配生阳七丙火。还有，这首诗的后二句，也是立足于设想后天卦位以坎水在下、离火在上，也象征世间的北方和南方；因此，"水火合成天地格"便是说：一旦南北相合、水火交融，就可能抽坎换离、再转乾坤，恢复到先天卦乾天在上、坤地在下的"天地正位"。由此可见，这位不知名的编诗前辈对《河图》以至抽爻换卦都是很有概念。只是，他显然志不在真正演算推论，只想把一般人对"后天转先天"的卦理认识定格在洪门"甲寅"年立会的传说，作出回溯式的附会去说明洪门正在秉承天地八卦演变趋势，鼓励革命是仁义、反清最合理。

　　再如南洋洪门流行一种称为"十五底"的盘问诗，是用来确定陌生人是否真是洪门弟兄，其做法其实就是两人轮流在九宫格上填写后天八卦之数，填写数字之外，又要对答诗句。可是，这总共十句应付着九宫格的对答诗句，如"二气丁山樊梨花"，除了九句在冠首采用"一"到"九"的数目字，以及最后一句点出九宫内的数字不论纵横或交叉连接都是"三个数字相加为十五"，所有诗句内容皆是和卦理没有直接干系。只能说，它至少是让会众为了应付陌生人互相盘问，背熟诗句和图表，学到九宫八卦是怎么个排法，也认识了诗句提到的民间故事，从中学到不少处世道理。

　　洪门"招军"对象毕竟不是以收罗知识分子为主要目的，可以理解其会内强调与渲染"八卦"神奇，不一定需要重视如何教导会众运用与操作的哲理，重点还在催促大家重视八卦的神圣性与神秘力量，以至信仰腰凭中的"八卦"

---

① 萧一山编：《近代秘密社会史料》卷五，北京：国立北平研究院是学研究会，1935年，第11页。

也具有神圣性,并能"千变万化"出洪门弟兄必须集体服膺的各种"道理"。因此,在洪门内部,"八卦"可以不是一种哲理的探讨,而是规范个人人格以及加强集体凝聚力的信仰。也因此,就不必奇怪为何过往以来有那么多洪门弟兄声称信仰八卦之教而不懂得卦爻,却至今还在念诵改名《文笔诗》的"八卦分明有定准,知机晓意〇〇〇"。正如民间各处流行穿戴八卦牌的信仰习俗,很大部分洪门弟兄重视组织分发的印刷品里头的八角形包含的各种教导,可能只是"依教奉行",并相信它具有神秘力量。只不过,洪门的"八卦"又毕竟是只有自己弟兄才能独特地"共有",信仰"八卦"的神圣性与神秘性对会众内心构成的影响,也的确能规范不少会党中人的生活态度,也使得一个组织的集体凝聚力能延续到今。

四、调兵遣将:在五房体制内贯彻《河图》观念

要说八卦文化给洪门带来的最大影响,还应该回到隐藏在洪门组织形态背后的系列理念。从洪门的组织概念看八卦文化,洪门自古分为五房,其实并非无缘无故或随机应变。上世纪流传的洪门《会簿》所记录的《三十六底》诗,诗文提及五房的分配,便有说:"阴阳和合成四九,二三五九会众兄,一六福建同甘陕,二吉广东及楚城,三八广西云贵会,四九江南西蜀兵,五十河南传东鲁,十底功成是腰凭。"根据这一说法,可知最初的五房制度,不论结合或分配,都在复制着《河图》的概念,以此构建出洪门分头发展的组织方向。

按照《河图》的数理布局,阳一壬水阴六癸水在北方,阳七丙火阴二丁火在南方,阳三甲木阴八乙木在东方,阳九庚金阴四辛金在西方,阳五戊土阴十己土在中宫。如果根据五行相应的道理,以数目字排列五房,则长房应配一数而在福建同甘陕,二房应配二数而到广东及楚城,三房应配三数到广西与云贵,四房则应配四数去到江南与西蜀,五房也应配五数而走到河南传东鲁。再以色泽分辨五房:则长房属一数,位于北方水位,应使黑旗;二房属二数,合乎南方火位而应使红旗,三房三数属木,落在东方属木的位置,也应使绿旗才对;剩下的,就是四房合乎西方金数,应使用白旗;而五房合乎中央五数,得使用黄旗。但是,洪门五房在现实中分配各房使用的旗色,显然不是按上述的说法如此这般,反而显出曾经仔细考虑之后的灵活变通。虽然历史上的洪门五房是按五行采用五色旗分房,只是他们之间是由第五房取代第三房使用绿旗,而第三房又另外采用赤旗。当然,这种变通设计并不是随机安排的结果。洪门先辈清楚认识到,三房才是五大房之间真正的"中"房,类比《河图》的中宫,因此第五房的旗色就必须和第三房交换。

然而，基于采用黄色会有僭越之嫌，因此第三房将旗色改为象征"赤地"的赤色，这也符合"洪"字意味"汉人失中土"的寓意。

根据不同《会簿》记载，五房分开出走去酝酿起义的地区也许各有出入，可是各房旗帜分配的记录是相当一致的，而洪门第三房流传到南洋以后，也确实出现过恢复使用黄色旗的记录。①

回溯更远，以明代戚继光撰写的《纪效新书》比较洪门的"招军"体制，就会发现洪门分开五房各分旗色的概念，并不是洪门先辈所发明。洪门从分房到各地的组织形态，包括入会仪式模拟的招军布置，皆有所本，其实是延续明朝军阵调兵遣将的理念，是明代军事阵法衍生的简化版本。部队以五行旗色分列，最基本原因就是为了人事各自为政，互不混淆，调兵遣将时又能根据旗色分配调动有序，有利平时各自发展，紧急时协同作战。

总的来说，洪门透过入会仪式设置各种"招军"旗号，并不是为了模拟而妄加附会。若据《纪效新书》，戚家军阵的中军坐纛是由阴阳、八卦以及《河图》构成；书中第十六卷《旌旗金鼓图说篇》还提到与五方大旗对应还有"五方神旗"，按五方五行颜色分配的五幅旗，分别绘图与书写"东方温元帅、南方关元帅、中央王灵官、西方马元帅、北方赵元坛"等字样。②在洪门，前后五祖旗类似"五方大旗"和"五方神旗"，洪门用在入会仪式的八卦旗也是仿似明军在中军坐纛的八卦旗，画面一样是采用后天八卦③。不过洪门八卦旗上所附加的装饰内容却是简单得多，不一定在八卦四维上加绘《河图》。

如果更进一步探讨洪门先辈与《河图》的关系，《河图》由卦爻、干支、方位组成的大体系，包含了十天干、四维、十二地支、二十四向的运作，可说是洪门先辈建构内部体制的灵感源泉。正如洪门形容其普通会众"四九"渊源于《河图》数理的联想，洪门内部还有其他各种职务分配，也都借助《河图》，以数理组成的数目字代称。

"四九"之所以称为"四九"，背后的原理也不仅是由于新丁参与入会仪式必须模拟打"木杨城"，由东门进而从西门出。在洪门内部，"四九"称谓涉及的卦理，出现在一首问答诗："（问）义兄经纶好精通，洪门涵义我知详，二六一五三二职，四九定数何内容？（答）洪门起义复家邦，天罡地支镇九宫，四九三十六爻数，旋转乾坤扶明王。天罡地支镇九宫，四九三六造木杨。"

---

① Blythe, W.L. op.cit., p532.
② ［明］戚继光：《纪效新书》，北京：中华书局，2001年，第265—267页。
③ 萧一山编：《近代秘密社会史料》卷一，北京：国立北平研究院是学研究会，1935年，第7页。

再问再答的内容，则是："（问）二六一五三二职，有何玄机莫包藏？（答）四九三六造木杨，十八阴来十八阳，阴阳旋转定太极，十八乘二四九分。"

历代洪门组织分配各级人员职务，也是根据《河图》的应用。洪门之中的不同职务可以以不同的号码组合代称，又各有易理上的解说为据；上述"二六"、"一五"、"三二"都在隐喻会党中的重要职位，双数前以"四"数为冠，一方面是为了三数合一以喻示《河图》的其中现象，另一方面字形也是"口中八"。本文基于尊重洪门会史的保密原则，确实不便详解洪门会众之间流传的这一方面的诗文，只能引用部分相关片段供作参详探讨。

就以"洪棍"一职为例，"洪棍"或称"红棍"，或称"元帅"。有的"洪棍"是某个地区主导实力的洪门老大，有的"红棍"可能作为某房某分支堂口的老大，所能控制的弟兄也分散在零散的不同地区。按《河图》数理，"洪棍"的代称是"四二六"三数结合，总数共"十二"，即代表十二地支。在"洪棍"问答诗句，从"四二六"概念延伸出的解说是："（问）义兄为国一栋梁，才高八斗智慧通，二六一五三二职，天罡地支何内容？（答）十二地支四二六，子丑寅卯定山河，辰巳午未旋中转，申酉戌亥灭满奴。"

诗文问答再继续下去，就到了说明"洪棍"领导会务，有赖"白扇"扶助。

"白扇"在会中是文职，是各个洪门组织内部的师爷，会内普遍称为"先生"，管内部说教以及文书，也负责排解、说服与裁决内外的道理争执，代号"四一五"；这三个数字，总数等于"十"，代表十天干。十天干配合十二地支，就是六十甲子循环不息，以此寓意"洪棍"与"白扇"配合，合力循环不息。洪门解释白扇："（问）义兄表明四二六，挂帅掌权定山河，清朝江山气数尽，一五三二是如何？（答）十大天罡四一五，甲乙木局灭满奴，南方丙丁火焚清，庚辛壬癸戊己土，十二地支十天罡，二六一五护江山。"（以后，"白扇"若升职为同房各分支共同的"香主"或者"军师"，又另有说法，此处不赘。）

再如"草鞋"一职，其代称是"四三二"，总数等于九，代表九宫，洪门将此职级比喻为管辖兵马的将军，问答诗句的答词有说："四三二职何因原，解开疑问复汉还，四三二职乃九宫，执掌兵权复大明，天罡地支相扶助，八卦教会灭满清。"

"草鞋"的职位虽然固定，可是洪门举行入会仪式，其中一位草鞋的身份在过程中必须暂时转换成为"先锋"，即是"四三八"职位："（问）义兄为国一栋梁，文韬武略肚中藏，天罡地支解数分，四三八职何原因？（答）四三八职为先锋，挂帅征清复家邦，一白二黑三碧黄，四绿五黄十五宗。"

传统上应用八卦的原则在"先天为体，后天为用"、"河图为体，洛书为用"，是故河图主常，洛书主变。"招军"仪式代表准备出征，"草鞋"可以暂变"先锋"，是以从"九宫"（"四三二"）的基础先天转后天，变化出"四三八"作为示意。"四三八"的总数"十五"暗合《洛书》相应后天八卦的卦数，在九宫上不论纵横或交叉总数必然达致"十五"，是对应着"招军"摆在中军位置的"后天八卦"旗帜，暗喻先天《河图》随时可以应具体转化到《洛书》，应付具体的天时地利人事。

客观地说，洪门模仿前明军队也就是继承军事的组织效率。古人要在军事过程有效运筹以及掌控行军速度，避开次次花费时间思考诸多具体错综现象的麻烦，取决于领导者如何把涉及天时地利人和的因素转化为精细的术数结构，根据既定在五行、九宫、八卦等识别符号的规范，方便客观运算。从组织到职责分配都是把部队与各级会众换算成为术数符号，不仅有利保密，而且可以依据符号之间统一规定的互相规律去思考。平面战争的时代讲究布阵，军师运谋决策尽可能根据规范的术数符号关系思考，根据术数符号之间约定的规则布局与指挥各路部队的变化，确能避开一再化约具体人事成为新设符号的麻烦，也确是有利于节省作战的时间精力。反之，如果领导者每次计算形势都需要重新化约具体人事成为符号，符号的意义又不固定，每次计算过后还得还原去诠释人事结果，作战计划和行军速度都肯定变得缓慢。

清朝还是处在半冷兵器时代，洪门在"招军"组织上模拟明军，分出各种旗号，应用旗号以及职衔代号等等各种术数符号，就运算效果而言，只要遇到领导真正懂得使用术数符号运算，那是组织的强项。洪门至今俗称举事或对外集体搏斗为"拼阵"，着实反映它在组织制度上大致继承明朝军制，也继承了明代受术数符号演算规则所规约的军事思考方式。依此事实，可见它若组织严格、纪律严明，在实质上也真的是随时可以转化成为军事作战的队伍。洪门制度渊源与模仿古人在军事领域应用的八卦文化，反证它的历史演变不可能单纯渊源于一般农民或市井之徒想要结社造势。所谓反清复明并非仅是空谈，而是有制度上的准备。

五、组织定位：以八卦信仰确保洪门合乎"道统"

在华人历史上，不论是殿堂上的儒者或者民间术士，从讨论天命、道统、人伦的大道理，到解说山、医、命、卜、相的操作原理，总难以离开演绎易理之道的"阴阳、五行、八卦"。《易经》自古被认为是中华道统中一切学术的源头，受尊"群经之首"。八卦学理讲究把事物架构在河图洛书所发展的九宫五行概念去思考，主要是透过易理、卦象的数字原理以及图案运作，归纳和演绎各种现象的内部规律、互相关系以及演变转化，为思想领域开拓出极大的想象与思考空间，也构成中华民族传统上常用的思维模式。就民间而言，易经八卦的学理涉及各种知识领域的应用，其中还存在各种学派论争，本来就是令人佩服的大学问，又不一定是大众能搞懂的。可是，正由于"八卦"的理论长期被人广泛地运用在各领域，甚至成为指导知识领域的思维模式，华人大众才会长期累积出对"八卦"的集体心理反应，咸认为它是神圣的、奥秘的、优越的。

　　历史以来，洪门弟兄不见得人人都知书识字，但他们在入会仪式宣布信仰八卦之教，使用的腰凭、收据会出现八卦图案，也是服膺于中华传统主流思维，受其潜移默化，并不是标新立异。至少，在大众集体的传统意识里，本来就有信仰说八卦的原理可以解决各种问题，转危为安；直到现在，闽广两省住家门楣摆放八卦牌的习俗，继续流行港台与东南亚，街头巷尾也常见人们身上悬挂八卦吊坠。如此氛围，八卦在洪门弟兄心中本来是个熟悉的文化印象，入会时宣誓信仰八卦教，也不会觉得太过突然勉强。

　　在洪门传统中，为了应付清朝政府以及南洋西方殖民地政府，原本就创造过各种会内与外界不共有的表达方式，包括刻意缺失边旁、合体、变体的特别造字，以及采用隐喻字眼或手势暗语。这一切互相认别与联系的做法，最终效果不仅是为了逃避官府耳目，它更有利于会内维持内部"不同于外界"的有效认同，并因此加强传达理念与组织精神。但是，也正如秦宝琦所见，随着洪门组织的扩散与参与者增加，又遇上官吏搜捕，会内隐语暗号的内容，往往要因泄漏而必须改变。[①]只是，从过去到现在，洪门的入会仪式至今不改"入的是天地会，信的是八卦教"的精神，"信八卦教"在现代流传的《会簿》依然是询问新参加入会者的标准答案，如此极强烈地说明对"八卦"的信仰涉及会党信仰的基础，也是入会必须接受的底线，是不能改变的。

　　更进一步说，洪门说明本身是信仰八卦之教，亦即说明洪门腰凭上常见的"参天宏化"或"顺天行道"都是有八卦义理为据，并非没有理念根据的无的放矢。"八卦"之教极可能便是当初建构洪门起源"合理性"的关键因素。

　　如果说各地洪门组织的内部凝聚单是依靠着会众的在地共同利益，并由此形成集体对个人的组织控制力量，那是忽略了古人普遍信奉有神论而畏惧天理神道，不可能单纯依赖思考利害关系就能安身立命。洪门所以能建立成员互相认同"兄弟"的归属感，主要是透过入会仪式的神道设教，确认会员之间的歃血为盟具有神圣性质的拟血缘纽带。而洪门从入会仪式到以后的重要活动过程，也都强调大

[①] 秦宝琦：《清前期天地会研究》，北京：中国人民大学出版社，1988年，第143页。

家曾对天地神明和祖神先烈咒誓发愿，如此更能巩固彼此的信任。尤其是南洋的洪门组织，各房之所以能在许多地区有所扩展，都和乡镇本身的开荒历史息息相关。华人在缺乏法律保障的地区开垦，四周强敌环伺，随时遇上排华危机，人们不仅要抱成团体，更要在团体内建立起人际互信以完成对团体的信仰。在这种情形下，集体共同信仰的神明不仅是异地生活的心灵依赖，也还是再造文化认同的对象。所有洪门提倡弟兄集体崇拜的神灵，反映出大众共同生活应有的道德规范，导引大家重视社会契约，其并非仅仅由人事仲裁，也相信在冥冥中自有维护和审判的神道。

问题在于，新成员最初加入洪门的动机，并不一定是受到"反清复明"的感召，包括现在东南亚各地洪门的许多成员也不见得为了强调民族文化而参加。原本，洪门会众彼此间的背景差异甚大，多为农民、小商贩、各类工人，互相也没有在血缘、地域或职业上的必要关系，各人参加洪门主要还是为了能在地方层次上互济互助或自卫抗暴，加强自己在地方上的过活能耐，又或者是即使出门到陌生地方也能找到"弟兄"照应。洪门设计了一共十三关的入会仪式，固然带出了神道设教的神圣感受，但是单凭拜祭满天神佛与前明诸位义烈，不见得能说明会党"反清复明"的合理性。组织上能把这些人结为一体已经不容易，如果无法引导，他们不一定真的会把"反清复明"等民族大事视为重心，再踏前一步。甚至会党要求成员走上国朝政治的层面，为民族大义献身，也不见得符合会众通过武装自卫和互助互济寻求在小地区范围安居乐业的原意，两者的目的价值相当矛盾。

所以，洪门援引八卦原理统说天地会创会是"大会在天、小会在地"，由此阐释它传承和维护"礼、义、仁、智、信"的神圣，也由此延伸演绎"礼、义、仁、智、信"的彻底实践必须落在"反清复明"，等同再造乾坤、重建纲常的必要，正符合说明"反清复明"分属历史必然。这种说法，填补了仅仅透过崇拜神灵与纪念先烈去发誓"反清复明"的单薄影响，是回到会众早先受到传统文化潜移默化的心灵深处，从开启大众原有的思维模式下手，使得与会者在入会仪式上温习八卦的影响，从阴阳开出天地八卦而推演出纲常道德的义理，令与会者感觉到不管洪门的存在或自己的存在都应该神圣化，建立起受到诸神祝福的"顺天行道"的使命。

当一般人在观念中把"八卦"视为宝物，也把"八卦"视为解释万物处在正确或错谬形式的标准，洪门的组织能够成功地维续与发展至今，绝非偶然，理应感激创会前人继承老祖宗流传的八卦文化，并且引入会内成为信仰。

当然，洪门应用阴阳、八卦、九宫、五行的名称以及表象符号，是把它们零散地呈现在不同的需要之中，所强调的也是推演说明纲常伦理秩序在义理上正确，兼且传播八卦威灵护身保命之神秘崇拜，但是并非教导大家如何应用八卦九宫五行的哲理于行政实务的操作。但毕竟《易经》并不是洪门私有的，洪门也不是以学习《易经》作为专业方向的学术团体，其成员要真的对八卦的操作有进一步的兴趣才可以向外求学。

无论如何，读书人能深研《易经》以至精通运用八卦学问于各领域的，本来就很少。洪门会众多数本非读书人出身，能熟谙与应用阴阳八卦、九宫五行，相信更是稀罕。所以，当洪门立会招揽的会众主要来自中下层社会，它把立会宗旨立在八卦教，以至从仪式到腰凭应用阴阳八卦的名称，是相当当智慧的做法。它是从组织上与八卦、神道信仰等社会资本结合，藉着源自传统文化的社会资本提升组织的凝聚力，以及定位洪门维护道统的正当地位。这在客观上，不但为"反清复明"目标做出了神圣的溯源，也给会党结社的整体组织增加教人尊敬的神秘、优越与深度。而且，它从来是经过仪式、口述、图像的结合，为自己的会众上着中华文化的内心启蒙课，尤其也帮助了原来的文盲一同学习传统。

六、备　考

洪门普遍使用"八卦"，还表现在会内不同级别的执事人员必须分别学习各种与八卦卦爻相关的不同手势。这些手势会根据当事人在会中的级别身份，被应用在各种活动上，尤其是针对不同神明的祭祀活动。但是，这一切内部相传的知识体系庞大而复杂，涉及秘密性质与神圣意义，因此应受尊重，不便公开讨论。

并且，南洋洪门在流传着自称"八卦教"的传统之际，也拥有一套口述传言解释此一自称的缘由。根据这套口述，洪门弟兄入会时答应自己是"进洪门"之后，还要再回答"入的是天地会、信的是八卦教"，反映出"洪门"的组织不是打从开始就存在，而是经过"天地会"与"八卦教"两个阶段，到红花亭结义，才转变出组织的存在。这么一来，如果口述传言是真，洪门自诩本身的组织是由天地会一脉相传，甚至是正统传承，是有其正确性的；但是，当洪门宣称它是"天地会"的同时，原来更早阶段的天地会却不见得完全等同后来的洪门。这正如后来改组过的致公党也不见得就等于当初的洪门。如此当可解释，许多热心的研究者是身在洪门之外，他们关于洪门起源与创立年代的考据，之所以互相出入，其中一个原因就在于大家不晓得洪门内部流传着组织一再变迁与重建的说法，大家一路来都是毫无差别地将"天地会"与"洪门"等同起来。

本文目标，仅仅是要集中讨论南洋"洪门"内部对中华八卦文化的传承、认知与诠释。笔者在这讨论的过程，尽量避开"天地会"三字，恰是为了要采取尊重会内未经证实传说的态度，把论述对象局限在已经证实属于"天地会——洪门"的范围。

顺带说明，正如南洋现传的《会簿》可见，在一些作为主办入会仪式摆设指导的图案上，里头绘画洪门创会传说的高溪庙，有说明里边供奉的是"先天老祖"，而不是同一《会簿》诗句中一再叙述称谓的那位庙中殿堂上可见的观音。另外，在洪门诗句中也经常出现一位"老母"，她有时很明白是指斗母，有时往往又可能指称另一位具有主宰地位而又身份未明的女神。这又让人联想起南洋至今犹存的白莲教/青莲教道堂布置，它们也是以"观音"在正殿接引大众，而在不设公众香火的后殿或阁楼尊崇"先天"老祖/老母。因此，总结过去以来的洪门文献里头留存着的许多这类线索，足以教人思考到底当地洪门自称为本身渊源的"八卦教"是否真的存在？其原来的面貌如何？又或者"信八卦"的说法是否源于天地会后期与民间教派合流的强化？这一切，还有待进一步追查，才有可能真正回溯洪门所谓"拜天地会，信八卦教"的原型。

（王琛发，马来西亚孝恩文化基金会执行总裁、马来西亚道教学院主席、大同韩新传播学院学术与课程委员会主席兼教授）

场有哲学——周易的时代意义

一、场有哲学作者简述

场有哲学①（Field—Being Philosophy）作者唐力权（1935—2012），广东恩平人。美国纽约社会科学研究新校哲学博士。曾任美国康州美田大学哲学系正教授及国际场有哲学研究所所长，国际中国哲学会会长。是近代有名的思想家，生于香港，早年毕业于香港金文泰中学，考入台湾大学电机工程系。一年后转到美国纽约大学经济系，毕业后在纽约大学研究院攻读经济学博士学位。当时是主修经济学，副修哲学。后转到纽约社会科学研究新校攻读哲学博士，1969 年获哲学博士学位。他的博士论文题目是《脉络与实在：怀德海机体哲学之批判的诠释（*Context and Reality: A Critical Interpretation of Whitehead's Philosophy of Oranism*）》②。唐教授自 1967 年起开始在美国康州美田大学哲学系任教，讲授存在主义哲学和东方哲学等课程，直到 2006 年荣休。陈《周易与怀德海之间——场有哲学序论》之外，他还著有哲理诗集《道》（英文本）和中西比较哲学论文数十篇③。唐氏于 20 世纪 90 年代经常回国讲学，一生致力发展"场有哲学"，用其诠译世界不同民族之文明论、人道学，是一套完整的近代基础哲学思想。

1. 场有哲学的思想渊源

唐氏的场有哲学乃是一种"究竟学"，其渊源于周易哲学（东）与怀德海（西）哲学之间的一种以宇宙和生命的普遍真理和终极真实为其探索对象的学问，大致相当于传统西方哲学中的形上学，主要包括本体论（亦称存有论）、宇宙论。场有哲学是一种形上姿态超切人道学。

2. 何谓场有哲学

"场有"就是依场而有的意思。一切存有都是场的存有。场有论的基本主张

---

① 唐力权：《周易与怀德海之间——场有哲学序论》，台湾：黎明文化事业股份有限公司，1989 年。
② 此书中译本已于 1998 年面世。
③ 其中一部分论文收于他在 2001 年出版的论文集《蕴徼论》。

是：无离场之有，亦无有外之场。"场有"作为创化权能无限开显的超切连续体，具体宇宙（易世界）乃是一个"即场即有"或"即有即场"的真实。

场有哲学基本上否认存有的实体概念，而以与"场"（周遭环境）的相对相关性，作为事物的"存有本性"，故非实体的概念正是场有哲学的核心所在。如《易传》之主要观念，"太极"、"易"、"生生"、"道"、"阴阳"、"天地"、"乾坤"、"刚柔"、"直曲"等等都是由场有观发展出来的非实形上观念。场有哲学又是一种权能[①]哲学，以宇宙的终极与真实属于一个永恒的、无所不在的创化权能，《道德经》字之曰"道"，《易经》字之曰"易"。

也就是说：创化权能＝道＝易。（注：这个"＝"号，并非数学等号，是概念性之等号。）

《易传》以无极而太极、场有的"本体"或"场体"；无极——构成一切事物的相对相关性的无限背景。易道为太极之用——场有场体之场用，太极之场用为生生不已和阴阳相交的开显。"权能"与"场有"乃是二而一、一而二的一对观念。"体"言此创造性所本之权能，"用"则言此创造权能之开显。宇宙乃是一个由无数的权能体或场有者的无限创造与生生连续所编织而成的"大场有"，即《易传》以生生之谓易，以一阴一阳之谓道。

"权能—场有"（Power——Field—Being）概念的渊源是《易经》，以阴阳二气的对立、交感作为宇宙万物运动变化的根源和规律，而场有哲学亦主张由阴阳合德的"生生之流"的宇宙观。从《易经》的观点来看，宇宙是没有孤立的事物的，天地万物之间是有机联系、相互关联、相互依存、不可分割的整体，强调整体的动态平衡与感通，这也是"场有哲学"的核心思想，故场有哲学可说是一种道家哲学。

3. 场有哲学的文明论：世界观

文明乃是人类智慧的产物[②]。没有攫夺控制性的智慧，就不会有文明的传统；没有感通直觉性的智慧，就不会有文明的开创；而没有超切实存性的智慧，就不会有文明在实存和畅精神生命中的展现与落实。

但人类创造文明的智慧乃是由依身起念的意识心，通过依念作茧的作茧作用和问题化的熔锻而来的。由于意识心态的不同，文明就相应地可以有种种不同的型态。比较来讲，实存智慧乃是中华民族之所长，而控制性的智慧则是印度与西方民族之所擅。所不同者，印度民族所独擅的乃是"内向"的控制性智慧，而西方民族所特长的却是"外向"的控制性智慧。

[①] 笔者注：权能简义为，选择之权与决定之能。
[②] 唐力权：《周易与怀德海之间——场有哲学序论》，第337—352页。

而直觉性的智慧乃是神知开来、洞察易道吊诡的智慧。自有人类文明以来，人的智慧终究是有限的，而人类智慧最大的限制正来自智慧直觉性的禀赋上。由于意识心态的差别，每民族所突出的智能型自然相应地表现不同的直觉性。西方人的直觉性乃是以外向控制性智慧为本的直觉性；印度人的直觉性乃是生发于内向控制性智慧的直觉性；中国人的直觉智慧则是直接从实存的场有体验中孕育出来的。由于神知开来、洞察易道吊诡的智慧乃是一种建筑在实存生命与场有自身之契合性的智慧，故中国人的智慧应该是直觉智慧的典型。只是由于中国人的控制性智慧之不足，直觉性智慧所应有的效能也就大为降低了。

二、《周易》——东方文明

1. 场性与时位

场有哲学认为万物都是依场而有的；也是周易哲学的时代意义之所在，是一个时位问题———一个内在于人类历史文化而为其场性所决定的时位问题。"场"是哲学概念，非一般物理、数学概念。唐氏说：在《易经》是找不到"场"这个名词，但并不表示《易经》哲学里没有"场"的观念。相反易学是一部彻头彻尾的"场论"———一部以"场"的理念来贯穿"宇宙"和"人生"的"场有哲学"。唐氏定义："场"就是事物的相对相关性的所在，也同时是此相对相关性之所以为可能的所在①。"场性"是事物有各种不同的性格和方式存有，因此各种场、场的性格不同，故有不同的存有分类。作为一种思想进路的标志，"场——有"就是通过"场"的概念来理解"有"②的意思。

2. 断而不断与易印成化

"权能——场有"（Power——Field—Being）概念的另一个渊源是《易经》之所谓"断而不断"，这是出自八卦的"断——"、"不断—"符号。唐氏称中国哲学将"断而不断"当作存有的真实。孔颖达《周易正义》卷第一"论易之三名"指出，易一名而含三义，是"易简"、"不易"与"变易"。《易纬·乾凿度》云："易一名而含三义：所谓易也，变易也，不易也。"

唐氏注释"易简"是就"易体"的"形"、"体性"的"无思无为"而言其"简"，"无思无为"当然是至为"简易"的；又同时以"光明四通"的"体性"而言其"简"。"无思"所以具有大"光明"，此乃是就其"光"、开显的"相"而言。"无为"所以能够"四通"八达，如此之通达的"力"、活动"作用"也。所以，体（形）、相（光）、用（力）

---

① 唐力权：《周易与怀德海之间——场有哲学序论》，第3页。
② 笔者注："有"，为性格能独立自存，本体不变的存有实体。

都包含在"易简"一义之中。故"易一名而含三义"是指易的体相用都包含在"易简"一义之中。

其次,就易之三义之分别展开而言,"变易也"是"易名三义"中的重要一义,《乾凿度》说:"变易也者,其气也。天地不变,不能通气。"又,"不易也"也是"易名三义"中重要的一义,则是指"变易"之中必须有不变者,例如天尊地卑等不变的理则。

唐氏称权能场有(体)、"形态";业质(相)、"光态";活动作用(用)、"力态"为三真之超切关系网。易学的时代意义是:实存智慧与中和理性综合的感通直觉性权能活动。

唐氏认为"依身起念"是人类最原始权能活动,如生存,攫夺,繁殖等等。感通直觉性权能活动是依身自我意识中普通存在"异隔"①、"同独"②及"同融"③三种意识心态。

中国传统文化乃是一凸显易印成化的文明格局,故"易印成化"就是中国传统文化的"印体"。中国人感一如实的心识倾向正是一契于"易印"的意识心态,而中国文明中的一切典章文物亦莫非易印之所印延。从场有哲学的观念来看,《周易》乃是中国人所开创的文明格局最具代表性的一部经典。它的中心思想是什么?一言以蔽之,就是我们所谓的"易印成化"。为六十四卦基石的阴阳两爻——中断与不中断的两画——不正是权能场有性相"断而不断"最恰切的象征意符么?"断而不断"乃是易道成化历程最精简的写照:为易印所印的周易哲学正是一部洁静精微的历程哲学啊④!

唐氏指出我们肯用心去探索的话,实不难发现传统中国文化实处处可以找到易印文明的象征意符。中国文化只不过是易印成化的印延体罢了。

---

① "异隔":是人性直觉感异成隔,即意识心态把事物孤立起来看的倾向("感异"),也就是"意识我"对非我和非意识的排挤,把自己视为唯一真实,等同于场有自身("成隔")。这是西方文明特征,是以自体性为主,是一种爱罗型和逻辑型的文明,擅长于外向控制型的智慧,故发展出异隔意识心态。为现代科技文明发展之所本的智慧。指权能分殊动印性相之"断而又断"。
② "同独":是人性直觉感同消隔而成独,即意识心态感同于异,并竭力在异中求同,即使不能消除异隔,也会对异之所在视若无睹,其极端发展是意识我的自我泯灭。这是印度文明特征,也是以自体性为主,是倾向于瑜珈和因明的理性道术,擅长于内向控制型的智慧,故发展出同独意识心态。为现代独善其身者之所本的智慧。指权能本体寂印性相之"绝对无断"。
③ "同融":融中求同,即意识心态承认事物之"有异有隔",但"有隔而无碍",即所谓"融"。中国文明特征是以互体性为主,是一种良知型的文明,故发展出同融意识心态。为易学智慧。指权能场有易印性相之"断而不断"。
④ 唐力权:《周易与怀德海之间——场有哲学序论》,第 421 页。

3. 仁材并建与理数并行

人性中由仁性和材（知）性两极所构成的关系是人性论的中心课题。人性的跃动，就其感于存有本性之"断而又断"而言是"爱罗"（eros），就其感于存有本性之"断而不断"而言是"良知"。"良知"就是人的"仁性"，"爱罗"是人的"材性"，"良知"与"爱罗"构成了人的主体性的"仁材两极"。

难道在中国文明里找不到动印（西方）与寂印（印度）文明的成分么？当然不是。《易·系辞》里"寂然不动，感而遂通天下之故"一语实已涵摄了易印与动印、寂印之间的辩证关系。"寂然不动"所指的乃是寂印无痕中的真如作用，亦即是权能本体性相之绝对无新处。"天下之故"所指的乃是动印所留之迹，权能分殊性相断而又断的轨迹。"寂然不动"与"天下之故"在易化历程中的综合，也就是《系传》所谓的"感而遂通"了。在"寂然不动"的如如中感通"天下之故"，这不正是生生不已、断而不断的权能易道么！正是由中国易学所凸显的感一如实心态"理数并行"所当开出的形上姿态。从《周易》传统所代表的中国文明来讲，寂印无痕与动印留迹乃是易印成化所综摄的两面，而非可以独立地为人类安身立命所据的本位法门。以易门统摄动寂二门的"成化之论"乃是中国哲学主流思想的一贯主张。但正由于中国人感一如实的意识心态不容许他把易道成化的动寂两门从生生历程中拆开来看，中国传统哲人对动寂二门只有统合的观照而无独立的观照，因而也就未能深入动寂二门的秘奥而熔锻出相应的慧识。

中国人对寂印文明分立（分开而立）的体验乃是佛教自印度传入中国以后之事；中国人对动印文明本身的了解乃是近世纪西学东渐以后的事。寂印法门对治业障业陷所可能发挥的净化作用乃是文明社会必需的清凉剂，而动印法门循迹建构的宏固创造力更是一切文明进步的基石。经过千多年来佛教文化的浸润，中国人文明创造的智慧已经深具寂印法门的深度了。但经过西方文化洗礼之后的中国文化心灵，是否已经对动印文明的本质有同样的了解呢？

故唐氏主张"仁材并建"才是完整的人性论，也就是说"良知"中有"爱罗"，"爱罗"中有"良知"，良知是偏向无断与互体性的爱罗，爱罗是偏向有断与自体性的良知。生命权能无论通过"仁性"或"材性"都有自求实现、自求满足的本然倾向，即所谓"自诚自直"。自直而得直（求满足而得满足）就是"公道"，不得直（求满足而不得满足）就是不公道，唐氏认为此"公道原理"才是道德的本质。而"克牺结构"即生命权能的自克与牺牲。生命在不公道中求公道，必然面临某些内在矛盾（特别是"仁性"与"材性"的对抗），也必然要有所取舍，这时便需要"自克"与"牺牲"来成全公道原理。这里所谓"自克"结构指的乃是原始仁性在其生命承担的过程中责成的价值秩序架构，"自克"乃是自诚的生命权能、创造权能在致曲中所必须采取的"经济手段"。

先秦儒家哲学以"仁"为中心而建立的人性论和古代希腊哲人站在"材"（知）性立场上建立的人性论都是有以偏其概全的倾向。中国哲学成就"良知"而亏负"爱罗"，而西方哲学却成就"爱罗"而亏负"良知"，故只能说是"半边人性论"。

三、结论：《周易》时代的意义在"仁材并建"

控制性智慧的"内向"与"外向"两种型态究竟是怎样区分呢？所谓"外向型"的控制性智慧指的乃是深究自然物质因果的智慧、逻辑，是异化型智慧；而所谓"内向型"的智慧则是洞彻意识心性因果的智慧、执空，是同化型智慧。在爱罗惊异神秘感的驱使下，西方人循着它化、异化的曼陀丹道①成就了以自然物质的因果关系为探讨物件的自然科学，而印度人则依沿着我化、同化的曼陀丹道而启发了意识心性的因果奥秘。西方人对自然科学的贡献不是其他民族所能比拟的，而印度人在瑜珈禅定等心灵慧学方面的成就也不是其他民族可及的。

比较起来，中国人在外向的因果智慧上输于西方人，在内向的因果智慧上则逊于印度人。中国人内向外向控制性智慧的不足可由中国哲学两个最重大的缺点反映出来：一是形式逻辑或因明学的欠缺，二是因果观念的薄弱。而此二者正是西方和印度哲学理论架构的核心所在。逻辑或因明学所探讨的乃是理性语言和理性思想的控制性，因果观念所范畴的乃是实在或存有的控制性。

现代中国本是一个易印文化的体系，在吸收了西、印文明格局的精华之后，究竟会产生怎样的变化呢？又要怎样的变化，如何才能使当代中国人获得他们所渴望的民主、科学与富强呢？——或比较实际的说法，使"现代文明"的基本条件生根呢？最后分析起来，这全都是属于文明格局的辩证问题。文明格局辩证的自觉、理数并行，乃是21世纪哲学思潮的一特征——仁材并建。

（汤伟侠，香港道教联合会学务主任）

---

① 笔者注：曼陀丹道，"圆而神，方而智"，圆而自方、方中求圆之道。

道教风水学精义探微

在中国传统文化中，视大自然为有机的生命体，对人与自然的关系投以热切的关注。于是，出于生存与精神的需要，传统的风水术便应运而生了。

风水，本为相地之术，古称堪舆、地理。《汉书·扬雄传》："属堪舆以壁垒兮，梢夔魖而抶獝狂。"颜师古注："张晏曰：堪舆，天地总名也。"《文选·扬雄＜甘泉赋＞》李善注引汉许慎曰："堪，天道也；舆，地道也。"后因以"堪舆"指称天地。风水一开始就与天文万法、地理结下了不解之缘，仰观天文，俯察地理，这是风水术的两大特征。风水术的核心便是探求天象、山川、建筑与人类生存发展的协调关系与最佳状态。它将中国哲学古老的命题"天人相感"、"天人合一"等引入生活之中，注重在整个自然界与生态圈中寻求和谐发展与有机秩序，与天地万物保持亲密无间、共生共存的关系，从而获得自身的发展与精神的恬静。所谓得"天时"、"地利"，达到"人和"的目的。这种三位一体的共存思想，无论是过去、现在或将来，都应是人类发展模式永恒的主题。

作为中国传统文化主体之一的道教，其思想深刻地影响了风水之术。风水的理论被道教吸收、运用，并演化为一门独具特色的道教风水学，成为道教法术的有机组成部分，并被广泛地运用于环境、选址、择地、建筑、房屋、生产、生活各个领域之中，成为古代风水术中不可缺少的内容。这里，就此话题而论，求教于学界同仁。

一

众多考古资料证明，重视人的居住环境，这是中国本土文化中一项重要的内容。早在六七千年前，中华先民们对自身居住环境的选择与认识已达相当高的水平。仰韶文化时期聚落的选址已有了很明显的"环境选择"的倾向，其表现主要有：（1）靠近水源，不仅便于生活取水，而且有利于农业生产的发展。（2）位于河流交汇处，交通便利。（3）处于河流阶地上，不仅有肥沃的耕作土壤，而且能避免受洪水侵袭。（4）如在山坡时，一般处向阳坡。如半坡遗址即为依山傍水、两水交汇环抱的典型的上吉风水格局。

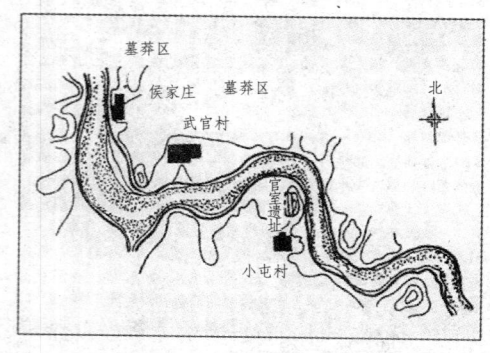

图1 河南安阳小屯村殷墟遗址风水地理图

颇具启发意义的是，这些村落多被现代村落或城镇所迭压。如河南洪水沿岸某一段范围内，在15个现代村落中就发现了11处新石器时代的村落遗址。甘肃渭河沿岸70公里的范围内，就发现了69处遗址。可见，远古时代的人们对聚落选址因素的考虑很是讲究，这个古老的传统根深蒂固地遗留在后人的脑海中，并具体显现在许多现代城市、村镇的选址与建设中。从上古文化遗址情况中还可判断，人们聚居的地区，已出现了较为明确的功能分区。在半坡遗址中，墓地被安排在居民区之外，居民区与墓葬区的有意识分离，成为后来区分阴宅、阳宅的前兆。新石器时代原始居住形式的不断改进，反映了人们随环境而变化的适应能力，对原始聚落的位置选择，也体现了远古先民对居住环境的质量有了较高的认识水平。总之，人们在观察环境的同时，开始了能动地选择环境。

从殷商之际的宫室遗址中，可以清楚地看到人们对河流与居住环境之关系的认识已达到相当高的水平。在今河南安阳西北2公里的小屯村，是殷商王朝的首都。这里洹水自西北折而向南，又转而向东流去。就在这条河流的两岸，其南岸河湾处的小屯村一带，是商朝宫室的所在地；宫室的西、南、东南以及洹河以东的大片地段，则是平民及中小贵族的居住地、作坊和墓地等；其北岸的侯家村、武官村一带则为商王和贵族的陵墓区。需要强调的是，无论是宫室区、居民区还是生产区、陵墓区，它们都是位于河水曲折怀抱之处，这充分证明了后世风水学中追求"曲则贵吉"的理念源远流长。

《博山篇·论水》说："洋潮汪汪，水格之富。弯环曲折，水格之贵。"蒋平阶《水龙经》卷一曰："自然水法君须记，无非屈曲有情意。来不欲冲去不直，横须绕抱及弯环。来则之元去屈曲，澄清停蓄甚为佳。倾泻急流有何益，八字分开男女淫。川流三派业已倾，急泻急流财不聚。直来直去损人丁，左射长男必遭殃，右射幼子受灾迍。若还水从心中射，中房之子命难长。扫脚荡城子息少，冲心射胁孤寡夭。反跳人离及退财，卷帘填房与入赘。澄清出人多俊秀，污浊生子蠢愚钝。大江洋潮田万顷，暗拱爵禄食五鼎。池湖凝聚卿相职，大江洋朝贵无敌。飘飘斜出是桃花，男女贪淫总破家。又主出人好游荡，终朝吹唱逞奢华。屈曲流来秀水朝，定然金榜有名标。此言去流无妨碍，财丰亦主官豪迈。水法不拘去与来，但要屈曲去复回。

三回五度转顾穴,悠悠眷恋不忍别。"①总之,对水流的要求是要"弯环绕抱",讲究"曲则有情",因为"河水之弯曲乃龙气之聚会也"。②

再则,风水学中以河曲之内为吉地,河曲外侧为凶地。《堪舆泄秘》曰:"水抱边可寻地,水反边不可下。"《水龙经》卷一曰:"凡左右砂水,须朝抱回身向堂局。青龙如勒马,白虎似眠弓。书云:大地却如羊见犬,双双回头转。如星之拱北,四面环遶,若龙直出,无弯抱形,如推车为无情。书云:却如伸去推车形,砂不回头堂气即散。今龙虎直去,不见回头,明堂虽有聚水,而左右砂头直去,则水亦不含蓄,堂气不聚,穴气不顾。书云:龙虎所以卫区穴,既不回头,其内焉有生气耶?"③亦认为,凡"反飞水"、"反跳水"、"重反水"、"反弓水"一类的地形均为凶地,不利于生养居住。所谓"欲水之有情,喜其回环朝穴。水乃龙之接脉,忌乎冲射反弓。"显然,这是古代先民在对河流地区的自然环境与城乡建筑之关系做了长期的观察与实践中得出的结论,这一结论与现代河流地貌关于河曲的变化规律是相吻合的。换而言之,古代风水学中所总结的"水抱有情为吉"的观点,就是根源于这种科学认识。

其次,风水学强调城市与建筑的"坐北朝南",这即有其深厚的文化背景,又有着非常合理的科学依据。从文化的角度来看,这与《周易》之学有着密切的关联。《周易·说卦》曰:"圣人南面而听天下。"后世人谓帝王统治国家的方略为"南面之术",即源于此。此外,中国的天文星图是以面南而立仰天象而绘制的,地图是以面南而立用俯视地理方法绘制的。所以中国古代的方位观念也很独特:前南后北,左东右西,而与今天人们普遍使用的源自西方的方位观念(上南下北)恰好相反。这种"坐北朝南"思想的产生,又是由它特定的环境特点决定的。因中国处在北半球中,阳光大多数时间都是从南面照射过来,人们的生活、生产是以直接获得阳光为前提的,这就决定了人们采光的朝向必然是南向的。再者,面南而居的选择亦与季节风向有关。中国境内大部分地区冬季盛行的是寒冷

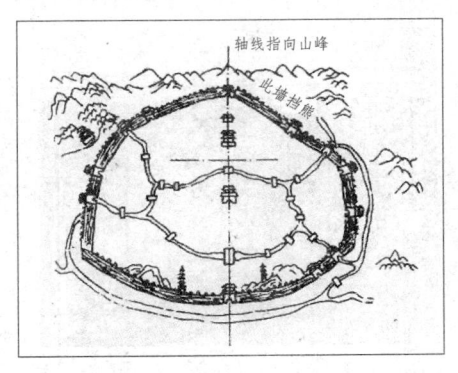

图 2 福建福州城风水图(明洪武四年建)

---

① 《古今图书集成》第 47 册,第 58147 页。
② 《阳宅撮要》。
③ 《古今图书集成》第 47 册,第 58157 页。

的偏北风，而夏季盛行的是暖湿的偏南风，这就决定了中国风水的环境模式的基本格局应当是坐北朝南，其西、北、东三面多有环山，以抵挡寒冷的冬季风，南面略显开阔，以迎纳暖湿的夏季风。

由于是"面南而居"，风水学中往往用青龙、白虎、朱雀、玄武，来表示方位。《葬书》说："以左为青龙，右为白虎，前为朱雀，后为玄武。"王君荣《阳宅十书》卷一曰："凡宅左有流水，谓之青龙；右有长道，谓之白虎；前有污池，谓之朱雀；后有丘陵，谓之玄武，为最贵地。"①于是，青龙、白虎、朱雀、玄武成为风水中推崇的四个方位神的名称。

河南濮阳西水坡遗址仰韶文化地层中，发现了三组用蚌壳摆成的龙虎图案，这是距今6000余年前的龙虎图。第一组龙虎图位于45号墓中，墓主人的左右两侧分别用蚌壳精心摆塑出一龙一虎，龙虎的头均朝向北方。龙呈拱背形，似张牙舞爪、屈身欲腾飞状，其中牙、爪选的是带尖的较长的蚌壳，眼睛选用圆形蚌壳，舌头则是长而端圆的蚌壳，而全身鬃毛的凹处和凸处，是用蚌壳的尖端向上和向外而形成，表现了很高的艺术效果。虎呈行走状，昂首垂尾，神态凶猛，四肢交递，牙齿外露，张口伸舌，似下山猛虎，形态生动。龙虎之间、正北中央又有用蚌壳精心摆塑的北斗图。显然，这组龙、虎、北斗图形具有指示方位、安镇墓穴的宗教作用，那么后世风水著作中关于"青龙婉蜒，白虎蹲踞。"的思想就可追溯到6000年前的仰韶文化时期，这当是中国风水第一图。

青龙、白虎等四神作为方位神灵，各司某职护卫着城市、乡镇、民宅，凡符合以下要求者即可称之为"四神地"或"四灵地"。《玄女青囊海角经》卷三曰："前以朱雀，后以元武为主，左右龙虎为卫。龙虎者，即元武之手足也。本身之龙要长远，身体必要端正为上，手足必以相合为佳，长幼必以逊顺为贵，主宾必以迎接为奇，宾欺乎主，则反乎常，手足盛身，必无是理。元武必欲垂头，朱雀必欲翔舞，青龙必欲婉蜒，白虎必欲驯俯。"②即玄武位的山峰垂头下顾，朱雀方向的朝山要来朝歌舞，左之青龙的山势要起伏连绵，右之白虎的山形要卧俯柔顺，这样的环境就是"风水宝地"。

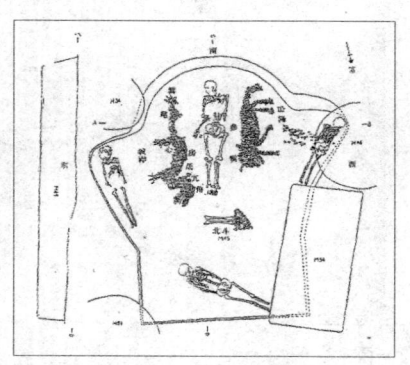

图3　河南濮阳西水坡遗址龙虎图

---

① 《古今图书集成》第47册，第58198页。
② 《古今图书集成》第47册，第57984页。

风水宝地的构成，不仅要求"四象毕备"，并且还要讲究来龙、案砂、明堂、水口、立向等。王君荣《阳宅十书》卷一说："人之居处，宜以大地山河为主，其来脉气势最大，关系人祸富，最为切要。""阳宅来龙原无异，居处须用宽平势。明堂须当容万马，厅堂门庑先立位。东厢西壁及庖厨，庭园楼台园围地。或从山居或平原，前后有水环抱贵。左右有路亦如然，但遇返跳必须忌。水木金土四星龙，此作住基终吉利。唯有火星甚不宜，只可裁剪作阴地。倘有卓笔及牙旗，耸在外阳方无忌。更须水口

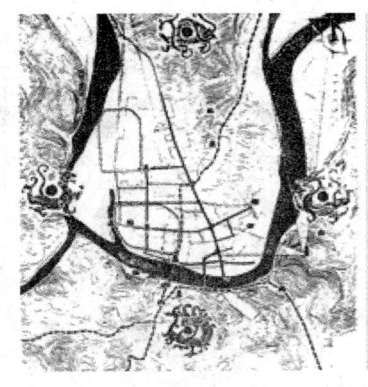

图4 古城阆中风水格局图

收拾紧，不宜太迫成小器。星辰近案明堂宽，案近明堂非窄势。此言住基大局面，别有奇特分等第。"①这是一种从大环境而言的风水宝地模式：即要求北面有绵延不绝的群山峻岭，南方有远近呼应的低山小丘，左右两侧则护山环抱，重重护卫，中向部分堂局分明，地势宽敞，且有屈曲流水环抱，这样就是一个理想的风水宝地。

从现代城市建设的角度上看，也需要考虑整个地域的自然地理条件与生态系统。每一地域都有它特定的岩性、构造、气候、土质、植被及水文状况。只有当该区域各种综合自然地理要素相互协调、彼此补益时，才会使整个环境内的"气"顺畅活泼，充满生机活力，从而造就理想的风水宝地，一个非常良好的生活环境。对于中国常见的背山面水的城市、村落而言，本身就是一个具有生态学意义的典型环境。其科学的价值是：背后的靠山，有利于抵挡冬季北来的寒风；面朝流水，即能接纳夏日南来的凉风，又能享有灌溉、舟楫、养殖之利；朝阳之势，便于得到良好的日照；缓坡阶地，则可避免淹涝之灾；周围植被郁郁，既可涵养水源，保持水土，又能调节小气候，获得一些薪柴。这些不同特征的环境因素综合在一起，便造就了一个有机的生态环境。这个富有生态意象、充满生机活力的城市或村镇，也就是古代建筑风水学中始终追求的风水宝地。

二

在道教风水学中，经常把大地比作人体来考虑各种因素，对此道教有一句话叫做"相地如相人"。《玄女青囊每角经》卷四曰："鹤飞凤舞，看顶翼之藏露。牛眠龙蟠，辨尾梢之低耸。螃蟹之脐近水，动举时力在两螯。蜘蛛之腹吐丝，环

---

① 《古今图书集成》第47册，第58198页。

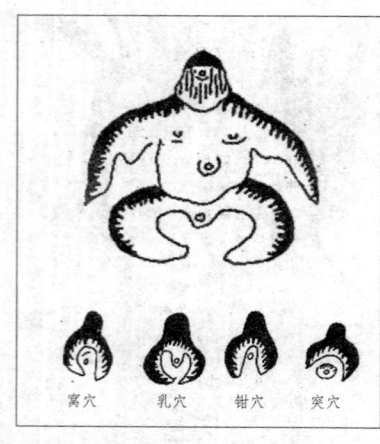

图 5 以人体为原型的风水穴位图

抱处功居四拱。但见夫披廉斜下，平分摆处，瓜蒂垂囊，穴居乳头，元武微凸，则偏仄之文何取。虎口推开，则当胸之乳堪求。"①

在这种人、地类同思想的基础上，风水学常据人体的结构将龙脉之真穴分为三种，一在头部，二在脐眼，三在阴部，其具体位置是："上聚之穴，如孩儿头，孩子初生囟门未满，微有窝者，即山顶穴也；中聚之穴，如人之脐，两手即龙虎也；下聚之穴，如人之阴囊，两足即龙虎也。"②在清《六圃沈新先生地学》中即收有一幅以人体之"窍"为原型的风水穴位图，最能形象逼真地体现这种人、地同类的理念。

由于古代风水学的基础是建立在中国传统哲学的阴阳与元气说之上的，所以自然而然地将"天人合一"、"万物一体"的思想作为融贯整个风水学的灵魂。古代中国人很早就发现太阳、月亮及二十八星宿及金木水土火五大行星的运行规律，以及它们同地球昼夜节令变化和灾情间的关系。在道教看来，天地的运动直接与人的生长相关。钱泳《履园丛话》卷七说："人禀天地之气以为生，故人身似一小天地，阴阳五行，四时八节，一身之中，皆能运用。"天地是个大宇宙，人身是个小宇宙，人体与宇宙同构。天地分为阴阳，人体亦分阴阳。天地有五星、五岳，人体亦有五官、五脏。天分成十天干，表示地球绕太阳转一圈，人亦对应有十指。地分为十二地支，表示一年月亮绕地球十二圈，人亦对应有十二经筋、十二经别……人的整个经络系统随着年、月、日、时，周期性地气血流汪，盛衰开合，人应时辰月令。这一切都暗示着我们，人类的出现决不是偶然的，它凝聚着整个宇宙的生命，人体完全是与宇宙相合的。庄子曰："天地与吾并生，万物与我为一。"人被视为自然生态链的一环，生存中的任何活动要吻合于自然，要取得与天地自然的和谐相处。风水说中用气来解释自然环境，在人与天地自然环境的关系中，只要按照气的运动变化规律，求得与天地万物和谐，就会获得平安与快乐，从而达到趋吉避凶的目的。风水选址的基本意义就是为人类寻找适当的居地。而藏着天地生气之地域，即为人类生长繁衍的理想居地。

---

① 《古今图书集成》第 47 册，第 57956 页。
② ［清］孟浩：《雪心赋正解》。

风水最重理想环境的选择，而理想环境主要由山和水构成，其中尤以水为生气之源。《水龙经》卷一说："气机妙运，太始惟一气，莫先于水，水中积浊，遂成山川。经云：气者水之母，水者气之子，气行则水随，而水止则气止，子母同情，水气相逐也。夫溢于地外而有迹者为水，行于地中而无形者为气。表里同运，此造化之妙用。故察地中之气趋东趋西，即其水之或去或来，而知之矣。行龙必水辅，气止必有水界辅，行龙者水，故察水之所来，而知龙气发源之始；止龙气者亦水，故察水之所交，而知龙气融聚之处。经曰：界水则止。又曰：外气横行，内气止生。盖天地之气，阴阳互根，山峙阴也，水流阳也。不可相离，地脉之行，藉水以导之，地脉之住，藉水以止之。外气与内气相合而成物，犹牝牡生育。故曰：冲阳和阴，万物化生，合而言之，混沌之体。即万统体一，太极之妙用，分而言之，随物付物，又物物一，太极之元妙，知此始可与形家之学矣。"①山以水为血脉，本身就是有机生命的存在。《黄帝宅经》的观点更为明确："宅以形势为身体，以泉水为血脉，以土地为皮肉，以草木为毛发，以舍屋为衣服，以门户为冠带，若得如斯，是事俨雅，乃为上吉。"②这里明显地把宅舍作为大地有机体的一部分，强调建筑与周围环境的和谐，这是风水关于城市、住宅建筑思想的主旨。亦有着非常深厚的哲学底蕴，如《管子·水地篇》说："水者，地之血气，如筋脉之通流者也，故曰水具材也。"王充《论衡·书虚》说："天地之有百川也，犹人之有血脉。血脉流动，泛扬动静。"

中国古代建筑受风水影响最大的就是追求一个适宜的大地气场，即对人的生存发展最为有利的外环境。这个环境要山清水秀，风调雨顺。因为有山便有"骨"，有水便能"活"，山水相匹，相得益彰。所以，几乎所有风水环境均讲究山水相配，并按照一定的风水空间结构进行组合。为什么许多风水地能成为人们修心养性、休养生息的理想场所呢？原因在于其山水组合合理，能给人一种幽雅舒适旷神的感觉。从这种意义上讲，"地灵人杰"并不是没有道理的。难怪乎人们会孜孜以求合理组合的山水环境。

当代社会的发展，是以城市建设为中心的。但众多的城市却没有山峦，或缺少河流，似乎与传统风水中强调的依山傍水距离甚远。但只要略加变通，依然可以找到符合传统风水宝地的范例。在考察城市中的风水状况时，可以将一座座的楼房看作是重重迭迭的山峰峦头，左右护砂，青龙白虎，朱雀玄武；可以将纵横交错、四通八达的道路，看作是一条条的河流溪水。因为对于城市、民居建筑而

---

① 《古今图书集成》第47册，第58147页。
② 《古今图书集成》第47册，第57519页。

言,自然环境即山岳河流等要素的影响,远不及毗邻宅周的其他屋宇、墙垣及道路等影响更为直接和密切。因此在城市井邑之宅的辨形方法中,龙、砂、水、穴遂被赋予了新的喻义而加以应用。正如《阳宅集成》所说:"万瓦鳞鳞市井中,高屋连脊是真龙。虽曰汉龙天上至,还需滴水界真宗。"《阳宅会心集》亦说:"一层街衢为一层水,一层墙屋为一层砂,门前街道即是明堂,对面屋宇即为案山。"在遵循传统风水学基本理念的基础上,充分利用与发挥各个地区、各种先天条件的优越性,细心发现个别地区的先天缺陷,并通过各种努力去改善其整体环境,去完善这个小区的建筑,同样可以收到良好的效果。

三

在选址、布局的决策时,道教主张依形造势,辨证运化,在尊重大地风貌、自然环境的思路下,去择地定穴,规划布局。张三丰祖师曰:"今夫地有三等,而得地者亦分三层。上等之地,上应星象,下呈舆图,天地生成,卦行安定,全是天工,而人力不与焉。此等惟圣贤豪杰,大有德行阴功之士,乃能得之。中等之地,亦系生成景象,然有变化于其间,八卦相荡,五行相推,一团真气,隐隐隆隆。此等惟老成忠厚,小有德行阴功之士,乃能得之。次等之地,一山一水,随地铺陈,十里一见,百里再见,无处非有,无处不可求。然亦要知龙之来历,山之向背,土之颜色,妙于裁取,巧于安排,以山川合罗盘,不可以罗盘合山川,地人相得,始得其平。此等凡老成忠厚、无怨无恶者,即可得之。此三等之大义也,而其下不足议矣,并无吉地以处不善之人也,牛眠吉壤岂易言哉!"[①]可见,上乘的风水宝地乃是天地浑成,没有一丝人为的改造。中等宝地,也是自成格局,别有天地。最次一等的地到处可见,也最需要巧加选择安排,但在选择之时,仍要遵循"道法自然"的原则,必须"以山川合罗盘","不可以罗盘合山川",因地制宜,顺应自然,而不是用罗盘参合己意,随意毁坏山川植被、地貌形态,这样才能"地人相得",人与自然和谐相处,平安无事。

中华大地幅员广阔,地理地质、天文气象条件差异颇大,因此选址与择向就成为一项重大事情。从现存的古代县城、村落及道观佛寺来看,正说明了这一点。不仅县城、村落、民居、寺庙在修建时注重选址,就是一般的民居,也要注意地理环境。道教认为,住宅为人生息的场所,必须慎而择之。《黄帝宅经》序曰:"夫宅者,乃是阴阳之枢纽,人伦之轨模,非夫博物明贤,未能悟斯道也。就此五种,撮其最要者,唯有宅法为真秘术。凡人所居,无不在宅,虽只大小不等,阴阳有殊,纵然客居一

[①] 郭旭阳校订:《张三丰全集》卷六《地理说》,武汉:长江出版社,2010年,第271页。

室之中，亦有善恶。大者大说，小者小论，犯者有灾，镇而祸止。犹药病之效也。故宅者，人之本。人以宅为家，居若安，即家代昌吉。若不安，即门族衰微。上之军国，次及州郡县邑，下之村坊署栅，乃至山居，但人所处，皆其例焉。"①

住宅的优劣亦有评判的标准："宅有五虚，令人贫耗。五实，令人富贵。宅大人少，一虚。宅门大内小，二虚。墙院不完，三虚。井灶不处，四虚。宅地多屋、少庭、院广，五虚。宅小人多，一实。宅大门小，二实。墙院完全，三实。宅小六畜多，四实。宅水沟东南流，五实。又云，宅乃渐昌勿弃，宫堂不衰莫移，故为受殃。舍居就广，未必有欢。计口半造，必得寿考。又云，其田虽良，薅锄乃芳。其宅虽善，修移乃昌。"②

张三丰祖师亦指出，养生之道贯通于风水。他说："仙家地理，须合丹道同悟。即如圆阳子怡云山庄住宅一区，坐落在两山之间，不吞不吐，若开若阖，用倚粘之法，结平安之宅，真乃黄庭下、关元上之大中极也。此等天机，何人知道？"③这里，三丰祖师举圆阳子的住宅为例，讲两山之间的阴阳二气交媾，犹如内丹中的阴阳会合，"不吞不吐，若开若阖"，正是阴阳二气相互交感、含情相顾，与住宅相互呼应、互盼有情的一种描绘。圆阳子的住宅恰如内丹中所结之丹，位于阴阳二气交感之处，自然是"平安之宅"了。

大地上万物并生、奇异绝妙、生生不息的景象，吸引着道教中人。他们为寻找宜于修炼的洞天福地，浪迹四海、遍游山川。游览不忘研究，形成对各地差异，尤其是险丽之地的清晰印象。他们感到有必要将自己的认识记载下来传与他人，俾使"道侣游山，得之披览，粗知灵迹之所自云"④。为此，他们勤于从事著述，"写九州山川百物之形，又作五岳之图，用传于世"⑤。就是以大地为对象，用文字和图像描述山丘、江湖、原野、洼地等的形状、长短、高卑、宽窄、面积，以及生活于其中的生物及有所关联的其他事物。这种认识，使他们具有一种自觉的地理意识，重视以地图的形式来描述山河大地。

在道教对山岳的信仰中，五岳乃群仙修真之都会，高道理命之灵室。其中各有尊神，分别掌管着自然、人物的养育和生衍。所谓"五岳之神，分掌世界人物，各有攸属"。正是基于对山岳的崇拜及对神灵的信仰，道教提倡进入名山洞府，

---

① 《古今图书集成》第47册，第57918页。
② 《古今图书集成》第47册，第57919页。
③ 《张三丰全集》卷八，第306页。
④ 李冲昭：《南岳小录》，《道藏》第6册，北京文物出版社、上海书店、天津古籍出版社，1983年影印版，第861页。
⑤ 《广黄帝本行记》，《道藏》第5册，第34页。

图6 东岳泰山真形图

以修真求仙。然而，道士们入山修持却面临着种种危险。《抱朴子内篇·登涉》说："凡为道合药，及避难隐居者，莫不入山。然不知入山法者，多遇祸害。如谚有之曰：太华之下，白骨狼藉。皆谓偏知一事，不能博备，虽有求生之志，而反强死也。山无大小，皆有神灵，山大则神大，山小即神小也。入山而无术，必有患害。"[①]因此，必须知晓趋吉避凶之术，当择吉日佳时，斋戒其身，学禁咒法，服食丹散，佩带符图法印，便可辟除山川百鬼万精、虎狼虫毒、瘟疫风寒等，出入山岳而修道有成。

在各种法术中，最重莫过于《五岳真形图》。《五岳真形图》，托言太上大道君所绘，由西王母传汉武帝，传本有东方朔序，亦似伪托。但葛洪及众多道经早已提及，故当为汉魏古经。葛洪曰："上士入山，持《三皇内文》及《五岳真形图》，所在召山神，及按鬼录，召州社及山卿宅尉问之，则木石之怪，山川之精，不敢来试人。"[②]葛洪即得图于郑隐，郑隐得自葛玄，葛玄则得自左元放。《汉武帝内传》谓西王母于元封二年七月七日下降，授武帝予《五岳真形图》；又于元封三年七月，授东方朔予此图。《汉武帝外传》则述三天太上侍官以《五岳真形图》授鲁女生，"女生初时以图传苏子训，训后传封景达，君达后入玄丘山，临去以传左元放"，元放又传葛孝先；又谓李少君、董仲舒得之，"仲舒临去，以传栾巴"。[③]

在道士心目中，它们是入山修道必须佩带的重要器物。今《道藏》本《洞玄灵宝五岳古本真形图》收有两种《五岳真形图》版本，除泰山、嵩山、华山、衡山、恒山真形图外，尚载有潜山、霍山、青城山、庐山真形图，后者谓之"四辅"。每座山岳各有二幅真形图，一幅有文字说明，一幅为无字符图。道书称无字者为"上五岳真形"，有文者为"下五岳真形"。绘制这种地形图的方法为"圆法"，盖道士涉山既久，发现可以环绕山腰走至另一山峰，所走之路犹如山形轮廓，于是以相近高度相连的峰峦以同一种色连成一片，即所谓"圆法"。又以其他的颜色表示山谷、川流、洞穴，勾出此山地貌。其图原有彩色，"黑者山形，赤者水源，白者是室穴口也。画小则丘陵微，画大则陇岫壮。葛洪谓高下随形，长短取象，

[①] 王明：《抱朴子内篇校释》，北京：中华书局，1980年，第299页。
[②] 同上，第300页。
[③] 《道藏》第32册，第633页。

其源画神草及石室之处,自是言来仙人辈于其图处尽识之耳"①。

关于东岳泰山真形图在地理、地图学上的价值,已有不少学者予以肯定。如日本小川琢治教授认为它是中国最古老的一种地图,并将东岳真形图与现代等高线绘制的泰山地形图相对比,认为二者很相似。②中国的曹婉如、郑锡煌则指出,它们是一种平面山岳图,非常珍贵,并由之发展成为地图学中的道教一派。③这里,再从宗教与文化的角度加以探讨。

今《道藏》中收有几种五岳真形图,其图形大同小异。实际除了五岳之外,尚包括霍山、潜山、青城山、庐山,后者谓之四辅。每座山岳各有二幅真形图,一幅有文字说明,一幅为无字符图。道书称为无字者为"上五岳真形",有文者为"下五岳真形"。从文字说明中可知每座山岳的基本情况。据《洞玄灵宝五岳古本真形图》所言,原本为三色彩图,"黑者山形,赤者水源,黄点者洞穴口也。画小则丘陵微,画大则陇岫仁,葛洪谓高下随形,长短取象"④。

目前看到的都是黑白刻本,黑色屈曲的长方形,东西走向,表示山体;黑色山体中的变曲线表示水流,空白处当是道士们修真的洞天福地。配合文字,可以知道上山的路径,山中的水流、泉水处,各种仙药神草的分布位置,洞穴宫观所在地,以及山岳的高度、宽度、范围。从以上几点来看,这些图具有相当的实用价值,其出现肯定与实际观察到的山川地形有关。

那么,是谁创作了这些符图以及目的是什么呢?从《汉武帝内传》中可知:这些地图是太上道君在天庭之上,"下观六合,瞻河海之短长,察丘岳之高卑","因山源之规矩,睹河岳之盘曲,陵回阜转,山高陇长,周旋委蛇,形似书字",于是依据其象,绘制了这些图。⑤绘图的目的是便于修道者知晓灵仙天真之舍馆,采药炼丹之名山,辟邪却灭,招神达灵。如同《洞玄灵宝五岳古本真形图》所言:"子有东岳形,令人神安命延,存身长久,入山履川,百芝自聚。子有南岳形,五瘟不加,辟除火光,谋恶我者,返还自伤。子有中岳形,所向惟利,致财巨亿,愿愿克合,不劳身力。子有西岳形,消辟五兵,入刃不伤,山川名神,尊奉可迎。子有北岳形,入水却灾,百毒灭伏,役使蛟龙,长享福录。子尽有五岳形,横天纵地,弥纶四方,见我欢悦,人神攸同。"⑥原来在道门看来,《五岳真形图》不仅是一张张地图,

---

① 《洞玄灵宝五岳古本真形图》,《道藏》第6册,第740页。
② 小川琢治:《近世西洋交通以前の支那地图に就て》,日本《地学杂志》第258号。
③ 曹婉如、郑锡煌:《试论道教的五岳真形图》,《自然科学史研究》第6卷第1期。
④ 《道藏》第6册,第740页。
⑤ 《道藏》第32册,第629页。
⑥ 《道藏》第6册,第735页。

更重要的是通真达灵的信物，因为它们象征着山川中众多的生灵仙真。

从万物有灵的古老观念出发，道教认为山岳河流、天地万物都是富有情感的生命体，每一座山，每一条河，每一片草木，都有着自我的尊严主持的神灵。而拥有了这类符图，你就可以与他们交流、对话，他们也将友善地接待你，"诸山百川神皆出境迎拜子也。"当然能否达到人神交通的境地，关键在于持符者的修持。《五岳真形神仙图记》说："一切感到妙应备周，或天或人，或山或水，或飞或沉，或交或质，皆是真精之信，有字总号为符。符验证感，皆由善功。""方应修戒，积精存神，常想真形，受符佩带，妙气入身，智慧通达，达人通士勤密遵崇，消灾厌恶，精则有征，征则神降，所愿必谐。"①

道教中人视此图为修真护身的瑰宝，其传授甚为禁重，《抱朴子内篇·遐览》说："古之仙官至人遵秘此道，非有仙名者，不可授也。""传非其人，罪咎必至。"而要求拥有者必须净身沐神，遵奉戒律，积功行善，济世救人，"若不能行仁义慈心，而不精不正，即祸至灭家，不可轻也。"②

后世用于入山涉川、安宅镇土的各种符图，可说大多是由《五岳真形图》演变而来，只是形式显得简略。不过它们的用途更广泛，针对性更强。如《抱朴子内篇·登涉》中有老君、仙人入山符十八种，并谓"拜而带之，甚有神效"。李约瑟认为，这些入山符被用来保护那些浪迹山野的人们，可能是对山区形态的一种原始粗略的图示性的标示，并认为"图中似乎至少画出了对称的五岳中的四岳"③。

在中国这片古老的土地上，对风水的尊崇早已成为一种传统，成为人们生活起居的一种理论指导。人们往往利用各种符箓来改善居住环境和心理环境，消除对周围世界的一些莫名其妙的恐惧感。特殊的图案、方案、数字、色彩、物品所构成的神异之物，往往可以平抚人们内心潜在的不安，并激发出人们对大自然的尊重与敬畏的情感，使得环境与空间神圣化，人们也求得了心灵上的安宁，这无疑有利于生存发展。因此，可以说道教对各种符图的崇拜，也就是对山川河流、万物生灵的敬畏，对大自然的热爱。通过信奉符箓的形式，要求人们善待天地万物，其中却深深地浸透着东方民族与大自然息息相关的天人合一的先知与智慧。

（李远国，四川省社会科学院民族与宗教研究所研究员）

---

① 《道藏》第 22 册，第 735 页。
② 王明：《抱朴子内篇校释》，第 308 页。
③ 李约瑟：《中国科学技术史》第 5 卷，中华书局香港分局 1978 年中译本，第 194 页。

《易经》中《河图》、《洛书》之阴阳五行生克思想

一、《易经》中阴阳生克之思想

《易经》六十四卦，以八卦为基本卦，所以六十四卦可浓缩为八卦；八卦又以天地坎离四卦为基，是八卦可浓缩为四卦；四卦又以乾坤为主，是四卦又可缩为二卦。乾表阳，坤表阴，所以整部《易经》可以视为阴、阳二爻在不同时空（承、乘、比、应、时、位、中）之相互变化所形成。阴、阳可以用"- -"、"—"表示，也可以用黑白圆点来表示，黑点●为阴，白点○为阳。《易经》一书，皆由"- -"、"—"之阴阳爻所组成，而《河图》、《洛书》则由●、○之黑白圆点组成。皆是在说明阴阳生克之关系。

《易经·系辞》载天地之数，由一至十，以奇数为天数，偶数为地数，天地总数共五十五，以黑点为阴，白点为阳，依方位布置，由小而大，由下而上，从左而右，从内而外，五居其中，此即河图。另外一组数字，由一至九，亦以黑点表阴，白点为阳，奇数居四正，偶数居四隅，形成戴九履一，左三右七，二四为肩，六八为足的龟象图，总数共四十五，则为洛书。河图五十五，洛书四十五，合为一百，此即全数。

《河图》可以与八卦、五行、五方、五色、干支等生克相配，《洛书》除与上述八卦、五行、五方等生克相配，亦可配九宫贵神、遁甲九神，和奇门遁甲相联结。而《河图》、《洛书》本自《易经》出，《易经》系阐述阴阳之相生相克、互涵互变、相反相成者。所以《河图》、《洛书》，自是阴阳与五行说之具体展现与运用。

阴、阳二者之关系，犹如东西、善恶、美丑等相对性的事物，二者相反相克而却相生，相互依存。当东存在，西才能存在；有美善，才会有恶丑。此方消失，另一方当亦不存；所以当东不存在时，西即消失，没有善美，即无恶丑。当阴生，阳才能存在；阴灭，阳亦不存。阴阳二者的关系是相生而相克，也是相反而相成。水火性质互反，但可以调和以行烹饪。阴杀、阳生，不能光杀而不生，也不能光生而不杀。四季以春夏生物，以秋冬杀物，生杀相调和，才能维持万物之生长与

平衡，所以阴阳二者是相反而相成。再者，事物虽可区分为阴、阳二类，但此二类并非截然相异，而是阳中有阴，阴中有阳，犹如祸福相互倚存，福中有祸，祸中有福，所以可以转福为祸，转祸为福；阴、阳二者的关系，既是互涵，也是互变，阴盛为阳，阳盛转阴，阴阳互涵而互变，互转而互依。所以阴阳二者之关系，可以用十六字来形容，即是：相生相克、相反相成、互涵互变、互转互依。

《子华子·北宫意问篇》说：

> 夫天降一气，则吾气随之，寄备于阴阳，合气而成体。故有太阳，有少阳，有太阴，有少阴。阴中有阳，阳中有阴。故阳中之阳者，火是也；阴中之阴者，水是也。阳中之阴者，木是也；阴中之阳者，金是也。土居二气之中间，以治四维，在阴而阴，在阳而阳，故物非土不成，人非土不生。北方阴极而生寒，寒生水；南方阳极而生热，热生火；东方阳动以散而生风，风生木；西方阴止以收而生燥，燥生金；中央阴阳交而生湿，湿生土。是故天地之间，六合之内，不离于五。

子华子由人是阴阳之合气成体，而谈到阳中有阴，阴中有阳，以及阳极、阴极所产生之五行生克变化及相互依存之关系。而在五行生克变化中，则以中央之五土为主，来调御四方。

正因为阴阳相生而相克，相反而相成，互涵而互变，互转而互依，所以阴阳二者可以共荣，亦可以互灭；人事上的善恶盛衰等阴阳变化是如此，大自然的生灭变化也是如此。而人事间阴阳生杀关系，与其互灭，不如共荣，所以《太平经》的作者提出了阴阳"和"的概念，来处理阴与阳二者间之事，以为阴阳宜相和相成，不宜相克相损。《太平经合校》卷一百二十至一百三十六《太平经钞辛部》说："从天地、阴阳、中和三法失道已来，天上多余算，蓄积不施行。"[①]将中和与天地、阴阳并列而共论。《太平经合校》卷一百一十九《三者为一家阳火数五诀》说："天地人三共同功，其事更相因缘也。无阳不生，无和不成，无阴不杀，此三者相须为一家，共成万二千物。"[②]文中说阳生，阴杀，而和可成物。"阴""阳"二者性质相反，须借由"和"而成一家，方能成就万物。《太平经合校》卷九十二《三光蚀诀》云："阴阳相奸，递诤胜负。夫阴与阳，本当更相利祐，共为和气，而反战斗，悉过在此不和调……又天性，阴阳同处，本当相爱，何反相害耶？又阴阳本当转相生，转相成功，何反相贼害哉？是子之愚也。"[③]经中一再强调阴与阳

---

① 王明编：《太平经合校》，台北：鼎文书局，1979年，第695页。
② 同上，第676页。
③ 同上，第365—366页。

同处,阴阳二者的关系不在相争相奸,而在相生、相利祐。《易经·系辞上》也说:"一阴一阳之谓道",说明了阴阳二者要共存才是正道,而不是要阴阳相攻相毁,这样的概念,应作为我们研究《易经》者的共识。

二、《河图》、《洛书》之源起

1. 周秦两汉关于《河图》《洛书》之传说

相传伏羲氏时,黄河里,龙马载负绿色的《河图》而出;洛水里,神龟背负赤色《洛书》而出;圣人仿效它而制定《易卦》图象。此说见于《易经·系辞》:"河出图,洛出书,圣人则之。"可见《河图》、《洛书》的传说,在周世已有之,并非后世易学者所杜撰。只是今日朱熹《周易本义》所附之《河图》、《洛书》,以数目一至十为《河图》,以数字一至九为《洛书》,并各依位布列成图,此二图是否传自古代,则不无争议。先秦两汉古籍中,《河图》、《洛书》的记载,史不绝书,可见此这种传说,在当时流传甚广。

《易经·系辞上》:

> 天生神物(蓍与龟),圣人则之;天地变化,圣人效之。天垂象,见吉凶,圣人象之。河出图,洛出书,圣人则之。

《尚书·周书·顾命》:

> 赤刀、大训、弘璧、琬琰在西序;大玉、夷玉、天球、《河图》在东序。

《管子·小匡》:

> 昔人之受命者,龙龟假,河出图,雒出书,地出乘黄。

《论语·子罕》:

> 子曰:凤鸟不至,河不出图,吾已矣夫。

《礼记·礼运篇》:

> 天降膏露,地出醴泉,山出器车,河出马图,凤皇麒麟皆在郊棷。

《淮南子·俶真篇》:

> 洛出丹书,河出绿图。

《中侯握河纪》:

> 尧时受《河图》,龙衔赤文绿色。注云:"龙而形象马,故云马图。"

《礼记·礼运篇》孔颖达疏引：

伏羲氏有天下，龙马负图出于河，遂法之，画八卦。

《礼纬含文嘉》：

伏羲德洽上下，天应以鸟兽文章，地应以《河图》《洛书》。（孔颖达《周易正义·叙论》引）

上述是《河图》、《洛书》之见诸周秦两汉载籍，孔子已有"河不出图，吾已矣夫"的慨叹，可见图书传说之久远。至于其图文形貌如何，则汉儒争议颇多，《汉书》卷二十七上《五行志上》云：

《易》曰："天垂象，见吉凶，圣人象之；河出图，雒出书，圣人则之。"刘歆以为虙羲氏继天而王，受《河图》，则而画之，八卦是也。禹治洪水，赐《雒书》，法而陈之，《洪范》是也……（《洪范·九畴》）"初一曰五行；次二曰羞用五事；次三曰农用八政；次四曰叶用五纪；次五曰建用皇极；次六曰艾用三德；次七曰明用稽疑；次八曰念用庶征；次九曰乡用五福，畏用六极。"[①]凡此六十五字，皆《雒书》本文，所谓天乃锡禹大法九章常事所次者也。以为《河图》、《雒书》相为经纬，八卦、九章相为表里。

刘歆以八卦为《河图》，以《尚书·洪范·九畴》六十五字为《洛书》，此说被《汉书·五行志》所引用，曾盛行一时；刘歆之说，乃是禀承孔安国《尚书传》而来，为汉世解说《河图》、《洛书》的主流。《尚书·顾命》"河图"下，汉孔安国传云：

河图，八卦；伏牺王天下，龙马出河，遂则其文，以画八卦，谓之河图。

《尚书·顾命》"河图"下，唐孔颖达疏云：

"河图八卦，是伏羲氏王天下，龙马出河，遂则其文，以画八卦，谓之河图。"当孔之时，必有书为此说也。《汉书·五行志》：刘歆以为伏牺氏继天而王，受河图，则而画之，八卦是也。刘歆亦如孔说，是必有书明矣。《易·系辞》云："古者包牺氏之王天下也，仰则观象于天，俯则观法于地，

[①] 今十三经本《尚书·洪范篇》九畴作："初一曰五行；次二曰敬用五事；次三曰农用八政；次四曰协用五纪；次五曰建用皇极；次六曰乂用三德；次七曰明用稽疑；次八曰念用庶征；次九曰用五福，威用六极。"文字略有微异，文意则同。

观鸟兽之文,与地之宜,近取诸身,远取诸物,于是始作八卦。"都不言法《河图》也,而此传(孔安国传)言河图者,盖《易》理宽弘,无所不法,直如系辞之言,所法已自多矣,亦何妨更法《河图》也。且《系辞》又云:"河出图,洛出书,圣人则之。"若八卦不则河图,余复何所则也?王肃亦云:"《河图》,八卦也。"

《尚书·洪范》"天乃锡禹洪范九畴"下,孔安国传云:

　　天与禹,洛出书,神龟负文而出,列于背,有数至于九,禹遂因而第之,以成九类常道,所以次叙。

《尚书·洪范》孔颖达疏云:

　　《汉书·五行志》:"刘歆以为伏羲继天而王,河出图,则而画之,八卦是也。禹治洪水,锡洛书,法而陈之,《洪范》是也。"先达共为此说。龟负洛书,经无其事,《中侯》及诸纬多说黄帝、尧、舜、禹、汤、文、武受图书之事,皆云:"龙负图,龟负书。"纬候之书,不知谁作,通人讨覈,谓伪起哀平,虽复前汉之末始有此书,以前学者必相传此说。故孔以九类是神龟负文而出,列于背,有数从一而至于九。禹见其文,遂因而第之,以成此九类法也。此九类陈而行之,常道所以得次叙也。

孔安国曰:

　　《河图》则八卦也,《洛书》则九畴也。(《周易集解·系辞上》"河出图洛出书"注引)

郑玄曰:

　　《春秋纬》云:"河以通乾,出天苞;洛以流坤,吐地符;河龙图发,洛龟书成。《河图》有九篇,《洛书》有六篇也。"(《周易集解·系辞上》"河出图洛出书"注引)

汉魏之世,孔安国、刘歆、王肃诸人,虽以八卦为《河图》,以《尚书·洪范·九畴》为《洛书》,但仍不乏异说,如《春秋纬》云"《河图》有九篇,《洛书》有六篇",所说未明指二者为何物,仅言篇数。而郑玄以为明堂图法龟文(见下引《大戴礼记·明堂篇》郑注;近世学者或以为郑玄无注此书,疑郑玄为北周卢辩之误,说见《古史辩》第七册,第225页),是亦不同于孔安国、刘歆等说。隋人萧吉《五行大义》卷一《论九宫数》将《尚书·洪范·九畴》,依东、西、南、北、中、东南、东北、西南、西北等九个方位列,和形似龟背的九宫图相同;其后并引《黄帝九宫经》为说。

据此,是至迟在六朝时,《洪范·九畴》和龟背九宫已相合为一了,已可以看出九宫和《洛书》间的关系。又《河图》既以图为名,汉儒孔安国、刘歆等以八卦说之,怕亦未符事实。

2. 今本《河图》、《洛书》之所自出

汉世孔安国、刘向以《河图》为八卦、《洛书》为《洪范·九畴》之说虽盛,却不见所据,也与宋儒所传以白黑点为《河图》《洛书》不同。宋儒所传的《河图》、《洛书》,由汉儒所说的文字而蜕变为黑白圆点,《河图》、《洛书》二者,皆为由黑白圆点所组合成之图。其图一般认为肇自陈抟,出自道教。陈抟著、邵康节述《河洛真数》即有《河图》、《洛书》图,并以生辰八字之地支,配合河图数、卦爻,以说人事之休咎。《河洛真数》、《说河图篇》并说其图"续自图南先生"①,其图与今朱熹《周易本义》所附相同,乃今日流行之图象。《河洛真数》一书,旧题"宋华山希夷先生陈抟著,康节尧夫先生邵雍述"。其后宋人刘牧《易数钩隐图》三卷及《易数钩隐图遗论九事》,刘氏二书载录多种易图,亦有《河图》、《洛书》,但却以戴九履一为《河图》,与今所见《河图》、《洛书》正好相反。朱熹《周易本义》之《河图》、《洛书》二图下注语云:

> 蔡元定曰:图书之象,自汉孔安国、刘歆,魏关朗子明,有宋康节先生邵雍尧夫,皆谓如此,至刘牧始两易其名,而诸家因之,故今复之,悉从其旧。

朱熹以为自古相传至邵康节所见之《河图》、《洛书》,皆以数字由一至十者为《河图》,以由一至九者为《洛书》,刘牧始将二者之名称改易,以一至十者为《洛书》,而戴九履一为《河图》,朱熹加以改正,恢复旧说。朱熹所谓的旧说,由邵康节可追溯至陈抟,陈抟以上,周汉以来则仅有数字而无黑白圆点之图。又,《四库全书总目提要》卷二《经部二·易类二》于刘牧《易数钩隐图》三卷下提要云:

> 汉儒言易,多主象数,至宋而象数之中,复歧出图书一派。牧在邵子之前,其首倡者也。牧之学出于种放,放出于陈抟,其源流与邵子之出于穆李者同,而以九为《河图》,十为《洛书》,则与邵异。其学盛行于仁宗时,黄黎献作《略例隐诀》,吴祕作《通神》,程大昌作《易原》,皆发明牧说。而叶昌龄则作《图义》以驳之,宋咸则作《王刘易辨》以攻之,李觏复有《删定易图论》,至蔡元定则以为与孔安国、刘歆所传不合,而以十为《河图》,九为《洛书》,

---

① [宋]陈抟著,邵雍述《河洛真数》。上海:学林出版社,2003年,第3页。

《易经》中《河图》、《洛书》之阴阳五行生克思想

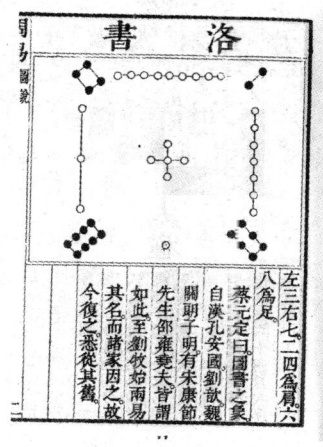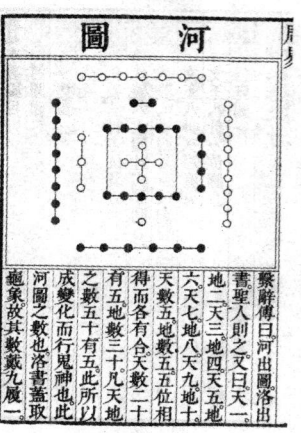

图1　朱熹《周易本义》所附之《河图》《洛书》

朱子从之,著《易学启蒙》。自是以后,若胡一桂、董楷、吴澄之书,皆宗朱蔡,牧之图几于不传。

上引说明了刘牧和邵雍之《易图》,皆出自陈抟,而两人之说有别,刘牧以九为《河图》,十为《洛书》,邵雍与之相反。其后至蔡元定出而使《易图》确定以十为《河图》,九为《洛书》。

今所见宋儒之《河图》由五十五个圆点所成,白点为阳为天,黑点为阴为地;由一至十,共十数;天数为一、三、五、七、九,地数为二、四、六、八、十;天数二十五,地数三十,两者相合为五十五;其图为二七在上,五居正中,上下两五护卫于外,左为三八,右为四九,一六在下。(见图1)至于《洛书》亦是由白黑点所成,取法于龟象,其数为戴九履一,左三右七,二四为肩,六八为足。(亦见图1)

宋儒所传之图虽晚出,肇自陈抟,出于道教,但相反的,在先秦的载记中,却可找到根源。《河图》、《洛书》圆点所代表天地之数,肇始于《易经·系辞》所说天地之数五十有五,见下引;其说与《河图》较相近,唯《易经·系辞》之说并不具体,亦无方位及八卦之相配系。其较具体之叙述,且与今之说法相同,而最早见诸记载者,在《河图》方面,则为《黄帝内经·素问》、扬雄《太玄经·玄数》、《太玄经·太玄图》,以及汉代谶纬书、《太平经》。在《太玄经·太玄图》中所言之数字,皆与宋儒之《河图》同,唯彼名《太玄图》,而不以《河图》为名。在《洛书》图方面,当为《子华子·大道篇》、《黄帝内经·灵枢·九宫八风》、《大戴礼·明堂篇》、《黄帝九宫经》等,唯彼旧称九宫,不称《洛书》;更有甚者,

图2 安徽省含山县铜闸镇凌家滩村出土玉龟腹版上洛书九宫图，此龟腹图版出土时原置于下图玉龟壳空腹中

图3 安徽省含山县铜闸镇凌家滩村出土之玉龟壳

凌家滩出土新石器时代，距今约5000多年前的玉龟腹版上，已出现了洛书九宫图。此龟腹版洛书九宫图的出现，不仅说明周代有洛书九宫说，在新石器时代亦已有之。今先谈洛书。

3.《洛书》之形成及演变

宋代《洛书》图之特色为戴九履一，左三右七，二四为肩，六八为足。《洛书》与九宫，有密切之关系，亦与《文王八卦方位》有关；图的名称始于宋，但九宫图的源起早在周世。先秦两汉，这方面的史料有《子华子·大道篇》、《黄帝内经·灵枢·九宫八风》、《大戴礼·明堂篇》、《黄帝九宫经》、《易纬·乾凿度》等，更有甚者，九宫图之出现，在距今5000多年的新时器时代，亦已有之。

安徽省含山县铜闸镇凌家滩村出土玉龟腹上洛书图，系1985年发现出土，凌家滩村遗址总面积约160万平方米，经测定距今约5300年至5600年，是长江下游巢湖流域迄今发现面积最大、保存最完整的新石器时代聚落遗址。①此长方形龟腹版，出土时原置于玉龟壳空腹中。

其图版是由双圆形组成，最内之圆内有井字之九宫格，九宫代表九个方位，而井字内上下左右四正②各有"V"。其内圆之外有三十二条往外辐射而出之线，三十二条线组成八个圭形；然后其外为大圆。大圆之外亦有四组圭形线，上下各二，每组约三条，往长方形之龟版辐射而出。萧兵《含山玉版"原八卦"图的分析》短文，虽不足二千字，却颇有论见，以为："它的基本图形，是在中心小圆的周围"伸"出8道圭形纹饰"，并说："'圭'就是'卦'，二者一音之转，'卜'是意符，后世用以表示'圭：卦'的占卜功能。'八圭'就是'八卦'，称之为"最初的八卦图"③。

---

① 以上资料取自百度网站，百度原称为"原始八卦图版"，笔者以为宜正名为洛书九宫图版。
② 四正为东西南北四方位。
③ http: //blog.sina.com.cn/66xishan。

笔者以为此龟版内有井字，共有东、南、西、北、中、东南、东北、西南、西北九个方位，属于九宫格，和宋代《洛书图》由九宫而来有关。而上引《尚书·洪范》"天乃锡禹洪范九畴"下，孔安国传虽误以《尚书·洪范》九畴为《洛书》，但所言"神龟负文而出，列于背，有数至于九"，则颇与出土玉龟腹内藏图版，上有井字九宫格相吻合，因而笔者姑为其取名为"玉龟版洛书九宫图"，兹将原图版影附于下。

以上是今所见之最早玉龟版洛书九宫图及藏该版之玉龟壳。此长方形龟腹版，两宽边各钻有五个圆洞，两长边一为九圆洞，另一边有四圆洞（两端对钻各二圆洞），形成四五九五之数。此版出土时置放于玉龟壳腹内，而汉代谶纬《龙鱼河图》说：

力牧与黄帝俱到盛水之侧，立坛，祭以太牢，有玄龟衔符出水中，置坛中而去。黄帝再拜稽首受符，视之，乃梦所得符也，广三寸袤一尺，于是黄帝佩之以征，即日禽蚩尤。①

文中的"玄龟衔符"，和凌家滩玉龟腹中藏有洛书九宫图版是相吻合的，洛书版原应是占卜之用，其后以其有神灵之力，也演变成可以做护身符佩带之用。

又，由龟版洛书九宫图置于玉龟腹壳中，说明玉龟及洛书图二者皆和占卜有关。在商周之世，系用龟甲来占卜，用蓍草来筮算。九宫图版应出于以策筮为主的《易经》策算运用，也可以说明龟卜和策筮《易》占）二者是相结合使用的。今日出土的甲骨片，在卜辞上方，常发现有重叠数字，张政烺以为这些由三个或六个数字重叠组成一组的符号文字，是筮卦时的占筮记录。说明古时卜与筮两者一并进行，有时先卜后筮，有时先筮后卜，然后将筮得的卦数，记录在龟版卜辞上方，所以今日出土的龟版或甲骨，有时在卜骨上会出现记录筮得的卦数②。玉龟壳藏龟版，上刻洛书九宫，应该是当时龟卜及筮占时会运用到，所以才会很精细的将线条雕刻上去，只是已无法知道当时是如何运用的了。兹再将和九宫说相关之周代文献，胪列并探述于下：

《子华子·大道篇》：

天地之大数，莫过乎五，莫中乎五。五居中宫以制万品，胃之实也，冲气之守也，中之所以起也，中之所以止也，龟筮之所以灵也，神响之所以丰融也，通乎此则条达而无碍者矣。是以二与四抱九而上跻也，六与八蹈一而下沉也；

---

① 《纬书集成·通纬》，上海：上海古籍出版社，1994年，第1598页下。
② 张政烺：《试释周初青铜器铭文中的易卦》，《考古学报》1980年第4期；张政烺：《帛书六十四卦跋》、《殷虚甲骨文中所见的一种筮卦》，《文史》1985年第24辑。

载九而履一，据三而持七。五居中宫，数之所由生；一从一横，数之所由成。故曰：天地之大数，莫过乎五，莫中乎五，通乎此，则条达而无碍矣。

子华子，据刘向所言，为春秋之世晋顷公时人，事迹见刘向《子华子序》。文中我们可以明显看到"五居中宫以制万品"，说明图以五居中位；而"二与四抱九而上跻"此为图中最上排之数为二九四；"六与八蹈一而下沉也"说明最下排为六一八；"载九而履一，据三而持七"，说明上下左右之数；其数与今《洛书》的"戴九履一，左三右七，二四为肩，六八为足"完全吻合。也许有人会受民初顾颉刚《古史辩》疑古之风的影响，以为《子华子》系后人所撰，但这并不是孤证。《黄帝内经·灵枢·九宫八风》有关九宫八风的记载云：

九宫八风第七十七

合八风虚实邪正

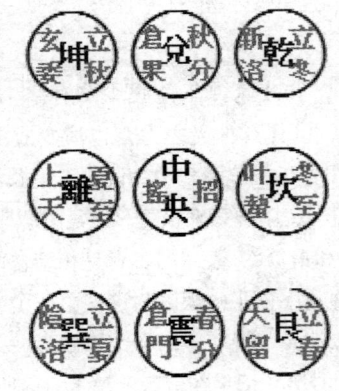

立秋二玄委西南方　秋分七仓果西方　立冬六新洛西北方
夏至九上天南方　　招摇中央　　　冬至一叶蛰北方
立夏四阴洛东南方　春分三仓门东方　立春八天留东北方
太一常以冬至之日居叶蛰之宫四十六日；明日居天留四十六日；明日居仓门四十六日；明日居阴洛四十五日；明日居天宫四十六日；明日居玄委四十六日；明日居仓果四十六日；明日居新洛四十五日；明日复居叶蛰之宫，日冬至矣。太一日游，以冬至之日，居叶蛰之宫。数所在日，从一处至九日复反于一，常如是无已，终而复始。①

---

① 《正统道藏·太玄部·所字号》，新文丰刊本，第36册，第355页。

《黄帝内经·灵枢》中所见之九宫图，三行三列，系以坎、离居南、北；震、兑处于东、西。其方位，由上排中间依顺时针方向，依次为：离（南）、坤（西南）、兑（西）、乾（西北）、坎（北）、艮（东北）、震（东）、巽（东南）；其方位即朱熹《周易本义》所载之《文王八卦方位图》。又，《灵枢》将九宫和立冬、冬至、立夏、夏至、立秋、秋分、立春、春分等八节气及数字相配。在文字的说明上，上排为立夏四（巽）、夏至九（离）、立秋二；中排为春分三（震）、招摇中央、秋分七（兑）；下排为立春八（艮）、冬至一（坎）、立冬六（乾）。其数字之排列亦与"戴九履一，左三右七，二四为肩，六八为足"之《洛书》图相配合。说明了《黄帝内经·灵枢》的九宫图即是《洛书》图。今将《黄帝内经》中九宫数字、八卦、八节、五行、方位、九宫名称等表列于下。

数字	一宫	二宫	三宫	四宫	五宫	六宫	七宫	八宫	九宫
八卦	坎	坤	震	巽		乾	兑	艮	离
八节	冬至	立秋	春分	立夏		立冬	秋分	立春	夏至
五行	水	土	木	木	土	金	金	土	火
五方	北	西南	东	东南	中央	西北	西	东北	南
九宫名称	叶蛰	玄委	仓门	阴洛	招摇	新洛	仓果	天留	上天

以上是据《黄帝内经·灵枢·九宫八风》中，将九宫与数字、八卦、八节气、五行、五方、九宫各宫名称所列出的相配系表。《黄帝内经》一书，是现存最早的中医理论方面的著作，《汉书》卷三十《艺文志·方技略·医经》云："《黄帝内经》十八卷，《外经》三十七卷。"唐代宗时的王冰《黄帝内经·素问·序》说："班固《汉书·艺文志》曰：'《黄帝内经》十八卷。'《素问》即其经之九卷也。兼《灵枢》九卷，乃其数焉。"所以《黄帝内经》包括《素问》和《灵枢》二者，《灵枢》也称为《针经》。据西晋皇甫谧《黄帝三部针灸甲乙经》序，《黄帝内经》一书在南北朝时已被分为《素问》和《针经》（《灵枢》）两部分，分别流行。

关于《黄帝内经》的撰作年代，学者大都认为撰成于春秋战国时，也有少数学者认为成书于西汉。今以《汉志》本于刘歆《七略》，《七略》据刘向《别录》而来，则西汉世固已有其书，其成书年代当在春秋战国。《黄帝内经》所谈的医学理论及架构，影响后世甚深，汉代张仲景《伤寒杂病论》及汉以后的中医理论，基本上据此而来。《黄帝内经》有黄帝和岐伯、雷公、伯高、俞跗、少师、鬼臾区、少俞等相互问答，主要以黄帝和岐伯问答为主，记载君臣间医学方面的论述，后世甚至以"岐黄之术"来代称医术[①]。

[①] 有关《黄帝内经》撰作年代之讨论，请参见萧登福《正统道藏总目提要》第 1010 条《黄帝内经素问补注释文》提要，台北：文津出版社，2011 年，第 971—972 页。

由《黄帝内经》以数字一至九的排列，依东西南北中等九方位，分别和八节气及文王八卦方位相配，这些即是今所见之《洛书》图。可见《洛书》、《文王八卦方位》及九宫之说，在先秦已存在，且已相互配合使用，只是不以《洛书》为名称；笔者的这个推论，可以由西汉出土的《太乙九宫占盘》得到印证。

1977年大陆考古学者在安徽阜阳汝阴侯墓挖掘出土了两件式盘，其一为《太乙九宫占盘》，一为《六壬栻盘》。《太乙九宫占盘》是由上圆下方两个盘组成，上面小圆盘（天盘），放在下面方盘（地盘）的凹槽里，两盘中心有圆孔可以通连；圆盘可转动，方盘固定。小圆盘通过圆划四条等分线，每条等分线两端，依顺时针方向，分别对刻下述各组字："一君"对"九百姓"，"八"对"二"，"三相"对"七将"，"四"对"六"，绕圆心刻"吏"、"招"、"摇"、"也"等字。方盘在圆盘槽外至边缘中间划一方框线，框内外按四面八方刻字。框外按顺时针的次序分别为八节，其次第为："立春，天溜卅六日废明日"；"春分，仓门卅六日废明日"；"立夏，阴洛卅五日废明日"；"夏至，上天卅六日废明日"；"立秋，玄委卅

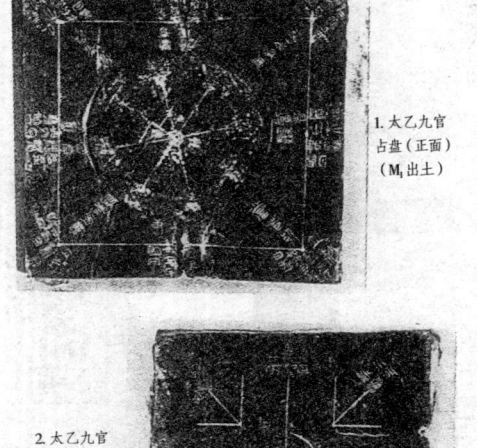

1. 太乙九宫占盘（正面）（M₁出土）

2. 太乙九宫占盘（背面）（M₁出土）

图4　安徽阜阳汝阴侯墓出土之太乙九宫占盘

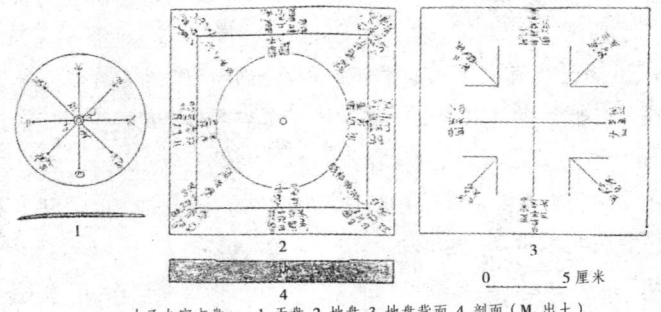

太乙九宫占盘　1.天盘 2.地盘 3.地盘背面 4.剖面（M₁出土）

图5　安徽阜阳汝阴侯墓出土之太乙九宫占盘（手绘图）

《易经》中《河图》、《洛书》之阴阳五行生克思想   121

六日废日明"；"秋分，仓果卅五日明日"；"立冬，新洛卅五日明日"；"冬至，汁蛰，卅六日废明日"。框内依次为："当者病"、"当者有喜"、"当者有僇"、"当者显"、"当者死"、"当者有盗争"、"当者有患"、"当者有忧"。（见图4，影印自《阜阳双古堆西汉汝阴侯墓发掘简报》，1978年第8期《文物》。）《太乙九宫占盘》所言的"天溜"、"仓门"、"阴洛"等九宫名，及"卅（四）六"、"卅五"等居宫日数，和《黄帝内经》所言的相同。阜阳西汉汝阴侯墓，墓主为夏侯灶夫妇，夏侯灶死于西汉文帝十五年（公元前165年）；则太乙行九宫之说，应可确定为先秦之旧，可以印证《黄帝内经》的说法，不是出自汉后人所杜撰。

先秦除《黄帝内经》外，《大戴礼记·明堂篇》所说明堂九室，也和九宫有关，只是不如《黄帝内经》详尽，此部分将留于文后论述。又，《黄帝内经》中所言太一行九宫之说，亦见于汉纬。汉纬好暗引古书，当是谶纬袭取《黄帝内经》，甚或也袭取了《黄帝九宫经》之说而来。《黄帝内经》已论述于上，今将《黄帝九宫经》及汉纬之说，胪列于下：

图6　安徽阜阳汝阴侯墓出土之六壬栻盘

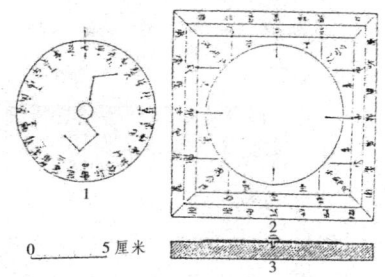

图7　安徽阜阳汝阴侯墓出土之六壬栻盘（手绘图）

《黄帝九宫经》：

戴九履一，左三右七，二四为肩，六八为足，五居中宫总御得失。其数，则坎一，坤二，震三，巽四，中宫五，乾六，兑七，艮八，离九。太一行九宫，从一始，以少之多，顺其数也。①

《易纬·乾凿度》卷下：

阳动而进，阴动而退，故阳以七，阴以八为象。易一阴一阳，合而为

---

① ［隋］萧吉：《五行大义》卷一《论九宫数》引。案：《隋书·经籍志三》曾载郑玄注《九宫经》，因而此书之撰作年代至迟在汉世。

十五之谓道。阳变七之九，阴变八之六，亦合于十五，则象变之数若一。阳动而进，变七之九，象其气之息也。阴动而退，变八之六，象其气之消也。故太一取其数，以行九宫，四正四维，皆合于十五。

郑司农云：

太一行八卦之宫，每四乃入中央；中央云者，地神之所居，故谓之九宫。①

《周易·乾凿度》卷下汉郑康成注云：

太一者，北辰之神名也。居其所曰太一，常行于八卦日辰之间，曰天一，或曰太一。出入所游，息于紫宫之内外，其星因以为名焉。故《星经》曰："天一、太一，主气之神。"行，犹待也。四正四维，以八卦神所居，故亦名之曰宫。天一下行，犹天子出巡狩，省方岳之事。每率（卒）则复。太一下行八卦之宫，每四乃还于中央。中央者，北神（辰）之所居，故因谓之九宫。天数大分，以阳出，以阴入，阳起于子，阴起于午。是以太一下九宫，从坎宫始。坎，中男，始亦言无适也。自此而从于坤宫；坤，母也。又自此而从震宫；震，长男也。又自此而从巽宫；巽，长女也。所行者半矣，还息于中央之宫。既又自此从乾宫；乾，父也。自此而从兑宫；兑，少女也。又自此从于艮宫；艮，少男也。又自此从于离宫；离，中女也。行则周矣。上游息于太一天一之宫，而反于紫宫。行从坎宫始，终于离宫。数自太一行之，坎为名耳。出从中男，入从中女，亦因阴阳男女之偶，为终始云。从自坎宫，必先之坤者，母于子养之勤劳者。次之震，又之巽，母从异姓来，此其所以敬为生者。从息中而复之乾者，父于子教之而已，于事逸也。次之兑，又之艮，父或老，顺其心所爱，以为长育，多少大小之行，已亦为施。此数者合十五，言有法也。

上述《黄帝内经·灵枢》及《周易·乾凿度》郑玄注关于太一行九宫之说，所列九宫之图虽相同，但在巡行路线上，《灵枢》是以坎宫（叶蛰之宫）起，经艮宫（天留之宫）、震宫（仓门宫）、巽宫（阴洛）、离宫（上天宫）、坤宫（玄委宫）、兑宫（仓果宫）、乾宫（新洛）。其巡行方式，和郑玄注所说者有别，郑氏是以坎（一）宫起始，其次经坤（二）、震（三）、巽（四），返息于中宫；再由中宫（五）经乾（六）、兑（七）、艮（八）、离（九），再还回中宫。郑玄的次序和今本《洛书图》本身所列的数字次序相同，依坎一、坤二、震三、巽四、

---

① ［隋］萧吉：《五行大义》卷一《论九宫数》引。

中五、乾六、兑七、艮八、离九为序；而不像《灵枢》是以顺时针为行走之次序。郑说其实是依《黄帝九宫经》而来的，只是解读不同。又，《隋书·经籍志三·五行》云："《黄帝九宫经》一卷。《九宫经》三卷，郑玄注；梁有《黄帝四部九宫》五卷，亡。"郑玄曾注《九宫经》，因而郑玄《周易·乾凿度》注所说的太一行九宫的方式，或许当是据该经而来。又，《太平经》卷一百三十七至一百五十三《太平经钞壬部》所说万物生壮老死之变化系由坎子起，其次布根于东北之艮，其次展现于震东，其次毕生于东南之巽，其次养于离南，其次向老于西南之坤，其次衰于兑西，其次毕藏于西北之乾。《太平经》所言涵一至十，属《河图》，但其运行方式则和《洛书》同，本文将于《河图》章节中详述。《太平经》和《黄帝内经·灵枢》的方位和同，而和郑玄说有别。

又，《黄帝内经·灵枢》所言叶蛰、天留、仓门、阴洛、上天、玄委、仓果、新洛等宫名，及居宫日数，既和1977年在安徽阜阳双古堆一号汉墓发现的《太乙九宫占盘》相同，而此墓的年代，既据考古工作者考证为汉文帝十五年（公元前165年）。因而《黄帝内经·灵枢》、《太平经》二者与郑注太一巡行方式不同，疑《黄帝内经·灵枢》说在前，郑玄系依汉儒后起之说作注。但《灵枢》太一巡九宫说虽在前，郑玄注之巡行方式，则远较《灵枢》说影响深远；后世之易占及说九宫者，皆依郑说一坎、二坤、三震、四巽等方式而来。如《唐会要》卷十下《九宫坛》云：

> 天宝三载，有术士苏嘉庆上言：请于京东朝日坛东，置九宫贵神坛。其坛三成（层），成三尺，四阶，其上依位置九坛，坛尺五寸，东南曰招摇，正东曰轩辕，东北曰太阴，正南曰天一，中央曰天符，正北曰太一，西南曰摄提，正西曰咸池，西北曰青龙。正为中，戴九履一，左三右七，二四为上，六八为下，符于遁甲。四孟月祭，尊为九宫贵神……谨案《黄帝九宫经》及萧嵩《五行大义》：一宫：其神太一，其星天蓬，其卦坎，其行水，其方白。二宫：其神摄提，其星天芮，其卦坤，其行土，其方黑。三宫：其神轩辕，其星天冲，其卦震，其行木，其方碧。四宫：其神招摇，其星天辅，其卦巽，其行木，其方绿。五宫：其神天符，其星天禽，其卦离，其行土，其方黄。六宫：其神青龙，其星天心，其卦乾，其行金，其方白。七宫：其神咸池，其星天柱，其卦兑，其行金，其方赤。八宫：其神太阴，其星天任，其卦艮，其行土，其方白。九宫：其神天一，其星天英，其卦离，其行火，其方紫。观其统八卦，运五行，土飞于中，数转于极……

《唐会要》谈到唐时的九宫坛，是依据《黄帝九宫经》及隋萧嵩《五行大义》

（按：指第二十《论诸神》）而来。汉儒郑玄以《九宫经》注《周易·乾凿度》，亦应是当时汉儒杂术解《易》者之一般说法。这些都对后世《易》学有所影响。再者，据《唐会要》所说八卦与八方、五行、五色之相配为：一白坎水、二黑坤土、三碧震木、四绿巽木、五黄中宫、六白乾金、七赤兑金、八白艮土、九紫离火；此种由一至九，九宫之运行方式，及与五行、方位、颜色之搭配，至今仍为占卜、择日、堪舆、命相等术士者所沿用。今以《唐会要》为主，再据《黄帝内经》《太平经》等说，以数字、五行、八卦等相配系于下。

数字	一宫	二宫	三宫	四宫	五宫	六宫	七宫	八宫	九宫
八卦	坎	坤	震	巽	离	乾	兑	艮	离
五行	水	土	木	木	土	金	金	土	火
五色	白	黑	碧	绿	黄	白	赤	白	紫
方位	北	西南	东	东南	中央	西北	西	东北	南
地支	子	未申	卯	辰巳		戌亥	酉	丑寅	午
天干	壬癸		甲乙		戊己		庚辛		丙丁
节气	冬至	立秋	春分	立夏	中央	立冬	秋分	立春	夏至
九宫贵神	太一	摄提	轩辕	招摇	天符	青龙	咸池	太阴	天一
遁甲九神（北斗七星）	天蓬（破军）	天芮（破军）	天冲（破军）	天辅（武曲）	天禽（廉贞）	天心（文曲）	天柱（禄存）	天任（巨门）	天英（贪狼）

上表中地支和八卦之相配，系采《太平经》卷一百三十七至一百五十三《太平经钞壬部》之说，但陈抟著《河洛真数》《说河图篇》则以子亥配坎北，卯寅为震东，巳午为离南，申酉为兑西；辰戌丑未属土，为中央①；其配系法和《太平经》不同。

又，近世敦煌出土的《具注历》写卷有多种，其前大都有类似今《黄历》所见之《流年二十四山大利图》，其图系将乾、坎、艮、震、巽、离、坤、兑（文王卦位）八卦分八方置列，并配以十二地支、十天干，图中九宫系依《唐会要》卷十下《九宫坛》的一白（坎水）、二黑（坤土）、三碧（震木）、四绿（巽木）、五黄（中宫）、六白（乾金）、七赤（兑金）、八白（艮土）、九紫（离火）置列；其图，基本上和今日黄历相同而较简略；图下叙述所在各方之行事，如伯2623号《显德六年己未岁具注历日》云：

> 九方色之中，但依紫白二方修造法出贵子，加官受职，横得财物，婚嫁酒食，所作通达，合家吉庆。若犯绿方，注有伤，或从高坠下，及小儿、奴婢妊身者危。若犯黑方，注有哭声、口舌，及损物财，凶。若犯碧方，注有损脸、惊恐、怪梦、

---

① ［宋］陈抟著、邵雍述《河洛真数》，第2页。

．《睡虎地秦墓竹簡》·日書甲種 P.180

	除：													
11		十一月斗	十二月須	正月營	二月奎	三月胃	四月畢	五月東	六月柳	七月張	八月角	九月氐	十月心	（
21	濡	子	丑	寅	卯	辰	巳	午	未	申	酉	戌	亥	（正）
31	贏	丑	寅	卯	辰	巳	午	未	申	酉	戌	亥	子	（正）
41	建	寅	卯	辰	巳	午	未	申	酉	戌	亥	子	丑	（正）
51	陷	卯	辰	巳	午	未	申	酉	戌	亥	子	丑	寅	（正）
61	彼	辰	巳	午	未	申	酉	戌	亥	子	丑	寅	卯	（正）
71	平	巳	午	未	申	酉	戌	亥	子	丑	寅	卯	辰	（正）
81	寧	午	未	申	酉	戌	亥	子	丑	寅	卯	辰	巳	（正）
91	空	未	申	酉	戌	亥	子	丑	寅	卯	辰	巳	午	（正）
101	坐	申	酉	戌	亥	子	丑	寅	卯	辰	巳	午	未	（正）
111	蓋	酉	戌	亥	子	丑	寅	卯	辰	巳	午	未	申	（正）
121	成	戌	亥	子	丑	寅	卯	辰	巳	午	未	申	酉	（正）
131	甬	亥	子	丑	寅	卯	辰	巳	午	未	申	酉	戌	（正）

．《睡虎地秦墓竹簡》·日書甲種 P.181

12 凡不可用者，秋三月辰，冬三月未，春三月戌，夏三月亥。（正）
22 結日，作事，不成以祭，閵（吝）。生子毋（無）弟，有弟必死。以寄人，寄人必奪主室。（正）
32 陽日，百事順成。邦郡得年，小夫四成。以蔡（祭），上下群神鄉（饗）之，乃盈志。（正）
42 交日，利以實事。鑿井，吉。以祭門行、行水，吉。（正）
52 害日，利以除凶（厲），兌（說）不羊（祥）。祭門行，吉。以祭，最眾必亂者。（正）
62 陰日，利以家室。祭祀，家（嫁）子、取（娶）婦，入材，大吉。以見君上，數達，毋（無）咎。（正）
72 達日，利以行帥（師）出正（征），見人。以祭，上下皆吉。生子，男吉，女必出於邦。（正）
82 【外】陽日，利以建野外，可以田邋（獵）。以亡，不得，□門。（正）
92 外害日，不可以行作，之四方野外，必耦（遇）寇，見兵。（正）
102 外陰日，利以祭祀。作事，入材，皆吉。不可以之野外。（正）
112 □□□□□可名曰（擊）日，以生子，窶孤。□人，不得。利以兌（說）明（盟）組（詛），百不羊（祥）。（正）
122 夬光日，利以登高，飲食，邋（獵）四方野外。居有食，行有得。以生子，男女必美。（正）
132 秀日，利以起大事。大祭，吉。寇（冠）、車，折衣常（裳），服帶吉。生子吉，弟凶。（正）

．《睡虎地秦墓竹簡》·日書甲種 P.182-183

秦除：
141 正月，建寅，除卯，盈辰，平巳，定午，摯（執）未，柀（破）申，危酉，成戌，收亥 開子，閉丑。（正）
151 二月，建卯，除辰，盈巳，平午，定未，執申，柀（破）酉，危戌，成亥，收子。（正）
161 三月，建辰，除巳，盈午，平未，定申，執酉，柀（破）戌，危亥，成子，收丑，開寅 閉卯。（正）
171 四月，建巳，除午，盈未，平申，定酉，摯（執）戌，柀（破）亥，危子，成丑，收寅 開卯，閉辰。（正）
181 五月，建午，除未，盈申，平酉，定戌，摯（執）亥，柀（破）子，危丑，成寅，收卯 開辰，閉巳。（正）
191 六月，建未，除申，盈酉，平戌，定亥，摯（執）子，柀（破）丑，危寅，成卯，收辰 開巳，閉午。（正）
201 七月，建申，除酉，盈戌，平亥，定子，摯（執）丑，柀（破）寅，危卯，成辰，收巳，開午，閉未。（正）
211 八月，建酉，除戌，盈亥，平子，定丑，摯（執）寅，柀（破）卯，危辰，成巳，收午，開未，閉申。（正）
221 九月，建戌，除亥，盈子，平丑，定寅，摯（執）卯，柀（破）辰，危巳，成午，收未，開申，閉酉。（正）
231 十月，建亥，除子，盈丑，平寅，定卯，摯（執）辰，柀（破）巳，危午，成未，收申，開酉，閉戌。（正）
241 十一月，建子，除丑，盈寅，平卯，定辰，摯（執）巳，柀（破）午，危未，成申，收酉，開戌，閉亥。（正）
251 十二月，建丑，除寅，盈卯，平辰，定巳，摯（執）午，柀（破）未，危申，成酉，收戌，開亥，閉子。（正）
142 建日，良日也。可以爲嗇夫，可以祠。利棗（早）不利莫（暮）。可以入人、始寇（冠）、乘車。有爲也，吉。（正）
152 除日，臣妾亡，不得。有 病，不死。利市責（積），徹□□□除地，飲樂。攻 ，不可以執。（正）
162 盈日，可以築閒牢，可以產，可以築宮室，爲嗇夫，有疾，難起。（正）

图 8 云梦睡虎地秦简甲和《日书》（录自中央研究院史语所，计算机《文物图象研究室数据库》）

凶。若犯黄方，注有斗诤及损六畜，凶。若犯赤方，注多死亡，惊恐、怪梦，凶。

这类的写卷甚多，如斯 95 号《显德三年丙辰岁（956）具注历日》、斯 2404 号《甲申岁（924）具注历日》、伯 2623 号《显德六年已未岁（959）具注历日》、斯 612 号《大宋太平兴国三年（978）应天具注历日》、斯 681 号背面《历日》等等，均有《大利图》、九方色行事吉凶、《今年受岁日杂忌》、《每月人神所在处》、每月各日行事宜忌等等。又，斯 1439 号《历日》、斯 276 号《具注历日》为残卷，前段佚去，其前当亦有年神方位及《大利图》。敦煌写卷《大利图》的八卦九方色排列，与《唐会要》卷十下《九宫坛》所言九方色相合；其图所言方位九色，亦即宋儒所说《易》图之《文王八卦方位》、和《洛书图》相配而成，此图既见于敦煌写卷，可见《文王八卦方位》《洛书》等图不始于宋儒。《具注日历》所见以每月各日依八卦五行生克等，来说时日之吉凶，则可推溯至秦简《日书》，只是秦简《日书》尚未和八卦五行等相配。

秦简《日书》较简单，仅以建除十二客及阴阳日来相配合，以说时日吉凶。至唐宋时的《具注日历》则将阴阳、五行、五方、五色、八卦、九宫等等生克之说全部组合在一起，以做为选择时日吉凶时之参考。

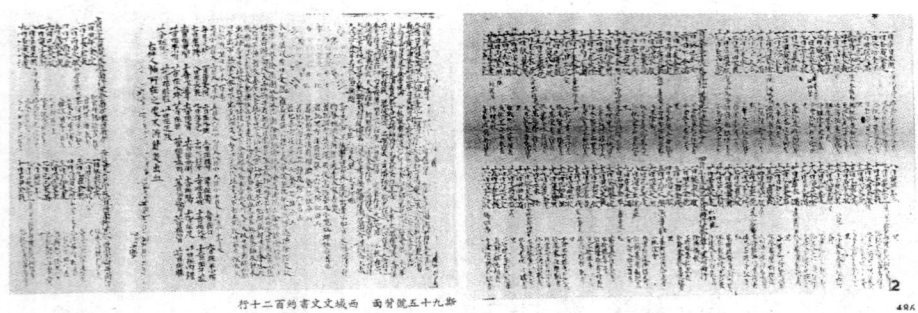

图 9　敦煌写卷斯 95 号《显德三年丙辰岁具注历日》

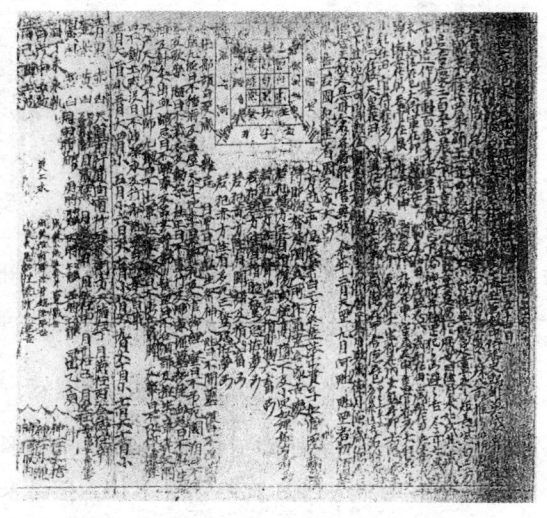

图 10　敦煌写卷伯 2623 号《显德六年己未岁具注历日》

宋代的《洛书》其出在上述太一行九宫及唐代九宫神坛之后，以八卦配合方位、天干、地支、阴阳、五行、节气、九宫贵神、遁甲九神等，相配系者愈来愈多，可以和生辰八字之算命相结合，可以被方位吉凶之堪舆说所取用，可以用来解释时日吉凶说，可以用来占卜来事，其运用可以随己意，无穷无尽地任意扩大。今试将八卦、方位、五色、干支、神名等，加入宋代《洛书》图中，姑将此"洛书应用图"，名之为《洛书五行九宫九神应用图》。

由于《洛书》图形容量有限，无法将《黄帝内经》、《唐会要》及坊间所见和洛书相关之配系名相全部填入，所以笔者所绘"洛书应用图"，仅局限于以《唐会要》九宫坛为主。但由笔者据宋儒所扩大的《洛书》运用图中，可以想象《洛书》图可以依山、医、命、相、卜等各种不同数术而加以运用。

又，朱熹《周易本义》所见的《洛书图》，可追溯至周世《子华子》、《黄帝内经》等书，只是那时不叫《洛书》，而叫九宫。而如据《唐会要》、《九宫坛》中已有"正为中，戴九履一，左三右七，二四为上，六八为下"之语，此语出自《黄帝九宫经》；其书又为郑玄所据以注《易纬》；而该经所说的"戴九履一，左三右七，二四为肩，六八为足，五居中宫总御得失"和朱熹所说"盖取龟象"的《洛书》相同。是则可推知宋人易图《洛书》，

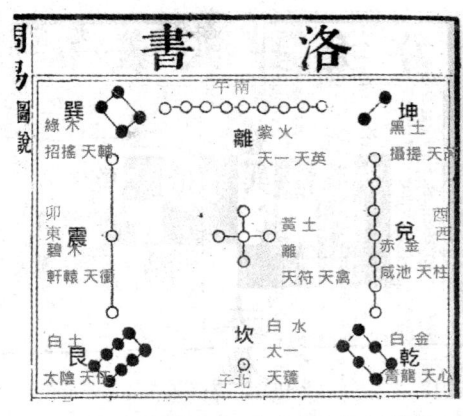

图11 笔者所制《洛书五行九宫九神应用图》

应与唐世的九宫坛有密切关系，也和《黄帝九宫经》有关，其名原以"九宫"为称，不称《洛书》。而其源头，则可追溯至周世的《子华子》、《黄帝内经·灵枢》等书。更有甚者，九宫之说，不仅出现在先秦子书及医书中，连儒家所最重视的"明堂"，也沾染上了九宫说的色彩。《大戴礼记·明堂篇》对于明堂房室的排列，即有"二九四七五三六一八"之说。

《大戴礼记·明堂篇》云：

明堂者，古有之也。凡九室，一室而有四户八牖；三十六户，七十二牖。以茅盖屋，上圆下方。明堂者，所以明诸侯尊卑，外水曰辟雍，南蛮、东夷、北狄、西戎。明堂月令，赤缀户也，白缀牖也。二九四七五三六一八。

《大戴礼记·明堂篇》"二九四七五三六一八"郑玄注：

记用九数，谓法龟文，故取此收以明其制也。

"二九四七五三六一八"，是将《洛书》图依逆时针方向，先上排再中排再下排。"二九四"为《洛书》上排由右至左的数目，"七五三"为中排数目，"六一八"为下排数目。清人孔广森《礼学卮言》卷六九二"明堂图"，以一三九七是四正室，合于遁甲；二四六八是四隅室，合于太一。将明堂图以九宫方式，仿《洛书》"戴九履一，左三右七，二四为肩，六八为足"的方式排列布置，并以之和五行、九神相配。清人孔广森《礼学卮言》卷六九二所绘明堂图：

六太簇金一水，天蓬神八地立水
七金，咸池神五土室三木，轩辕帝

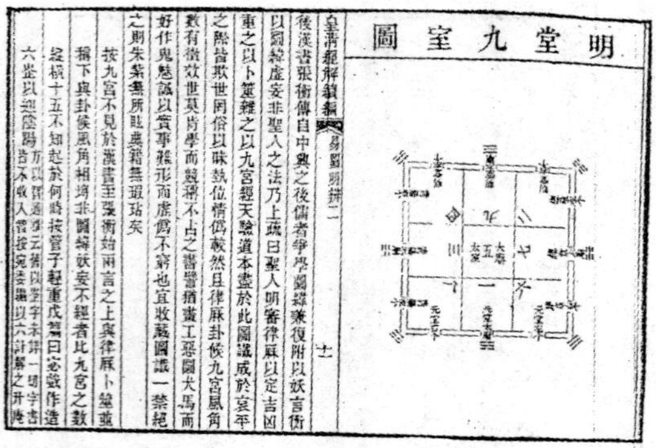

明堂九室圖

皇清經解續編　易圖明辨二

後漢書張衡傳自中興之後儒者爭學圖緯兼復附以妖言衡以圖緯虛妄非聖人之法乃上疏曰聖人明審律厤以定吉凶重之以卜筮雜之以九宮經天驗道本盡於此圖讖成於哀平之際皆欺世罔俗以昧埶位情偽較然且律厤卦候九宮風角數有徵效世莫肯學而競稱不占之書譬猶畫工惡圖犬馬而好作鬼魅誠以實事難形而虛僞不窮也宜收藏圖讖一禁絕之則朱紫無所眩典籍無瑕玷矣

按九宮不見於漢書至張衡始兩言之上與律厤卜筮並稱下與卦候風角相埒非圖緯妖妄不經者比九宮之數縱橫十五不知起於何時按管子輕重戊篇曰宓戲作造六峜以迎陰陽

图 12　胡渭《易图明辨》卷二《九宫》之明堂九室图

二大威火九火，天乙神四高丛木

孔广森以明堂九室和五行、九神相配，可以看出其与九宫、《洛书》之关系。

又，清人胡渭《易图明辨》卷二《九宫》[①]亦载有《明堂九室图》，影附于后：

由以上所述，今所见之《洛书》“戴九履一，左三右七，二四为肩，六八为足”，其文在《子华子·大道篇》中早已有叙述，而《黄帝内经·灵枢》已有九宫八风之图，只是其图是以文字，而不是以白黑点出现。《黄帝内经·灵枢》并开始将《文王八卦方位》、九宫、《洛书》三者配合在一起来论述，与后来数术家所言不异。《大戴礼记·明堂》所言的明堂，很明显地可以看出和九宫图间的关系；再者唐代九宫坛，亦是以九宫配神祇以祠。而西汉文帝十五年入葬的阜阳汝阴侯墓中的殉葬品《太乙九宫占盘》，亦已明显列出九宫宫名、方位、八节及吉凶占语，是彼时人民已以此来占卜吉凶，作为配合季节方位之行事依据。这些都是原始的《洛书》图，也明显地看出，《洛书》之说并不是宋儒所杜撰，而是有它的源承；“戴九履一”之说，九宫图早已有之，只是不用白黑点来表示，而是以数字来表示。以黑白点来标示，出于何时，则较难究知，也许陈抟前的道教书籍中已有之，应有它更早的来源。窃疑它的直接源承，与唐九宫坛有关，九宫坛则由《九宫经》、《黄帝内经》、《子华子》等书而来。但何时开始用黑白圆点代替数字，由于史料阙略，难以究明。

三、《河图》之形成及其演变

宋代陈抟著、邵康节述《河图真数》及朱熹《周易本义》等所附之《河图》，系由一至十，共十个数字组成，五十居中，三八在左（东），四九在右（西），二七在上（南），一六在下（北）。此图，学者一般以为是以《易经·系辞》所言天地之数为依据。

《易经·系辞上》：

天数五，地数五；五位相得而各有合，天数二十有五，地数三十；凡天

---

① 《皇清经解续编》卷三十八，第 141 页。

地之数五十有五；此所以成变化而行鬼神也……天一，地二，天三，地四，天五，地六，天七，地八，天九，地十。

但《易经·系辞》所言者为一至十的天地之数，并未与方位相配，未易看出与《河图》的关系。其实以一至十之数和方位相配之情形，在《系辞》之前也已存在，先秦子书中这种叙述，屡见不鲜，只是不被人所注意而已。先秦子书如《管子·幼官篇》以五行、五方、五色、五音、五数、五味、四季等等相配，其方式为：

木：东、青、角、酸、八。火：南、赤、征、苦、七。金：西、白、商、辛、九。水：北、黑、羽、咸、六。土：中央、黄、宫、甘、五。

这种搭配法，其后又扩大为五脏、五臭、五事、五常、五岳等等；并陆续出现于《子华子·北宫意问篇》、《墨子·迎敌祠篇》、《黄帝内经·素问·金匮真言论篇》、《吕氏春秋·十二纪》、《礼记·月令篇》等等篇章中。其中可注意者为：东八、南七、西九、北六、中五等数字与方位之搭配，和《河图》所见三八在东，四九在西，二七在南，一六在北，五十居中的情形完全吻合，只是重在"六""七""八""九""五"五数（六七八九为成数），而未言及"一""二""三""四""十"五数（一二三四为生数）之方位。但在上述诸书中，《黄帝内经·素问》似乎也已触及到"一""二""三""四""五"等生数的方位问题了。《黄帝内经·素问·五常政大论篇》以五行、五味、五色、四季、五脏、五木、五禽、五病、五音、五数等等相配。

《黄帝内经·素问》卷二十《五常政大论篇》云：

黄帝问曰："太虚寥廓，五运回薄，衰盛不同，损益相从，愿闻平气何如而名？何如而纪也？"岐伯对曰："昭乎哉问也！木曰敷和，火曰升明，土曰备化，金曰审平，水曰静顺。"帝曰："其不及奈何？"岐伯曰："木曰委和，火曰伏明，土曰卑监，金曰从革，水曰涸流。"帝曰："太过何谓？"岐伯曰："木曰发生，火曰赫曦，土曰敦阜，金曰坚成，水曰流衍。"帝曰："三气之纪，愿闻其候？"岐伯曰："悉乎哉问也！敷和（木）之纪，木德周行，阳舒阴布，五化宣平，其气端，其性随，其用曲直，其化生荣，其类草木，其政发散，其候温和，其令风，其藏肝，肝其畏清，其主目，其谷麻，其果李，其实核，其应春，其虫毛，其畜犬，其色苍，其养筋，其病里急支满，其味酸，其音角，其物中坚，其数八。

升明（火）之纪，正阳而治，德施周普，五化均衡，其气高，其性速，其用燔灼，其化蕃茂，其类火，其政明曜，其候炎暑，其令热，其藏心，心其畏寒，其主舌，其谷麦，其果杏，其实络，其应夏，其虫羽，其畜马，其色赤，其养血，其病瞤瘈，其味苦，其音征，其物脉，其数七。

备化（土）之纪，气协天休，德流四政，五化齐修，其气平，其性顺，其用高下，其化丰满，其类土，其政安静，其候溽蒸，其令湿，其藏脾，脾其畏风，其主口，其谷稷，其果枣，其实肉，其应长夏，其虫倮，其畜牛，其色黄，其养肉，其病否，其味甘，其音宫，其物肤，其数五。

审平（金）之纪，收而不争，杀而无犯，五化宣明，其气洁，其性刚，其用散落，其化坚敛，其类金，其政劲肃，其候清切，其令燥，其藏肺，肺其畏热，其主鼻，其谷稻，其果桃，其实壳，其应秋，其虫介，其畜鸡，其色白，其养皮毛，其病欬，其味辛，其音商，其物外坚，其数九。

静顺（水）之纪，藏而勿害，治而善下，五化咸整，其气明，其性下，其用沃衍，其化凝坚，其类水，其政流演，其候凝肃，其令寒，其藏肾，肾其畏湿，其主二阴，其谷豆，其果栗，其实濡，其应冬，其虫鳞，其畜彘，其色黑，其养骨髓，其病厥，其味咸，其音羽，其物濡，其数六。故生而勿杀，长而勿罚，化而勿制，收而勿害，藏而勿抑，是谓平气。

委和（木）之纪，是谓胜生……眚于三，所谓复也。其主飞蠹蛆雉，乃为雷霆。伏明（火）之纪，是谓胜长……眚于七。其主骤注雷霆震惊，沉黔淫雨。卑监（土）之纪，是谓减化……其眚四维。其主败折虎狼，清气乃用，生政乃辱。从革（金）之纪，是谓折收……眚于九。其主鳞伏彘鼠，岁气早至，乃生大寒。涸流（水）之纪，是谓反阳……眚于一。其主毛显狐貉，变化不藏。"①

今将上引经文中所见五行生克及方位、数字、五脏、五音等相配关系，列表于下：

《黄帝内经·素问》卷四十二《五常政大论篇第七十》所见五行生克相配表													
五行	五脏	五官	五谷	果	实	四季	虫	畜	五色	五味	五音	五物	五方	数字	眚数
木	肝	目	麻	李	核	春	毛	犬	青	酸	角	中坚	东	八	三
火	心	舌	麦	杏	络	夏	羽	马	赤	苦	徵	脉	南	七	七
土	脾	口	稷	枣	肉	季夏	倮	牛	黄	甘	宫	肤	中央	五	四维
金	肺	鼻	稻	桃	壳	秋	介	鸡	白	辛	商	外坚	西	九	九
水	肾	二阴	豆	栗	濡	冬	鳞	彘	黑	咸	羽	濡	北	六	一

《黄帝内经·素问》文中所言五行生克相对应者，包括气候、病理等等，今仅择其常用的生克相配，列表于上。上引中在谈到五气不调所生的灾病时，用"眚于三"代表东方，"眚于七"代表南方，"其眚四维"代表中央，"眚于九"代表西方，"眚于一"代表北方。又，《黄帝内经·素问·六元正纪大论》所言，亦以"灾七宫"指西方，"灾五宫"指中央，"灾一宫"指北方，"灾九宫"指南方。宋人林亿在各灾宫下注以为，七宫西室兑位，三宫东室震位，五宫中室，

---

① 《正统道藏·太玄部·慎字号》，新文丰刊本，第36册，第90—107页。

二宫中室坤位，一宫北室坎位，九宫南室离位，所谓："详七宫，西室兑位，天任司也。""详三宫，东室震位，天冲司也。""中室天禽司，非维宫，同正宫寄位二宫坤位。""详一宫，北室坎位，天玄司。""详九宫，离位南室，天英司。"见《正统道藏·太玄部·紫字号》所收《黄帝内经素问补注释文》卷四十六[①]。可见《黄帝内经·素问》所言之数字、卦位，与今本《河图》之数字、卦位相同。

又，《太平经》卷一百三十七至一百五十三《太平经钞壬部》说：

夫一者，乃数之始起，故天地未分之时，积气都为一，分为二，成夫妇，天下施于地，怀妊于玄冥，字为甲子；布根东北，丑为寅始；见于东，日出卯；毕生东南；辰以巳垂枝于南，养于午；向老西南，未以申也；成于西方，日入酉；毕藏于西北，戌与亥。故数起于一，而止十二。干之本，五行之根也。故一以成十，百而备也。

文中以数字一至十，配合八卦、方位、十二地支，以说明万物生壮老死之变化。约略可以看出一为坎为子，天地未分；其次布根于东北之艮，为地支之丑寅；其次展现于震东，为地支之卯；其次毕生于东南之巽，为辰巳；其次养于离为南为午；其次向老于西南之坤，为未申；其次衰于兑西，为酉；其次毕藏于西北之乾，为地支之戌亥。整个生养衰灭的过程，由北经东北、东、东南、南、西南、西、西北；由坎，经艮、震、巽、离、坤、兑、乾；由十二支的子，经丑寅、卯、辰巳、午、未申、酉，至戌亥。将八卦与十二地支及万物生灭，牵连在一起，并且说"故一以成十"，则此图当为《河图》，《河图》数由一至十，《洛书》只有一至九。

《河图》数字由一至十，其与八卦方位的关系，是依四阳卦——父、长男、中男、少男之长幼次序和成数（六七八九十）相配，以四阴卦长幼之次序来和生数（一二三四五）相配，所以为乾九、震八、坎七、艮六、坤一、巽二、离三、兑四。南宋郑樵《六经奥论》云：

伏羲画八卦，以阳道主变，其数以进为极；阴道主化，其数以退为极。阳以进为极，故乾为父而得九，震长男而得八，坎中男而得七，艮少男而得六，凡成数皆阳主之。阴以退为极，故坤为母而得一，巽长女而得二，离中女而得三，兑少女而得四，凡生数皆阴主之。

从上述所引看来，在《黄帝内经·素问》中，已明显地看出，五十居中，三八在东，四九在西，二七在南，一六在北的搭配，不仅是《管子》、《吕氏春秋》所见的

[①] 张继禹：《中华道藏》，第20册，第341—343页。

"六""七""八""九"四成数的方位问题而已，其说已和宋人《河图》数与方位的相配相同。是《河图》数来源已久，不出自宋儒。《黄帝内经》有其说而未明言；至于明白将一至十，数与方位之关系，以文字显现出来，而且与今说完全一致者，则为扬雄《太玄图》及《易河图数》、《乾坤凿度》卷上《乾凿度》等书，这些书中所言的"一与六共宗，二与七同道，三与八为明（朋），四与九为友，五与十同途"。与宋儒《河图》之说相同，只是宋前之人用文字表达，宋人则以黑白圆点表达，扬雄称一至十之图为《太玄图》，宋后则称为《河图》。

扬雄《太玄经·太玄图告》卷十《太玄图篇》曰：

一与六共宗范望解云：在北方也，二与七为朋在南方也，三与八成友在东方也，四与九同道在西方也，五与五相守在中央也。①

扬雄《太玄经·太玄数》卷八《玄数》：

三八为木，为东方，为春；日甲乙，辰寅卯；声角，色青，味酸，臭膻，形诎信；生火，胜土，时生，脏脾；存志，性仁，情喜，事貌，用恭，揖肃，征旱；帝太昊，神勾芒，星从其位；类为鳞，为雷，为恢声，为新，为躁，为户，为牖，为嗣，为承，为协，为绪；为赦，为解，为多子；为出，为予，为竹，为草，为果，为实，为鱼，为疏器；为田，为规，为矛，为青怪，为鼽，为狂。

四九为金，为西方，为秋；日庚辛，辰申酉；声商，色白，味辛，臭腥，形革；生水，胜木，时杀，脏肝，存魄；性谊，情怒；事言，用从，揖乂，征雨；帝少昊，神蓐收，星从其位；类为毛，为医，为巫祝，为猛，为旧，为鸣；为门，为山，为限，为边，为城，为骨，为石；为环佩，为首饰，为重宝，为大哆丁，为钮器；为春，为椎，为力，为县，为燧，为兵，为械，为齿，为角，为螫，为毒；为狗，为入，为取，为罕，为寇，为贼，为理，为矩，为金工，为钺；为白怪，为瘖，为僭。

二七为火，为南方，为夏。日丙丁，辰巳午；声徵，色赤，味苦，臭焦，形上；生土，胜金；时养，脏肺，存魂，性礼，情乐，事视，用明，揖哲，征热；帝炎帝，神祝融，星从其位。类为羽，为灶，为丝，为网，为索，为珠，为文，为驳，为印，为绶，为书；为轻，为高，为台，为酒，为吐，为射，为戈，为甲，为丛，为司马，为礼，为绳，为火工，为刀，为赤怪，为盲，为舒。

一六为水，为北方，为冬，日壬癸，辰子亥，声羽，色黑，味咸，臭朽，

---

① 见［汉］扬雄：《太玄经》；又见引于［清］胡渭：《易图明辨》卷二，收录于《皇清经解续篇》卷三十八。

形下；生木，胜火；时藏，脏肾，存精，性智，情悲，事听，用聪，揭谋，征寒；帝颛顼，神玄冥，星从其位；类为介，为鬼，为祠，为庙，为井，为穴，为窦，为镜，为玉，为履，为远行，为劳，为血，为膏，为贪，为含，为蛰，为火猎，为闭，为盗，为司空，为法，为准，为水工，为盾；为黑怪，为聋，为急。

五五为土，为中央，为四维；日戊己，辰辰未戌丑；声宫，色黄，味甘，臭芳，形植；生金，胜水，时该，脏心，存神，性信，情恐惧；事思，用睿，揭圣，征风，帝黄帝，神后土，星从其位；类为裸，为封，为瓶，为宫，为宅，为中霤，为内事，为织，为衣，为衮，为茧，为絮，为床，为荐；为驯，为怀，为腹器，为脂，为漆，为胶，为囊，为包；为舆，为毂；为稼，为啬；为食，为肉，为棺，为椟，为衢，为会，为都；为度，为量；为土工，为弓矢；为黄怪，为愚，为车。

上引扬雄《太玄经》中所说的《玄数》，由一至十分为五组，分别和五行、五方、四季、天干、地支、五音、五色、五味、五臭、五脏、五常、五帝、五神、物象、事象等相配系，今列表于下。

数字	三八	四九	二七	一六	五五
五行	木	金	火	水	土
八卦	震	兑	离	坎	
五方	东	西	南	北	中央
四季	春	秋	夏	冬	四维
天干	甲乙	庚辛	丙丁	壬癸	戊己
地支	寅卯	申酉	巳午	子亥	辰未戌丑
五音	角	商	徵	羽	宫
五色	青	白	赤	黑	黄
五味	酸	辛	苦	咸	甘
五臭	膻	腥	焦	朽	芳
五形	诎信	革	上	下	植
相生	火	水	土	木	金
相克	土	木	金	火	水
五时	生	杀	养	藏	该
五藏	脾（肝）	肝（肺）	肺（心）	肾	心（脾）
五存	志	魄	魂	精	神
五常（五性）	仁	谊（义）	礼	智	信
七情	喜	怒	乐	悲	恐惧
五事	貌	言	视	听	思
五用	恭	从	明	聪	睿
五揭	肃	乂	哲	谋	圣
五征	旱	雨	热	寒	风
五帝	太昊	少昊	炎帝	颛顼	黄帝

数字	三八	四九	二七	一六	五五
五神	句芒	蓐收	祝融	玄冥	后土
五星	木星	金星	火星	水星	土星
物象事象	麟、雷、恢声、新躁、户、牖、嗣承、协、绪、赦、解、多子、出、予、竹、草、果、实、鱼、疏器、田、规、矛、青怪、鼽、狂	毛、医、巫祝、猛旧、鸣、门、山限、边、城、骨石、环佩、首饰、重宝、大哆叮、釦器、春、椎力、县、燧、兵、械、齿、角、鳖、毒、狗、入、取、罕、寇、贼、理、矩、金工、钺、白怪、瘖、僭	羽、灶、丝、网索、珠、文、驳印、绥、书、轻高、台、酒、吐、射、戈、甲、丛司马、礼、绳、火工、刀、赤怪、盲、舒	介、鬼、祠、庙、井、穴、窦、镜、玉、履、远行、劳、血、膏、贪、含、蛰、火猎、闭、盗、司空、法、准、水工、盾、黑怪、聋、急	裸、封、瓶、宫、宅、中雷、内事、织、衣、裘、茧、絮、床、荐、驯、怀、腹器、脂、漆、胶、囊、包、舆、穀、稼、啬、食、肉、榔、棱、衢、会、都、度、量、土工、弓矢、黄怪、愚、牟

扬雄所言五脏和方位之配系，和《黄帝内经》等一般说法不同，一般以木为肝，以火为心，以金为肺，以土为脾，以水为肾；扬雄除水是相同外，其余以木为脾、以火为肺，以金为肝，以土为心，完全和传统说法不同，不知何故？又，扬雄精（水）、神（土）、魂（火）、魄（金）、志（木）之搭配，也和后人所沿用之法不同。《子华子·北宫意问篇》："脾之藏意，肾之藏精，心之藏神，肝之藏魂，肺之藏魄。"《韩诗外传》说："情（精）藏于肾，神藏于心，魂藏于肝，魄藏于肺，志藏于脾。"[①]其配系法是：水肾精、火心神、木肝魂、金肺魄、土脾志（意），此种搭配方式为后世一般人所沿用。

又，扬雄《太玄图》原以文字数字说明，清人胡渭《易图明辨》卷二之《扬子元（玄）图》，即将扬雄原用文字表达的《太玄图》，用宋代黑白点的方式表达出来。

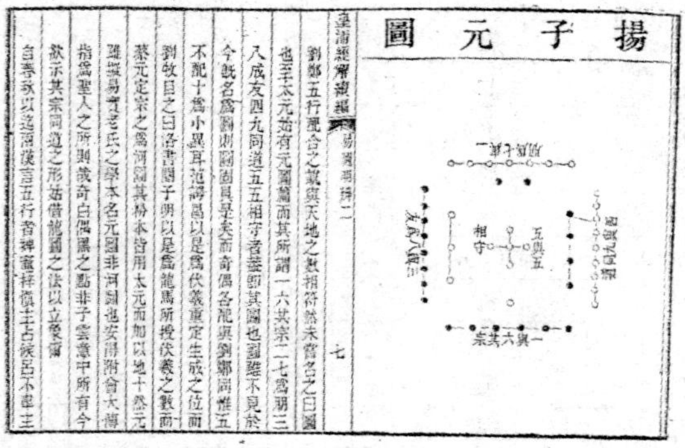

图13 胡渭《易图明辨》卷二《扬子元（玄）图》

上引《太玄经·太玄图》明言："一与六共宗范望解云：在北方也，二与七为朋在南方也，三与八成友在东方也，四与九同道在西方也，五与五相守在中央也。"说明其方位与数目之关系，与今之图相吻合，且《太玄图》既称为图，今虽已无图，在当时应有图在，所

[①] 上文见《太平御览》卷三百六十三《人事部·形体》引，今本《韩诗外传》无此文。

以清人胡渭《易图明辨》卷二《九宫》即据此而作了《扬子元图》，将文字、数字所表达之图，改以黑白圆点象征阴阳，其表现之手法，即是仿自宋儒的《河图》《洛书》；其图与朱熹《周易本义》所附《河图》相较，只是少了围绕中宫五之外围双五，因而今所见宋儒之图，当是承扬子《太玄图》而来。

又古籍方面，除《易经·系辞》、《黄帝内经·素问》、扬雄《太玄图》外，汉代谶纬书中，亦屡见其说。

《易河图数》：

> 一与六共宗，二与七同道，三与八为朋（朋），四与九为友，五与十同途。①

《乾坤凿度》卷上《乾凿度》：

> 生天数：天本一而立，一为数源，地配生六，成天地之数，合而成水性，天三地八木，天七地二火，天五地十土，天九地四金。运五行，先水次木，生火，次土及金。木仁，火礼，土信，水智，金义。又，《万名经》曰："水土兼智信，木火兼仁惠，五事天性，训成人伦。"

郑玄注《易》"大衍之数"云：

> 天一生水于北；地二生火于南；天三生木于东；地四生金于西；天五生土于中。阳无耦，阴无配，未得相成；地六成水于北，与天一并；天七成火于南，与地二并；地八成木于东，与天三并；天九成金于西，与地四并；地十成土于中，与天五并也。②

郑玄《礼记·月令》孟春之月"其数八"下注云：

> 数者，五行佐天地生物成物之次也。《易》曰："天一地二，天三地四，天五地六，天七地八，天九地十；而五行自水始，火次之，木次之，金次之，土为后。木生数三，成数八，但言八者，举其成数。"（《十三经注疏》本）

汉代谶纬书《易河图数》所言与扬雄《太玄图》所言之数相同，再证之《黄帝内经·素问》卷二十《五常政大论篇》之说，可见这些说法，当是共同有所承。至于《易纬·乾坤凿度》所言，虽未明言方位，但由金木水火土等五行之相配，亦可推知所在之方位如下：天一地六为水，在北方；天三地八为木，在东方；天七地二为火，在南方；天五地十为土，居中央；天九地四为金，在西方；其次序

---

① ［日］安居香山等编：《纬书集成》。
② 《礼记·月令》孟春之月"其祀户祭先脾"下注引。

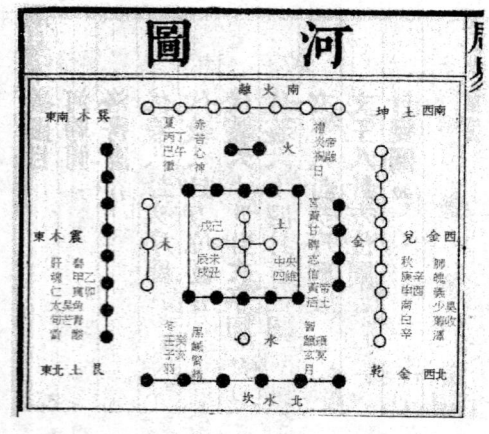

图 14 笔者所制《河图五行五方生克应用图》

为先水，次木，次火，次土，次金，系依五行相生之法而来。且上言之数字，一至五为生数，六至十为成数，各生数再各加五，即成所相配之数，如一与六，二与七，三与八，四与九，五与十。将郑玄注语配合朱熹《周易本义》、《河图》说明此图和五行生克、八卦、方位的关系于下：由于"五行自水始，火次之，木次之，金次之，土为后"，所以河图中之一白点为水，二黑点为火，三白点为木，四黑点为金，中央五白点为土，水在北方，火在南方，木在东方，金在西方。天地之数有十，其中一至五为生数，六至十为成数，成数是由生数各加中央之数五而成，依次：水之生数为一，成数为六[①]；火之生数为二，成数为七；木之生数为三，成数为八；金之生数为四，成数为九；土之生数为五，成数为十。于是在数目上，一、六为水；二、七为火；三、八为木；四、九为金；五、十为土。

因其一在下，二在上；一为水，二为火，是以水火为南北，所以和文王八卦方位相配，于是坎为水为北；离为火为南；震为东，巽为东南，二者皆为东方木；兑为西，乾为西北，二者皆属西方金；而西南方位之坤及东北方位之艮，坤是地，艮是山，二者皆是土所成，皆属于中央土。

《河图》既和八卦、方位及五行相配，那么它就可以运用五行生克以解说各种事物之变化。笔者今据朱熹《周易本义》、《河图》，并加入《黄帝内经·素问》、扬雄《太玄经》等和五行生克相配之关系，绘图于上，笔者试称之为《河图五行五方生克运用图》。

以上是笔者依宋人《河图》，并据常见之五行（金木水火土）、五方（东西南北中）、五色（青赤黄白黑）、五味（辛酸甘苦咸）、五音（宫商角徵羽）、四季（春夏秋冬）、五脏（心肝脾肺肾）、五常（仁义礼智信）、五存（精神魂魄志）、五帝（黄帝、颛顼、太昊、少昊、炎帝）、五神（后土、玄冥、句芒、蓐收、祝融）等相配说所制成。可以概见《河图》之运用无穷。

[①] 成数系由生数一，加上中央五而得六。其余皆仿此。

四、结语

《洛书》和九宫有关，在安徽省含山县铜闸镇凌家滩村出土5000多年前的玉龟腹版上，已出现刻有井字的洛书图。至于文字的叙述，今所见较早的有：《子华子·大道篇》、《黄帝内经·灵枢·九宫八风》、《大戴礼记·明堂篇》、《黄帝九宫经》、《易纬·乾凿度》，《洛书图》早期又称为九宫图。《河图》源自《易经·系辞上》、《黄帝内经·素问》卷四十二《五常政大论篇》、《易河图数》、扬雄《太玄经·太玄图告》卷十《太玄图篇》、扬雄《太玄经·太玄数》卷八《玄数》，扬雄称之为《太玄图》。周世至唐时的《河图》、《洛书》，系以文字及数字依方位表示。至宋代，始以黑白圆点代替文字而制成图。在古代典籍中，《黄帝内经·灵枢》有今所见之《洛书》，《黄帝内经·素问》有今所见之《河图》，《黄帝内经》一书对阴阳五行生克说及《易学》之发展，其重要性，不言可喻。

归结来说，陈抟《河洛真数》、朱熹《周易本义》等所附之《河图》、《洛书》，在史籍上，都可找到源承，应不是唐宋人所肇创；只是"戴九履一"之图原称九宫图，5000多年前玉龟版已有之，汉末六朝，亦有人以九宫为龟文①。而"一与六共宗"图，扬雄称为《太玄图》，不称为《河图》，唯汉代谶纬书《易河图数》，已以"河图"二字为书名，而所言即是"一与六共宗"等文字，疑"一与六共宗"图之被称为《河图》，肇始于此。据此，则是"一与六共宗"之被称为《河图》与"戴九履一"（九宫）之被称为《洛书》，可能在汉世已逐渐肇端；但在汉世，因其为术数之说而不被世人所注意，至宋儒始化暗为明，而大加阐扬。

又，在宋时，对于《河图》、《洛书》二图，亦曾有争议，刘牧所传之图（见《正统道藏·洞真部·灵图类·阳字号》所收刘牧《易数钩隐图》），以为其数由一至十者，为《洛书》，一至九者为《河图》，与陈抟《河洛真数》及邵雍、朱熹所传之图，名称正相反。朱熹《周易启蒙》曾驳斥其非，云：

> 古今传记自孔安国、刘向父子、班固，皆以为《河图》授羲，《洛书》赐禹。关子明、邵康节皆以十为《河图》，九为《洛书》；盖《大传》既陈天地五十有五之数，《洪范》又明言"天乃锡禹《洪范·九畴》"而九宫之数戴九履一，左三右七，二四为肩，六八为足，正龟背之象也。惟刘牧意见以九为《河图》，十为《洛书》，托言出于希夷，既与诸儒旧说不合，又引《大传》以为二者皆出于伏羲之世。其易置图书，并无明验，但谓伏羲兼取图书，则《易》《范》之数诚相表里，为可疑耳。其实天地之理一而已矣。虽时有古今先后之不同，

---

① 郑玄以为明堂图法龟文，见《大戴礼记·明堂篇》郑注。

109　几何形鱼蚊
Fish—a geometric desigrr
110　双鱼蚊彩陶盆
Earthe　basin painted with
the pattern of double fish

图 15　西安半坡出土之鱼纹陶盆

1 2 3 4 5 6 7 8
2 3 4 5 6 7 8
3 4 5 6 7 8
4 5 6 7 8
5 6 7 8
6 7 8
7 8
8

图 16　西安半坡出土之等边三角形黑点陶罐

天尊地卑

一○天
二●●地
三○○○天
四●●●●地
五○○○○○天
六●●●●●●地
七○○○○○○○天
八●●●●●●●●地
九○○○○○○○○○天
十●●●●●●●●●●地

自一至十天尊於上地卑於下尊者乾之位故乾爲君爲父爲夫卑者坤之位故坤爲臣爲母爲婦皆出於天尊地卑之義也故曰天尊地卑乾坤定矣

图 17　《太易象数钩深图》卷上之《天尊地卑图》

而其理则不容有二也。故伏羲但据《河图》以作《易》，则不必预见《洛书》而已逆与之合矣；大禹但据《洛书》以作《范》，则亦不必追考《河图》而已暗与之符矣。其所以然者何哉？诚以此理之外，无复他理故也。

朱熹除在《周易启蒙》外，并于《周易本义》中驳斥刘牧说。刘牧以十者为《河图》，九者为《洛书》；朱熹以为一至九者为《洛书》，一至十者为《河图》，朱熹之说承自蔡元定。今以《尚书·洪范》“天乃锡禹洪范九畴”，孔安国注云：“天与禹，洛出书，神龟负文而出，列于背，有数至于九，禹遂因而第之，以成九类常道，所以次叙。”文中可以看出一至九，仿自龟形，据此应以朱说为是。自朱熹而后，世人皆以一至九所成之图为《洛书》，一至十所成者为《河图》。清人胡渭《易图明辨》对二图曾有引述，唯清儒多不信《河图》《洛书》为先秦之旧。

又，近世在西安半坡出土的陶罐中，发现了一个中间由三十六个圆洞及两旁残缺圆洞构成的等边三角形图案，见附图16。这类图案，向来被视为和《河图》《洛书》之数有关。今之说数者，常以黑白点代表阴阳；

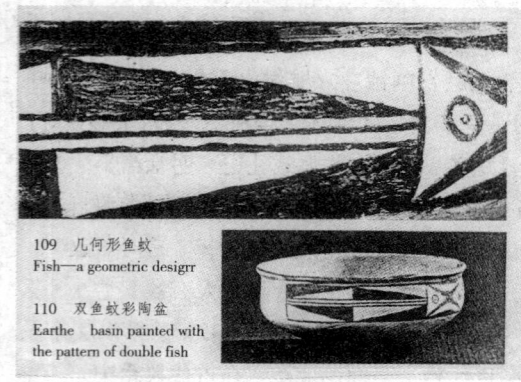

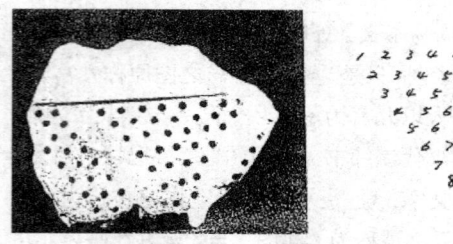

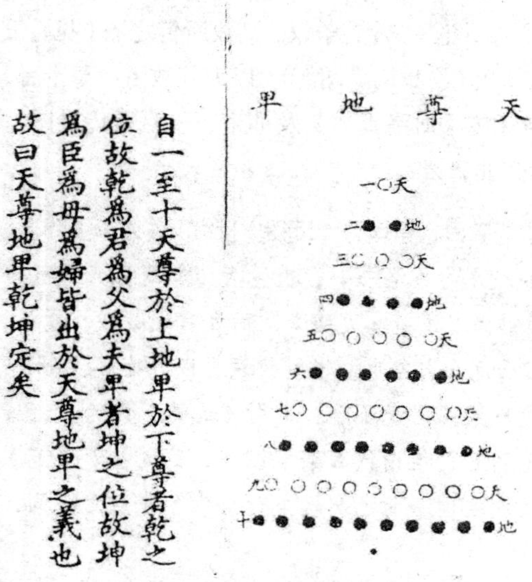

《河图》《洛书》二图皆由黑白圆点组成，依天一地二，天三地四，天五地六，天七地八，天九地十；由下而上，于是便形成了一个倒等边三角形。《河图》一至十，其合为五十五，《洛书》一至九，其合为四十五；两者相加，共一百；此为《河》《洛》相合之数，亦为天地之全数。《周易折中》一书曾有《河洛未分未变》二图以说明之。半坡陶罐残缺，所见唯中央之三十六圆洞较完整，两边之圆洞，亦疑是以等边相式为衬；这些等边三角形之圆洞，大陆学者邓球柏《帛书周易校释》第19—22页，曾疑与《连山》、《归藏》、《周易》所用的策数有关，《连山》用卅六策，《归藏》四十五策，《周易》五十五策；其数亦和《河图》、《洛书》有关①。邓氏富于联想，且有其可能性，但要强说距今6000多年前的西安半坡仰韶陶罐与《河图》、《洛书》及《连山》等《易》书有任何关联，仍须有大量史料为证，方能成立。又，除《周易折中》外，《正统道藏·洞真部·灵图类·云字号》所收《太易象数钩深图》卷上第6页载《天尊地卑图》，见图17②，是以等边正三角形来表示天一地二，天三地四，天五地六，天七地八，天九地十等，由一至十的《易》天地之数的观念，图中阳为白点，阴为黑点。这些图形与西安半坡陶罐之图，正反相倒，颇引人遐思。

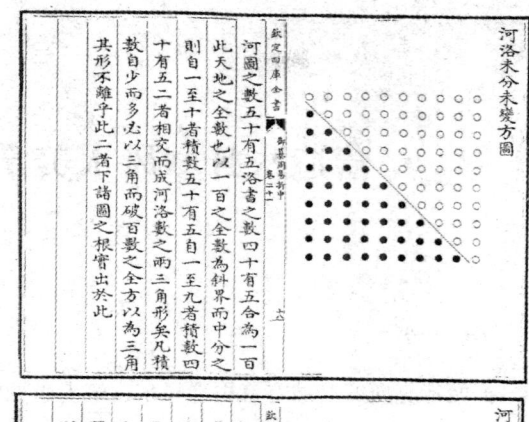

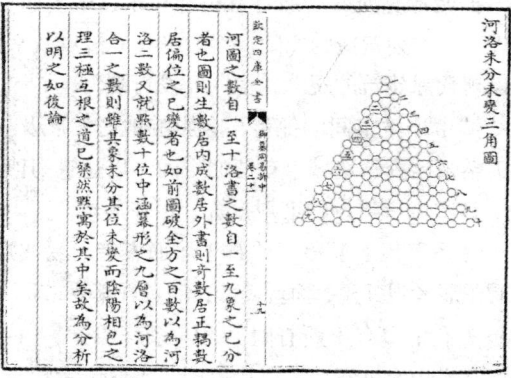

图18 《周易折中》之河洛未分未变方图与三角图

（萧登福，台湾台中科技大学应用中文系教授）

---

① 邓球柏：《帛书周易校释》，长沙：湖南人民出版社，1989年，第19—22页。
② 引自《西安半坡：原始氏族公社聚落遗址》，北京：文物出版社，1982年。

营造八卦城风水美学的新气象

一、提 要

据闻特克斯八卦城有意再造风华，笔者愚见应以易经天人合一的宇宙观及阴阳理论，作为营造的原则。再就确立太极点及掌握峦头、理气，以布局富贵宝地；并以现代绿建筑的观念，植入开发行列。

城市环境空间的优劣，会影响地区发展及住民身心灵的健全与否，本文以风水美学来诠释营造城市有情的空间，以达魅力四射的境界。

其实城市建设的策划投资，尽在易经。

《系辞传上》曰："君子居而安者，易之序也；所生而玩者，爻之辞也。是故君子居者观其象，而玩其辞；动者观其变，而玩其占。是以天佑之，吉无不利。"

古有谓"有土斯有财"，《系辞传下》曰："上古穴居而野处，后世圣人易之以宫室，上栋下宇，以待风雨，盖取诸大壮。"易经有"大壮卦"，乾下震上，乾为天，震为雷，震雷响彻天上，阳气从下上升大动，象征壮大强盛而亨通，显然，建筑物在《易经》中，是取象于雷天大壮卦。故八卦城拥有的地利之便，是城市壮盛的必要条件之一。

风水派别分峦头及理气两派，峦头强调以山法及形局为主，讲究龙穴砂水的均衡美学。理气派则强调运用堪舆学理及罗经格定方位来布局。即在大、小太极点确立后，再配合地势及周遭环境，外局配合乾坤国宝水局，以收到先天水、后天水，出天劫水、地刑水为最佳；再以玄空三元九运大卦之气运，作为城区大门、副门及各楼建筑物之主门、内部方位之运用，以旺山旺向、双星会向的格局最佳，最忌上山下水及双星会坐之无运的格局，园区布局配合零神及正神方的玄空原理。

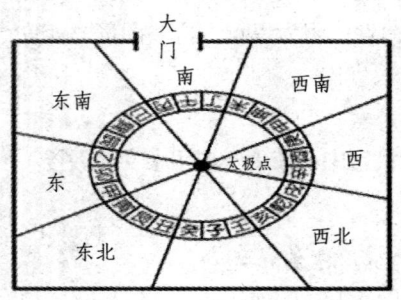

这是特克斯八卦城有意再造风华的思维方向。

二、城市改造的易经思维

易有三易：变易、不易、简易。意即城市的发展会随着现代文明的发展及时代局势的变动不定，故要有随机应变的智慧，此为"变易"也；建设八卦城以壮盛地方的目标不能改变，此即"不易"也；城市开发的方向应化繁为简，此即"简易"也。

1. 城市改造要认清变动不拘的客观环境

姑不论八卦城的历史渊源，城市的转型开发一定要先做市场分析。区域环境定位如果高尚，创造便利的生活机能，城市建设必然优质，观光价值当然高档。故而总体经济情势、开发地区的观光财及观光市场的分析等，都要详细评估。

再者，发展地区特色，是时代的趋势，八卦城的建设宜先确定目标，站稳脚步，再考虑多角经营。易经是社会变革的未来学，其《革卦》曰："革，已日乃。孚。元亨，利贞，悔亡。"意即任何变革，必须待时机成熟，才能顺利改革，正确经营，使人信服，不会后悔。故衡量情势的变革因素，选择自己熟悉的机制，才能求得利基。故《乾卦·系辞》云"潜龙勿用"，时机未成熟，就不能有所作为。

故执事者要有洞察事物变化的征兆，把握微妙的"时机"。《系辞传下》曰："颜氏之子，其殆庶几乎？……几者，动之微，吉之先见者也。君子见几而作，不俟终日。""几"就是"时机"，在事物发展的萌芽阶段，就要精确地分析它的趋势，掌握时机的变化，做最正确的决策。故"权变理论"，是城市房地产发展的最佳策略。

《系辞传下》曰："易之为书也，不可远。其道也屡迁，变动不拘，周流六虚（六爻），上下无常，刚柔相易，不可为典要，唯变所迁。"又曰："易穷则变，变则通，通则久，是以自天佑之，吉无不利。"孔子也说："知变化之道者，其知神之所为乎？"（见《系辞传上》）

懂得变化之道者，几乎可以体会造化之妙。投资开发的脚步就要稍作调整，只要把握易经随机应变的"权变理论"，就可立于不败之地也。

再者，也要执守中庸之道，"时行时止"，见机适时推案或暂停发展。

2. 妥善投资城市建设，改变八卦城的财富命运

要均衡八卦城的"地段"，包造八方高质量的房地产。且"价"与"值"要对称，价高值不高，价必下修。只要妥善处理，定是"飞龙在天，利见大人"，否则就成"亢龙有悔"。

依三元乾坤国宝水局，能收到后天水则财富丰盈，能收到先天水则人丁兴旺；同时收到先后天水，则富贵两全。加上八卦城的建设如能配合玄空元运投资，则无往不利，如此，改变八卦城的财富命运，就指日可待矣！

3. 简易的城市建筑哲学

八卦城的建设，应在开创有情的生活空间，其目标是简显易解。

城市建筑就如吾人日夜所居的阳宅，也代表着我们的身体，房子的正面就是五官，客厅就是心脏，厕所就是肾脏，厨房就是肝脏，卧室就是肺脏，餐厅就是脾脏，柱子就是手脚。故哪个部局损坏腐败了，就会影响身体的部位。身体坏了，必影响我们的心意及灵魂。如果周遭环境是有情的，是讲究生活美学的，那追求健康又均衡的身心灵，就不是奢求的事啦！

4. 建立五行管理机制，创造利基的策略

依五行相生之理：土生金，金生水，水生木，木生火，火生土。其五行属性：土主信，金主义，水主智，木主仁，火主礼。此易理五行之智慧文化，一则借以建立企业管理机制，二则可以创造利多。兹分述如下：

土——要以"信"实稳健的作为，规划城市的开发决策，来营造乡土家园。

金——要以合"义"的手段，评估城市建设的利基，开创旺财（金）兴业的境地。

水——八卦易理乃中国老祖宗的"智"慧结晶，决策要有如水流动般的灵活。

木——理念要如巨木般的崇高，并以"仁"道的胸怀，考虑住民的权益。

火——以热情如火的精神服务庶民，与庶民沟通，开创富而好礼的环境。

三、城市基址的选择宜符天人合一的宇宙观

1. 结合自然环境及人文心态，实现天人合一的境界

易经是未来学的宝典，是指导人生的神妙哲学，其天人合一的观念是源于乾坤二卦。乾代表天，泛指地面以上的整个天空；坤代表地，则是人类赖以生存的家园，是一切生命得以存在的基础。天地也代表自然界，天地间的万物又均"统"于天，地与天相辅相成，不可或缺。

晋陶渊明的桃花源境界及唐孟浩然《过故人庄》"绿树村边合，青山郭外斜"的情境，都是天人合一的宇宙思想。启示我们要以人文心态与自然界结合，去处理基地的选择，勿与大自然对抗。古人制器尚象，不也是取法大自然吗？《系辞传上》曰："天尊地卑，乾坤定矣！"又曰："易与天地准，故能弥纶天地之道。仰以观于天文，俯以察于地理，是故知幽明之故。"故基地的选择就要以整体的角度，把天、地、人看作是一个互相感应的有机整体。[1]

2. 以阴阳理论作选址的原则

《系辞传上》曰："一阴一阳之谓道。""广大配天地，变通配四时。阴阳

---

[1] 祖行：《图解易经》，华威国际出版社，2010年，第27页。

之意配日月，易简之善配至德。"《坤卦·象辞》曰："至哉坤元，万物滋生，乃顺承天。"阴阳显然是万物的根源。故选址要先分地势的刚柔、进退、开阖、伸屈、高低、贵贱。中国古代风水学，运用易经意、象结合的思维模式，以阴阳调和及天地人三才之道，最典型的案例就是"北京故宫"。

其建筑布局内城前有天安门，后有地安门；左为东安门，右为西安门，象征先天八卦乾天坤地、离日坎月之格局。外城则前朱雀（午门）、后玄武（神武门）、左青龙（东华门）、右白虎（西华门）。故宫又称紫禁城，以与天上的紫微垣相应；太和殿、中和殿、保和殿等三大殿，象征天上三垣，此为"阳"也；后寝三大宫为乾清宫、坤宁宫、交泰宫，合乎易经中乾为天、坤为地及地天交合而成泰，乃人伦之大吉，此为"阴"也。围绕后寝三宫的是东六宫、西六宫等十二宫，又应十二辰，合计为十五，且中轴线十五里，皆象征易经河洛中轴运枢之妙。

洛书九宫：载九履一、左三右七、六八为足、二四为肩、五居中央。

四巽	九离	二坤
三震	五土	七兑
八艮	一坎	六乾

再以台北101大楼为例，该大楼矗立在台北盆地，诸山罗列，罗城严密，四势团聚，八方圆满，如巨大的朝天聚宝盆，如众星拱月之势，有君临天下之王者风范。北有七星山龙脉，东有虎豹狮象四兽山镇守；水神北有基隆河，南有新店溪，西有淡水河，皆弯曲过堂，合利贞、刚柔正而位当之易理风水。且外围有观音山之神穴、木栅之猫猴穴、三峡之半边虎穴、五股之水牛穴、阳明山之凤凰穴及麒麟交钱穴、坪林之老鹰穴、青蛙金凤凰大穴，各大龙穴藏风聚气，全都守护着台北101大楼。[①]

具言之，选址的原则：

（1）地区的形状以长方形、正方形为佳，梯形次之；避免三角形及不规则的地形。还要认清地势的高矮，如是前低后高，乃富贵英豪之地也。

（2）周围环境有山水湖泊、公园林木为佳；近铁路、公路、娱乐场地、法院等宜慎用；如有医院、殡葬设施、高压线、垃圾场、烟囱等宜避之。

（3）基址过去曾为寺庙、医院、太平间、墓地、受到天然灾害及污染的等，皆宜慎选。

[①] 洪富连主编：《现代阳宅学——理论与应用》引刘进荣《台北101大楼之风水观》（采张旭初《龙脉之谜台北101与风水宝地》之言），高雄：高雄复文图书出版社，2010年，第317页。

3. 先确立太极点，再掌握气运来规划

易经是大自然的罗盘，《系辞传上》曰："易有太极，是生两仪，两仪生四象，四象生八卦，八卦定吉凶，吉凶生大业。"

（1）建筑园区是一个小社会，先定出大太极，运用阴阳及四季的变化，规划出八个方位。后天八卦乃周文王顺应四季变迁而定之。《说卦传》曰："帝出乎震，齐乎巽，相见乎离，致役乎坤，说言乎兑，战乎乾，劳乎坎，成言乎艮。"是故万物皆依四时推移而春生、夏长、秋收、冬藏也。又曰："乾，健也；坤，顺也；震，动也；巽，入也；坎，陷也；离，丽也；艮，止也；兑，说也。"这八种性质又可以用天、地、雷、风、水、火、山、泽的特征表示。

上述这些自然现象深深地影响园区的生活机能，故要配合这些方位及生活机能的需求来规划。

（2）古人在追求风水美学，选址要件总喜欢负阴抱阳，背山面水。而建筑景观则采封闭式四合院、山水环绕的景观。这种环境观，实渊源于周易阴阳哲学、道家回归自然、佛家出世哲学、儒家中庸礼教的观念。故每幢建物是中太极，每户一个单位是小太极，都要有均匀和谐的规划。园区内部与外部环境要统一协调，最宜山环水抱，藏风聚气。笔者认为最佳的风水布局是："背后有靠，左右有抱，堂前有照，照中有泡"。这是有层次、有秩序的艺术美感，蕴藏山水灵气空间，也是中国人天人合一的环境科学观。建物在平地，水法用于平洋，四水归堂为佳；山顶及高楼大厦以藏风聚气为佳。

四、风水美学理论[①]

美学领域中有"移情作用"，而风水美学就是移情作用，亦即对自己所见到的形体，产生激动共鸣。孔子说"仁者乐山，智者乐水"，我认为此句可改为："乐山者仁，乐水者智。"因为美丽的山水，也是风水美学研究的对象。而古来风水美学，可以下列方式表达：

1. 风水美学的表达方式

（1）屈曲生动

曲线美给人仪态万千、曲折起伏、生动传神、富有生气、有如贵妃出浴图般的感觉。风水家觅龙（靠山）、察砂（环抱）、观水（水口）及点穴（穴场），也是遵行屈曲生动的原理。如笔架式起伏的山、玉带或弯曲的水，均富曲线美、动态美。

[①] 洪富连：《五术津梁》，台湾：进源书局，2003年，第180—181页。

（2）端圆体正

端圆体正给人平衡、稳重、控制的感觉。堪舆家主张山的峦头要端正圆净，人类偏爱圆顶建筑，即此观念延伸。而方正的建筑物，则有助于人格的成长。这也是易理天圆地方的风水观念。

（3）均衡界定

无论阳宅或阴宅，皆在营造一个闭合空间、标定界限、左右有抱的均衡环境，"龙虎对称"即据此观念而产生。尤其对中轴对称的景观，以主山——基址——案山——朝山为纵轴；以左肩右臂的青龙、白虎山为两翼；以河流为横轴，形成左右对称的风水格局，或非绝对对称的均衡格局。①

（4）谐和有情

人生观和宇宙观两者的结合，就构成了中国人特有的生命哲学的内涵，一言以蔽之：广大和谐，天地共参。②如果单位主管的座位，背向窗户，而冲门口，左右空荡无隔，将给人不安全之感，如何天地共参？故风水师重视明堂点穴，就是要营造和谐有情的环境。

2. 风水美学的核心价值

我们是大自然的一份子，用最符合自然的布局，以绿色环保的概念，建置人文与知性兼具的休闲环境，则兴建心灵花园就有其必要。无论是室内的小格局或庭院的布置，能设置心灵SPA，以潺潺的水声抚平浮躁的心；设置心灵生态池，以建立对生命的尊重；设置心灵涂鸦区，以洗涤心灵及舒展胸襟；设置心灵点播区，以音乐引导自我心灵的统整。这些充满能量的健康花园，每个园丁都真诚付出，灌溉照料，将可带着对生命的尊重和感谢，找到真正的幸福及心灵的天堂。

（1）色彩美学：不同的色彩给人不同的感受。色彩美学调配可依八卦方位、宅地色彩调配，可依空间明暗燥湿来调配，可依特克斯气候来调配，可依地区水文特征来调配。

（2）动静美学：动中有静，喧闹处宜有绿地以吸气；静中有动，宜营造人气以增强地区能量。有如此动静美学，即具有促进身心灵健康的功效。

（3）风格美学：风格就是风神品格，易经是"意""象"的哲学，意象可以呈现风格之美，是八卦城的品味与住民的性格反映。故风格美学的建立，是观光胜地必备的条件之一。

---

① 天津大学建筑系：《景观·建筑·风水》，台北：地景企业股份有限公司，1990年，第38页。
② 黄人杰：《方法思维与人文学术》，台北：文景书局，2009年，第258页。

（4）和谐美学：即城内布局力求宽阔，动线力求柔和，不可拥挤混乱，否则游客会情绪不稳，精神会紧张。

（5）对称美学：城市格局最忌杂乱，市容讲究整齐美，格局方正又对称，就是有序之美。左右龙虎的对称，前后辉映，上下相衬，都能给人稳定情绪、信心十足之感。如此对称美的环境，就会显得有情矣！

（6）音乐美学：音乐可以调节大脑神经功能、人体器官的运作，藉音乐可以调适生理节奏、生物秩序及心灵照护。汉朝司马迁《史记·乐书》认为音乐可以"动荡血脉，通流精神而和正心也"。《黄帝内经》："天有五音，人有五脏——人与天地相应。"现代医学有"医学共振音乐"之说。宇宙自然和谐的音乐可以让我们回归平衡、和谐，有助精神疗效。故山间流水的乐章、百鸟争鸣的欢乐、大自然的天籁之音等，对身心灵健康的整合，定有疗效。

3. 营造空间美学

方位美学固然影响城市的建设，市区美学则足以影响一个人的生活观及价值判断，前者属物质层面，后者属精神层面，两者缺一不可。[①]故笔者提出营造城内空间美学观点如下：

拓展精神领域，就要诉求身心灵的同修；要诉求身心灵的同修，莫过于走向自然。自然界有其旺盛的生命力，君不见那白云的舒卷，水雾为我溟濛，草卉为我颤动，波纹为我荡漾，我能不陶醉吗？经常接触大自然，不但可以品尝自然界的美妙，还可得到精神上的愉悦及启发。高山雄浑，大河汹涌，示人以胸襟器度，则孜孜矻矻于名利追求者可以息心矣！苏轼"江上之清风与山间之明月，取之不尽，用之不竭"，应可体悟物我永恒之意。他如旭日东升的光明希望、滴水穿石的恒心毅力、垂杨弯柳的谦冲虚怀等等，在在呈现出自然界的生命力，也是身心灵同修的窍门。八卦城内外建构符合风水美学的心灵花园、心灵音乐，开创身心灵同修的情境。从身心灵的角度出发，尊重生命，活出自然价值，那身心灵同修的健康天地，就永远与我们同在。

五、八卦城绿建筑规划新观念[②]

由 1997 年日本《京都议定书》到 2009 年哥本哈根"气候高峰会"，炒热了环保节能减碳议题。房地产业者不该置身事外，应配合永续绿建筑的政策。兹将

[①] 洪富连：《五术津梁》，第 193 页。
[②] 笔者自 1986 年起先后成立三种社团——文艺、周易阳宅、五术，皆倡导普世价值的人生三宝，也曾为"中国五术教育协会"（2000 年笔者创会）谱写《人生三宝颂》，并被谱成曲："乌云散了晴空，再临风，只为谦虚处处有尊重。花娇媚，情相切，与君同，自是人生礼让喜来通。"

台湾绿建筑评估的四大范畴九大指针系统，列表如下：

四大范畴	指标名称	与地球环境关系					
		气候	水	土壤	生物	能源	资材
生态	1.生物多样性指标	＊	＊	＊	＊		
	2.绿化量指标	＊	＊	＊	＊		
	3.基地保水指针	＊	＊	＊	＊		
能源	4.日常节能指标	＊					
减碳	5.CO2减量指标				＊	＊	＊
	6.废气物减量指标				＊		＊
健康	7.室内环境指标				＊	＊	＊
	8.水资源环境指标	＊	＊				
	9.污水垃圾改善指标		＊		＊		＊

能源设计之所以重要，如玻璃帷幕大楼，全年空调耗量是一般钢筋混凝土大楼的 3.6 倍。绿建筑的能源指标，就是要透过建筑物适当的开口、丰富的阴影、充分的通风，以节能的建材照明，空调设计运用绿化，达到节能的目的。

其实，这种充分利用大自然阳光、空气、水，打造舒适健康的居家环境，就是反应宇宙就是建筑、建筑就是宇宙的"天人合一"的易经哲学的文化。《说卦传》曰："昔者圣人之作易也，将以顺性命之理。是以立天之道曰阴与阳，立地之道曰柔与刚，立人之道曰仁与义。"所以建筑工程讲究天、地、人三者合一，才能趋吉避凶。是故，古代风水术曰堪舆，即堪天道、舆地道，良有以也！

六、再造生机有情的特克斯八卦城

依社会学理论观点言，环境之优劣对人的发展影响很大。法国社会学家涂尔干的"社会连带论"说："社会所形成的价值及规范，对个人具有约束力量。"而社会学中和谐理论派主张要维持社会均衡与发展。因此，维持安宁有序的生活环境也是环境社会学的诉求重点。

再言之，吾人成长可说是角色学习的历程，而居住环境，自然也是角色学习的场所，故环境格局的好坏，影响人格发展甚巨。再以未来学角度而论，未来人类发展，应是超人文化，即促进人际关系，而如何营造和谐的居住环境，应是吾人努力的目标。职是之故，特克斯八卦城再造生机有情，是举世关切的课题。

1.八卦城的方位运用

八卦是构成天地万物的八种元素，《说卦传》曰："乾，健也；坤，顺也；震，动也；巽，入也；坎，陷也；离，丽也；艮，止也；兑，说也。"这八种性质又可以用天、地、雷、风、水、火、山、泽的特征表示。这些自然现象深深地影响园区的生活机能，故大楼建筑、景观设计、活动中心、文教设施、购物商场、街道辟设等，都要配合这些方位及生活机能的需求来规划。如此，园区文化水平越高，自然灾害减少，当然地灵就人杰了！

2. 五行的气场营造

古人认为金、木、水、火、土等五行，是构成宇宙的五种最基本的物质，由于这五种不同属性的物质，不断地运动和相互作用而行成缤纷的宇宙。而东方震木青、东南巽木绿、南方离火红、西南坤土黄、西方兑金白、西北乾金乳白、北方坎水黑蓝、东北艮黄土等五行的色彩，能在八卦城各方位的主体建筑上妥善运用，就足以让其五彩缤纷矣！君不见捷克布拉格城市建筑色彩艳丽，已成国际观光城市，故"布拉格春天"绝不是浪得虚名的。

当然就色彩美学言，调配有其原则：暖色——红、橙、黄。冷（凉）色——蓝绿、蓝、蓝紫。中性色——绿、紫。依空间明暗燥湿来调配：明亮鲜艳，有前进、伸展的作用；深暗沉静，则有后退、收缩的作用。明度高则轻巧的感觉，明度低则稳重的感觉。依八卦方位季节来调配：春夏方位宜浅色；秋冬方位宜亮丽。再依建物内部可依不同研色，按庶民命格喜忌来使用：喜木者宜绿色系列，喜火者宜红色系列，喜土者宜黄色系列，喜金者宜白色系列，喜水者宜黑色系列。这种五行创意颜色布局，是不是很有人性？

3. 太极园区规划

八卦城的太极中心区，是磁场的聚集处、气旋的中心点，适合当公设建物，不适合久处，否则会影响人的脑波及血液循环，甚或导致理智判断失衡，而易生意外悲剧。故八卦城的太极中心区宜置造景园区。

中心点宜建易经塔，使用特殊材质，以八根不同高度及色泽组成易经柱，可高耸入天，当可形成特殊能量，并成八卦城的地标。易经塔下方可以是楼阁、景观台，地面上建坐卧两用的八卦平台，八卦间有小径相通。整个园区周围有池塘，配上小桥、流水、莲荷及游船，将是八卦城最具吸睛的景点。

4. 营造健康活力的八卦城

（1）景观美学：营造符合自然的小区环境，避免外在冲克的环境，建筑物造型以朴素方正为原则，设法创造处处是色彩缤纷又自然的庭园美景。

（2）结构美学：建筑物格局力求方正，空间区隔力求动线分明，犄角不宜太多。装潢材质，与其华而不实，不如坚固耐用，使用耐高低温材质及环保绿色建材；采光、通风宜求中和。

（3）情境美学：动静哲学——动中有静，喧闹区有公园绿地；静中有动，宜设水局以营造聚气的气氛。博物馆的陈列——宜有八卦城的文物陈列。特克斯地区的文化展示，要有他处看不到的博物展览，才能吸引外地观光人潮。特殊方位的布置——如乾卦的行政中枢及进出门户、坎卦的水库或银行、艮卦的宗教庙宇或文教区、震卦的钟楼高塔、巽卦的流行馆、离卦的演艺厅或运动区、坤卦的仓储或灵修区、兑卦的百货区等。

（4）供奉八卦圣贤的庙宇：特克斯既以八卦城举世闻名，则八卦祖师、文王、周公以降的历代易经圣贤，应有一定规模的庙宇，在艮、坤方安奉，至少也要有易经文化馆，不但可以提升八卦城的文化水平，也可由内心景仰转变为心灵感应力，与圣贤相通，再变为实质的能力，而助吾人文化气质的陶冶。每年还可以举办八卦城文化节活动，打造成世界八卦观光文化的重镇。

七、结　语

人们的生活都是受到自然的脉动影响，易经是大自然的罗盘，城市的建设都应道法自然，尊重宇宙自然的规律。以自然的时序为基准，"与时偕行"。所谓"一年之计在于春"（立春在寅月为"泰卦"）、"一日之计在于晨"（晨在寅时亦为"泰卦"），此为易经地天泰卦，故天地交泰之自然脉动都须掌握。

开创崭新的气运在人，特克斯八卦城的观光潜力雄厚，主事者宜以谦卑怀谷的心地，待机"飞龙在天"。《系辞传》曰："龙蛇之蛰，所以存身。"主事者宜常怀谦虚、尊重、礼让之德，以风水美学打造八卦城为天人合一的最佳胜地。

（洪富连，台湾弘光科技大学老福系专技副教授、台湾星元五术大学创办人兼首任校长）

预测与筮法的科学依据
——周易八卦的占筮理论

周易八卦是不是科学？如何充分显示周易八卦的科学性？学术界议论十分激烈。本人认为周易八卦严格的说是一本科学哲学书籍，它集天文、数学、兵法、治国方略、做人处世、道德修养和事物发展变化为一体。近代一些重大自然科学的进展，如生物遗传密码的研究、宇宙全息理论、生物全息理论、地震科学体现和不变性、分子生物学中的四类象数等等，都受到周易的启示，或是在周易象数指导下创立和探索出来的。周易的科学内涵得到越来越广泛的承认和尊敬。易学研究成为 21 世纪世界范围内的显学。八卦是周易思维和发明易理的基础。八卦乾☰、坤☷、震☳、巽☴、坎☵、离☲、艮☶、兑☱ 主要象征天、地、雷、风、水、火、山、泽等八种自然规律，乾为天，坤为地，震为风，巽为雷，坎为水，离为火，艮为山，兑为泽。八种性质与自然现象，象征世界的变化与循环，分类方法如同五行，世间万物皆可分类归至八卦之中，亦是二进制与电子计算机的古老始祖。民间在用八卦进行占筮时，运用八卦来趋吉避凶。一方面可以消灾避祸，一方面又可借助卦辞中的神秘力量增强自身。

筮法的起源很早，主要用蓍草进行数学计算来得出卦象。据研究，新石器时代的一些彩陶鬲、罐上就有八卦符号。夏代的筮法今已难考，汉人认为称作《连山》就是夏代筮法的总结。商朝时，筮法虽然没有龟卜那样盛行，但也和占卜同时并用，也是当时沟通神人之际的重要方法。清代刘沅注曰："兴，就文王演易说，谓易道中微而复兴。"[①]周易的筮法，据《周礼》记载，易有三种，筮法有九种。九是约数，意思是有许多种。《左传》记《易》筮法，有占九六，有占七八。说明在春秋时代筮法有多种，流传最广的还是《周易·系辞》中的大衍筮法。

周易八卦的理论和方法有一个基本规律，就是"阴阳合一律"，即"对立统一律"。周易八卦所揭示出来的现象的本质联系和事物的规律性，使人们对事件的预测成为可能。所谓预测学，即占筮的理论，都是"一分为二，对立统一"。

[①] 马振彪：《周易学说》，广州：花城出版社，2002 年，第 714 页。

周易八卦启示我们,天人合一、对立统一、物极必反、执守中道、生命不息等,都涉及到自然辩证法和思维辩证法的一些基本观点和问题。周易八卦这种"太极思维方法",既继承古人的"阴阳"学说,又和现代的西学、辩证法区别与并立。周易八卦就其广度与深度而论,确实揭示了事物及其现象的本质联系。它高于科学,所以它本身必须具有科学性。周易八卦是一部占筮的书,但不是神学命定论。它的预测和筮法是通过对卦象的科学分析和对爻辞的灵活理解来完成的。它不把命运交给神,而是交给自己,体现了周易八卦的智慧、方法和哲学的启迪。它能指导我们更好地认识现在,把握未来。所以,周易八卦不是一般的占筮书,而是一部建立在科学哲学的基础上,有相当理论深度的哲学书。周易八卦有一定的理论指导,科学依据大致可以归纳几条。

一、天人合一论

天人合一强调人与自然的和谐统一,在天人之中人是重点。人要去认识天道,实践天道,体现天道,参与天道其中,最终实现天人合一。天人合一是用自然与人的和谐与否来解释人的吉凶祸福。卦爻辞揭示天人合一之道。卦辞系于一卦之下,总结一卦之义,是总论全卦象征哲理的;爻辞系于一爻之下,表达一爻之义,是分析各爻的变化规律的。[①]周易卦辞、爻辞尽管有许多地方记述的是人事,但也有许多地方记述的是自然现象,不但将人事与自然现象合在一起来说明吉凶,而且算卦时也往往拿卦辞、爻辞中所谈的自然现象来回答求问人事问题。例如天人合一与人体关系,中医在临床上有很多更加细化的表达形式,通过五行、十二地支来表示人体对应的结构,把八卦和人体建立联系,就形成了中医的理论。天人合一的思想贯穿于整个易学体系之中:八卦的基本模式体现了天人合一的思维取向。六十四卦中的每一卦都与自然界和人类的生命有关,蕴涵着自然界与人类社会融为一体的观念。[②]《序卦传》:"有天地然后有万物,有万物然后有男女。"人作为天父地母的产物,有机地融入了天地之中。周易把自然现象和人事视为同类,用"正"代表规律,认为守"正"就吉,不正就"凶"。天与地之二元对立生成是人存在的先在条件,然后人在对天地自然的崇拜中照见了自身的存在。

1. 人是自然界的一部分

顶天立地的"人"作为宇宙万事万物的一部分,居于宇宙天地之中,便与宇宙天地融为一体。乾道成男,坤道成女,乾知大始,坤作成物。在人文世界里,乾坤代表男女,乾坤是个代号,乾代表男,坤代表女。宇宙天道必然要影响人道,

---

[①] 吕绍刚、常金包:《周易辞典》,长春:吉林大学出版社,1992年。
[②] 戴永新:《周易中的和谐观》,《周易研究》,2006年第1期。

反之，人道必然要反作用于天道。"人"不仅是生物性的人，更是社会性的人。《系辞下》"古者包羲氏之王天下也，仰则观象于天，俯则观法于地，观鸟兽之文与地之宜，近取诸身，远取诸物"，以天道比拟人道，推衍人道。也就是说，伏羲氏抬头观天文，低头察地理，中间通人事。通过三种观察，他悟出了一个东西，这个东西再经融会贯通，就成了"八卦"。

周易强调人是自然的一部分，同时强调人为中心。八卦中乾、坤二卦是全书的纲要，其要义体现在《象卦》的两句话：

天行健，君子以自强不息；地势坤，君子以厚德载物。

天，即自然的运动刚强劲健，相应地，君子处世，也应像天一样，自我力求进步，刚毅坚卓，发愤图强，永不停息；大地的气势厚实和顺，君子应增厚美德，容载万物。天道运行刚劲雄健，君子应自觉奋发向上，永不松懈。乾卦为天为健，坤卦为地为顺，故曰："乾道为男，坤道为女。"进一步比拟：乾为父，坤为母，震为长男，巽为长女，坎为中男，离为中女，艮为少男，兑为少女。这是以先天卦的方位和后天卦的阴阳来解说八卦与人的关系。又运用"近取诸身"之法，将八卦比拟人体的八个部分。"乾为首，坤为腹，震为足，巽为股，坎为耳，离为目，艮为手，兑为口。"天人合一含有人与大自然融为一体、和谐共存的思想。《乾·文言》曰："夫大人者，与天地合其德，与日月合其明，与四时合其序，与鬼神合其吉凶。先天而天弗违，后天而奉天时。"这里的"四"合，就是指人与自然的统一、人与神的统一。天人合一是说天道与人性息息相通，和谐统一。用自然与人的和谐与否来解释人的吉凶祸福。对于"非常人"来说，合乎天地的意志，有日月的光彩，符四季的秩序，也顺应神鬼的吉凶。周易告诉人们要遵循宇宙的自然法则，保护人与大自然的生态平衡、和谐。

人生的最高理想是天人和谐，即达到主体与客体的高度统一，这是周易"天人合一"思想所追求的最终境界。《文言传》说："夫大人者，与天地合其德，与日月合其明，与四时合其序，与鬼神合其吉凶。先天而天弗违，后天而奉天时。天且弗违，而况于人乎？况于鬼神乎？"[①]

2. 肯定天与人的区别

天人合一学说，既承认天人有别，又看到天人之间可以统一。统一的基础，便是发挥人的主观能动性，积极进取，把主观意识上升到客观规律的高度。周易认为，区别就在于人是认识的主体，而天是认识的客体；作为认识主体的人是有

[①] 刘大钧：《汉代易学研究丛书·序》，济南：齐鲁书社，2007年。

意识的，而作为认识客体的天是无意识的。周易帮助人们去了解天地之道即自然规律，同时也了解和认识人类本身。所以，《系辞传上》说："《易》与天地准，故能弥纶天地之道。"天不可能完全听命于人，万物均有自身的性质，有独立的不以人的意志为转移的客观规律。人只有与天合二而一，在生生不息的生命大洪流中实现人与天地万物的和谐共处。但人生有不少困难或灾难，如何克服十分重要。周易有不少讲困难的，说明天与人的区别。如坎卦，由两个经卦的坎卦组成。坎为水，水在古人看来是凶险。有水处多为洼地，洼即为陷。坎卦六爻，除四六、九五两爻判为"终无咎"、"无咎"外，其余爻均凶。但坎卦的卦辞有曰："有孚，维心，亨，行有尚。"只要合理对应，像水那样"行险而不失其信"就能化险为夷，只要心怀诚信就必然亨通，走出困境。

人是价值的主体，天地万物存在的意义在于它对人的价值。周易八卦中的乾、坤、震、巽、坎、离、艮、兑象征的天、地、雷、风、水、火、山、泽，都是与人的生存、发展有重大关系的事物。六十四卦是八卦两两相重而成，六十四卦的卦象亦即八卦卦象的组合。比如涣卦，上巽下坎，巽为风，坎为水，那么涣卦的卦象则为风行水上，象征"涣散"，有"涣涣然"之义。又如蒙卦，上艮下坎，艮为山，坎为水，那么蒙卦则为山下出泉，象征蒙稚渐启，具有启蒙和通达的卦象。此皆充分体现人与天的关系以及他们的不同。《系辞传下》认为包牺氏创制八卦，"以通神明之德，以类万物之情"，是以人为中心的最好说明。伏羲观天、观地、观鸟兽都是从人的立场出发；通神明之德，类万物之情，都关乎人的需要。尽管人为中心，但人也不能超出天、地所限制的范围。人的活动只能在天地之间，遵循固有规律生存、发展，天与人才能和谐。

古人之阴阳说是一体两面：一体即阳中有阴，阴中有阳，阴阳合一；两面即阴阳相对，阴阳相济，阴阳互变。《坤卦·文言传》曰："地道也，妻道也，臣道也。"可以相对"天道也，夫道也，君道也"。周易就是这样用自然界诸事物比附社会界诸人物，就是将社会人伦及政治法令神化。自然界有客观性的普遍规律，人的活动也有客观性的规律，人要服从于普遍规律，这是周易"天人合一"观念的核心观点。过去的算命先生，看到人家的八字，一定要先问是乾命还是坤命；换句话说，就是问是男的还是女的。

3. 用自然现象作为社会现象的象征

周易用自然现象类比自然现象，暗示社会生活中的吉凶祸福，以证社会法则的天然合理。"天尊地卑，乾坤定矣。"天是崇高的，地是卑下的，乾卦尊高，坤卦卑下，就是据此确定的。《说卦传》曰："立天之道，曰阴与阳；立地之道，曰柔与刚；立人之道，曰仁与义。"《系辞上》提出形而上学命题："尊"，高；"卑"，下。《易传》以乾为天，坤为地，天高而地下，乾尊坤卑。周易认为，由于天高地下的位置不能改变，因而乾尊坤卑、乾贵坤贱的地位也不能改变。周易以乾象君，坤象臣；乾象男，坤象女等等，即认为封建社会的尊卑贵贱等级秩序是不能改变的。《坤卦·文言》讲"阴凝于阳必战"。"凝"，比拟之意。坤是阴，阴是地道、妻道、臣道，只能起完成、接受、被动、服从的作用。只有阳，才能起创始、施予、主动、领导的作用。本来处于卑贱地位的阴，如果不安于自己的地位而要求比拟于阳，就会引起斗争。周易中包含着丰富辩证法思想，包含对立双方地位可以互相转化的辩证原则。

周易中的卦象都是自然形象，如需卦上坎下乾，坎为水，乾为天，为天上有水即天上有云之象。其卦辞是："云止于天，须时而降也。"聚集着云彩，很快就要下雨了，此卦象征需待。期待是有希望的。再如比卦，上为坎，为水，下为坤，为地。《象传》云："地上有水，比，先生以建万国。"象征的是：大地上百川争流，流水又浸润着大地，表明地与水亲密无间，互相依存，象征亲密比辅。天有它的运行规律，不以人的意志为转移。人要顺天，关键要抓住时机。

周易强调"顺天而动，不失其时"。《象传》在谈到商周革命时认为："天地革，而四时成。汤武革命，顺乎天而应乎人。革之时，大矣哉！"这里说商汤王、周武王之所以能成功，是顺乎天而应乎人，遵循天意，就是遵循自然，是合乎民心的。《贲卦·彖传》曰："天地以顺动，故日月不过，而四时不忒，圣人以顺动，则刑罚清而民服。"天地是按照规律运动的，所以日月的运行都不抢先争后，如之者，春夏秋冬四时分明。圣人按照规律行事，则奖罚分明，百姓心服，天下太平，这里用自然比喻人事。

"顺以动"是一个通贯天人的普遍性的哲学原理，不只限于人事的运作。就天地宇宙观而言，日月周转与四时更替表现为一个永无止息的运动的过程，但是这个运动的过程却是在有序地进行，从来没有发生差错。究其原因，关键在于"顺以动"，遵循了一定的章法度数。这种章法和度数是天地所固有的本然的秩序，称之为天地之序；顺之而动，"故日月不过，而四时不忒"，促使宇宙达成整体性的和谐，称之为天地之和。

周易中占筮的形式其实并不重要，重要的是其中的人生哲理。周易提出"时"的概念。《系辞传下》云："易曰：公用射隼于高墉之上，获之，无不利。子曰：隼者，禽也；弓矢者，器也。射之者，人也。君子藏器于身，待时而动，何不利之有？动而不括，是出而有获，语成器而动者也。"从本质上来看，周易是一部哲学著作，是一把人生的金钥匙。周易最大的可贵就在于它不仅揭示客观世界变化的规律，而且告诉人们如何去认识、掌握这些规律，从而尽可能地去争取更好的结局，换句话说，就是如何将命运掌握在自己手中。周易中的"天人合一"思想含有最丰富最完善的内容，对研究"天人关系"具有重要意义，其中蕴涵的价值是不可低估的。

二、对立统一论

周易八卦自始至终充满了辩证色彩。它用阴阳刚柔这样的范畴来表述世界上两种相对力量相反相成的关系。它将其符号排列组合，由简到繁，阴阳交错，阴阳循环，阴阳对立。对立又有简与简的对立，如两个符号之间的对立；有繁与繁的对立，如乾卦和坤卦的对立。乾䷀、坤䷁、震䷲、巽䷸、坎䷜、离䷝、艮䷳、兑䷹，一共八个卦象。卦象是周易的基础，卦象中具有辩证法。看伏羲八卦图，构成此图的基本元素是阳爻和阴爻，阴阳是一对对立统一的矛盾，说明八卦图反映了世间一切事物都遵从对立统一的矛盾法则。周易中的六十四卦把一切事物在空间上分布的任何一个系统，划分为六十四个区域；把一切事物在时间上变化的任何一个周期，划分为六十四个阶段，而且卦辞和爻辞把每一个阶段的矛盾性质都讲清楚了。它不抹煞对立面的斗争，但更强调对立面的统一和互补。认为阴阳相应、刚柔相济是吉，反之是凶。这样一来，事物联系和发展的规律性就一目了然了。可以说周易是一部完备的对立统一辩证法。

德国著名哲学家黑格尔曾根据中国周易阴阳消长道理，阐明了正、反、合的辩证逻辑定理。黑格尔的事物矛盾对立法则、发展变化法则、质量互变法则周易里有，否定之否定法则周易里也有。周易自然辩证观分为三个基本内容：阴阳思想，八卦、五行（天干、地支）思想和天地人三才统一的朴素系统论思想。

1. 阴阳是对立统一规律的客观描述

周易在论及先天八卦图说："天地定位，山泽通气，雷风相薄，水火不相射，八卦相错。"八卦图形象而生动地说明了阴阳的"对立"与"统一"是易道变化的基本框架，无论所谓义理派还是象数派对周易的研究，都非常重视对这一段文字的参悟。它并不仅仅表示八卦性质或者方位，而是渗透着古代哲人对天地宇宙及其存在之理的深沉思考和高超智慧，许多研究者在占卦的实战中也能够得到相应的印证。

《易传·系辞》：一阴一阳之谓道；刚柔相推而生变化；日中则昃，月盈则食。对立双方相互对立又相互联系，既相互差异又相互转化，这是最根本规律。六十四卦的无穷循环过程里面包含了丰富的否定之否定规律。就抽象的卦象看，卦与卦之间存在着否定之否定，如水对火的否定，土对水的否定。就具体事物看，周易所表现否定之否定非常普遍。如乾卦里就表明了"不用"与"用"再到"不用"

否定之否定模式。象词里的初九诫之"潜龙勿用"，九二告诉可用（"利见大人"），九三、九四亦不可用，九五又是"飞龙在天，利见大人"。上九则又是否定："亢龙有悔"了。相互对立的卦象也存在着否定之否定的关系，如乾卦与坤、艮与兑、震与巽、坎与离等。"否极泰来"这句名言就是周易里的，"否"与"泰"，周易中的两个卦名。"天地交谓之泰，天地不交谓之否。""泰"就是顺利，"否"就是失利。意思是事物发展到了极点，就会发生变化，转化到这个事物的对立面。"否"就会转化为"泰"。唐朝韦庄在《湘中作》诗曰："否极泰来终可待。"

周易的哲学思想既然寄予卦爻之中，这就说明必须明确卦的用途。《系辞》说："易者，象也，象也者，像也。"说明易卦是反映客观物质世界的各种现象的，这种反映又只能是相像而已，而相像的反映又是通过卦的形式体现出来的。在客观世界中，最大的物质现象莫过于天地。周易六十四卦以乾坤开其宗，乾坤二卦组成了一个定律。它代表着天地、阴阳、刚柔的相反相成，对立统一。这种相反相成，对立统一推动着事物的发展，从而产生了万物。所谓"太极"就是最大的物象，是不可名状的物象。生"两仪"就是整体一分为二，两个单配成了天地，天地又产生了四种形象的东西，即老阴、老阳、少阴、少阳。从它们中又生出八种物质性实体，而又由这八种衍化出了万物。

2. 八卦、五行是运动变化的基本模式

文王周易以八象天、地、雷、风、水、火、山、泽为基础。把五行与甲子融入其中。这就不止是天人合一这样简单，人类给天地安了柄、定了位。同时把五行：金、木、水、火、土；甲子：甲、乙、丙、丁、戊、己、庚、辛、壬、癸；方位、时间：子、丑、寅、卯、辰、巳、午、未、申、酉、戌、亥渗入到八卦中。

《易传·系辞》："是故易有太极，是生两仪，两仪生四象，四象生八卦。"八卦相重而生六十四卦，六十四卦的排列，三百八十四爻的变化，组成一个打不乱的逻辑关系，用以刻画表达事物运动变化过程中错综复杂的相互关系，反映自然界的一条基本规律。一卦由六爻组成，由初到六是一个量变过程，量变到顶点形成变卦是一个质变过程。例如：乾坤之后，有屯卦经蒙卦、需卦，就是说明事物由发生到发展，由小到大，由萌芽到成长的过程；以后经讼、师、比、小畜、履卦等阶段，分别经历了斗争、集体、团结、节制和规范等环节的正确处理，就可以到达事物兴旺发达至泰卦的阶段。这都是向同一方向发展的一个量变过程，《泰卦》之后紧接着《否卦》是一种质变，表明事物发展兴旺时如不注意则很快走向反面，即亢龙有悔。

"变易"：由太极生出了两仪，这就是宇宙间"变易"之理的最大表征。"不易"："一阴一阳之谓道"这句话，其中的两个"一"字，不但代表"变易"的意思，同时也代表着"不易"的意思。阴阳合德便是"不易"之理，刚柔有体便是"不易"

之象，这就是说：阴阳这两种现象，它们既是对立、矛盾的，又是同一和统一的。"阴阳的对立统一是易道变化之根本。"这便是宇宙万物生生不息，变化无穷的真实情理。

周易八卦的变化是微观变化到宏观变化的过程，从无形到有形与现代物理学也有近似的观念，静止的物质其构成原子的电子也是在永不停止运动着的。现在的能量守衡定律也说，一个能量的消失，另一个能量在生，所以说无形到有形也是一种能量的不断补给，无形能量盛衰的变化，使有形可见的宏观世界也产生变化，命理如是可以诞生了，其实这一切都是自然界微妙的一生一成的道理。

3. 天地人三才是自然观的核心

周易提出"三才"理论：每卦六爻，两爻一组，其中上两爻为天，所谓天道；下两爻为地，所谓地道；中两爻为人，所谓人道。强调人处世界中心，人是价值关系的主体。《系辞传下》有曰："昔者圣人之作《易》，将以顺性命之理，是以立天之道曰阴与阳，立地之道曰柔与刚，立人之道曰仁与义。兼三才而两之，故易六画而成卦。分阴分阳，迭用柔刚，故易六位而成章。""生生之谓易"，周易把"变"作为宇宙的普遍规律，其变化而产生阴阳，根据阴阳建立六十四卦，在众多复杂多变的事物中，提出天地人的重要概念。周汝昌说："在人的心目中，天地与人一样，同具生命与灵智。是故天有天才，地有地才，人有人才——此之谓三才之道。"①

三才之道渊源于阴阳观念，天地是阴阳观念的重要内容。占卜者多用三人，如《尚书·洪范》："三人占，则从二人之言。"《仪礼·士丧礼》亦言："卜日……占者三人。"龟卜以三次为定。《尚书·金縢》："乃卜三龟，一习吉。"卜法如此，最初的筮法亦应如是，即以占三次为准。《礼记·曲礼》："卜筮不过三。"每次从蓍草中得到一个奇数或偶数，共占三次，可得一卦，这样就有八种可能的排列情况，故最初八经卦皆由三画组成。②据顾颉刚先生统计，在《易经》中，"三"也是用得最多的数字③，如"王三锡命"（《师卦》）、"王用三驱"（《比卦》）、"三岁不得"（《坎卦》）、"昼日三接"（《晋卦》）等等，不胜枚举。这样，"三才"的三项内容天、地、人，就由数字"三"而获得神圣性。

古俗语有"人顶三尺有神灵"，"人无神灵则百事难为"等语，其实这个就是古人天地人三才合一的理论思想。周易研究天地人相互感应、运动变化，所以八卦有先天卦和后天卦来应之。在周易看来，事物在成形可见之前，是以无形不

---

① 周汝昌：《中国文化思想——"三才主义"》，《社会科学战线》2008年第1期。
② 郑晨寅：《〈周易〉三才之道的神话意蕴》，《周易研究》，2006年第5期。
③ 顾颉刚：《〈周易〉卦爻辞中的故事》，《古史辨》第3册，上海：上海古籍出版社，1982年。

见的物质本性存在的，而且还是在不断运动变化的，万物有储存天地阴阳五行之气的本领，正是天之所临，地之所盛，阴育阳，阳育阴。有的还可以阴阳交媾，天地阴阳五行之气可以继世相传，一代传一代，所以这个也引出了中国传宗接代、香火不断的文化思想，对立统一是根源。需要指出，天地人三才不仅仅是三种外在视觉形象，更不是如今天文、地质和人类学科研究的三种物理性存在。它是老子说的"大象"，即华夏先民对宇宙三元本体结构的集体意象。此即古人所言："元气变生阴阳，于是阳气轻浮，升而为天；阴气沉浊，降而为地；二气升降，和气为人；有三才，次生万物。"①《易》进而提出立天之道（也即本体论），立地之道（也即认识论），立人之道（也即价值论）之三才之道，所谓"六爻之动，三极之道也"。

三、物极必反论

周易认为，事物发展如果达到了极限，就会向对立面转化。因此，否极泰来。同样，泰极也可否来。事物的转化是需要条件的，注意条件、把握时机十分重要。《周易·序卦》有"泰否"，"剥复"，整个六十四卦皆处于极反转化之中。认为应当利用这些必然规律："有大者不可以盈，故受之以谦"，"物不可以终过，故受之以坎"，"物不可以终壮，故受之以晋"，"损而不已必益，故受之以益"。周易非常注重预测思维，注重见微知著。《坤卦》第一爻"初六：履霜，坚冰至"，意即"初六，脚下踏着霜，坚冰将会到来"。当脚下踩着霜的时候就知道坚冰，也就预示着冬天快来了，表明任何结果出现之前都是有一定征兆的。

1. 否极泰来的对立转化

任何事物的发展都是物极必反，逆境达到极点，就会向顺境转化。指坏运到了头好运就来了。《易·泰》："泰，小往大来，吉亨。"则是天地交而万物通也。《易·否》："否之匪人，不利。君子贞，大往小来。"否格人：道貌岸然的人会不顾一切地做坏事，这很不利。而道德高尚的人奉献很多，所得却很少。周易八卦"阴阳鱼"图符的正确解读，窃以为是"好坏不分、互为转化、相互依存"，阴并不代表坏，阳也不是好的意思。就像人为地把天地、男女、左右划分为阳和阴一样。好或者坏，都是针对具体的人的价值判断来说的，不存在大道于天下，甚至于自然的绝对的好和坏。否卦是乾变来。乾一变而为姤，二变为遁，三变而为否。否卦下坤上乾，内禀天赋为坤，如宽厚的大地可以承载万物，有母牛般的耐力和吃苦精神，喻否格人天性宽厚、诚信，对现实有着执着的追求；认知品行为乾，

---

① ［唐］成玄英：《老子义疏》，台北：广文书局，初版影印，2012年。

喻否格人具备仁、智、情的智慧、意志和道德，有一种不达目的誓不罢休的闯劲，是典型的进取型。否格人，就像一个男子汉在宽阔的大地上奋发努力，锐意进取，为了实现理想，不惜付出一切。否（pǐ），原义是不好，坏，恶。如否极泰来，"否"和"泰"，前者是坏卦，后者是好卦。指事情坏到了极点，就会向好的方向转化，这里是指丧失利益、付出代价，说明否格人为了追求理想，甘愿奉献。易以阴虚象征小人，阳实象征君子，否卦是柔爻上长，刚柔消退。乾为人，乾由三个刚爻组成，所以处于不利地位，故言"匪人"，指那种外表冠冕堂皇，内心阴暗不堪，道貌岸然的人。"匪"同非，所谓非君子也。之，往、到。"否之匪人"，就是说那种为了实现目标而甘愿付出全部个人代价的品行，到了缺乏道德的小人身上，"不利"，那是沐猴而冠，会倾其私囊，不顾一切去做坏事。而道德高尚的人坚持这种品行，则是"大往小来"，很大、时间很长的付出换来的却是小的、短暂的回报。乾卦是外卦，往外，又是纯阳之卦，可以说是"大往"；坤是风卦，向内，又是纯阴之卦，表示小，所以说是"小来"。否格人是一种不计后果，执着追求的人。为了实现心中的确定的目标，宁愿付出自己的一切。如果是道德低下的人，则穷凶极恶、不顾一切地做坏事，对社会不利。如果是道德高尚的人，则是一个为社会公正事业而无私奉献的人。阳性上升，阴性下降，乃阴在上，阳在下，故其气相接相交而为泰。泰通也，阳大阴小。爻在外曰往，在内曰来，故曰小往大来。泰寅月卦，阳长故亨。

平时正常情况下，这种人热情洋溢，对待亲友、同事宽容厚道，不计得失，处理事情很有耐心，工作很投入；在压力面前，为了获得成功，能忍受个人的损失，也会毫无顾忌地与各种人和组织沟通、交往，但也会表现出独裁式的攻击，会盲目地打击所有令他处于尴尬的力量。否格人实质是外刚内柔，不宜做一个组织的决策者，但在正确的领导下可在一个不太重要的岗位上主持全面工作。按上经始乾坤，终水火，而以否泰为枢纽，明否泰剥复，皆天地自然之法象，循环之原理，君子所以宜居而安也，静之象也。下经始咸恒，终既未济，而以损益为枢纽，明吉凶失得，进退变化，全在人为，君子所以自强不息也，动之象也。而否泰损益，皆序于第十卦后者，数至十则盈，盈则变也。

  象曰：天地交，泰。后以财成天地之道，辅相天地之宜，以左右民。
  财裁同。《释文》荀作裁。《释言疏》，财裁音义并同。汉时臣工上疏，裁察每作财察，是其证。财成即裁成也。互震为左，互兑为右，坤为民。以左右民者，孔疏左右助也，以助养其民也，虞翻谓坤富称财非。

2. 物极必反的朴素辨证

周易指出，物极必反的观念是事物发展到极端，就要走向反面，这是朴素的辩证法思想。但是也有时代的局限性。在当初这个观念已经很可贵了。哲学上有一个否定之否定规律，旧的事物会被新的事物否定，世界就是在否定之否定中前进的。

老子首先提出物极必反的思想。他认为福可为祸，正可为奇，善可为妖，事物发展到极限就会向相反方面转化。由道产生运动，到一定极限，又复归于道，如此周行不息。老子这一思想，在以后的《庄子》、《吕氏春秋》、《淮南子》、扬雄的《太玄》等书中，都有所承述。《吕氏春秋·博志》："全则必缺，极则必反。"《鹖冠子·环流》："物极则反，命曰环流。"至北宋，程颐明确使用了"物极必反"一词。他认为，阴阳二气交感，化生万物，故万物本身包含着对立，以至互相摩荡，形成往来屈伸的运动。其运动达于极点，即向反面变化，故万物呈现为盛极必衰，动极必静等情况。这就是"物理极而必反"，"物极则反，事极则变"。他又认为，万物消长盛衰，周而复始，而阴阳变化的原因是由于理的存在，即所谓"物极必返，其理须如此"。程颐把先秦以来"物极必反"的思想，发展成为理学上的一个重要命题，中国哲学史上关于运动变化的命题。

事物发展到一定程度不得不过渡到反面，周易举乾卦为例。乾卦有六爻，从下往上，乾卦初爻到六爻中间有六个层次，六个变化阶段。以龙为例，因为龙是中华民族的一个图腾，是民族象征。龙的变化从存在，变化到最后，乾卦第五个层次，九五爻是吉，九五至尊是最好的结果，但是到顶第六爻就是亢龙有悔。用龙的变化说明一个事物从开始到衰败有一个过程，事物有进有退，有得有失，到了极端就会过渡到反面。

周易还提到"无平不陂，无往不复"，指出没有任何平路，路都是有坑坑坎坎的，事物是循环的，没有一去不返的，这都说明"物极必反"的原则。这个观点在春秋时期广泛传播且为人们接受。所以今天说人要有忧患意识，就是在平安的时候要考虑到不平安，顺利的时候要考虑到不顺利，处在逆境的时候不要悲观，因为否极泰来。

3. 阴阳循环的螺旋发展

事物总是螺旋上升的，但总是围绕发展的中心线上下波动。低到了极点总会升，高到极点总会降，此乃事物发展的必然之规律。"周"的意思是"循环"，它表达事物的发展过程总是周流不息，循环不已，往复更替，事物变化的总体方向一定是向着它的反面行进的。"周"的第二层意思是"螺旋"，它表达了事物发展的循环过程，是有层次性、阶梯性的。唯物历史观认为，历史总是螺旋式上升，向前发展的，道路是曲折的，前途是光明的；而在周易的理论里，事物螺旋向下和螺旋上升是相互配合的。在自然界，"日往则月来，月往则日来，日月相推而明生焉；寒往则暑来，暑往则寒来，寒暑相推而岁成焉。"(《周易·系辞传下》)日月运行，一寒一暑，寒极生暖，热极生凉。"离离原上草，一岁一枯荣。野火烧不尽，春风吹又生。"在人类社会，天下大势，分久必合，合久必分，政权轮替，经济兴衰。人的精神世界，情绪的高潮和低落，平淡和起伏总是交替而来。这些现象，都是表明了事物发展循环的原理。

"一阴一阳"即有阴阳循环往复之意。"始终复始"的循环说，古人称圜道即循环之道。周易之周在先秦及两汉时就有"环""绕""复"等义，有循环意。"变动不居，周流六虚，上下无常，刚柔相易。"循环论有其消极错误的一面，似乎事物发展总是一盛一衰，只管循环下去。而事物变化不是简单往复循环的，而是螺旋式上升、波浪式前进，这是否定之否定规律的实质。周易的变化观不是上述两者，而是"生生之谓易"，主张创造变化，发展变化。同时，太极图就表示了螺旋前进的奥妙。它是一个旋涡，有旋点、旋线、旋面而构成的立体螺旋场，就是太极场，揭示了螺旋的特征。一切事物发展变化都是螺旋上升，说明循环不是周而复始，而是螺旋增殖的。《易·系辞上》曰："一阴一阳之谓道。继之者善也，成之者性也（道德仁义为性）。仁者见之谓之仁，知者见之谓之知。百姓日用而不知，故君子之道鲜亦！"这一句极生动地说明"一阴一阳"之规律的重要，用之则可成就万事万物，其中道理微妙无穷，智者见智，仁者见仁，我们日常在用之，但自觉的深明此道者鲜亦！

四、执守中道论

周易反对走极端，认为执守中位最安全、最吉祥。周易执中说是中庸论的滥觞。中道思想在儒家学说中的地位十分突出，表述这一思想的概念有"中"、"中正"、"中行"、"中和"、"中庸"和"中道"等。论证这一思想的言论几乎遍于各经，但应当首推周易。"周易尚中和"，"《易》六十四卦，三百八十四爻，一言以蔽之．曰'中'而已矣！"[①]周易认为六十四卦一般中位为吉。《系辞下》"二多誉"，"五多功"[②]，即指此。卦之中位，象征事物处于正道。周易的中道思想是显然而且系统的。

1. 经传与中道

周易具有明确而且较为系统的中道思想，这是以经和传两部分为根据而言。先说周易即卦辞、爻辞的这一思想。《经》文部分，共有十五个"中"字，这其中有"林中"（《屯·六三》）、"在师中"（《师·九二》）、"在中馈"（《家

---

① 钱基博：《四书解题及其读法》，上海：商务印书馆，1933年。
② [宋]朱熹著、廖名春注：《周易本义》，广州：广州出版社，1997年。

人·六二》)、"宜日中"(《丰·六二》)、"日中见斗"(《丰·九四》)、"日中见沫"(《丰·九三》)。这七处是说具体事情,某一地方或某个时候等,其余几处言"中"的字句可以进行分析讲解。先从《讼卦》卦辞的"中"说起:讼,有孚、窒、惕,中吉。终凶。利见大人,不利涉大川。《既济卦》六二《象》曰:"七日得,以中道也。"正义曰:"以中道者,释不须追逐而自得者,以执守中道故也。"

我国民间历来流传着"九五之尊"的说法,但对于"九"、"五"两数为何被称之为"尊",恐怕就鲜有人知了。很显然河洛九个数各自代表不同的方位,"五"就被认为是大地之中心。汉语中的"中央"、"中原"、"中国"等等,都与这个"五"有关,居中为正,四面八方都归顺于"中",向我华夏朝贡!

诚重要的是出乎"中",有了诚信,就必定有"和",那就是说要做到真正的发自内心。周易有《中孚》一卦,上巽下兑,上下各为两阳爻,中为两阴爻,柔在内,刚得中,说明内心是谦逊的、诚恳的。《中孚卦》的卦辞云:"中孚,豚鱼,吉。利涉大川,利贞。"意思是:心中诚信,用小猪、鱼去祭鬼神,也能获吉,渡大河有利,占问有利。

(1)是卦的本位。如:八卦,每卦有三爻,下爻为地,中爻为人,上爻为天,是为"三才"。

(2)是指阴阳。阳就阳位,阴就阴位,指的是阳爻要正好落在一、三、五位上,而阴爻正好落在二、四、上这三个位上,才是阴阳当位。

(3)是讲贵贱。六爻的贵贱是这样划分的:初爻为元士之位,二为大夫之位,三为三公之位,四为诸侯之位,五为天子之位,六为宗庙之位。

2. 致中与和合

周易非常看重"和",将"和"看成事情成功的保证。在周易中,"和"常常与"中"联系在一起,号称"中和"。"易有太极"这句话中,太极是本体,两仪等为枝叶,是用。"太极,犹言大中也。"(《易章句》)[①]太极之道就是体用"一源"的中道。"中"要求做事不走极端,恰到好处。在周易中,"中"通常指"中位",即卦中二、五两个爻位。但其意义往往不在空间位置居中。比如《蒙卦》九二爻辞云:"包蒙,吉,纳妇,吉;子克家。"《象传》评论此卦:"蒙,亨,以亨行时中也。"所谓"行时中"就是把握最佳时机。"中",在周易中也往往与"正"联系起来。"正",既有得位(阳爻据阳位,阴爻据阴位)的意义,又有坚守"正道"的意思。"正道"又叫做"中行",这就与伦理学上的"公正"相关联了。《泰卦》九二爻辞云:

[①] [清]焦循:《易学三书》,北京:九州出版社,2003年。

"包荒，用冯河，不遐遗；朋亡，得尚于中行。"《象传》解释此爻说："'包荒''得尚于中行'，以光大也。"意思是：有包举洪荒的广阔胸怀，能坚守正确的道德原则，这很值得发扬光大。"中"的以上这些意思与"孚"亦相关，因为"孚"不仅重在"中"（"中孚"），而且也建立在执守中道、公正无私、不偏不倚的基础上。"中"用来处理人与人、人与天的关系必然是"和"。"中"往往是"和"的前提，"和"往往是"中"的归宿。

周易中许多卦讲人与人之间如何做到"和"。比如家人卦，上巽下离，巽为风，离为火。《象传》云："风自火出，家人。"风与火关系密切，风助火势，火乘风力，相得益彰，周易以此来比喻一家人的亲密关系。一家人如何做到和？家人卦提出"女正位于内"，"男正位于外"。男女各司其职，各正其位，夫唱妇随。周易有个同人卦，上为乾，下为离，它是讲朋友之间和同的。这个卦提出了一系列很可宝贵的关于和同的思想。比如，它提出"同人于野，亨"。这"野"可以理解成原野，也可以引申为宽广，就是说与人和同，胸怀要像原野那样宽广。再比如，它提出"和同于人"要"利君子贞"。"贞"可训为"正"。"利君子贞"就是说，利于君子守正。唐代孔颖达解释："与人同心，足以涉难，故曰'利涉大川，与人和同，易涉邪僻，故利君子贞也'。"孔颖达的意思是，与人同心，本是好事，人多力量大，可以克服大困难；但是与人和同，如果动机不正，心术不好，也可能弄在一起干坏事，所以同人卦说的"利涉大川"只是对君子而言的。

3. 阴阳与融合

中和之道是《易经》和《易传》的重要思想特征。反映在易卦中，则强调二、五爻之中位（即内卦之中位和外卦之中位）以及内外卦相应爻位的作用。大凡二、五之爻位，卦辞通常呈吉象，而少见为凶。如果爻位相应，卦辞则更为吉象。如《乾》九二爻辞："见龙在田，利见大人。"《乾》九五爻辞："飞龙在天，利见大人。"《离》九二爻辞："黄离，元吉。"《鼎》九二爻辞："鼎有实，我仇有疾，不我能即，吉。"《易传》也很强调相应与中位和合的作用。如《乾·彖》："乾道变化，各正性命，保和太和，乃利贞。"《师·彖》："能以众正，可以王矣。刚中而应，行险而顺，以此毒天下，而民从之，吉又何咎矣。"乾道即天道。天道正常运行而发挥作用，则万物各自禀受其性，得天赋之命，纯正而不相离，始终维持协调平和的关系。这种和谐的关系既表现在阴阳消长、事物渐变的过程中，也表现在阴阳转化、事物极变的过程中。《同人·彖》曰："同人，柔得位得中，而应乎乾，曰同人。同人曰：'同人于野，亨，利涉大川。'乾行也。文明以健，中正而应，君子正也。唯君子为能通天下之志。"《系辞》进一步阐发同人："二人同心，其利断金。同心之言，其臭如兰"，以同人表示人与人之间关系和谐、融洽与同心同德。泰否二卦处于上经阴阳相交的中位。泰卦为乾坤相交之象，交泰和合为周易卦序中和合思想的特征之一。泰卦内卦为乾阳，外卦为坤阴，上下交感相通，所以为"吉"象。《泰·象》："泰，小往大来，吉，亨。则是天地交而万物通也，上下交而其志同也。"泰，表示上下沟通，周围环境顺畅，能起到事半功倍的效果。周易的和合、和谐思想对中华民族的文化影响至为深远。"家和万事兴"、"和气生财"、"和为贵"、"和而不同"、"求同存异"等是最深入中国人心的文化理念。中国文化素来具有融合、同化其他民族文化的传统。

五、生命不息论

中国哲学强调以"生命为中心"、以"价值为中心"。周易认为万物是处于不断发展变化之中，所谓"生生不息"之"生生"，就是生命永远不息地运动。而"生生不息谓之易"。个体生命之有限与种族生命之无限应该是我们考虑各种问题的基点。

1. 阴阳是生命的核心

生命的核心要素是阴阳。"生生之谓易"的含义：其一，指阴生阳，阳生阴，变化"日新"，天地万物皆应此然也！其二，伏羲八卦，乃摹拟天、地、雷、风、水、火、山、泽而生成；六十四卦，乃八卦两两重叠，生生而成，显示天人地互动、变化"日新"之诸相！其三，生生不仅有初始生成之义，更有不断创业创新之义。《易·系辞上》："富有之谓大业，日新之谓盛德。"孔颖达疏："其德日日增新，是德之盛极。"[1]一人要能够做到在道德上每天有所上进，那就是最了不起的盛德了。

阴阳就是一，是生万物的母体，是母体文化。上自宇宙天地之始，自然造化之纪，下迄品物之繁，庶事之众，漫衍恢弘，无所不赅，一就是一切。了解阴阳的奥秘，懂得一的精髓，"昔之得一者，天得一以清，地得一以宁，神得一以灵，谷得一以盈，万物得一以生"。这是天地的第一奥秘，一切生命的核心。阴阳和谐就是生机。凹为阴，凸为阳，一抱一含，又是一对阴阳。坤卦在上，表示阴气下降，乾卦在下，表示阳气上升，上升的阳气与下降的阴气在空中交合为泰，阴阳二气合一。这"一"就是生气，天地的生机，令万物生生不息。这里造的是阴阳平衡、和谐的阴阳场，也是生机场。

为什么人的本命卦影响人的一生呢？因为在人降生的那一刻，人的内场的平衡被完全打破，人必须极大地调整自己的内场，以与陌生的外场协调。人生下来第一个声音是哇哇的哭声，就是因为内场与外场适应的过程是痛苦的蜕变。在这

---

[1] [唐]孔颖达：《周易正义》，十三经注疏本，北京：中华书局，1979年。

个蜕变过程中，新建立的内外融合了的平衡场，成为人的生命能量场的一部分，盖上了终生的烙印，人的基因在这种外场的作用下发展。这种外场的力量影响人的一生。比如，属狗的，属相的方位卦在乾卦，乾卦的金星能量场，是对他影响最大的外场。在这个场出生的人的内场，带着与之相同的信息，场性相吸，自然就把相同的场招来了。招来的同时，也招来了麻烦，那个场里所带的伤害也同时引来了"外鬼"。

"生生"即是人类认识宇宙运动规律和如何把握它自身发展的一种无限循环过程。周易给予我们的，正是怎样认识和把握这种规律的一种思维模式，故而曰"生生之谓易"。

2. 天地是生命的原委

"一阴一阳之谓道"的核心观念是"生生"，生命始于天地。"生生之德"，将"生"字重言，揭示了宇宙生命的秘奥在于：这种宇宙生命精神的创生，不是一度的程序，而是继续不停地创造。"生命"是宇宙万物的"原委"，可统摄、融合世间万有。给天地定位、令万物化生的阴阳之气主掌一切生命的生杀大权。周易的泰卦，就揭示这一生命的核心奥秘。

"成象之谓乾"的含义：一是指，易即生生之象，乾知大始，天是生命无形的造化者，是生命创造的本源，或说是万物生长发展的根源！二是指，易即生生之象，缘起乾元（乾卦初九爻，六十四卦之始爻），乾元不仅是万物的始基，而且以刚健之性，统率天体运行一切现象的动变！六十四卦也构成一个和谐的整体：上经始于乾坤，终于坎离。乾坤者，阴阳之本始，万物之祖宗，故为上篇之始而尊之也。离为日，坎为月，日月之道，阴阳经，所以始终万物，故以坎离为上篇之终也。

"效法之谓坤"的含义：一是指，坤作成物，地顺承天的生命无形造化之能，使其孕育、生成并发展成有形的万物！二是指，万物生长，缘结坤元（坤卦初六爻，阴阳爻组合，方造成六十四卦），坤元以顺承天势、生养万物之柔德，使万物赖以生长和发展！由此可见，人类当明天地阴阳相生之道；当修天之自强不息、地之厚载万物之德；当通崇天敬地、尊重一切生命之情；当达自身生命乃是天地自然造化之理；当担参赞天地化育、维护生态环境之责！否则，何以有人类生命的可持续生存和发展！

3. 周易八卦的生命力

易的本质是自然生命力，中华先辈开创出人类的辉煌圣典——生命易。人类用易卦来占卜吉凶的现象本身就能够反映出人类对生命延续的渴望。不管预测的结果如何，面对风云变幻的大自然，人们总要谨慎而谦恭地维持着自己的生命以便在人生旅途中顺利前行。所以易卦占卜只是易的功用，而非其本质。毫厘之差，天地悬隔。形式不能代表内容，只能用以表达而已。

易学与科学在本质上是有区别的，易学追求的是生生不息的自然生命力，其实就是生命之弦；尽管追求真理是科学的目标，但其本质还是工具论（控制性）和方法论（思维法）。有了崭新的思维和先进的工具，科学可以不断创造出奇迹，越来越多的真知也被科学挖出。今天的弦理与易学的玄数何其相像。其实易学比下不足——先进技术的应用性，比上却有余——规律的自洽与延续性。易的玄数承载着生命之力，不受时空限制，不受人为操纵，自然而然地延续着宇宙之道。这一点与终极理论中的超弦不谋而合。可叹的是尽管二进制出于易学，丹麦物理学家波尔（Niels Henrik David Bohr，1885—1962）的互补理论也与易学藕断丝连，但是一些不明易学真谛的人们还是要将易学一脚踢开，甚至绞杀消灭，这是人类的悲哀。

道家是生命的哲学，道教是重生的宗教，道文化就是生命文化，生命至上，生命是最高的价值取向，它的要义就是要求人们效法大道生生不息、生而不有的精神，去重视生命，热爱生命，保护生命，优化生命，让人与万物的生命健康发育、活泼自然。性是人的灵明慧觉，命是人的气血生身。中国近现代道教领袖陈撄宁（1880—1969）大师说："性即是吾人之灵觉，命即是吾人之生机。"[1]所谓的"性"，实则是指人的心理生命；所谓的"命"，实则是指人的生理生命。

周易对生命的认识，是由"近取诸身，远取诸物"而得出的结论。依《说卦传》，乾取为父，坤取为母，震为长男，巽为长女，坎为中男，离为中女，艮为少男，兑为少女。把天地乾坤化生万物理解为与父母、男女生育后代相似的事情。《系辞传》对乾坤进行了生殖器官交合前后的描写："夫乾，其静也专（抟），其动也直，是以大生焉；夫坤，其静也翕（合），其动也辟（开），是以广生焉。"[2]《咸卦·象传》把男女交媾外推为天地交合，再抽象为阴阳交感，此即周易哲学阴阳范畴的逻辑诞生。周易关于生命产生的来源，并不是对男女构精现象的简单比附，而是"顺性命之理，是以立天之道曰阴与阳"。"乾道变化，各正性命，保合太和"，"乾道"，就是指天道，即天时。"各正性命"，就是指万物因天道之变化，各得其应有的本性和寿命。"保和"，就是保全。"太和"，就是指最和谐的状态，即最高的和谐，是生生之太和，是动态的和谐，包括人与自然的和谐以及人与人之间的和谐。周易蕴涵着丰富而深刻的生命哲学思想。

在《乾卦·象传》的"天行健，君子以自强不息"中，"君子以"三个字是很值得玩味的。它表明，人类德性的提升，一方面需要经验层面的模仿对象（"天

---

[1] 田诚阳：《仙学详述》，北京：宗教文化出版社，1999年。
[2] ［宋］朱熹著、廖名春点校：《周易本义》，北京：中华书局，2009年。

行"）；另一方面又需要理性层面的主体自觉（"君子以"——君子应当）；同时还需要在道德实践中不断内化"对象"（天）的品格力量，丰富主体自觉的内容，并在二者的圆融中充沛自我，以使之成为彰显人类品格魅力的大本大原。周易十分重视天与人的联系。周易强调天与人的规律性，无论是天的运动，还是人的活动，都不是或不可任意而为的，都是有规律可循的。《豫卦·彖传》有这样的话："豫顺以动，故天地如之，而况'建侯行师'乎？天地以顺动，故日月不过，而四时不忒，圣人以顺动，则刑罚清而民服。豫之时义，大矣哉！"《豫卦》所言的顺其事理而行动，天地的运动都顺从这个客观规律，更何况建侯封国、行师作战一类的事呢！天地顺其固有的规律而运动，所以日月运行不失其常规之法度，四时的循环变化没有差错。

周易八卦还强调在客观规律起决定作用的同时，人在一定程度上可以把握住自己的命运。周易八卦认为，客观规律变化万端，人的能力有限，因此在处理各种问题时要警惕审慎，麻痹大意、急躁粗俗可能会遭致祸端。周易八卦也认为事物是发展变化的，这种变化的规律之一是由渐变到突变。突变重在时机，人办事既不能操之过急，关键时刻要果断，不失时机。事物是一个没有尽头的过程，只有阶段，没有终点，旧阶段的结束就意味新阶段的开始。

根据以上的分析，周易预测的大前提是科学性，解释周易的过程也有严密的逻辑性。我们是根据卦象的筮法来推算的。周易预测是建立在"天人合一，感而遂通"的信仰上面的，起卦占卜从来不是一种游戏，而是一件非常严肃的事情。每一个卦象都是对世界万事万物的归纳概括。所以，同一卦象对应的信息不是唯一的，而是多方面的。同一卦象所确定的仅仅是一类现象，以及这一类现象中阴阳之间的关系情况，并不确定是哪一件具体的事情。"易与天地准"的六十四卦易道体系的推算过程就是阴阳关系的分析。筮法推算过程具有逻辑性，但是它的结论仍然是不完全可靠的，所以，我们对周易预测的结论只是作为人生决策的一种参考。周易预测是我们信仰的一部分，也是激励我们前进的一种力量所在！

（刘介民，广州大学人文学院教授、比较文化研究所所长）

易经思想与怀特海范畴图式之会通和比较初探

一、前 言

怀特海在《过程与实在》中,以思辨哲学(speculative philosophy)之"想象普遍化"(imaginative generalization)的方法,构建了一个意在包罗万象的哲学图式(philosophical scheme),称为机体哲学(philosophy of organism),或过程哲学(process philosophy)。这一哲学图式,就其自身的内容和结构而言,是"融贯的"(coherent)和"逻辑的"(logical),这保证了它符合理性的原则;就其对现实世界的解释而言,是"可应用的"(applicable)和"足够的"(adequate),这保证了它符合经验的原则。①

这里的"融贯性"指的是,图式中的诸多基本概念都互相预设、互相依赖,以至于将其中任何一个单独抽出,将不得其意。这并非指各个概念互相定义,而是说凡任何不能被某一概念定义的,均不能从该概念与其他概念的相关性中抽象出来。这样一来,要准确理解其中一个概念,因为牵一发而动全身,就必须几乎"同时"理解全部概念。由于书中对诸多概念的解释散落各处,这为读者的理解带来了很大困难。本文的第一个目的是对诸多基本概念,特别是它们之间的关系进行简单梳理,以帮助初学者对它们的把握和理解。

怀特海曾指出,他的哲学更接近于印度和中国的思想,而远离西部亚细亚和欧洲之思想(即希伯来和希腊的传统)。②过程哲学与中国哲学特别是《易经》相似相通,已经在众多学者中取得共识③,然而对此相似相通性的研究仍有待进一步深入。乍看上去,《易经》和《过程与实在》的文本结构迥然不同,前者反映中国古代象形取意的综合思维特点,后者则体现出怀特海作为数学家的逻辑信念。本文的第二个目的是深入调查比较这两个文本,并用易经八卦的思想和模型来诠

---

① Processand Reality(PR), P3.
② PR, P7.
③ 牟宗三、唐君毅、方东美、程石泉、成中英、唐力权等对《易经》与怀特海思想之会通均有论述,在此恕不一一列出。

释怀特海过程哲学中诸多基本概念及其之间的关系，以贡献于易经思想和怀特海过程思想的会通与比较。

二、范畴图式（category scheme）

作为一个数学家出身的哲学家，怀特海的思维方式无疑会受到《几何原本》中所体现的公理化思想的影响，这是源自希腊的悠久传统，也是大多西方学者构建理论体系的经典方法。按照这种方法，先给出基本的概念、定义和不证自明的公理，再按照一套推理规则，逐步推导，以得到一系列为真的命题和定理。怀特海和罗素合著的《数学原理》①一书就充分体现了这一方法。但是，《过程与实在》采用的却是所谓的"飞机航行"的思辨哲学的方法："从特殊观察的地面起飞，在充满想象的普遍概括的稀薄空气中翱翔，最后重新降落在经过理性阐释而变得更为严格的新观察基地之上。"②这种方法的出发点是当下之经验（immediate experience），足以包罗万象的哲学图式是其结果。尽管如此，从《过程与实在》所得到的哲学图式中，还是可以明显看到一些公理化体系的痕迹。为说明方便，下面先简述该哲学图式。

首先，该图式基于四个最基本的观念（notions）：现实实有（actual entity）、摄受（prehension）、聚结（nexus）和本体论原理（ontological principle）③。前三个是我们当下实际经验的终极事实：现实实有是"经验的点滴，复杂而互相交织"，是"最后的真实"，是怀特海用来构建过程哲学大厦的最基本构件；在微观层面，现实实有由摄受构成，现实实有通过彼此摄受而互相内部相关；在宏观层面，多个通过互相摄受而连结在一起的现实实有构成聚结，形成我们日常经验中的万物。本体论原理规定了现实实有作为万事万物之原因的根本地位：没有现实实有，就没有原因（no actual entities, then no reason）。

接着，列出了四种范畴④：

I. 终极范畴（The Category of the Ultimate）

II. 存在范畴（Categories of Existence）

III. 解释范畴（Categories of Explanation）

IV. 范畴义务（Categoreal Obligations）

---

① Principia Mathematica, by Alfred North Whitehead and Bertrand Russell.
② PR, P5.
③ PR, P18.
④ PR, P20.

终极范畴包括三个概念：

I. 创化（creativity）

II. 多（many）

III. 一（one）

终极范畴是最根本的范畴，阐述了终极的形而上学原则——"创化"——及其基本形式。其他所有的特殊范畴都是对终极范畴的体现和说明。存在范畴共有八个，意在囊括所有可能存在的实体——具体的或非具体的：

I. 现实实有，或现实际遇（actual occasion），或最终现实（final realities）

II. 摄受，或关联性的具体事实（concrete facts of relatedness）

III. 聚结，或公共事实（public matter of facts）

IV. 主观形式（subject forms），或私有事实（private matter of facts）

V. 永恒对象（eternal objects），或纯粹潜能（pure potentials）

VI. 命题（proposition），或非纯粹潜能（impure potentials），或理论（theories）

VII. 杂多（multiplicities），或多元实体的纯粹散布（pure disjunctions of diverse entities）

VIII. 对比（contrasts），或一个摄受中各实体的综合模式（the modes of synthesis of entities in one prehension），或有模式的实体（patterned entities）

解释范畴共有二十七个之多，它们提供了对终极范畴和存在范畴的进一步说明和解释，总结如下：

第一到第六个、第八和第九个解释范畴，都是关于"现实实有"的说明。

第七个解释"永恒对象"。

第十、十一、十二是关于"摄受"的解释。

第十三点解释"主观形式"。

第十四点解释"聚结"。

第十五点解释"命题"。

第十六点解释"杂多"。

第十七点解释"对比"。

第十八点说明"本体论原理"。

第十九点强调了"现实实有"和"永恒对象"作为基本实体的重要地位。

第二十到二十四点说明"现实实有"的功能。

第二十五到二十七点解释了"现实实有"的最后阶段："满足（satisfactory）"。

范畴义务共有九个，它们说明了现实实有在创化过程的各个阶段必须遵守的原理：

i. 主观统一范畴（The Category of Subjective Unity）

ii. 客观一致性范畴（The Category of Objective Identity）

iii. 客观多元性范畴（The Category of Objective Diversity）

iv. 概念评价范畴（The Category of Conceptual Valuation）

v. 概念复原范畴（The Category of Conceptual Reversion）

vi. 变形范畴（The Category of Transmutation）

vii. 主观和谐范畴（The Category of Subjective Harmony）

viii. 主观强度范畴（The Category of Subjective Intensity）

ix. 自由与决定范畴（The Category of Freedom and Determination）

上面的范畴图式的结构很像是一个公理化系统[1]：终极范畴给出了最基本的概念和"推理原则"，存在范畴定义了从经验中抽象而得到的八种存在实体，解释范畴进一步说明了基本概念和实体及其之间的关系，范畴义务则是各实体在创化过程的各个阶段中相互作用时必须遵守的"公理"。范畴图式中最重要的概念在终极范畴和存在范畴之中。在《过程与哲学》中，它们是按公理化系统的方法而逐项列出的，相互之间的关系隐含于文本之中。本文的剩余部分主要对它们进行梳理说明，并用易经八卦的思维方式和概念来对它们进行诠释，以直观呈现它们之间的关系。

三、《易经》与终极范畴之相似相通

《易经》的作者和怀特海一样，也是从当下经验入手构建体系，"仰观天文，俯察地理，近取诸身，远取诸物"[2]，通过富有想象力的抽象概括，构造了一个同样意在包罗万象的形而上体系。《易经》的文本包括六十四卦，每卦六爻，或阴或阳。每卦有卦形（又称卦象）和卦辞，卦辞对卦形进行说明。每爻有爻辞，爻辞对卦中每一爻进行界说。六十四卦的卦形、卦辞和爻辞作为一个整体，包含了中国古人对宇宙普遍法则的理解，成为中华文化的精神源头。对比《易经》和《过程与哲学》中对终极范畴的说明，可以看到不少相似相通之处，说明易经的作者和怀特海在面对同样一个生机盎然、大化流行的宇宙所达到的同样深刻的洞见。下面我们先简介终极范畴各基本概念，再分析其与易经思想的相似相通处。

终极范畴包括"创化"、"多"和"一"这三个基本概念。这里的"多"指"分离的杂多"（disjunctive diversity），"一"是"有序的统一"（conjunctive unity）。"多"和"一"相互预设，你中有我，我中有你。在怀特海的哲学图式中，"创

---

[1] The Axiomatic Matrix of Whitehead's Processand Reality, by Leemon B. Mc Henry. *Process Studies*, pp.172—180, Vol.15, Number3, Fall, 1986.

[2] 《易·系辞下》。

图1 以阴阳太极图诠释过程哲学的"终极范畴":创化、多和一

"化"是终极性原则,是"普遍中的普遍"(universals of universals),具有最重要的地位。

作为终极性原则的"创化",又是一个"新颖性原则",是宇宙新新不已的源泉。

在"创化"的作用下,"多成为一,又为一所增"(The many becomes one, and is increased by one.),这个过程又叫共生(concrescence),是"创化"发生作用的基本模式。

在共生过程中可以发现两个作用,"多成为一"代表一种由多而一的凝聚作用,"又为一所增"表示新质的产生,代表一种由一而多的创生作用。共生所得到的"一",具有所有形成它的"多"所不具备的新质,这体现一种整体论(holism)的哲学,即"整体大于部分之和"。

将上述终极范畴与易经思想相比较,可以注意到以下三点。

首先,《易经》的作者和怀特海在对宇宙终极性的体悟上取得了一致性认识,都把"创化"作为终极性原理。《易经》的核心思想是"生生","生生之谓易","天地之大德曰生"。生生不息,新新不已,正是《易经》所揭示的宇宙大化流行的状态。方东美曾把"生生"代表翻译为"creative creativity"。[①]

第二点,《易经》和终极范畴对"创化"基本特点给予了相类似的概括描述。"易"有"三义",一曰变易,二曰不易,三曰易简。"变易"指的是《易经》的核心是"变化","不易"指这"变化"的道理是永恒不变的,"易简"即简易,指这"变化"的道理是简单的。这三点在"终极范畴"中都有相应体现。"创生"表现的是"变易";"创化"是终极性原理,是"普遍中的普遍",即"创化"是"不变"的、永恒的;"创化"的形式又是简单的,可以概括表示为"多成为一,又为一所增"的共生过程。

第三点,共生过程与《易经》阴阳之道的相似性。《易经》对"创生"原理的概括描述是"一阴一阳之为道"。在终极范畴中,共生过程被描述为"多成为一,又为一所增"。如前所述,这个过程既有由多而一的凝聚作用,又有由一而多的创生作用;同时,一中有多,多中有一,这都符合《易经》"一阴一阳之谓道"的辩证思维方式。

综上所述,终极范畴可以用图1所示的阴阳太极图来描述:

[①] 方东美先生论"生生之德",见傅佩荣:《哲学与文化》34卷6期,2007年,第89—101页。

四、从易经八卦看诸存在范畴之关系

存在范畴是终极范畴的体现和进一步展开。存在范畴共有八个，其中最重要的两个是"现实实有"和"永恒实体"。前者是最终的真实，是构成我们立即经验的具体实在，是具体的、特殊的、不断变化的过程，经验的点滴和上帝都是现实实有；后者是纯粹的潜存，确定性形式，是抽象的、普遍的、永恒不变的形式，数学公式和颜色是永恒实体的示例。现实实有的不同就在于它们对永恒实体的不同实现。

另外六个存在范畴处于"现实实有"和"永恒实体"之间，是两者某种程度的混合。然而，它们之间的关系如何呢？对此怀特海并未在《过程与实在》中明示，我们只能根据散落于书中各处的说明来加以推理。

首先，我们知道"现实实用"和"永恒对象"分别处于"具体"和"抽象"的两端。若按顺序按具体程度的大小排序，则有：

现实实有＞（摄受，聚结，主观形式，命题，杂多，对比）＞永恒对象

在给出范畴图式之前，怀特海曾说："'现实实有'、'摄受'和'聚集'是我们当下经验中最具体的元素，所有其他元素都是派生的抽象。"[①]又说："'摄受'和'主观形式'是特殊的。"[②]由于"命题"、"杂多"和"对比"都属于抽象一端，更接近于"永恒对象"，因此可得：

现实实有＞（摄受，聚结）＞主观形式＞（命题，杂多，对比）＞永恒对象

那么"摄受"和"聚结"哪个更具体？"摄受"构成"现实实有"，是"现实实有"之间的内在联系，也是使得"永恒实体"得以进入"现实实有"的过程，是关于关联性的具体事实，是一个"现实实有"将其他具体或非具体对象纳入自身的过程。而"聚结"是一个通过"摄受"连结在一起的"现实实有"的集合，它是宏观的实存，例如，树林是一个聚结。不难看出，"摄受"比"聚结"更为具体，也更重要。所以有：

现实实有＞摄受＞聚结＞主观形式＞（命题，杂多，对比）＞永恒对象

"永恒对象"是纯粹潜存，相比而言，"命题"又称"理论"，包括所有非纯粹潜存（impure potentials），因而它相比"杂多"和"对比"具有较高抽象度。所以有：

现实实有＞摄受＞聚结＞主观形式＞（杂多，对比）＞命题＞永恒对象

至于"杂多"和"对比"，前者是各种不同种类实体的集合，后者则是

[①] PR，P20.
[②] PR，P48.

一个摄受中许多实体的综合模式，是有模式的实体，因此“杂多”比“对比”更抽象。

综合以上论述，可以得到八大存在范畴按具体（或抽象）程度的排序：

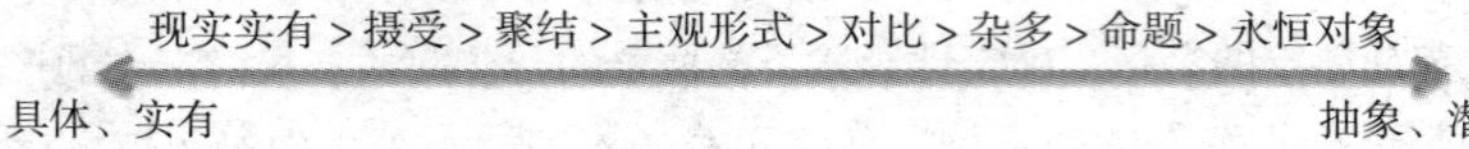
现实实有 > 摄受 > 聚结 > 主观形式 > 对比 > 杂多 > 命题 > 永恒对象
具体、实有
抽象、潜存

图 2 八大存在范畴按具体（抽象）程度排序

根据上述排序，可以将八大存在范畴按相应位置两两配对：

1. 现实实有 β \ u3853X à \ u3854X 永恒对象

2. 摄受 β \ u3853X à \ u3854X 命题

3. 聚结 β \ u3853X à \ u3854X 杂多

4. 主观形式 β \ u3853X à \ u3854X 对比

上面通过对《过程与哲学》的文本的解析，揭示了八大存在范畴之间隐藏的关系。下面尝试用《易经》的思维方式来看八个存在范畴之间的相互关系。先介绍八卦的基本情况。八卦是易经的基本构件，每卦由阴爻“--”和阳爻“—”三叠而成，每卦都有一定的卦名、卦形、取象、卦德，如下所示：

八卦可分为阳卦和阴卦两种。按《系辞传》“阳卦多阴（爻），阴卦多阳（爻）”的计法，坎、震、艮为阳卦，离、巽、兑为阴卦。另外，乾自然是阳卦，坤自然是阴卦，于是就有四阴四阳[①]。八卦之间关系并不平等，乾坤为父母，其余六卦为

卦名	卦形	取象	卦德
乾	☰	天	健
坤	☷	地	顺
坎	☵	水	陷
离	☲	火	丽
巽	☴	风	入
震	☳	雷	动
艮	☶	山	止
兑	☱	泽	悦

[①] 另一种方法是以每卦所含爻的个数来计，奇数为阳、偶数为阴。如“离”卦☲，共有 4 个爻，所以是阴卦；而“坎”卦☵，共有 5 个爻，所以是阳卦。

子女。八卦还可以按阴阳对立分成四对：乾与坤、坎与离、震与巽、艮与兑。《说卦传》曰："天地定位，山泽通气，雷风相薄，水火不相射。"八卦又可对应八个方位，画成图，就得到右面的先天八卦图。

关于八卦的生成，《系辞传上》说："易有太极，是生两仪，两仪生四象，四象生八卦。"传说伏羲氏作八卦，并且开始"以八卦定吉凶"。后来社会越来越复杂，八卦不够用了，再两两相叠，形成六十四卦，加上相应的卦辞和爻辞，就有了《易经》。

图3　先天八卦图

以易经八卦的思维来看《过程与实在》中的基本概念，首先看到易经思想中起创化作用的的终极性原理就是"太极"。朱子说：太极是"天地万物之根也"，"人人有一太极，物物有一太极"①。又曰："太极动而生阳，动极而静；静而生阴，静极复动。一动一静，互为其根；分阴分阳，两仪立焉。"②因此，易经思想中的"太极"即对应过程哲学中的"创化"。太极又被称为"理"或"道"。"夫太极者，万理之总名也……以其有条而不紊，则谓之理。以其为人所共由，则谓之道……以其至极而无以复加，则谓之太极。异名而实同也。"③

其次，太极创化是通过阴阳二气相摩相荡展开的，所谓"一阴一阳之谓道"。在过程哲学中，"现实实有"和"永恒对象"这一对最重要的存在范畴即是"阴"、"阳"两仪。其中"永恒对象"为阳，为乾，代表创生；"现实实有"为阴，为坤，代表凝聚。所有其他六个存在范畴是它们某种程度的混合。存在范畴是对终极性概念"创化"的体现，因此某种意义上它们是从"创化"中导出的，"创化"与它们的关系体现了"太极生两仪"。

怀特海还指出："总而言之，宇宙中主要有四种类型的存在物，其中两种是基本类型，两种是混合类型。属于基本类型的有"现实实有"和"永恒对象"；属于混合类型的是"感受"（feelings）和"命题"④。这里"感受"实际上指的是"摄受"。以《易经》的创生模式看，这四个最重要的存在范畴，构成宇宙存在最重要的"四象"，这可以说体现了"两仪生四象'。

---

① 《朱子语类》卷九十四。
② 同上。
③ 同上。
④ PR, P188.

图 4 以先天八卦图诠释过程哲学的"终极范畴"和八大"存在范畴"

接下来再到八大存在范畴,可以自然地理解为"四象生八卦"。到此不禁要问,作为中国古人选取来代表宇宙万物的易经八卦,真的能和《过程与实在》中的代表宇宙万物的八个存在范畴相互对应吗?下面我们比较易经八卦和八大存在范畴,以期找到两者的对应关系,建立两个系统的会通和相互理解。

先定乾坤。《系辞传上》曰:"乾知大使,坤作成物。"乾是创生原则,"永恒对象"作为纯粹潜存为万事万物提供形式,所以它对应乾卦,卦形为"☰"。坤是终成原则,"现实实有"作为具体实用把乾所提供的形式表现出来,所以它对应坤卦,卦形为"☷"。

再定坎离。朱子曰:"先天卦位,乾坤定上下之位,坎离列左右之门。"[①]坎离是除乾坤外最重要的两卦,所以应该对应"摄受"和"命题"。那么具体谁对应谁?《周易参同契通析》曰:坎离者,乾坤二用。即乾坤相互作用而生成坎离。乾坤二卦互换中爻生成坎离,坎的卦形是"☵",离的卦形为"☲"。坎为阳卦,离为阴卦。"命题"和"永恒对象"相近,偏抽象一极,属阳,所以对应坎卦。"摄受"和"现实实有"相近,偏具体一极,属阴,所以对应离卦。

再看兑和艮。兑的卦形是"☱",取象为泽,有汇聚的意思,又是阴卦,所以对应"聚结"。艮的卦形是"☶",取象为山,是阳卦,因此对应"杂多"。

最后看震和巽。震的卦形是"☳",取象为雷,是阳卦,因此对应"对比"。巽的卦形是"☴",取象为风,是阴卦,对应"主观形式"。

综合以上结果,将八大存在范畴按先天八卦图摆列,再加入终极范畴的三个基本概念,可得如图4的模型。

该模型以先天八卦图表示过程范畴各基本概念和八大存在范畴的相互关系,表达形式简洁,内涵丰富,直观揭示了易经思想与过程范畴之间的相似相通之处。一旦有了这个模型,我们可以根据八卦的规律来进一步理解各范畴之间的关系。例如,在该模型中,"乾—坤""坎—离""兑—艮"和"巽—震"构成所谓的"正

[①]《朱子语类》卷六十五。

对卦"，两卦相对各爻阴阳互异①。正对卦表示矛盾的统一性。上述四对卦分处阴阳两端，但位置相当，具有统一性。还有一类配对方式是"反对卦"，如"兑—巽"、"震—艮"之间的对应关系，其卦象互相倒置。反对卦表示矛盾的斗争性。而在范畴图式中，对应"兑"卦的聚结被称为是"公共事实"，对应"巽"卦的"主观形式"被称为"私有形式"，恰好有相反之意。另外，对应"震"卦的"对比"是有模式的实体之集合，对应"艮"卦的"杂多"则刚好代表模式缺失的情况。

五、结 语

本文通过对《易经》和《过程与实在》中的"范畴图式"的深度分析比较，力图揭示易经思想和怀特海过程哲学惊人的相似相通之处。所得到的"过程哲学先天太极八卦图"把"终极范畴"和"存在范畴"各基本概念综合表达于一个简洁的模型之中，为诠释"范畴图式"提供了一个别样的视角。一个有趣的问题是，为什么两个相隔两千多年的体系表现出如此惊人的相似？怀特海有没有读过《易经》，亲眼见到过太极八卦图？莱布尼兹曾通过到过中国的耶稣会传教士接触到《易经》和中国有机哲学并深受影响，那么有没有可能《易经》通过莱布尼兹而影响到怀特海，进而造成过程哲学与易经思想的相似相通？有兴趣的朋友不妨探究之。

（郭海鹏，北京师范大学、香港浸会大学联合国际学院副教授，全人教育办公室主任）

---

① 黎子耀：《周易导读》，北京：中国国际广播出版社，2008年，第11页。

从八卦到六十四卦的生命关怀

一、前　言

中国古代文明经历过漫长的演变过程，最大的转折是从语言的神话思维跨入到文字的哲学思维，大约是 3000 年以前到 10,000 年之间，人们已有丰富的语言表达与器物创造的能力，也有着各种精神性的价值观念展现在神话的叙述过程中。人类这种抽象的思维能力，企图经由图像来表达，后来发展出象形文字。从语言经由图像到文字的完整表述，大约有三四千年的时间，此时人类已从体能的实践中锻炼出智慧与知识，发展出生活原理、秩序原理与技术原理。[①]张光直指出中国是一种连续性的文明，史前的宇宙观、巫术与天地人神沟通等精神性文化，经由图像、文字而延续到后来的人文社会[②]。

当人类能使用语言来进行相互沟通时，已是能思的生命体，面对生存的自然环境自建而形成精神的观念世界，构想自己在现实环境中的具体生存世界，从而使自己的生存环境更加地合理化与优化，发展出神话时期的宇宙观[③]。这种宇宙观经过漫长的图像时期到文字的形成，更加扩充其抽象的思维内涵，丰富了人与自然之间的观念化建构，带动了人自体生命种种精神性的体验。此一时期宇宙论的发展过程，即是《易经》成书的主要背景，相传伏羲观察天地万象始画八卦，建立了八卦宇宙模式，此时是易经的图像时期。又相传夏代有《连山》与商代有《归藏》，应是从图像过渡到文字的时期，已有丰富的象与数的宇宙模式，到周文王时完成了图像的定型化与语言的文字化，系统化《易经》的宇宙模式[④]。

《易经》的宇宙观可以说是神话宇宙观的集大成，将语言传诵的知识经由文字的记录与定型，确立了人们生命对应自然的智慧与知识体系。《易经》虽然是建立在对天地自然万象的观察，追究宇宙运行的原理与法则，但是主要的目的是

[①] 欧崇敬：《文化本源中的知识传统》，台北：传统思潮社，1993 年，第 18 页。
[②] 张光直：《考古学专题六讲》，台北：稻乡出版社，1988 年，第 23 页。
[③] 苗启明、温益群：《原始社会的精神历史构架》，昆明：云南人民出版社，1993 年，第 3 页。
[④] 李树清：《周易象数通论——从科学角度的开拓》，北京：光明日报出版社，2004 年，第 18 页。

要将宇宙论转化成人生自我安顿之道,建立人与自然相互协调的生存求优模式。《易经》的宇宙观可以极天地之渊蕴,进而能落实到生命的实践上,得以尽人事之终始,能透显着深切的人生感悟与生命感悟,将宇宙之理最后归之于开创人文与成就人文价值上,提升与完善社会人生至理想境地[①]。当代已有学者将《易经》运用到其他学术领域之中,如管理学[②]、人格学[③]、心理学[④]等,显示《易经》具有普遍运用的原理,用在生死学上更为恰当,传达先民们生存的共同经验与对应智慧。

二、从八卦到六十四卦

史作柽在《中国哲学精神溯源》一书,指出《易经》是部占卜之书,自其渊源到形成大约经历了4000余年,主要在于从"三划"到"六划"的演变,所谓"三划"是指八卦,大约形成于公元前5000年到公元前2000年之间,在文字以前,是纯粹的符号卜。所谓"六划"是指六十四卦,确立在公元前1100年,已有文字,其卜已非由符号本身产生意义,而是由文字加以重释,从图形的思考进入到文字思考是文明的高度发展,是从原始文明进入到人文文明时期。[⑤]图像时期的八卦,是两种神话宇宙论的会合,即包含了天地的阴阳二元论,以及三划象征天地人三元论,在文字尚未完全建构之前,已有相当程度的宇宙思考模式。

二元的宇宙论应该是人类最早的空间观念,意识到天地上下的分别,将宇宙一分为二,形成彼此剖分与对立的关系,后以气化的阴阳观念作为宇宙二元论的象征[⑥]。阳爻与阴爻是较早出现的图像,以阳爻代表天,以阴爻代表地,即两仪的基本观念。很难直接从二元宇宙论发展到三元宇宙论,较容易形成的应该是从一分为二发展出二分为四的空间观念,即四象的基本观念,来象征四方或四时。这种一分为四的宇宙论,实际上是从二元对立原则发展而成,也可能是早期人类根据太阳运动为基准进行时空坐标的表述。[⑦]

三元的宇宙论可能来自于神话的浪漫想象,如"两河三界"神话的形成。所谓"两河三界",是指早期人类意识到人与天地在宇宙空间的相互分隔是以天河与地川来划界,天河与地川是相通的,可以浮天载地,发展出天地水三分的宇宙

---

① 王新春:《神妙的周易智慧》,北京:中国书店,2001年,第203页。
② 王奇伟:《从周易看现代管理》,台北:尼罗河书房,2001年。
③ 姜祖桐:《周易与人格》,上海:上海三联书店,2004年。
④ 姜祖桐:《易学心理学》,上海:上海三联书店,2005年。
⑤ 史作柽:《中国哲学精神溯源》,台北:书乡文化公司,2000年,第265页。
⑥ 叶舒宪、田大宪:《中国古代神秘数字》,北京:社会科学文献出版社,1996年,第32页。
⑦ 叶舒宪:《中国神话哲学》,北京:中国社会科学出版社,1992年,第18页。

观,以及人鬼神区分的三界观。①这种两河相隔与三界分离的神话宇宙观,扩大了人以自我意识来认识与交通天地鬼神的愿望,人的主体性逐渐提升到与天地并称的位置上,此即《易经》三划形成的基本心态,彰显了人在天地中的主体价值意识,具有可以参与天地而运化万物的能力,进而与天地万物有生生不已的互动关系。

三元的宇宙论扩大了二元符号的空间运作模式,从二元的二次方发展到二元的三次方,即从四象扩充到八卦。二次方到三次方是思维上的一大突破,是三元宇宙观确立之后,方能快速地发展,将三划带入到二爻的运作,进行三次方的排列,演化出八卦图形。根据新石器时代的陶器装饰图案,学者认为八卦是起源于动态的"旋涡纹"发展成"八角星纹",或称"四方八角"图纹,即一个正方形又支出八个直角三角形,是八等分圆周而划成的八角星,或者是两个正方形交错叠压所得的八角星。这是平面空间的进一步演化,从四方发展到八方,应是三元宇宙论形成后的产物,以三次方来扩大原本二次方的世界。小河沿文化的八角星纹图案可以视为是八卦的原始图形,本于四方八角具有四时八节的涵义,在小圆与大圆之间的八角,类似八卦图形,大圆外的四角则是象征四象的图形②。

透过出土的古代陶器图纹,可以证实八卦图式是经过长时间的累积与发展,才逐渐地规范定型,图像背后所含藏的宇宙观念也就更为丰富与多样。在三元宇宙观成型的同时,另有不同系统的五元宇宙观,是从核心与四方的对应发展成五方的观念,以金木水火土等来象征宇宙五方的时空动能,以五行的宇宙观来扩大解释自然现象与人事现象的变迁③,此宇宙观后来被记录在《尚书·洪范》之中。三元宇宙观与五元宇宙观,在神话时期应该是两套不同的知识系统。当《易经》进行二元与三元的组合时,未纳入五元的宇宙观,是以"阴阳"作为空间运作的主题,未受"五行"观念的影响。将阴阳宇宙观与五行宇宙观结合是战国时代以后发展的现象,不在《易经》原有的文化范畴内。

有些学者认为《易经》与《洪范》在宇宙论上也是相互流通,主张八卦在定型之时,是将天地的阴阳观念与五方的金木水火土观念结合而成,强调八卦之名是从阴阳、五行的名称编制出来,两套宇宙观早已形成完整的系统④。这种以后代的观念所作的推测,是不相应于当初先民们的思维模式。在神话中相传伏羲作易八卦时,应该还是素朴的宇宙观,是在二元三次方的观念下排列而成,从图像到

---

① 陶思炎:《中国宇宙神话略论》,《中国神话学文论选萃下册》,北京:中国广播电视出版社,1994年,第765页。
② 陆思贤:《神话考古》,北京:文物出版社,1995年,第264页。
③ 徐复观:《中国人性论史·先秦篇》,台北:台湾商务印书馆,1969年,第525页。
④ 陆复初、程志方:《中国人精神世界的历史反思》,昆明:云南人民出版社,1993年,第107页。

定名是长时间的制作与整理，非一时一人之功。《周易·系辞传上》云："是故易有太极，是生两仪，两仪生四象，四象生八卦。"是从二元的一次方发展到三次方，基本上还是偏重在二元的思维模式，尚未加入五元的宇宙观。

八卦依其图象定名为☰乾、☷坤、☶艮、☱兑、☵坎、☲离、☳震、☴巽等，分别代表天、地、山、泽、水、火、雷、风等自然物，以这八种自然物来代表宇宙万物的生化历程。八卦依图像的相反相成，又可两两合并归类为四类，乾坤代表天地，是原有的二元宇宙观，震巽的雷风属于天象，艮兑的山泽属于地象，坎离的水火则是天地交接之象，是人道生活的必需品，后六卦是对应着天地人三元的宇宙观。八卦图象的定名应该是到了文字时代以后的事，最先的图像是直接用来象征此八种自然物，或是这八种自然物原始性的文字，是早期八卦名称的专用字，即天、地、山、泽、水、火、雷、风等就是八卦的名称。[1]人们是以八种自然物的象征意义，来进行依类博取的推理思维，透过具体的形象或符号来进行集体约定俗成的语言表述。

在文字尚未普遍使用以前，人类语言下的神话思维能力，已能运用图像符号进行抽象性的思考，这是人类心智的高度展现，是经过漫长时间的探索过程。在符号凝定中，可以强化反思的能力，以适应愈趋复杂的社会生活。此时期八卦图像已是高度抽象性符号，能激发使用者的想象力与创造力。已足够进行会意下的系统思维。[2]神话思维最大的特征在于类比思维，如《周易·系辞传下》云：

> 古者包牺氏之王天下也，仰则观象于天，俯则观法于地，观鸟兽之文，与地之宜，近取诸身，远取诸物，于是始作八卦，以通神玥之德，以类万物之情。

这段文字有三种类比思维的方法，第一种是"观象于天"与"观法于地"，从天象地法与鸟兽之文，去掌握其中的类比因素与类比程序。第二种是"近取诸身"与"远取诸物"，取自身与万物之象，作为推比的类概念，进行概括性的类化思考，如形态类比或属性类比。第三种是"通神明之德"与"以类万物之情"，是进一步抽象性的类比思维，从以己度类与以类度类，进展到以已知来推测未知，追究人与万物生命背后的存有之理。[3]

在图象时代三划的八卦已足够思考模式的运用与表达，但是进入到纯符号的文字时代后，人类的思维能力有着跨越时代的大跃进，原先的神话思维经由文字

---

[1] 杨吉德：《周易卦象与本文统解》，济南：齐鲁书社，2004年，第19页。
[2] 王锺陵：《中国前期文化—心理研究》，重庆：重庆出版社，1991年，第106页。
[3] 邓启耀：《中国神话的思维结构》，重庆：重庆出版社，1992年，第152—176页。

符号的记载，累积了更丰富的创造能量，更能以抽象的思维模式来传达其感性生活与精神生活。在短短的数百年间，三划的八卦已跟不上思维的快速进展，在文字程序化与定型化的过程中，八卦的各种推算方式也随之形式化，甚至还继续在推演与累积中，其内涵经由文字的传达更为精致与多样，三划的抽象符号已难以满足人们进入文字之后的统合性思维。很快地六划的六十四卦就随之成型，传说是由周文王整理与完成，加上文字性的表述内容，成为古文明划时代的宇宙论专著。

六划是来自三划，是三划的二次方，即倚三而两之，是在八卦的基础上再作八卦的推衍，是将八卦两两相重，形成六十四卦。从三划卦演变到六划卦，时空的运作模式更为齐全与周延。六划卦一般是根据上下两个三划卦组织而成，基本上还是延续着三划的宇宙观，或者说是三划宇宙观的重复组合，主要还是偏重在二元与三元的宇宙观，仍然尚未将五元的五行宇宙观，纳入到卦象的对应模式之中。其思维的主体仍紧扣在阴阳的二元观念与天地人的三元观念上，重视阴阳对应自然而来的运行法则。

六划的六十四卦，也是先有图象，后才有解释图象的定型文字，文字是记录语言的符号，传承了神话思维的宇宙观念，进而也以文字来重新建构图象背后所象征的宇宙万物本原与生成变化规律。从三划到六划不只是图象更复杂而已，文字的定型更深化了神话语言的思维内涵，进而发展出纯文字的思维建构。文字思维具有整合语言思维的能力，进而能不断地强化与精神文化产品间的涌流与积聚。①文字的思维膨胀是相当快速，可以将原本零星的观念汇合成庞大的思想体系，将三划与六划的图象进行整体性与系统性的思维，全面性地解释三划与六划的结构性内涵，确立其中宇宙演化的宏伟历程。②

文字解说下的六十四卦，或许就是周文王推演的《周易》，除了六十四卦图象外，还有解释卦象与爻象的简易文字，为《周易》最初的古本。至于称为《易传》的"十翼"，即文言、彖传上下、象传上下、系辞传上下、说卦传、序卦传、杂卦传等，应是西周以来后人所增补的，用来辅助与解释经文，也非一时一人所为，引进了后代儒家的思想，或者说借儒学的义理来充实易学的内容。③即三划与六划的图象，进入文字时代后，其宇宙论的思维活动还一直在发展之中，蕴藏着相当丰富的系统观念与哲学思想，企图从宇宙与自然万物的运动规律中，去理解与之相对立的社会人事之生活法则。

---

① 夏甄陶、李淮春、郭湛主编：《思维世界导论——关于思维的认识论考察》，北京：中国人民大学出版社，1992年，第595页。
② 刘长林：《中国系统思维》，北京：中国社会科学出版社，1990年，第65页。
③ 戴琏璋：《易传之形成及其思想》，台北：文津出版社，1989年，第37页。

三、六十四卦的排列与分类

八卦在排列组合上较为简单，一般是采先天八卦之说，排列为乾一、兑二、离三、震四、巽五、坎六、艮七、坤八等，根据《说卦传》此八卦可以两两相交错，如云："天地定位，山泽通气，雷风相薄，水火不相射，八卦相错。"即乾坤为一对，艮兑为一对，震巽为一对，坎离为一对，两卦数字相加都为九数，且图象都是阴阳相对，显示出彼此有互补的关系①，说明宇宙万物之间是可以互为因应，进而可以相互连贯，展现出宇宙气化生生不息的流转。

六十四卦的排列组合就较为复杂，《序卦传》将《易经》分成上下经，上经三十卦，从乾卦坤卦到坎卦离卦。下经三十四卦，从咸卦恒卦到既济卦未济卦。强调是依天地生长与万物消长的次序来排列，采用的是两两相耦的方式，即两两一组。六十四卦可以分成三十二组，每组两两构成相反或相对的关系。其中二十八组为"覆"，即后一卦是前一卦的反覆颠倒；四组为"变"，后一卦是前一卦的对卦，即阳爻变阴爻，阴爻变阳爻。②或许六十四卦有其序卦的原则，用以说明天地万物和谐与变化的规律，一如《序卦传》的文字说明，是有其动态发展的排列规律，在图象上重视阴阳平衡与互补原则，是具有环环相叩与可操作性的排列规律。③可是，这种排序的规律相当复杂，很难明确地条理化。

1973年长沙马王堆三号汉墓出土的帛书《易经》，卦序不同于通行本，上下卦有较为条理的排列规律。其上卦的次序为：乾、艮、坎、震、坤、兑、离、巽等，下卦的次序为：乾、坤、艮、兑、坎、离、震、巽等。上卦是以前阳后阴为序，下卦则是以阴阳相轮为序。帛书本与《说卦传》相同，是以上卦为基准，一个上卦依次配下卦，组合成八个上卦相同的宫卦，将六十四卦分成八个宫，对应的次序相当完整，有利于记诵与查阅。④但是

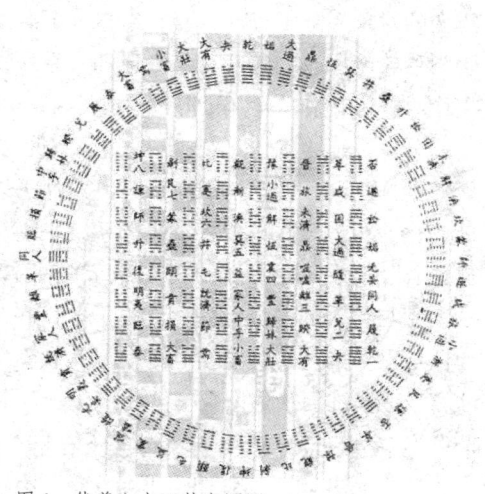

图 1　伏羲六十四卦方圆图

---

① 周鼎珩：《易经讲话》，台北：荣泰印书馆，1964 年，第 189 页。
② 张其成：《易道主干》，北京：中国书店，2003 年，第 51 页。
③ 李尚信：《序卦卦序之建构及其思想》，《象数精解》，成都：巴蜀书社，2004 年，第 80 页。
④ 萧登福：《易经新译》，台北：文津出版社，2001 年，第 104 页。

下卦为内卦，又称为"贞"，是体是静；上卦为外卦，又称为"悔"，是用是动。卦象的解释是由下而上，由体致用，有一定宇宙运动的规律，上卦相同的宫，由于下卦是各自不同的体，导致同一宫的各卦差异甚大，无助于宇宙论的诠释与开展，只是有形式上的便利，缺乏内容实质性的贯通功能。

易经的重卦，应该是以下卦来配上卦，如邵雍的《伏羲六十四卦方圆图》，是依伏羲八卦的卦序结构进行圆周的排列，即以乾一、兑二、离三、震四、巽五、坎六、艮七、坤八等为下卦，分别再对应八卦，形成八宫；以内卦为体为宫，以外卦为用为变，能依宇宙的气化运行原理组织出和谐的圆满结构，用来法天道以立人道。易经主要还是以内卦为主，以外卦为辅，从内卦入手可以把握到宇宙的本质与运动的方向。① 此《伏羲六十四卦方圆图》的左方为阳共三十二卦，右方为阴共三十二卦，天代表的阳气与地代表的阴气相交，生成万物。其中乾宫与坤宫象征了天地尊卑之位，坎宫与离宫列为左右的门户。此图是以乾坤为经，以坎离为纬，圆图的方位把天地阖辟、太阳的出没、一年四季的气候、日月运行的变化，都在图中显现出来②。

同一宫的八卦，因内卦相同，彼此的立足点是一致的，只是对应的外卦不同，后来的生成方向有所变化，但是变化的幅度有一定的规律，不会有太大的对立或错变的对象。除了分成八宫，来掌握下卦的重卦演变过程外，也可以依帛书下卦阴阳相轮的原则，将八宫组合成四大系统，乾坤两宫为一组，兑艮两宫为一组，离坎两宫为一组，震巽两宫为一组。

分宫分组的目的，主要还是为了掌握与理解《易经》万物运行规律的宇宙论。从三划到六划，即是从内卦到外卦，从天地阴阳的气化原型去演示或预测宇宙运动变化的行程，探求生存环境的系统平衡与稳定方法。每一卦从下而上的六个爻象征着宇宙发生或发展的规律。每一宫因下卦三划是相同的，彼此间已有着特定的关系与特定的组成结构，支配了上卦在一定时空中的运动面向，进而有着相互对应与调节的关系，领悟到具有亘古常新的精神观念与生存法则。下面简述四组八宫自成系统的宇宙论概况：

1. 乾宫： ☰乾 ☱夬 ☲大有 ☳大壮 ☴小畜 ☵需 ☶大畜 ☷泰

乾宫是共同以乾卦作为下卦，都带有乾卦的基本象征内涵，根据《说卦传》大约有下列几个特性："乾，健也"，"乾，为马"，"乾，为首"，"乾，天也，故称乎父"等，或总结云：

---

① 常秉义：《易经与大智慧》，北京：光明日报出版社，2005 年，第 34 页。
② 刘平：《易经图解》，北京：文化艺术出版社，1991 年，第 22 页。

乾为天，为圜，为君，为父，为玉，为金，为寒，为冰，为大赤，为良马，为老马，为瘠马，为驳马，为木果。

乾卦的图象符号可以作为不少物象的共同的象征，最大的特色在于"为首"的概念，即代表了万物之首，是宇宙的天，是一国的君，是一家的父，是一人的头。在宇宙论上则是象征天体不停的运行规律，故称为"健"，即乾宫具有着天刚健不息的精神，在四季寒暑中周转不止，是万物生生不已的动力来源，是宇宙万象生机的源头。

乾卦对应上卦乾、兑、离、震、巽、坎、艮、坤等，而为乾卦、夬卦、大有卦、大壮卦、小畜卦、需卦、大畜卦、泰卦等。此宫的主卦是乾卦，上卦与下卦都是天，即是天的象征，都是由阳刚之气所构成，以强健之性来生成万物，如《彖》曰："大哉乾元，万物资始，乃统天，云行雨施，品物流行。"乾卦象征的是天道的永恒运行，是世间万物创造的动力，是一切存有的本源，是自然规律的天则，有一定运行的天象与时序。

夬卦的图象是五阳在下而一阴在上，《象》曰："泽上于天。"是指泽中水汽蒸发上升于天，必然会下雨来庇慧于万物。阴气在五个阳气之上起不了多大的作用，是顺着阳气的决断来运行，不被阴气所牵制。大有卦的图象是第五爻为阴，其他爻为阳，《象》曰："火在天上。"上卦为离为火为日，日的火光在天上高照，更有助于万物的欣欣向荣与蕃盛生长，也能顺应上天的规律来按时序行动。大壮卦的图象是四阳在下二阴在上，《象》曰："雷在天上。"上卦为震为雷，雷动响于天上，必降大雨来滋润万物，也象征天刚健而动的强盛之力。

小畜卦的图象是第四爻为阴，其他爻为阳，《象》曰："风行天上。"上卦为巽为风，是指阴气初生而风动，能畜密云而下雨，也能有助于万物的生长。需卦的图象是四爻与六爻为阴，《彖》曰："云上于天。"上卦为坎为水为云，水上升为云就有下雨的时机，最终还是能滋润万物。大畜卦的图象是四爻与五爻为阴，《象》曰："天在山中。"上卦为艮为山，天包藏在大山之中是大有蓄积的象征，在阳刚劲健之气下，万物都能厚重而充实。泰卦的图象是上卦皆为阴，《象》曰："天地交泰。"上卦为地，下卦为天，阴往阳来互相应合，在天地相荡的过程中可以化育万物。

乾宫八卦是以天作为下卦，来对应八种自然物的后续演化，其基础在于万物资始的生机上，都带有着刚行则健的创生能力，回到宇宙的本元上来推动其后续的发展变化规律。到了上卦刚健的阳气虽然受到阴气的阻碍，但是在阳强阴弱的情势下，阳气还是能发挥出主导的作用，来贞定天地万物的生长秩序，或者蓄聚生长的能量，在适当的时机中还是能应造化而生生不息。

2. 坤宫：☷否 ☷萃 ☷晋 ☷豫 ☷观 ☷比 ☷剥 ☷坤

坤宫是共同以坤卦作为下卦，都带有着坤卦的基本象征内涵，根据《说卦传》大约有下列几个特性："坤，顺也"，"坤，为牛"，"坤，为腹"，"坤，地也，故称乎母"等，或总结云：

> 坤为地，为母，为布，为釜，为吝啬，为均，为子母牛，为大舆，为文，为众，为柄，其于地也为黑。

坤卦的图象符号刚好与乾卦是相反，指称对象也是相对的，以地对天，以母对父，象征天地与父母相反相成之理。在宇宙论上地的重要性不亚于天，也是万物化育的本原，因为大地能厚载万物，其特性在于"顺"，能承受天的阳气来孕育出万物，带有着含蓄的承受潜能，能使万物都能亨通成长。

坤卦对应上卦乾、兑、离、震、巽、坎、艮、坤等，而为否卦、萃卦、晋卦、豫卦、观卦、比卦、剥卦、坤卦等。此宫的主卦为坤卦，下卦与上卦都是地，即是地的象征，都是由阴柔之气所构成，是以静顺之性来厚载万物，如《彖》曰："至哉坤元，万物资生，乃顺承天。"坤卦象征的是地道的孕育万物，能配合阳刚之气来促进万物的生成与发展，最终还要面对万物的消灭，等待下一次再生的契机，是能顺承天的规律来依四时的运行，达到刚柔相济的作用。

否卦的图象是下卦为阴上卦为阳，《象》曰："天地不交。"是指阴气无法上升，阳气无法下降，导致天地之气上下不通而造成闭塞，甚至导致万物的衰弱与消亡，即地无法发挥其顺承的特性，不能配合天来育成万物。萃卦的图象上卦为泽，《象》曰："泽上于地。"大地有泽则能聚气，若能与天时相合则生，若无天时相合则亡，是必须配合上天之命。晋卦的图象上卦为火，《象》曰："明出地上。"是指太阳上升，其光照耀大地，这是大地能生长万物之象。豫卦的图象上卦为雷，《象》曰："雷出地奋。"是指雷声迸发，大地随之振奋，天地顺时而动，将有雨水来滋润万物。

观卦的图象上卦为风，《象》曰："风行地上。"风若依时序而动，有助万物的生长，风若不能依四时更替不差，将有乱象有碍万物的培育。比卦的图象上卦为水，《象》曰："地上有水。"大地是要有水来滋润，彼此能亲密无间，但是不能是大水或洪水，冲毁万物而致凶险。剥卦的图象是第六爻为阳其他为阴，《象》曰："山附于地。"指山剥落颓附在大地之上，象征的是阴盛阳衰，无法发挥阳刚之气，不利于万物的生长。

坤宫八卦是以地来作为下卦，虽然肯定大地厚载万物的本能，但是若无法与天的阳气相配合，则不能展现出其顺承的孕育之能力。坤宫的宇宙论核心在于阴阳和合，由于大地不是创生的主体，缺乏主动的能量，只能被动地迎合阳气的作用，若阴阳两气无法相济，天地不能相互交合则万物无法生长，如否卦是此宫最差的生存情境，其中也存在否极泰来的契机，局势还是能有所扭转。

3. 兑宫：☱☰履 ☱☱兑 ☱☲睽 ☱☳归妹 ☱☴中孚 ☱☵节 ☱☶损 ☱☷临

兑宫是共同以兑卦作为下卦，为一阴于二阳之上，象征大地阴湿之"泽"，是水草交厝之地。根据《说卦传》大约有下列几个特性："兑，说也"，"兑，为羊"，"兑，为口"，"兑，三索而得女"等，或总结云：

> 兑，为泽，为少女，为巫，为口舌，为毁折，为附决。其于地也，为刚卤，为妾，为羊。

泽能滋润草木使其欣欣向荣，故谓"说"，是指万物欣悦之意。但是草木成熟后则有物老凋谢的肃杀之象，故谓"毁折"，显示物成熟而后枯折的现象。兑卦象征人体的口，人们以口语来交流而喜悦，但是也会有言多必失的口舌之灾。在宇宙论上是象征有阳气来支援阴气，在良好的环境下可以得到一定的发展。

兑卦对应上卦的八卦秩序，而为履卦、兑卦、睽卦、归妹卦、中孚卦、节卦、损卦、临卦等。此宫的主卦为兑卦，下卦与上卦都是泽，其象取两泽并连而能交相浸润之意，《象》曰："丽泽兑。"是指泽与泽之间能互相滋润而欣悦，显示自然万物在一定的运行规律下都能欣欣向荣。

履卦的图象上卦是天，第三爻是阴，其他为阳，《象》曰："上天下泽。"天在上泽在下，这是正常的天象，合乎上下尊卑的自然之理。睽卦的图象上卦为火，《象》曰："上火下泽。"又《象》曰："火动而上，泽动而下。"是指火燃向上与泽流向下，二者的走向是相违背，但是生成万物之理还是可以相通的，应着重在阴阳二气的和合上。归妹卦的图象上卦为雷，《象》曰："泽上有雷。"雷震于上，泽随之而动，是顺其自然而成的法则。

中孚卦的图象上卦为风，《象》曰："泽上有风。"大泽上吹拂着和风，四阳爻围着二阴爻，象征柔气在内而刚气处中，是应合天道的秩序。节卦的图象上卦为水，《象》曰："泽上有水。"沼泽上本应该有水，也是顺乎自然，但是水量不宜过多，应作适度的节制。损卦的图象上卦为山，《象》曰："山下有泽。"高山之下有深泽，彼此的盈满或亏虚，都要顺应着时机。临卦的图象上卦为地，二阳上有四阴，《象》曰："泽上有地。"地居泽上能以高临下，也是正常的自然之理。

兑宫八卦是以泽来作为下卦，共同的属性在于喜悦之象，追求大气的和谐景观，重视万物顺其自然的生成原理，能适应阴阳升降与盈虚消长的过程，维持在相持与均势的状态中。兑宫的宇宙观是追求动态性的稳定状况，上卦的各种卦象都能与下卦的泽保持和悦的关系，能以平缓谐和的方式来达到协调统一的境界，符合自然原有的生存规律。

4. 艮宫：䷠遯 ䷞咸 ䷷旅 ䷽小过 ䷴渐 ䷦蹇 ䷳艮 ䷎谦

艮宫是共同以艮卦作为下卦，为一阳于二阴之上，象征在地表层之上凝有坚石的"山"，上层虽然高拔刚健，下层有丰富的阴气来滋长万物。根据《说卦传》大约有下列几个特性："艮，止也"，"艮，为狗"，"艮，为手"，"艮，三索而得男"等，或总结云：

> 艮为山，为径路，为小石，为门阙，为果蓏，为阍寺，为指，为狗，为鼠，为黔喙之属。其于木也，为坚多节。

山高峭而有静穆之象，故谓"止"，有无法再前进之意，应以静制动。此宫的宇宙论着重在动中有静的运作法则，宇宙运行与万物变化虽然本质上是永无止息，但是若能知止而后行，则能蓄聚更大的造化能量。

艮卦对应上卦的八卦秩序，而为遯卦、咸卦、旅卦、小过卦、渐卦、蹇卦、艮卦、谦卦等。此宫的主卦为艮卦，下卦与上卦都是山，取两山重叠屹立不动之象，《象》曰："兼山。"两山并立，强化抑止之意，象征宇宙气化的过程，也要能抑止而不妄动，在静态中蓄集更强的创造力。

遯卦的图象上卦为天，二阴上有四阳，《象》曰："天下有山。"天在上而山在下，没有相交，有着天退避山的象征，当天无法护持万物生长时，可以暂行退避，有待来日重新复振。咸卦的图象上卦为泽，《象》曰："山上有泽。"山泽气息相通，象征阴阳的交互感应，但是也不能躁动而急于交感，要能安居静守。旅卦图象上卦为火，《象》曰："山上有火。"山上燃烧着火，需要阴气的协助来止住火势的蔓延。小过卦的图象上卦为雷，《象》曰："山上有雷。"雷声震于山超过平时，象征气势小有过度，也应止之。

渐卦的图象上卦为风，也可视为木的象征，《象》曰："山上有木。"木生山上逐渐高大，象征万物生长要循序渐进，不可急功冒进。蹇卦的图象上卦为水，《象》曰："山上有水。"山高而水深，象征路艰难行，要能柔顺待时，即要以平常心来看待发展过程中的曲折不顺。谦卦的图象上卦为山，《象》曰："地中有山。"这是一种特殊的景观，山居下而地处上，是抑高举下的象征，用来取多余以补不足，以平衡阴阳的气势。

艮宫八卦是以山来作为下卦，共同的属性在于知止之象，掌握到天地万物动静盈虚消长等变化法则，是以渐进的方式来对应自然时空的发展规律，掌握阴阳相互推移中的消长运动，知其进也要知其退，能否泰往来与损益盈虚，进退不失其时，能领悟动静相生与难易相成的造化之功，可以卑而能求高，亏而能求盈，符合天道的损有余以补不足。

5. 离宫：☲☰同人 ☲☱革 ☲☲离 ☲☳丰 ☲☴家人 ☲☵既济 ☲☶贲 ☲☷明夷

离宫是共同以离卦作为下卦，为二阳包一阴的图象，即古文的火字，象征火以阳为表，其内含有阴质，显示火是要与水来相互调和。根据《说卦传》大约有下列几个特性："离，丽也"，"离，为雉"，"离，为目"，"离，再索而得女"等，或总结云：

> 离为火，为日，为电，为中女，为甲胄，为戈兵。其于人也，为大腹，为乾卦。为鳖，为蟹，为蠃，为蚌，为龟。其于木也，为科上槁。

火炎在上大显光明，可以作为太阳的象征，能照亮人间，火能附着万物现出辉煌之象。此宫的宇宙论偏重在阳气的刚强上，表现出阴附于阳与弱附于强之势，在正常的运动规律下能亨通顺利。

离卦对应上卦的八卦秩序，而为同人卦、革卦、离卦、丰卦、家人卦、既济卦、贲卦、明夷卦等。此宫的主卦为离卦，上卦与下卦都是火，《象》曰："明两作。"意谓光明两次升起，持续地将光明普施于四方，若能依正道而行能为亨而利，若不能行正道反而会为害而凶。

同人卦的图象上卦为天，《象》曰："天与火。"天在上，火炎也向上，二者有相同的属性，显示出两相亲和之象，彼此间可以维持和谐融洽的关系。革卦的图象上卦为泽，《象》曰："泽中有火。"水泽中燃烧烈火转而为桑田，带有变革之象，在两相冲突中必生变，变革可以带来福利，也可能产生祸害。丰卦的图象上卦为雷，《象》曰："雷电皆至。"雷震与电光一齐到来，有丰沛盛大之象，带动天地的盈满与亏虚，以及随而来的消亡与生息。

家人卦的图象上卦为风，《象》曰："风自火出。"风可以加速火的燃烧，由内向外扩散，有风行教化之象。既济卦的图象上卦为水，《象》曰："水在火上。"犹如煮食以火烧水，是正常的现象，也是阴阳相互配合之象。贲卦的图象上卦为山，《象》曰："山下有火。"山下有火照耀，山形更为焕彩增美，表现出淳朴自然的美。明夷卦的图象上卦为地，《象》曰："明入地中。"犹如太阳夕降于地，有光明隐入地中之象。

离宫八卦是以火来作为下卦，有着光明的共同属性，虽然光明有时会被其他物象所遮掩，依正道而行就能显现出光彩灿烂的一面。宇宙的运行原本就是有正有反，彼此是相随相成的，此宫的宇宙论偏向于正道的运行，挺立存有的庄严性格，顺着自然正常运动的法则，让阴阳之气依着时序来生化与消息，能以正面的活动来维持稳定的生态环境。

6. 坎宫： ䷅讼 ䷮困 ䷿未济 ䷧解 ䷺涣 ䷜坎 ䷃蒙 ䷆师

坎宫是共同以坎卦作为下卦，为二阴包一阳的图象，即古文的水字，象征水以阴为表，内在蕴藏阳质，可以资助万物的生长。根据《说卦传》大约有下列几个特性："坎，陷也"，"坎，为豕"，"坎，为耳"，"坎，再索而得男"等，或总结云：

> 坎为水，为沟渎，为隐伏，为矫鞣，为弓轮。其于人也，为加忧，为心病，为耳痛。为血卦，为赤。其于马也，为美脊，为亟心，为下首，为薄蹄，为曳。其与舆也，为多眚。为通，为月，为盗。其于木也，为坚多心。

水往下流，常处于陆地低湿之处，存在着坎陷的危机，象征水有滋润万物的大利益，也带有隐藏性危险的大害。此宫在宇宙论上偏重在阴气的柔弱上，要勇于度过各种存在的险难，甚至是置于死地而后生。

坎卦对应上卦的八卦秩序，而为讼卦、困卦、未济卦、解卦、涣卦、坎卦、蒙卦、师卦等。此宫的主卦为坎卦，下卦与上卦都是水，《象》曰："水洊至。"两水迭连流至，为重重险陷之象，若跌入坎陷深处必遭凶险。

讼卦的图象上卦为天，《象》曰："天与水违行。"天向上水向下，二者互相乖违，有着彼此冲突之象。困卦的图象上卦为泽，《象》曰："泽无水。"水竭于下导致泽面干涸，现困苦穷厄之象。未济卦的图象上卦为水，《象》曰："火在水上。"火在上水在下，二者无法相交，难以煮物，为事难成之象。解卦的图象上卦为雷，《象》曰："雷雨作。"雷雨并作，可以化解严寒，象征万物承受自然恩泽能重萌生机。

涣卦的图象上卦为风，《象》曰："风行水上。"风行水面吹起涟漪，有水波离散之象。蒙卦的图象上卦为山，《象》曰："山下出泉。"大山下有泉水流出，能在高山的险阻下现出生机，有启迪蒙昧之象。师卦的图象上卦为地，《象》曰："地中有水。"水源贮藏于地下，暗藏无限的生机，若能妥善运用，则能化凶为吉。

坎宫八卦是以水来作为下卦，有着坎陷的共同属性，面对的是危机四伏的自然环境，随时都可能有困境险难的发生。此宫的宇宙论是偏重在阴面的险难上，显示天地原本就存在着重重险陷难关，但是在困境中仍蕴藏着无限的生机，可以随着气化的盈虚消长，获得更新的力量。

7. 震宫： ䷘无妄 ䷐随 ䷔噬嗑 ䷲震 ䷩益 ䷂屯 ䷚颐 ䷗复

震宫是共同以震卦作为下卦，为一阳上有二阴的图象，上阴下降与下阳上升，象征阴阳冲突，爆发雷声。根据《说卦传》大约有下列几个特性："震，动也"，"震，为龙"，"震，为足"，"震，一索而得男"等，或总结云：

> 震为雷，为龙，为玄黄，为旉，为大涂，为长子，为决躁，为苍筤竹，

为萑苇。其于马也，为善鸣，为馵足，为作足，为的颡。其为稼也，为反生。其究为健，为蕃鲜。

雷声跃起于天上，震动了地下万物，其声虽然大而惊人，却能招来雨水滋润大地的生长，是在动力的激发下产生万物萌芽的契机。此宫在宇宙论上着重在阴阳两气的震动上，企图掌握气物下的变化生机与运动规律。

震卦对应上卦的八卦秩序，而为无妄卦、随卦、噬嗑卦、震卦、益卦、屯卦、颐卦、复卦等。此宫主卦为震卦，下卦与上卦都是雷，《象》曰："洊雷。"巨雷接连轰响，气势庞大能震天动地，释放出其特异的自然能量，表面上令人恐惧难安，实质上生机无穷。

无妄卦的图象上卦为天，《象》曰："天下雷行。"雷霆运行于天下，是自然原有的现象，配合天时能育养万物。随卦的图象上卦为泽，《象》曰："泽中有雷。"大泽中有雷鸣，四周随着雷声而振动，启发了万物生长的契机，要能随时而作息。噬嗑卦的图象上卦为火，《象》曰："雷电。"下震为雷，上离为火为电，二者交合，自然雷电大作，有运动而光明之象。

益卦的图象上卦为风，《象》曰："风雷。"风与雷的关系，在于风烈则雷迅，雷激则风怒，有相互增益其势之象。屯卦的图象上卦为水，《象》曰："云雷。"上坎为水为云，云在雷上，无法形成雷雨，有初始艰难之象，更要追求自然的运动规律。颐卦的图象上卦为山，《象》曰："山下有雷。"雷动于山下，呈现的是上止下动的现象，这是万物养育其身的规律。复卦的图象上卦为地，《象》曰："雷在地中。"震雷在地下微动，象征阴气消退，阳气逐渐恢复。

震宫八卦是以雷来作为下卦，共同有着震动的创造能量，展现出气化交感的造化作用，显示阴阳的交流与互动，是万物生化的基础。此宫的宇宙论重视的是循环往复的气化运动，肯定能动的创生性，以动来取得万物生化的优势，展现出天地生生不已的必然规律。

8. 巽宫：☴ 姤 ☴ 大过 ☴ 鼎 ☴ 恒 ☴ 巽 ☴ 井 ☴ 蛊 ☴ 升

巽宫是共同以巽卦作为下卦，为一阴上有二阳的图象，二阳飞升于一阴上，象征风行地上，可以无隙不入，有着强烈的扩散能量。根据《说卦传》大约有下列几个特性："巽，入也"，"巽，为鸡"，"巽，为股"，"巽，一索而得女"等，或总结云：

> 巽为木，为风，为长女，为绳直，为工，为白，为长，为高，为进退，为不果，为臭。其于人也，为寡发，为广颡，为多白眼，为近利市三倍。其究为躁卦。

风为气之动，虽然无形却能无所不入，是风随风生生不止，抚慰万物助其生长。此宫在宇宙论上呈现的是气息连续地相随而吹，可能力道不是很强，却有绵延不绝的后续力，能展现出柔弱胜刚强的作用。

巽卦对应上卦的八卦秩序，而为姤卦、大过卦、鼎卦、恒卦、巽卦、井卦、蛊卦、升卦等。此宫的主卦为巽卦，下卦与上卦都是风，《象》曰："随风。"风连续相随地吹，有谦顺以致亨通之象，能以阴从阳，配合自然流行的规律，以持续的意志力，来促进万物的生长。

姤卦的图象上卦为天，《象》曰："天下有风。"天下吹着和风，自然无为不遇，有阴阳遇合之象。大过卦的图象上卦为泽，《象》曰："泽灭木。"巽卦为风为木，泽本要润养树木，却淹没树木，是大有所过之象。鼎卦的图象上卦为火，《象》曰："木上有火。"木上燃烧着火焰，是煮食烹饪之象，有调和饮食之意。恒卦的图象上卦为雷，《象》曰："雷风。"雷发风行，常相随相助，象征恒久而不停止的运行规律。

井卦的图象上卦为水，《象》曰："木上有水。"树木上端有水流出，有如井水被汲引而上，可以施惠养人。蛊卦的图象上卦为山，《象》曰："山下有风。"大风吹往山下进行破坏，有惑乱败坏之象，等待再次的拨乱反正。升卦的图象上卦为地，《象》曰："地中生木。"此为正常的生长现象，树木由下而上逐渐地积小成大，有由微而巨之象。

巽宫八卦是以风作为下卦，共同有着扩散与永续经营的创造能量，力量虽小却保有长久的持续力，不急于求成，以持之以恒来突破困境。此宫的宇宙论是强调天地运行的恒久规律，风力能永不停止地循环不已，在终而复始的过程中让万物能如沐春风，获得无限的生机。

四、六十四卦宇宙论的生死关怀

六十四卦是八卦的重卦，其宇宙论主要还是延续着八卦的气化交感原理，来演绎天地生生不息与盈虚消长的规律，能从自然春夏秋冬的更迭与盛衰隆替的递变，引申到人事的生老病死的循环与吉凶悔吝的变量[①]。在《易经》中自然的宇宙论与人的生命论是有密切的关系，蕴藏着自然界与人类社会融为一体的观念。早期人类八卦的思维模式，是将宇宙自然与人类社会进行互相依傍的联系，肯定人可以与天相互感应，与万物一样都受到了宇宙法则的制约与规范，天道的运行规律与人道的生死吉凶是息息相关。在这样的思维下，三划的八卦加重了人在天地中的生存地位，

---

① 汪忠长：《周易六十四卦浅解》，北京：当代世界出版社，2005年，第30页。

肯定人是与天地同德并生，进而处在融合天地与统摄万物的中心地位。[1]

《易经》的宇宙论，不单是追究天地万物的起源及其演变的过程，主要是运用在古代的卜筮活动中，以推演天地的气化消长来预知人事的得失吉凶，关心的还是人生命存有的祸福寿夭[2]，肯定人类的生活秩序也是要依照宇宙运动变化的原理。《易经》真正关心的是以人的生命作为主体的生存之道，教导人们推天道以明人事，在遵循自然规律下确立生命的行动法则[3]，从宇宙论的体会中展现出生命主体的活动面向。人的生命是短暂而有限的，无法逃避生死，但这也是万物共通之理。有生长就必然有灭亡，人们不能只期待生而逃避死，还要能坦然地面对死亡，重视的是从生到死的过程也能合乎宇宙的自然法则。

初民们早已体会到人的生命是极为短暂，将人的生死与万物的生灭贯连在一起，视生死为自然的现象，不必以生为喜，也不必以死为悲。人道的生死有如天道的生灭，这样的想法可以说是《易经》最根本的生死观，这是从宇宙自然规律而来的生命体验，培养自己的心性来与宇宙造化的精神相结合。傅伟勋提出"心性体认本位的生死学"的主张[4]，可以说早已存在于《易经》之中，重视人道与天道相应的生命实践与生死智慧，以人性本之天命的良知良能，来节制自我的欲念与行为，觉醒生命主体的道德使命，进而主动地积极参与天道流行下的生生之德。八卦宇宙论，不只解释天地的运行规律，也传达了心性体认下的生死智慧，此种生死智慧可依八宫分成四大类来作说明：

1. 乾宫与坤宫——生命的自然生死

乾宫与坤宫在宇宙论上着重在天地既有运行规律而来的生灭，人的生命也是一样，生是自然的，死也是自然的，有生必有死，如日月昼夜的运行，是自然而然的变化。乾宫的泰卦与坤宫的否卦，象征着天地相交的生与天地不交的死，人的生命可以有如天地交合般的生长畅通，也会有如天地不交般的消损灭亡。泰卦的《象》曰："天地交而万物通也。"否卦的《象》曰："天地不交而万物不通也。"人的生命也是一样能通则生，不通则死，这是自然之理。

天道与地道都是人的生命存有的基本原理，如乾卦的《象》曰："大哉乾元，万物资始，乃统天。"又曰："乾道变化，各正性命，保合太和，乃利贞。"坤卦的《象》曰："至哉坤元，万物资生，乃顺承天。坤厚载物，德合无疆。含弘

---

[1] 程振清、何成正：《周易太极思维与现代管理》，桂林：漓江出版社，1993年，第85页。
[2] 章秋农：《周易占筮学——读筮占技术研究》，杭州：浙江古籍出版社，1990年，第22页。
[3] 朱伯崑：《易学基础教程》，北京：九州出版社，2002年，第316页。
[4] 傅伟勋：《死亡的尊严与生命的尊严——从临终精神医学到现代生死学》，台北：正中书局，1993年，第229页。

光大,品物咸亨。"宇宙的乾元与坤元,也是人的生命本元,是"生"的主要法则,重点在于"各正性命"与"德合无疆"上,要能禀持来自于天的性与命,以己德来合乎天地之道,能扩散到空间的无涯与时间的无尽上。

乾宫较偏向性命"生"的自然现象,肯定人性的德智是可以不断的蓄聚与充实,是可以顺应自然而日日更新,如大畜卦的《象》曰:"大畜,刚健笃实辉光,日新其德。刚上而尚贤,能止健,大正也。"人的性命也是刚健有为,诚于内就必然形于外,是合于天道而生。坤宫较偏向于性命"死"的自然现象,如相对的剥卦,其《象》曰:"顺而止之,观象也。君子尚消息盈虚,天行也。"强调人也要能合于天道而死,顺应时势来停止生命的活动,死亡原本就是"消息盈虚"的自然现象,到了一定的时候就随之剥落。

此二宫大多着重在自然本真的生死智慧上,重视的是贯彻天命的践行人道,能确实地观察省修自己的性命,顺应天地神妙的生灭规律。举坤宫的观卦为例,其《象》曰:"观天之神道,而四时不忒,圣人以神道设教,而天下服矣。"四时有更替,生命有生死,这原本就是天的神道,人们经由如此的观察,可以体会出生死的自然之道,领悟到生命存有的普遍法则,所谓"神道设教",是指人要效法自然的规律建立出性命教化的准则。

2. 兑宫与艮宫——生命的节制生死

兑宫与艮宫认为生命除了依循宇宙论的自然法则外,还要重视应合人情的心性节制工夫,能对治欲望与私心而能共同地遵守正道,甚至能为正道置生死于度外。如兑卦的《象》曰:"说以先民,民忘其劳。说以犯难,民忘其死。说之大,民劝矣哉。"人性要和悦必须持守正道,就可以引领人们奔赴国难与视死如归。又如艮卦的《象》曰:"时止则止,时行则行,动静不失其时,其道光明。艮其止,止其所也。"更重视人自我节制的工夫,要能行其所当行与止其所当止,不能任其欲望而妄为,同样地面对生死也要有止与行的坚持。

兑卦与艮卦互为上下卦,则为兑宫的贲卦与艮宫的咸卦,强调人的行为除了顺应自然外,还要增加人文的修饰,要多一些礼仪的节制与规范行为,如贲卦的《象》曰:"刚柔交错,天文也。文明以止,人文也。观乎天文,以察时变。观乎人文,以化成天下。"咸卦的《象》曰:"天地感而万物化生,圣人感人心而天下和平。观其所感,而璞玉万物之情可见矣。"面对生死,人们也是需要适度的礼仪教化,最好能刚柔兼修,文质彬彬,进而能在生命的感通下,来维持各种生活空间的和谐礼仪,从婚礼到丧礼都能展现生命主体的存有价值。

这种心性在生死上的自我文饰,也是取法于天道与地道的运行法则,如艮宫的谦卦,其《象》曰:"天道亏盈而益谦,地道变盈而流谦,鬼神害盈而福谦,人道恶盈而好谦。"礼仪的行为规范也是合乎天理，如天地的规律是减损或改变盈满以益谦虚，抽象的鬼神信仰是用来加福谦虚者，象征着人的生存之道也是建立在"好谦"的品德上，多一些内心抑止的人文要求，可以避免生的危机与死的困境，更能有助于生活的秩序与和谐。

此二宫大多着重在人文礼仪的生死智慧上，更重视自我生命的省察工夫，要求以适度的节制来得到生死的亨通境界。如兑宫的节卦，其《彖》曰："当位以节，中正以通。天地节而四时成，节以制度，不伤财，不害民。"节制也不宜过度，要能恰当适中，顺乎自然的恰如其分，如阴阳二气刚柔相节而生成四时，人一生的生死历程也要在礼仪的节制中自我完成，以节制有道的生命体验，可以化解各种凶险的生存祸害。

3. 离宫与坎宫——生命的觉醒生死

离宫与坎宫是着重水火的自明与自流的宇宙论，运用到生死智慧上，强调生命的礼仪节制是要靠自我的心性觉醒。所谓觉醒是指对生命存有的自知与自觉，勇于面对生死的各种挑战，有着排难脱险的信心与勇气。如坎卦的《彖》曰："水流而不盈，行险而不失其信。维心亨，乃以刚中也。行有尚，往有功也。"要以内在自我心性的调整来面对外在险境，以生命的自觉来行于中道。又离卦的《彖》曰："日月丽乎天，百谷草木丽乎土。重明以丽，乃化成天下。"人的生命要具有"重明"的自觉能力，开拓出自我的生存之道，能如日月明照于四方。

坎卦与离卦互为上下卦，则为坎宫的未济卦与离宫的既济卦，强调事未成之时要有处事自觉的能力，事已成之时更要有处事自觉的能力。如未济卦的《彖》曰："未济亨，柔得中也。"又曰："虽不在位，刚柔应也。"当能慎始慎终，刚柔相应，也能守持中道而成，这是人自觉的意志力来突破种种难关。又既济卦的《彖》曰："利贞，刚柔正而位当也。初吉，柔得中也。终止则乱，其道穷也。"事成之后，还是要慎终如始，要有奋斗不止的生命自觉，能居安思危来避免各种潜在的乱局，在生与死的过程中都能两相安。

在面对生死时，人更需要自我心性的觉醒能力，经由内在主体生命的自觉，有所为与有所不为，就能遵循自然规律的正道而动，生死都能合乎正道而行。如离宫同人卦的《彖》曰："文明以健，中正以应，君子正也。唯君子为能通天下之志。"人的生命素养应该是刚健而又文明，能坚持正道与天下人的心志相会通，是来自于生命体现天道的觉醒力量，来实现生命存有的生死价值，能遵循正道来确立生命应有的人文素质与行为准则。

此二宫强调外在行为的节制是要仰赖内在心性的觉醒，这样的觉醒是要透过文化教养来加以启蒙，生命的智慧开启是经由学习而成就，这就是圣人的教化功德，如坎宫蒙卦的《象》曰："蒙,亨,以亨行,时中也。"又曰："蒙以养正,圣功也。"人的智慧是来自于文化的传承与教养,虽然人的寿命是短暂的,生死智慧却是永恒不朽的,是在教育的启蒙下觉醒生命主体的价值承担,能具有着合时适中的亨通之德。

4. 震宫与巽宫——生命的主动生死

震宫与巽宫的宇宙论是以天象的雷与风为主体,天象是刚健且永续常存,是依时序而自动流行。人的生命除了自我觉醒外,最好还要主动地生与死,即生命的存有不是被动的,而是主动出击。如巽卦的《象》曰："刚巽乎中正而志行,柔皆顺乎刚,是以小亨,利有攸往,利见大人。"除了有阳刚与柔顺的德性外,还要配合行为的主动性,营造出利于开拓进取的环境。又如震卦的《象》曰:"震惊百里,惊远而惧迩也。出可以守宗庙社稷,以为祭主也。"雷动而不惊,依旧可以镇定自如临危不惧,这是以主动来化解被动的生命能量,有此能量就可以在危难中扭转乾坤。

震卦与巽卦互为上下卦,则为震宫的益卦与巽宫的恒卦,天地施惠于人,人也要主动地以善行来增益人间的生存环境,如益卦的《象》曰:"益动而巽,日进无疆。天施地生,其益无方。凡益之道,与时偕行。"又如恒卦的《象》曰:"日月得天而能久照,四时变化而能久成,圣人久于其道而天下化成。"人要主动地增益自我心性的能量,能日益一日有利生命的开拓,也能在主动下成就恒久之道,领悟生命在精神上的永恒价值。

主动的生命实践也是天地运行之理,体会到生命是自我存在的承担,要化被动为主动,在正道的坚持下为其所当为。如震宫无妄卦的《象》曰:"刚自外来而为主于内,动而健,刚中而应。大亨以正,天之命也。"每个人都是生命的主宰,也都是刚劲健全而又运动不息的生命体,主动去响应存有的正道责任,肯定人的生死原本就是应着天命而来,要具有体现天道的实践勇气,能不断地自我更新以对应时代的各种存有挑战。

此二宫着重于生命积极性与主动性的价值实现,要不断地开发与提升自我的性命境界,使短暂的生命不是困在有限的生死之中,而是超越生死的永恒常存,使性命得以上升与完成。如巽宫升卦的《象》曰:"柔以时升,巽而顺,刚中而应,是以大亨。"这种生命的上升是指德性的开发,能积小以成高大,在自我主动的奋发下逐渐地完成,不是一步登天,而是持续有恒地向上提升,是一步一脚印主动不懈的长期累积。

五、结论

《易经》从图象到文字是经过数千年的观念累积与思想发展,其宇宙论与生命论,在有文字记载之时,已是相当高度的知识体系与文化体系。虽然先民们是以卜筮的需求来使用《易经》，以占示人事的吉凶祸福，带有着与鬼神相交感的宗教色彩，但是就其形上思维与观念建构来说，是有文字以来相当丰富且难得的精神性文化系统，是人类最早探讨宇宙现象的思维符号与知识体系[1]，进而形成天人合一的思想架构，展现出以人为本位的存有之理，其内容是历久而不衰。

从三划演变到六划，图象不仅是从八卦扩增为六十四卦，更值得注意的是文字的重释后造成语言的神话思维可以快速地累积与扩充，进行上古文明抽象性理论体系的集大成。《易经》汇集了神话时代探求自然界终极奥秘的宇宙论，以及在天命宇宙观念下人类生命意向的发展关系[2]，提高了生命的主体感受与存在作用，丰富了自身存有的价值。《易经》的基本原理主要在于探究宇宙的本原与万物的始终，进而延申到生命存有的生活法则上，此一原理在三划的八卦时已成型，六划只是三划的重卦而已，扩充到复杂的时空之中，是可以化繁为简，直接掌握到其中的简易之理。

《易经》不只是上古文明精神性观念的结晶，其抽象性的原理凝聚早期人类特有的灵感思维，可以帮助人们整体性地理解到宇宙的生成规律与万物的发展模式。在科技发达的现代社会之中，这种精神性的观念系统不仅不会没落，反而能以原理与法则的方式，扩展到各种学术领域之中为其提供新的思维模式。生死学是当代新崛起的学术范畴，除了与高科技的医学知识相结合外，对生命质量的维护还是要回到超克死亡的精神性文明，此时《易经》仍可提供安身立命的存有本源，从性命的圆满来贞定生死的内涵。

（郑志明，辅仁大学宗教学系教授）

---

[1] 李廉：《周易的思维与逻辑》，合肥：安徽人民出版社，1994年，第30页。
[2] 李霖生：《周易神话与哲学》，台北：台湾学生书局，2002年，第196页。

《易经》"八卦"起源问题之检讨与刍探

《周易》是中华传统文化的"源头活水",对数千年的哲学、宗教、伦理、文学、民俗等方面均产生了程度不等的重要影响。近代以来学术界大致认定,《周易》乃是由具有"卜筮"性质的《易经》与解释"本经"的"十翼"即《易传》所构成。就其文化特征来看,《周易》实为中华先民基于长期的生存经验所创造的具有象征意义的解释世界的特殊符号系统,以及后人对于这套特殊文化符号的理论诠释系统。这套东方文明的特殊文化符号系统最为基本的构架就是由"阴爻"(－－)与"阳爻"(—)组成的"八卦"。关于《易经》"八卦"的起源,自章太炎先生在清末《国粹学报》发表《八卦释名》以来,仁者见仁,智者见智,各执一端,未有定论。经考察各家,其代表者主要有:

一、以经典文献立论,代表者为伏羲画八卦说

《系辞传下》:

> 古者包牺氏之王天下也,俯则观象于天,附则观法于地,观鸟兽之文与地之宜,近取诸身,远取诸物,于是始作八卦,以通神明之德,以类万物之情。

此为"观物取象"。[①]

《史记·周本纪》:

> 西伯囚羑里,盖益《易》之八卦为六十四卦。[②]

《史记·日者列传》:

> 自伏羲作八卦,周文王演三百八十四爻,而天下治。[③]

[①] 高亨:《周易大传今注》卷五,济南:齐鲁书社,1979年,第558—559页,。
[②] [汉]司马迁:《史记》卷四《周本纪》,北京:中华书局,1959年,第1册,第119页。
[③] [汉]司马迁:《史记》卷一二七《日者列传》,第10册,第3218页。

《汉书·艺文志》：

> 故曰《易》道深矣，人更三圣，世历三古。①

《易纬·乾凿度》：

> 垂黄策者羲，益卦演德者文，成命者孔也。②

斯为汉儒之通谊。

1. 以民俗信仰为说，其代表者有郭沫若、高亨、汪宁生诸人

（1）生殖崇拜说。郭沫若《周易时代的社会生活》：认为阴阳两爻是原始社会母系社会生殖崇拜的产物。③此说虽托进化论立说，但至今缺乏历史证据。

（2）占筮创卦说。高亨《周易杂论》：认为阴阳两爻为远古时代占筮所用的竹节（筮草）的象形，即阳爻为一节，阴爻为两节。④

此从"大衍之数五十"而推演。

《系辞传上》：

> 大衍之数五十，其用四十有九。分而为二以象两，挂一以象三，揲之以四以象四时，归奇于扐以象闰，五岁再闰，故再扐而后挂。天一地二，天三地四，天五地六，天七地八，天九地十。天数五，地数五，五位相得而各有合。天数二十有五，地数三十，凡天地之数五十有五。此所以成变化而行鬼神也。

（3）汪宁生的《八卦起源》：据西南少数民族的民俗信仰认为八卦的产生应与古代的筮法有关。⑤

（4）龟卜成卦说。屈万里《易卦源于龟卜考》，认为《易经》"八卦"起源于殷商时期的龟卜信仰习俗。⑥

2. 以图画文字为说，认为《易经》"八卦"源于远古时代的图画文字

《易纬·乾坤凿度》中有八卦为古文字之说：

---

① ［汉］班固：《汉书》卷三十《艺文志》，北京：中华书局，1962年，第6册，第1704页。
② ［唐］张守节：《史记正义》引《乾凿度》，见《史记》卷四《周本纪》，第1册，第119页。
③ 郭沫若：《中国古代社会研究》，北京：人民出版社，1954年。
④ 高亨：《周易杂论》，济南：齐鲁书社，1988年。
⑤ 汪宁生：《八卦起源》，《考古》1976年4期。
⑥ 屈万里：《易卦源于龟卜考》，中央研究院《历史语言研究所集刊》第27本，1956年。

　　　　（乾）古文天字，（坤）古地字，（巽）古巽字，（艮）古山字，（坎）古坎字，（离）古火字，（震）古雷字，（兑）古泽字。①

高本汉先生曾作详细考证，认为"八卦"不是文字。②

3. 以记数与历史记事为说

（1）胡怀琛《八卦为上古数目字说》：认为八卦不是记物之符号，乃是记数之符号。

《汉书·律历志》：

　　自伏羲画八卦，由数起。③

叶国庆《八卦所含之数字性》：低文化阶段的民族，其记数罕能过三，故《说文》云"三，成数也"，《老子》云"三生万物"。皆以三为远古之成数。④

（2）如结绳记事说。

陈道生《重论八卦的起源》：认为阴阳符号起源于远古用绳记事时的"有结"与"无结"的形态。⑤

二、以天象方位为说

1. 天象运行说

李玉亭《八卦符号起源新说》：八卦符号缘起于先民观察天象，以摹画鸟兽足迹之文为鉴，摹画太阳运行的轨迹，如观察太阳运行轨迹与地平线相交，太阳一半露出地面，一半在地下，一分为二，由此推衍出天、地的卦形，并从考古发现象牙梳上的刻画得以证实。⑥

2. 方形模式说

张劲松《论中国远古的方形文化与八卦之起源》：方体方形是新石器时代才被原始人发现和运用的，由此而必然产生方形观念。原始人类因方形观念竟生发出宇宙论的方形模式，它包括地方模式、四方空间和四时模式。原始的八卦就是

---

① [日]安居香山、中村璋八辑：《纬书集成》，石家庄：河北人民出版社，1994年，上册，第77页。
② 高本汉著、贺昌群译：《中国语言学研究》，上海：商务印书馆，1934年。
③ 胡怀琛：《八卦为上古数目字说》，《东方杂志》1927年24卷21期。
④ 叶国庆：《八卦所含之数字性》，黄寿祺等编《周易研究论文集》第一辑，北京：北京师范大学出版社，1987年。
⑤ 陈道生：《重论八卦的起源》，《孔孟学报》1966年第12期。
⑥ 李玉亭：《八卦符号起源新说》，《华夏考古》2009年4期。

从宇宙方形模式的母腹中脱胎而生的。①

三、以阴阳哲学为说

李义民、刘礼聪《阴阳八卦起源新论——"阴阳"作为中国哲学起点的证明》：通过对阴阳观念的发生、内涵和思维方式的分析，认为八卦中的阴阳概念是中国哲学的逻辑起点，阴阳八卦不是巫筮而是一种独特的符号形式的哲学，卦占是哲理化的巫术。在文字没有形成的时代，中国古代的思想家们用阴阳八卦图式"象""赜"，曲折地表达他们对世界本质的认识，创立了人类文明史上的第一个哲学世界观，并以此深刻地影响了中国哲学的未来发展。②

四、以文化哲学为说

詹石窗《八卦起源新探》首倡人的自我映像说：从古至今人们对《周易》进行多方面的探讨，但是作为《周易》之本的"八卦"起源问题却一直未能得到科学的解决。作者纵观历史，从文化哲学、人类学、考据学的角度，对八卦发生学作了新的解释，认为八卦阴阳符号乃是直立的人的自我映像，是我们的祖先对直立姿态的美的自我发现，先民对自身形体曲性与直性相统一的原初美感认识是八卦阴阳符号以静止显示流动的重要前提。同时，作者还从必然与偶然的相互关系上说明了伏羲画卦时特殊际遇的启示作用。③

五、以考古史料立论

如大汶口文化说。张学海、李玉亭《大汶口文化的新发现》：新见在江苏邳州大墩子大汶口遗址出土的一些重要器物，其中有阳鸟石璧和骨雕鸟上的阳鸟刻画，从考古遗存上对夷族的太阳崇拜和鸟图腾说提供了证据。獐牙勾形器柄上的刻符与《系辞》中八卦卦形符号相同，证明八卦起源于5000年前的大汶口文化时期，比通常认为易学萌芽于商周之际早2000余年。为研究东夷文明增添了宝贵的新资料。④

此外于20世纪上半叶，古史辨学派曾就《周易》的时代和作者问题展开过饶有意义的学术讨论。顾颉刚撰有《周易卦爻辞中的故事》⑤，余永梁撰有《易卦爻

---

① 张劲松：《论中国远古的方形文化与八卦之起源》，《东南文化》1996年3期。
② 李义民、刘礼聪：《阴阳八卦起源新论——"阴阳"作为中国哲学起点的证明》，《九江学院学报》2008年2期。
③ 詹石窗：《八卦起源新探》，《福建师范大学学报》（哲学社会科学版）1996年1期。
④ 张学海、李玉亭：《大汶口文化的新发现》，《华夏考古》2009年4期。
⑤ 顾颉刚：《周易卦爻辞中的故事》，《燕京学报》1929年第6期单行本。

辞的时代及其作者》①，认为从卦爻辞的句法与卜辞相类来看，《周易》的问世不会很古。从《周易》卦爻辞中的故事和史实所反映的时代来看，《周易》不大可能为伏羲、文王所作，而应为周初的作品。李镜池撰有《周易筮辞考》②与《周易筮辞续考》③，认为《周易》之编著时代，上起周初，下迄西周晚期，有一个历史形成的过程，决非一人所作，乃是汇集前后无数人的卦爻辞而成的。

上述诸家之说，或以历史史实或文献立论，或以田野调查的民俗信仰立论，或以古代文字为说，或以天文地理为说，或以哲学观念探其起源，或以考古材料证成其说，要之皆能探赜索隐，持之有故，自成一家之言，对探索《易经》起源的复杂问题皆能有所启发，颇有裨益。但诸家之说皆有一弊处，即大都受到清末以来社会进化单线发展论的影响，认为《易经》起源只能有一条单向路径，探索其起源问题只能有一种方法，于是皆"是其所是而非其所非"，自己所言必为"是"，他人所言皆为"非"，遂致学术界关于《易经》之起源问题长期以来聚讼纷纭，难有定谳。其实《易经》作为中华文化的一种特殊现象，是集古代先民的生活经验、文化符号、图画文字与对人生世界的观念意识以及把握未来的理想追求为一体的综合产物。这样一种具有丰富内涵的古代文化体系，绝不可能产生于固定时空的一人之手，而应该有着多种文化因子与社会环境的融汇影响，实乃中华古代文化长期衍变发展的产物。在现今中国的文化语境中考察和探讨《易经》"八卦"的起源问题，我想有以下几点需要学界加以认真思考：

第一，探讨《易经》"八卦"的起源，必须考虑《周易》本是具有中华文化特征的特殊文化符号系统，"八卦以象告"，《周易》本于"象数"，发为"义理"，因此应该坚持《周易》研究"观物取象"与"假象喻意"的原则，离开"象数"则难言《周易》，此其一。

第二，《易经》"八卦"作为一种东方的特殊文化现象，其产生形成过程应与人类的认知演变过程相一致，即应由具体到抽象，由经验到认知，由特殊到普遍，由感性到理性，探讨文化现象应该充分考虑人类认识发展过程的重要背景。

第三，在当代学术背景下探讨《易经》"八卦"的起源问题，应该借鉴王国维先生所提倡的"二重证据法"，即不仅要利用现有具有学术价值的古代文献资料，更要重视近代以来考古发掘所发现的历史文物，譬如有关大汶口文化的考古发掘成果。

---

① 余永梁：《易卦爻辞的时代及其作者》，中央研究院《历史语言研究所集刊》第一本第一分，1928年。
② 李镜池：《周易筮辞考》，顾颉刚主编《古史辨》第3册，上海：上海古籍出版社，1982年。
③ 李镜池：《周易筮辞续考》，《岭南学报》1947年第7卷第3期。

第四，综上所述，笔者认为：1.《易经》"八卦"的特殊符号"--"与"—"的最初产生应与中华先民对于的"数"的认识有关，即"爻"的符号是产生于"数"，而不是产生于物，因世之物象众多，"--"与"—"两种符号绝不可能表征数量众多的世间之物；2.而组成"八卦"的乾、坤、震、巽、坎、离、艮、兑的卦象是由"观物取象"，即由具体物象经过抽象认知而产生的；3.由"八卦"所象征的天、地、雷、风、水、火、山、泽的概念产生于前，而具有高度抽象认知的"阴阳"观念产生于后，即"--"与"—"两种符号由"数"的认知转为被赋予"阴阳"的本质概念属性应是《易经》产生形成之时，或者即如《系辞传下》的作者所言，即"殷之末世，周之盛德矣"。

上述观点并非考察《易经》"八卦"起源所获致的结论，而是探论此问题所涉及的几个因素和个人的一点思考，在此提出来供大家讨论和交流，以期对于探讨《易经》"八卦"的起源问题微有启发，是所至盼。

（黄海德，华侨大学宗教研究所所长、教授）

《周易》隐藏着姜太公的阴谋
——兼及《孙子兵法》

我写下这一个标题时,一位诗人朋友笑道:"你不如说《周易》里响起了保密局的枪声。"

从思想渊源看,古兵家就是阴谋家,皆出"原道家"。战争的准备,只能策划于密室,只能"阴谋"不能"阳谋"。所以《孙子兵法·军争篇》说用兵应"难知如阴"。所谓"兵以诈立","兵者诡道也",无非是其实施。

古阴谋家,托付于鬼谷子,实起于周初之师尚父(吕尚:姜太公)。《战国策·秦策》说,苏秦"得太公《阴符》之谋,伏而诵之,简练以为揣摩"。《阴符》,《史记》作《周公阴符》,佚。西汉末,任宏校兵书,"兵权谋"一类中有《太公》书。现在所传《太公兵法》或《六韬》,当然是伪书,也保存了一些姜尚的事迹与思想。但保存最多的,当属《周易》。

《周易》是周初圣王贤相(包括准"巫酋"或"祭司王")的集体著作。始作俑者是周文王姬昌,但传本里有立国后事迹,所以参与记录与创作者应该有武王姬发和周公旦等(他们多带"神王"乃至"巫酋"色彩,名字与太阳相关,"昌"者日炽,"发"者"发明","旦"则日出)。但最重要的还有精通原始阴阳术数卜筮的姜太公。

《周易》是卜筮书。古卜筮包罗万象,但国家级主要涉及政治经济事,当然涵盖政略(大战略)与战略,且与大事相表里。绝不仅仅是"兵阴阳"或兵术数之祖。

清魏源《孙子集注序》说,《周易》与《老子》都是兵书:"夫经之《易》也,子之《老》也,兵家之《孙》也,其道并冒万有,其心皆照宇宙,其术皆合天人,综常变者也。"它们都有哲学的高度。

邵尧夫说:"老氏得《易》之体,孟子得《易》之用。"《孙子》简直是体用兼得。

康有为"口说"云:"老子之学,只偷得半部《易经》……老子阴狠到极外似仁柔，如猫之捕鼠耳。申、韩皆祖老氏也。尉缭、鬼谷、商君皆出老子[学]。"①老子当然由《周易》等典籍学习并发扬了兵法②，连毛泽东都说《老子》是兵书。

但是学术界对作为"兵书"的《周易》，其与《孙子》的关系，似乎讨论得不够。郭沫若《中国古代社会研究》说："《易经》中的战争文字之多，实在任何的事项之上。"③可惜猜测的多，考据者少。

姜太公后来封齐，对于以孙武、孙膑为代表的齐兵学传统的建构，肯定是大有影响的。

《周易·师卦》多言军事。今举有关兵力部署一例。

六四，师左次，无咎。

王弼注说："行师之法，欲右背、高，故左次之。"（上·25）
这就是《孙子兵法·行军篇》说的：

平陆处易，而右背高，前死后生。

但"左次"与"右背高"的关系不大明朗，还有争议。姑引一说。

在平川坦易之所，我居左而面右（此句有异议），而背倚高陡地形，就是"前死后生"，当面之敌必为我歼。

李筌注："夫人利用，皆便于右。"这是体质人类学说的"右利手性"，攻敌之左翼，有利于以右手执兵砍杀击刺。"是以背之（背高）。前死，致地之地；后生，我自处。"

看一个跟活学兵法有关的战例。《史记·淮阴侯列传》韩信攻赵，背水而阵，"赵军望见而大笑"，因为这是兵家大忌。结果，军皆殊死战。韩信有意反用古阵，而采"陷之死地而后生，置之亡地而后存"，使人人为战，死里求生，取得大胜。其所引"兵法"与今见《孙子》等书佚文悉同。

右背山陵，前左水泽。（《史记》8·2617）
右背山陵，前左水泽。（《周易》孔疏引《汉书》，上·25；《左传》僖28年，孔疏引同）
右负丘陵，左前水泽。（银雀山汉简《孙子》）

---

① ［清］康有为讲，吴熙钊、邓中好校点：《南海康先生口说》，广州：中山大学出版社，1985年。
② 请参看《老子的文化解读》。
③ 郭沫若：《中国古代社会研究》。

这就是《孙子兵法·行军篇》所说：

> 凡军好高而恶下，贵阳而贱阴，养生而处实……
> 丘陵堤防，必处其阳而右背之。此兵之利，地之助也。

只有杜牧所引"太公曰"（指"姜太公兵法"）一条在字面上与前引相反：

> 军必左川泽而右丘陵。

而太公所说恰与《周易》"师左次"相合，益证《周易》保藏着太公"阴符之谋"（古人用"左"、"右"的句法有变化，有时与今不同，最好不要在此纠缠）。

简单说，上古兵法认为，兵力部署或列阵，一般要倚靠丘陵，面对水泽，迫使敌人背水而阵；"左次"而"右背高"，也可以说是居高临下，是顺势，"顺天体道"而行，容易利用地形，前死而后生，置敌于死地。

当然，有时也可以像韩信那样根据部队成分、经验与心理，反其道而行，陷之死地而后生。盖兵无常势，水无常形也。"升其高陵"，抢居高阳，自占先机。但如果我方设伏，则同样要注意避免为高处的敌人发现。《周易·同人》：

> 九三，伏戎于莽，升其高陵，三发不兴。

估计这是流行军中的战术口诀。对敌对我，均应周知。福兮祸伏，祸兮福倚，不能机械对待。

"左次"这个布置在军事上颇有实用价值。清人朱骏声《六十四卦经解》说：

> 前左、下，后右、高。高者任后，据险以结屯；下者在前，驰野而趋利。
> 前、左不行，则后、右皆止；又四无应，进取不可。

他认为，左次而无咎，"得位故也"，是先占了战略优好势位，如《易传》说的"不失常"（卦之解，"动而免于险"）。延伸理解：

> 此量敌而后进，虑胜而后会者。

这说明能够把《周易》兵法置于战略层面来思索。

明人杨慎《诚斋易传》便试图将此引申为制造"积极防御"之态势：以守为攻，以退为进。

> 盖善师者，不必战，以守为战，亦战也；
> 善战者，不必进，以退为进，亦进也。

地而为利，进而如日本孙子学者恩田仰岳所说，在孙子，"无地不可胜"，是一种"人化的自然"。古兵家以阴阳、刚柔说之。《孙子·九地篇》说:"刚、柔皆得,地之理也。"

而《周易·说卦》也说:"圣人之作《易》也……立天之道,曰阴与阳;立地之道,曰柔与刚。"把"刚/柔"看做地道,应亦原道家、古兵家思想。

《周易·乾卦》上九:"亢龙,有悔。"

亢龙,直挺挺的、一直亢奋着的龙(以蛇、蜥为母型)。

闻一多《周易义证类纂》以"苍龙"星座说之。引《史记·天官书》:"[龙]不欲直,直则天王失计。"与下文"群龙无首"(《孙子》率然之蛇)相对。在军阵与攻击上是"失计"与"不利"的。大传即说之以兵政。

"亢"之为言也,知进而不知退,知存而不知亡,知得而不知丧。

其唯圣人乎:知进退存亡而不失其正者,其唯圣人乎?(《文言》)

案:夷走夏奔,君子耻之。"不耻奔遁"(参见《宋史·夏国传》),是游牧人最擅长的战术。周处夷狄之间,与羌戎世代通婚,其文化颇具戎狄色彩(杜正胜先生曾以大量出土实物,尤其车马具证明此事)。所以勇于采撷其长。

《史记·匈奴列传》:"利则进,不利则退,不羞遁走。"

此为中原官方军志、操典所吸收,《孙子》所继承。

例如《左传》僖 28 年引《军志》:

  允当则归,
  知难而退,
  有德不可敌。

便是官方,也并不那么呆板,并不拒绝接受敌人的好战法。《左传》宣 12 年还引据《楚之令典》曰:

  见可而进,知难而退,军之善政也;
  善弱攻昧,武之善经也。(下·1879)

这又为《孙子》所发扬:

  能则敌之,少则能逃之,不若则能避之。(《谋攻》)

晋张预注引《传》曰"见可而进,知难而退",就据的是《楚之令典》。

毛泽东运动战精华之一,正是"打得赢就打,打不赢就走",大踏步前进,大踏步后退。一切都为了消灭敌人。

西方上古亦有类似说法,如罗马人引希腊之言曰:"不胜且走,以便再斗。"

希特勒是一条"亢龙",只知进攻,不愿撤退,甚至反对防御。动辄命令"不许后退一步"。结果是悉数被围歼,直到亡国。

斯大林1941年对哈里曼说:"在苏联军队中,撤退比前进需要更大的勇气。"他不听朱可夫的劝谏,不让从危城基辅撤出有生力量,结果数十万大军被歼,基辅也没保住。后来,最高统帅从实践中学会了进退攻守的辩证法,"见可而进,知难而退",最终战胜了希特勒。

《周易·乾卦》用九,与"亢龙"相对的是"无首"的"群龙"。不论是丧失了头颅,还是没有统率的元首(后世云"群龙无首"即指此"乱象"),都是凶咎,为什么却是"吉"?闻一多《周易义证类纂》读"群"为"卷",不大通达,也无必要;但其解说却意味深长。

[卷龙]其状尾交于首,曲身若环,岂所谓卷龙欤?《海外西经》曰:"轩辕之国……人面蛇身,尾交首上。"以[《史记》]《天官书》"权,轩辕,轩辕黄龙体"证之,是蛇身而尾交首上者即卷龙。(《古典新义》上·47)

案:这就是神话学上的"环蛇"(coiledserpent)意象,一般以"卷龙"似的"乌罗伯罗斯"(Uraboros)来代表——也叫做"咬尾者"(tail—eater)。体现在军阵之上,就是《孙子》说的"率然之蛇"。

率然者,常山之蛇也。击其首则尾至,击其尾则首至,击其中则收尾皆至。(《九地》)

龙蛇以夭矫盘曲卷舒为常态,迅速运动时呈S形(如太极图之蛇形中线),我们在电视屏幕上常见到的蛇在沙漠上舒卷扭曲疾行的景象,就是上古车队行军或作战时S形前进的蓝本。这样才能"击其首则尾至,击其尾则首至"。民间艺人不谙兵法,讹传为"一字长蛇阵",那是死蛇,是亢龙,"击其中"怎么可能"首尾皆至"?

"击其中则首尾皆至",成动态之蟠曲,或见首不见尾,或见尾不见首,或首尾都不见,无始无终,无际无涯,是标准的"动态太极"(参看我们"太湖论道"的论文《太极图的秘密》,以及待刊的图文小册子《OS:太极图与曲线美》),亦即人类元语言之"永恒回归"(Eternalreturn)意象。无论是单列纵队(独龙),或是双列、多列纵队(群龙),都便于"藏头露尾",使敌人"摸不着头脑",不知道该从哪突破。这样机动灵活的布局和运动,收缩,便于坚守,甚至能够把敌人包裹在其中;展开,能够快速旋转拓展空间或扩大纵深,还能首尾照顾,左右呼应。这才是"群龙无首,吉"。其形象,还多见青铜器上的"蟠螭图"(卫聚贤说群龙的模特是鳝鱼，传为笑谈；但如果看大木盆里的鳝群，不断蟠屈舒卷翻动，头尾难分，确有些像"群龙无首"的蟠螭纹。）。

这种"原初太极"似的"环蛇车"，能够"奇正相生，如循环之无端，孰能穷之"。首尾不分，敌人哪里还能摸得着南北，辨得了东西？我则能在敌之昏头转向之中逐一将其吞食。恰便是：

　　纷纷纭纭，斗乱而不可乱也；
　　浑浑沌沌，形圆而不可败也。（《势篇》）

《周易》的兵法，多以"意象"出现，极为简练含蓄晦奥，不是潜心摸索，结合中外文献尤其兵法来解码，所谓"由象见意，由意观象"，就不能复原或建构出由文武王与太公们创造的饱含历史经验与哲理的军事思想或战略战术。这就是《系辞传》说的："其称名也小，其取类也大。其旨远，其辞文，其言曲而中。"当然也可能牵强附会。

（萧兵，江苏淮阴师院中文系、上海交通大学文学人类学中心教授）

《易庐易学书目》体例简析

一、引 言

张舜徽云："序书之体，古有四科；《太史公自序》、班固《叙传》，此作者之序也；《易》之序卦、《诗》《书》之篇叙，此述者之序也；刘向校理群书，率有叙录，此校雠家之序也；若夫郑玄遍注群经，皆为条别源流，厘析篇目，则传注家之序也。"①进而言之，四种序体之间又不无同质性。如史公、班固之序，逐一概括书中诸篇大旨，又与《诗》、《书》篇叙相近。《诗》、《书》、《史》、《汉》之序合则为综录，离则为专科。所谓专科目录，是将某一学科、某一人物、某一研究主题的文献条目搜集在一起，按一定的编排方法排列而成的目录。②姚名达指出：

> 百科竞出，群籍充栋，初学者望洋兴叹，茫然不知从何下手。洞明其学者，各就其所赏识，选拔要籍，以作读本，实为学术进步之第一阶段。此专科目录所以先乎藏书目录而产生，迄乎现代而尤盛。③

刘向所编综合性藏书目录《别录》问世前，专科目录书确已出现雏型。不计《诗》、《书》之序，兵书之编目于史有征。《汉书·艺文志》云：

> 汉兴，张良、韩信序次《兵法》，凡百八十二家。删取要用，定著三十五家。诸吕用事而盗取之。武帝时，军政杨仆捃摭遗逸，纪奏《兵录》，犹未能备。至于孝成，命任宏论次兵书为四种。④

有学者根据出土文献指出，《兵法》、《兵录》只是军事律令的结集，但二书毕竟附有目录，⑤可谓专科目录之雏型。东汉后期，郑玄作《三礼目录》，程千帆、

---

① 张舜徽：《广校雠略》，武汉：华中师范大学出版社，2004年，第44页。
② 林庆彰：《现有专科目录体例的检讨》，《佛教图书馆馆刊》2007年12月，第46期，第36—42页。
③ 姚名达：《中国目录学史》，上海：上海书店，1984年，第268页。
④ ［汉］班固：《汉书》，北京：中华书局，1997年，第1762页。
⑤ 傅荣贤：《从上孙家寨出土木牍看西汉张良韩信〈兵法〉和杨仆〈兵录〉的内容性质及其目录形制》，《图书情报知识》2012年第3期，第72—78页。

徐有富许为"经学书目录的萌芽"。①张宗品钩沉考核,谓此书记篇目之分合、考古书(篇目)之作者,又于各章列举刘向《别录》相关纪录情况,能远绍《诗》、《书》之序,将目录体制进一步规范化。②其后,西晋荀勖《文章叙录》为文学专科目录之始,挚虞《文章流别》承之,朱迎平谓二书先后开创了文学专科目录叙录体和传录体两种体裁。③挚虞《文章流别》以文体分类,各体之序说无疑就是目录学所谓小序。至阮孝绪《七录》立"文集录",集部之分类方以编纂体例为宗,而不以文体为归。西晋末竺法护《众经目录》为佛教目录之始,梁僧祐《出三藏记集》之"铨名录"著录佛经2162部4328卷,分12类,类有小序,叙述该类佛经源流。而杨光文指葛洪《抱朴子内篇·遐览》为第一部道教目录学著作,有阐明学术流派、区别学科范围等特色。④《四库全书总目》于子部之末"次以释家、道家终焉",以二氏各为子部之一类。释家类小序云:

> 梁阮孝绪作《七录》,以二氏之文别录于末。《隋书》遵用其例,亦附于志末。有部数、卷数,而无书名。《旧唐书》以古无释家,遂并佛书于道家,颇乖名实。然惟录诸家之书为二氏作者,而不录二氏之经典,则其义从。今录二氏于子部末,用阮孝绪例;不录经典,用刘昫例也。⑤

子部所收释道类书籍皆为"诸家之书为二氏作者",至于释、道经典,《七录》置为外篇,《隋书·经籍志》附于志末,《旧唐书·经籍志》、《四库全书总目》则不著录。若准《七录》、《隋书》,释、道著作各可视作与儒经、史传、诸子、文集等同等级之一"部"。由是而推之,《出三藏记集》之12类则与经部之易、书、诗、礼、春秋类或集部之楚辞、别集、总集、诗文评类同等级。

专科目录书之发展,势必导向分类之细致。昌彼得及潘美月先生云:中国书目分类自来仅有部、类两级,至南宋郑樵始分图书为12类、155小类,小类之下再分为284目,颇为细密,自古书目未有如此纤细者。郑樵于类下再析为子目,是认为古书容易亡佚,学术不能专门世守,都因为编撰书目的人未能明类例之故。⑥明清专科目录书渐多,清人朱彝尊《经义考》著录经部书籍,共分30类。张宗

---

① 程千帆、徐有富:《校雠广义·目录篇》,济南:齐鲁书社,1988年,第218页。
② 张宗品:《论〈三礼目录〉》,南京大学古典文献研究所编:《古典文献研究》(第十辑),南京:凤凰出版社,2007年,第355页。
③ 朱迎平:《六朝文学专科目录辑考》,《古籍整理研究学刊》1993年第2期,第17—24页。
④ 杨光文:《葛洪与中国道教目录学》,《宗教学研究》2002年第3期,第33—38页。
⑤ [清]永瑢主编:《四库全书总目》,北京:中华书局,1965年,第1236页。
⑥ 昌彼得、潘美月:《中国目录学》,台北:文史哲出版社,1986年,第164—170页。

友称"其一级类目之多,为中国古代图书之冠",张氏又从分类视角将此三十类分为七组。①然无论如何,这三十类仍为同一层级。谢启昆《小学考》体例一仍朱彝尊,分为训诂、文字、声韵、音义四类。②从四部角度观之,亦多是部、类两级之分类。至若诸官修四部综录,分类层级则更无改变。以《四库全书总目》经部易类为例,唯以著者时代先后为次而已。

近代以来,专科目录书编纂之风更盛,分类上亦有长足发展。余绍宋《书画书录解题》共分 10 大类、43 小类。诚如彭砺志所言,书画二学本一为经部小学类,一为子部杂艺类,至南宋尤袤《遂初堂书目》方合并入子部杂艺类。③余书之大、小类合四部之部、类而观之,则已有四层级矣。又如饶宗颐《楚辞书录》分书录、别录及外编,书录有知见楚辞书目第一、元以前楚辞佚籍第二、拟骚第三、图像第四、译本第五,别录有近人楚辞著述略第一、楚辞论文要目第二。④未几姜亮夫编《楚辞书目五种》,分为楚辞书目提要、楚辞图谱提要、绍骚隅录、楚辞札记目录、楚辞论文目录五种,楚辞书目提要内分辑注、音义、论评、考证四类,楚辞图谱提要内分法书、画图、地图、杂项四类,绍骚隅录内分辞赋 11 种、戏曲 8 种等,甚为精密。⑤

近人卢松安先生（1898—1978）所编《易庐易学书目》,亦为专科目录书。此书虽以序号排列,然各书皆有分类,如义释、史证、纬历、图说等。持此并入四部书目,也可谓三级分类矣。卢氏一名荣林、榕林,别号嵩庵、易万卷庐主人,北京文史研究馆馆员,易学家尚秉和门人。青年时即沉潜《周易》,数十年间勉力搜罗易学书籍千三百余种,其中不乏元明刊本、抄本及清人稿本。自 1960 年代起,着手创制《易庐书目卡片》,几经修改。就书籍数量而言,不得不分类矣。1977 年,卢氏将藏书悉数捐与山东省图书馆。1996 年,该馆又受卢氏后人所托,着手整理《易庐易学书目》（下称《易庐目》）。此书保留《易庐书目卡片》原稿格式,依卢氏序号排列,各卡皆有书号、分类、书名、版本、卷册、著者、别字、籍贯、略历、序者、目录附凡例、提要诸栏。以张丙矗《占易秘解》为例,卢氏卡片内容如下:

---

① 张宗友:《经义考分类论略》,《古典文献研究》（第十辑）,第 333—344 页。
② 简硕:《谢启昆与〈小学考〉》,《古汉语研究》1997 年 3 期,第 87—88 页。
③ 彭砺志:《从目录学史看〈书画书录解题〉在书画专科目录方面的成就》,《古籍整理研究学刊》2002 年第 5 期,第 83—86 页。
④ 饶宗颐:《楚辞书录》,香港:苏记书庄,1956 年。
⑤ 姜亮夫:《楚辞书目五种》,上海:中华书局,1961 年。

《易庐易学书目》体例简析　213

易庐书号 133 尚 71256—622 秘解			
书名	占易秘解	著者	张丙嚞
版本	光绪戊申保阳刻本	别字	龙西
卷册	卷订 1 册函	籍贯	莱阳（山东）
序者	1. 诸城徐会澧序 2. 长白裕长序 3. 相州朱靖旬序 4. 张丙嚞弁言 5. 徐广义跋	略历	光绪间官庆都、羔羊、新都县令。
目录 附凡例	1. 占易秘解总目 2. 筮仪、筮论 3. 占法要论、卦象论 4. 六爻俱静 5. 一动五静、二动四静、三动三静、四动二静、五动一静 6. 六爻俱动	其他著作	周易卦象
提要	此辑自左传、国语以及历代筮案之见于载记者，凡四十余则。而为之评解，并驳议朱熹启蒙筮例，议皆平允。①		

（左侧：清朝光绪十四年戊子　公元一八八一年）

编者指出，卡片中有"尚"、"柯"、"马"等标识，尚盖尚秉和，柯殆柯劭忞，马盖马无考。其后所带不同数字，亦不解其义。而"1256—622"之类，"1256"乃山东图书馆所编《易学书目》之序号，"622"则为索书号。②此二项后文不拟申论，乃先述于兹。至于其余各项，本文谨就其体例作一初步考察，以见前人于专科书籍编目之尝试与贡献。

二、论《易庐易学书目》的体例

《易庐目》为卡片性质，著录书籍之各种明细一目了然。本节就其书号、分类、书名与卷册、版本、著者与别字、籍贯、略历、序者、目录（附凡例）、提要等十种内容，探析其体例，论述其得失。

1. 书号

诚如《前言》所云，卢氏所作卡片共分两种，标"易庐书号"者1281张《原缺71张，号码不全》，标"科学图书号"者57张，重号32张（重号者在原序号后加"—2"以示区别，如91—2），实有1298张。③观"易庐书号"之次序，如清胡嗣超《易卦图说》编号为2，宋邵雍《梅花数全集》编号为3，④可知并非以作者时代为次。又如宋王应麟辑《周易郑注》成于宋元之际，编号为269，明王恕

---

① 卢松安编、山东省图书馆整理：《易庐易学书目》，济南：齐鲁书社，1999年，第64页。
② 《前言》，同上，第2页。
③ 同上。
④ 同上，第1页。

《玩易意见》作于正德元年（1506），编号却为268①，可知亦非以成书年代为次。复如清梁同新《图书奥义》刊于同治八年（1869），编号572，贺登选《易辰》刊于康熙六年（1667），编号575。②则亦非以出版年代为次。再如清王维德辑《卜筮正宗》定为数术类，编号115③，三国诸葛亮《未来预知术》也为数术类，编号234④，中间相隔百余号，且多其他类别书籍参杂期其间，可知亦非以分类为次。

笔者以为，卢氏一生搜罗易学书籍，先搜得者乃先编号。换言之，编号大小实代表搜书的先后。如明黄道周有《三易洞玑》、《易象正》，前者编号5，后者则编号437，二者版本皆纪录为晋安郑极重订本。⑤又如清黄式三《易释》，卢氏著录广雅书局及儆居遗书本，前者编号126，后者则编号1100。⑥甚如民初张右峰《周易说象》不仅于编号24与183重出，且皆为民国十六年（1927）铅印本。⑦编号相差甚远，当因卢氏获书有先后。相反，如编号854至884诸书皆为黄奭汉学堂经解本，编号904至1064皆为马国翰玉函山房辑佚书本，编号1042至1062皆孙氏映雪草堂刻汉魏二十一家易注本。此则因诸丛书所收子书为一次购入故也。至于以"科学图书号"为次的书籍较少，其分类皆为"经102"，其后之四位数字似与四角号码有关（如编号"经102—4484"之《易经勺解》，作者为林欲楫。⑧"林"之四角号码前两位为44，"欲"之末位为8，"楫"之末位为4），待考。

2. 分类

易学在传统四部分类法中仅属经部一类，然历来相关著作甚多，若于类下不复细分，难免失于混乱。有鉴及此，《易庐目》就众多易类书籍作出了细分的尝试。为论述方便，本文姑称之为"项"。如前文所录卡片所示，右上角的"秘解"即为分项。《易庐目》的分项方式有两种，其一为依据书旨而概括之，其二为依据书名而承袭之。先观前者。如《子夏》一书，《易庐目》分项为"易传"⑨，因此书实为《子夏易传》故也。吕祖谦《周易古本》分项为"章句"⑩，徐天璋《睿

---

① 卢松安编、山东省图书馆整理：《易庐易学书目》，济南：齐鲁书社，1999年，第119页。
② 同上，第268—269页。
③ 同上，第56页。
④ 同上，第102页。
⑤ 同上，分见第2、199页。
⑥ 同上，分见第62、541页。
⑦ 同上，分见第12、87页。
⑧ 同上，第661页。
⑨ 同上，第208页。
⑩ 同上，第83页。

川易义合编》分项为"集注"①，吴汝纶《周易》分项为"注勘"②，姚晋圻《经义绩微记》分项为"论说"③，乃就其著述形式而言。马浮《观象卮言》分项为"拟易"④，诸葛亮《未来预知术》分项为"数术"⑤，乃就其内容而言。黄奭《雒书》分项亦为"雒书"⑥、《龙鱼河图》分项亦为"河图"⑦、乔松年《纬攟》分项为"纬"⑧，则系着眼于与雒书、河图、谶纬等易学的支系。

至于后者，亦即依据书名而承袭之法，运用则远多于前者。如焦循《周易补疏》分项曰"补疏"⑨，桂文灿《易大义补》分项曰"大义补"⑩，金士麒《易义来源》分项曰"来源"⑪，冯道立《周易三极图贯》分项曰"图贯"⑫，吴翊寅《易汉学考》分项曰"汉学考"⑬，程一夔、李楷林《周易两读》分项曰"两读"⑭，李锡书《河洛图说》分项曰"图说"⑮，王肇宗《周易序卦图》分项曰"卦图"⑯，如是不一。这般分项固然忠于作者原意，然亦时有未妥之处。如茹敦和《周易二闲记》分项曰"二闲记"⑰，然《易庐目》已据自序言"会稽城外有茶闲、姜闲二东西闾师。尝以易义质之而记其语"。则此书分项为"论说"似更妥贴。俞樾《卦气续考》分项曰"续考"⑱，然续考之续，不过标示考据时间之先后尔，分项为"考"，当视"续考"为圆融。又如俞樾《易一贯》分项曰"贯一"，当系"一贯"之错文。其提要谓此书："推求易象，触类引申，大旨与焦循学说相出入。"⑲如是则分项为"易象"，远较"贯一"明了。复如陆绩注《京氏易传》分项曰"传"⑳，然此书既有京传，又

---

① 卢松安、山东省图书馆整理：《易庐易学书目》，济南：齐鲁书社，1999 年，第 25 页。
② 同上，第 47 页。
③ 同上，第 54 页。
④ 同上，第 47 页。
⑤ 同上，第 102 页。
⑥ 同上，第 34 页。
⑦ 同上，第 27 页。
⑧ 同上，第 661 页。
⑨ 同上，第 71 页。
⑩ 同上，第 68 页。
⑪ 同上，第 236 页。
⑫ 同上，第 71 页。
⑬ 同上，第 253 页。
⑭ 同上，第 83 页。
⑮ 同上，第 75 页。
⑯ 同上，第 44 页。
⑰ 同上，第 74 页。
⑱ 同上，第 167 页。
⑲ 同上，第 155 页。
⑳ 同上，第 71 页。

有陆注，则以"传注"分项当更适合。此外，尚有某些书名含有作者主观感情色彩，不宜直接援为分项之名。如蒋衡《易卦私笺》[1]、李富孙《李氏易解剩义》[2]、杭辛斋《易数偶得》[3]、徐文靖《经言拾遗》[4]，及黄维翰《周易会通》[5]、张丙嘉《占易秘解》[6]诸书，私笺、賸义、偶得、拾遗等语皆为自谦之意，会通、秘解则不无自矜之感。《易庐目》持以为分项，洵非平允。此外，袭书名而为分项，导致名目纷杂零碎，有失郑樵所谓因类求书之本意。进而言之，尚有大量的书籍并未分项，导致全书体例不一。此盖《易庐目》并非定稿，仍待整理之故。

3. 书名与卷册

书名方面，《易庐目》之纪录基本依照原书。如乾隆刊《先天易数》，扉页如题，故卢氏亦从之，编为易庐书号463号。[7]然亦有从简不从繁者，如李光地奉敕撰《御纂周易折中》，诸版扉页皆为六字，然卢氏书目仅作《周易折中》，去"御纂"二字。[8]此外，书名后亦有补记者，如郑玄注《易纬》，后以括号标"八种"[9]，是点出书籍数量。明王夫之《周易考异》，后以括号标"船山遗书四"[10]，是纪录丛书名称。清张国铨等《吹万集》，后以括号标"一"[11]，是谓此书有多册，而与《周易》相关者皆在册一。清章学诚《文史通义》，后以括号标"内篇易教"[12]，是指出书中与《周易》相关之篇章。再者，如清俞樾《曲园杂纂》，后以括号标"艮宦易说"[13]，是点出《艮宦易说》仅为《曲园杂纂》之一种。清姜丹书《周易古义》，后以括号标"一曰学易筌蹄"[14]，明程汝继《周易宗义删》，后以方括号标"易经宗义删"[15]，皆是一书有二名。

卷册方面，《易庐目》一般会详细记载卷、册、函数。如牛钮等奉敕编《日

---

[1] 卢松安编、山东省图书馆整理：《易庐易学书目》，济南：齐鲁书社，1999年，第233页。
[2] 同上，第217页。
[3] 同上，第60页。
[4] 同上，第31页。
[5] 同上，第29页。
[6] 同上，第64页。
[7] 同上，第212页。
[8] 同上，分见第181、213、382页。
[9] 同上，第198页。
[10] 同上，第202页。
[11] 同上，第165页。
[12] 同上，第298页。
[13] 同上，第160页。
[14] 同上，第79页。
[15] 同上，第15页。

讲易经解义》，卷册为 18 卷订 8 册 2 函，黎世序《河上易注》为 10 卷订 6 册 1 函。①又如敦厚老人注《明道易经》，卷册为 12 卷订 12 册 1 夹②，则此书用木夹而不用函套也。不分卷者则不标明，如民初陈启彤《易通例》，仅录 1 册 1 函。③无函者亦不标明，如清惠栋《周易本义辩证》，卷册为 5 卷订 5 册。④又如明顾炎武《五经异同·易经》，本为书中一部分，并无卷、函可计，故标为 1 册 1—26 页。⑤清俞樾《卦气续考》为《俞楼杂纂》之一种，故仅标 1 卷。⑥近人高亨《周易杂论》由山东人民出版社年出版，为新式书籍，仅标 1 册。⑦陈温硅《易卦的来历》为《燕京学报》39 期所收论文，刘子卫《易经体系研究》为 1950 年打字本，故卷册函皆无。⑧

4. 版 本

版本方面，《易庐目》多会尽量纪录出版资料。如清叶佩荪《易守》，著录为清嘉庆十五年慎余斋刻本，侧标"清朝嘉庆十五年庚午公元一八一零年"⑨，于朝代、年号、年分、干支、公元、刊印者皆有登载，最为全面。清赵森《周易卜卦》，著录为咸丰钞本，侧标"清朝咸丰年公元一八五一～一八六一年"⑩，则无法考订确切年份，仅知年号。又有年份侧标而于版本栏不标者，如清端木国瑚《易例》，著录为"紫藤精舍自刻本"，而侧标曰"清朝道光十六年公元一八三六年"。⑪该年份当据序言落款。又有于版本栏直录扉页文字者，如清贾声槐《易解》，扉页于书名之右标"道光甲午年镌"。《易庐目》于版本栏直录此六字，而侧标"清朝道光十四年甲午公元一八三四年"。⑫清王懋竑《朱子年谱》，著录曰"白田草堂藏板"，而侧标曰"清朝同治十一年壬申公元一八一二年"。⑬又如汉郑玄注《易纬是类谋》，版本栏曰"清光绪十五年（1889）湘南书局刻古经解汇函本"⑭，读者除可依此了

---

① 卢松安编、山东省图书馆整理：《易庐易学书目》，济南：齐鲁书社，1999 年，第 291 页。
② 同上，第 238 页。
③ 同上，第 268 页。
④ 同上，第 282 页。
⑤ 同上，第 283 页。
⑥ 同上，第 167 页。
⑦ 同上，第 379 页。
⑧ 同上，第 565、561 页。
⑨ 同上，第 193 页。
⑩ 同上，第 175 页。
⑪ 同上，第 175 页。
⑫ 同上，第 172 页。
⑬ 同上，第 170 页。按：考王懋竑为康熙间人，号白田，此书初版乃王氏自刻无疑。然自初版至同治间二百年，此藏版是否仍为王氏后人所有，不得而知。
⑭ 同上，第 497 页。

解出版年代及机构,亦可知其为丛书"古经解汇函"之一种。再如清谢松龄《周易全部》,版本栏曰"写本",侧标曰"清朝初年"[1],仅知为清初版本。宋蔡渊《易象意言》,版本栏标为"武英殿聚珍板原本"[2],仅知为清刊,然确切年份则未详矣。复如清汤维清《周易注释》,版本栏曰"旧钞本",侧标曰"清朝光绪年公元一八七五～一九六八年"[3],则此书钞于前清或民国,尚待考证。同一书之不同版本,则分别录之。如易庐书号500及501分别为乾隆二十年及二十四年刊本《周易述义》[4],此自系卢氏有意如此,非不慎重复可比。

其次,对于书籍的版别而言,《易庐目》亦会注明。刊本部分,如明范守己《参两通极》,版本栏曰"万历十八年(1500)洧上崇信堂姚勋刻梓"[5],知此书乃晚明刊本。明刘庚纂《周易大全汇征》,版本栏曰"蜀之滴露轩刻本",侧标曰"明朝崇祯十二年己卯(1931)公元一六三九年"[6],知此书乃明末刊本。宋朱熹《周易本义》,版本栏曰"怡府藏板明善堂重梓袖珍本"[7]考怡亲王弘晓乃怡贤亲王允祥之子,藏书处曰明善堂,则此袖珍本重梓当在清乾隆间。清黄思诚《周易录要》,版本栏曰"清光绪七年(1881)岳阳昭祜堂刻本"[8],知此书乃晚清刊本。清佟朝选《尼山心法》,版本栏曰"民国十年刻本"[9],知为民初刊本。柄则照觉《易学讲义》,版本栏曰"东京神诚馆藏板大正六年日文原本"[10],知此书乃和刻本。

稿本部分,如清山汉《卜易摘要》,版本栏曰"稿本",侧标曰"清朝乾隆卅五年庚寅公元一七七零年"[11],知此书成于乾隆之世。杨世澍《易义(附易读法)》,版本栏曰"稿本",侧标无年份。[12]考杨世澍为光绪时书画家,则此稿本年代可知。近人陈植《周易馆窥》,版本栏曰"清稿",侧标曰"民国十七年戊辰公元一九二八年"[13],知此乃陈氏修改校定之本。钞本部分,如佚名《坐卧向藏书》,版本栏曰"桃源书屋钞本",侧标曰"清朝嘉庆二年丁

---

[1] 卢松安编、山东省图书馆整理:《易庐易学书目》,济南:齐鲁书社,1999年,第82页。
[2] 同上,第95页。
[3] 同上,第169页。
[4] 同上,第231页。
[5] 同上,第329页。
[6] 同上,第466页。
[7] 同上,第346页。
[8] 同上,第314页。
[9] 同上,第697页。
[10] 同上,第364页。
[11] 同上,第285页。
[12] 同上,第172页。
[13] 同上,第394页。

巳公元一七九七年"①，知为嘉庆钞本。清黄萼梅《玩易绪言》，版本栏曰"精钞本"，侧标曰"清朝同治年公元一八六二～一八七四年"②，盖为同治钞本。清李塨《尼山心法》，版本栏曰"旧钞本据清道光二十三年（1843）刻本钞"③，略知其本之时代上限。明来知德《来氏易注象数图说》，版本栏曰"清初钞本"④；清冯德祐《周易便览》，版本栏曰"清钞本"⑤；佚名《易经》，版本栏曰"清精钞本"⑥；清唐三复《周易精义》，版本栏曰"民国钞本"⑦。其体例大率如此。

新式印刷的书籍部分，如近人李恒章《学易省过录》，版本栏曰"石印"，侧标曰"民国十五年丙寅公元一九二六年"⑧，知为民初石印本。近人张承绪《周易象理证》，版本栏曰"民国二十年（1931）首都大陆印书馆铅印本"⑨，知为民初铅印本。清魏荔彤《大易通解》，版本栏曰"商务印书馆据文渊阁本景印"⑩，知为四库全书复印件。高亨《周易杂论》，版本栏曰"山东人民出版社"，侧标曰"公元一九六二年"⑪；其《周易古经今注》，版本栏曰"油印本"⑫，知其非正式出版者。

观上文所述，《易庐目》于版本栏之著录颇为细致，总览全目，大抵可归纳为40种形式，兹表列之：

	国/朝	年号	年份	干支	刊钞地	刊钞所	刊钞者	校者	藏板	丛书	版次	监印	版别	藏者	举例
1.		√		√					√				√		2
2.						√							√		3
3.	√	√	√					√					√		4
4.						√					√		√		5
5.	√	√											√		6
6.						√									7
7.		√				√							√		8
8.													√		10
9.						√							√		12

---

① 卢松安编、山东省图书馆整理：《易庐易学书目》，济南：齐鲁书社，1999年，第222页。
② 同上，第200页。
③ 同上，第697页。
④ 同上，第312页。
⑤ 同上，第296页。
⑥ 同上，第241页。
⑦ 同上，第321页。
⑧ 同上，第394页。
⑨ 同上，第466页。
⑩ 同上，第147页。
⑪ 同上，第379页。
⑫ 同上，第94页。

	国/朝	年号	年份	干支	刊钞地	刊钞所	刊钞者	校者	藏板	丛书	版次	监印	版别	藏者	举例
10.		√											√		15
11.		√	√					√		√			√		16
12.	√	√	√						√				√		25
13.	√		√	√		√							√		26
14.								√					√		27
15.		√	√										√		28
16.	√										√		√		31
17.	√												√		32
18.				√		√		√					√		34
19.								√					√		36
20.				√									√		37
21.	√	√			√								√		39
22.								√							40
23.		√	√	√	√					√			√		48
24.												√	√		63
25.	√						√						√		67
26.							√								84
27.						√	√						√		89
28.							√					√			91
29.	√	√	√		√								√		98
30.			√										√		101
31.													√		104
32.	√												√		110
33.							√	√					√		119
34.				√	√								√		121
35.		√											√		133
36.													√		135
37.								√					√		137
38.		√			√								√		140
39.		√								√			√		141
40.						√		√					√		155

右侧"举例"者皆为易庐书号编号，兹不胪列内容，以节省篇幅。由此表可见，所有书籍之版别（刊本、稿钞本、铅印本等）几乎悉有著录，其余各项则或有或否，此自因原书纪录本已如此。版本栏与侧标之年份，一为刊印年，一为成书年，二者可互参。如清高宗《周易述义》，版本栏仅曰"原刻本"，侧标曰"清朝乾隆二十年公元一七五五年"。[①]依照书成付梓的习惯，则此书原刻于乾隆二十年稍

[①] 卢松安编、山东省图书馆整理：《易庐易学书目》，济南：齐鲁书社，1999年，第231页。

后，当无问题。又如邓尚谦《厄易详说》，版本栏曰"清道光二年（1822）魁宿堂刻本"，侧标曰"清朝嘉庆十六年辛未公元一八一一年"。^①由是而观之，则此书若非再版，当系脱稿于嘉庆而刊行于道光。又如唐李鼎祚《李氏易传》，版本栏曰"清乾隆二十一年（1756）德州卢氏刻本"，侧标曰"唐朝贞观开元年间约公元六四九~七三三年"，^②则此书绝非初版可知。然而有时版本栏之内容过于简略，则有未洽。如宋程颐《伊川易传》，版本栏仅曰"刻本"，侧标曰"宋朝元符二年己卯"。^③此本当非北宋刊本，然系何代付梓，读者茫然不晓。又如唐史徵《周易口诀义》，版本栏曰"岱南阁丛书清孙星衍校"。^④考"岱南阁丛书"，孙星衍编辑于嘉庆年间，其后屡有再版，如江苏书局本等。此本究系何本，亦难遽知。

5. 著者与别字

著者姓名及别字，大抵依据其著作中之记录。如《河图道原》之著者为朱云龙，别字复斋、铮镐^⑤，此皆书中所纪录者。《周易禅解》之著者为智旭，别字藕［蕅］益^⑥，亦然。提要栏谓其又号"北天目道人"，则卢氏补充资料也。又如《经典释文》之著者栏为陆德明，后括号曰"以字行，名元朗"。^⑦《周易诠义》之著者栏为汪烜，后括号曰"后名绂"。^⑧此皆卢氏之补充。至若《三易洞玑》之著者为黄道周，别字栏空白。^⑨考黄道周，字幼玄，一作幼平或幼元，又字螭若、螭平，号石斋。《易庐目》不录，盖因原书不记尔。原书仅有著者别号者，则录之。如《增删卜易》，著者栏曰野鹤老人之类。^⑩再观《周易全集》，著者栏、别字栏皆空白，提要谓其为占卜之书^⑪，盖民间流传，作者莫考也。旗人多只称名而不称姓，《易庐目》从之。如《大易集义粹言》之著者为成德，别字容若。^⑫成德姓纳兰氏，然书中不记。不过，若著者主动提及姓氏，则《易庐目》亦录之。如《读易汇参》，著者栏为额尔德特氏和瑛，别字栏为泰庵。^⑬神怪或伪托之书，仍依原书标出著者。

---

① 卢松安编、山东省图书馆整理：《易庐易学书目》，济南：齐鲁书社，1999年，第227页。
② 同上，第214页。
③ 同上，第328页。
④ 同上，第298页。
⑤ 同上，第2页。
⑥ 同上，第288页。
⑦ 同上，第343页。
⑧ 同上，第30页。
⑨ 同上，第2页。
⑩ 同上，第163页。
⑪ 同上，第163页。
⑫ 同上，第384页。
⑬ 同上，第183页。

如《六十四卦符箓》，著者栏曰青阳帝君降乩秘传符咒。①《易纬·乾坤凿度》，著者栏为公孙轩辕氏、苍颉修。②又如《未来预知术》，著者栏为诸葛亮，然提要栏则谓其"乃托名伪作者也"。③

然其体例亦偶有可商榷之处。如《易楔》，著者栏为杭辛斋。④考杭氏名慎修，又名凤元，别字一苇，清末海宁长安镇人。《易庐目》以别号入著者栏，似乎自乱体例。又《古三坟》，著者栏为程荣校。⑤程荣乃明人，而卡片谓此书"宋元丰七年得于民舍"，固非三皇五帝时书，然亦宋人伪托。列校者之名于著者栏，犹有可议。又如《周易逢原》，著者栏为履轩中井积德处叔。⑥考中井氏名积德，字处叔，号履轩、幽人，生于大阪。《易庐目》所记，固乃扉页原文，然著者栏宜作中井积德，别字栏作处叔、履轩尔。再如《国学演讲录》，著者栏曰章太炎讲，别字栏曰张冥飞笔述，⑦亦非熨贴。

此外，不少著述并非全然原创，而是对《周易》之诠释，故著者栏也往往会标明其著述性质。如《吕氏古易音训》，著者栏曰宋咸熙辑。⑧《周易古本》，著者栏曰吕祖谦定。⑨《焦氏易林》，著者栏曰唐琳订。⑩《京氏易传》，著者栏曰陆绩注。⑪《周易集解补笺》，著者栏曰林庆炳笺。⑫《读易易知》，著者栏曰单恩兰解。⑬《经言拾遗》，著者栏曰徐文靖学。⑭《易学讲原》，著者栏曰曹文岸述。⑮《周易大全汇征》，著者栏曰刘庚纂。⑯《周易大义通释》，著者栏曰许之衡撰。⑰《六壬汇集》，著者栏曰郭载骤校。⑱《古易病断》，著者栏曰新井白

---

① 卢松安编、山东省图书馆整理：《易庐易学书目》，济南：齐鲁书社，1999年，第343页。
② 同上，第588页。
③ 同上，第102页。
④ 同上，第397页。
⑤ 同上，第102页。
⑥ 同上，第352页。
⑦ 同上，第571页。
⑧ 同上，第84页。
⑨ 同上，第83页。
⑩ 同上，第17页。
⑪ 同上，第71页。
⑫ 同上，第22页。
⑬ 同上，第6页。
⑭ 同上，第31页。
⑮ 同上，第353页。
⑯ 同上，第406页。
⑰ 同上，第407页。
⑱ 同上，第503页。

蛾原述。①《观象卮言》，著者栏曰马一浮讲录。②《周易本义集成》，著者栏曰熊良弼集疏。③《周易离句启蒙》，著者栏曰曹焕猷辑注。④《周易揭要》，著者栏曰周蕙田辑录。⑤《周易翼义集粹》，著者栏曰吴曰慎纂辑。⑥《周易读本》，著者栏曰夏与贤钞辑。⑦《朱子语类易编》，著者栏曰程川重编。⑧《周易粹钞》，著者栏曰孙昭德编次。⑨《周濂溪集》，著者栏曰张伯行编辑。⑩《大易集义粹言》，著者栏曰成德合订。⑪《大易通变》，著者栏曰乔中和订补。⑫《周易折中》，著者栏曰李光地等奉敕纂。⑬不一而足。然而，亦偶有应标明而无者，如《古五子易传》，著者栏曰马国翰。⑭此系玉函山房辑佚本，当作"马国翰辑"更妥。《周易传注》，著者栏曰李塨，⑮当作"李塨注"为宜。

6. 籍 贯

古人署名多纪录籍贯，而以州县名称为主。故《易庐目》所标籍贯以原书为据，此县于今仍存，则仅以括号标出省份，如《卦本图考》作者胡秉虔，籍贯栏曰"绩溪（安徽）"即是。⑯此外，古人书写籍贯每喜用前朝名称，《易庐目》亦标出今名。如《周易议卦》作者王崇庆，籍贯栏曰"澶渊（河南濮阳）"⑰，《周易遵经象解》作者朱元，籍贯栏曰"豫章（江西南昌）"⑱，如此皆是。

民国以后，有若干城市易名。又有若干州县合并，而以府命名之。如清代绍兴府原有山阴、会稽两县，民国元年（1912）废绍兴府，并两县而成绍兴县。1949年设绍兴市。若书中所列籍贯不存于今者，则于省份后标出今日地名。如《易

---

① 卢松安、山东省图书馆整理：《易庐易学书目》，济南：齐鲁书社，1999年，第54页。
② 同上，第47页。
③ 同上，第385页。
④ 同上，第49页。
⑤ 同上，第58页。
⑥ 同上，第20页。
⑦ 同上，第367页。
⑧ 同上，第14页。
⑨ 同上，第368页。
⑩ 同上，第8页。
⑪ 同上，第384页。
⑫ 同上，第372页。
⑬ 同上，第382页。
⑭ 同上，第444页。
⑮ 同上，第331页。
⑯ 同上，第111页。
⑰ 同上，第108页。
⑱ 同上，第86页。

通例》作者陈启彤，籍贯栏曰"泰州（江苏泰县）"[①]，以清代称泰州，民国改称泰县也。又如《吕氏古易音训》作者宋咸熙，籍贯栏曰"仁和（浙江杭州）"[②]，仁和为清代杭州府下一县，民国后并入新成立之杭州市。至如《易卦咏》作者邱卫才，籍贯栏只曰"广东华侨"矣。[③]

其次，旗人祖籍东北，籍贯甚少称州县，《易庐目》从之。如《周易汇统》乃康熙名臣佟国维所纂，籍贯仅曰辽东。[④]《理学解原》作者朓图，籍贯栏曰"长白（辽宁）"。[⑤]长白乃雅称焉。《阴阳飞卦五行神数》作者赵佳氏瑞森，籍贯栏则迳曰"满洲"。[⑥]现代作者，则一般不列出籍贯。外国作者部分，亦尽量列出。如《增补高岛易断》作者高岛嘉右卫门，籍贯栏曰"日本横滨"。[⑦]然盖限于当时客观条件，不少作者之籍贯栏只有国名。如《周易原论》作者渡边千春，籍贯栏仅曰"日本"而已。[⑧]

由于资料庞大，《易庐目》于籍贯之记录亦偶有差错之处。如《清风易注》作者魏阀，籍贯栏曰"汉川（湖北汉阳）"。[⑨]考汉川县于清代虽属汉阳府，1949年后则改隶孝感市矣。《周易大义》作者吴闿生，籍贯栏曰"桐城（江苏）"。[⑩]洵为一时笔误。桐城在安徽境内，众所周知焉。《易成》作者恩年，籍贯栏曰"北京"。[⑪]恩年乃旗人，而旗人于籍贯多题以辽东、长白等关外之地，甚少采用北京。《周易原旨》作者元人保巴，籍贯栏曰"蒙古"，然略历则曰"色目人，居于洛阳"。[⑫]保巴既为西域民族，则应非蒙古裔矣。

7. 略　历

略历方面空白者，一为作者甚为著名，如《周易述义》作者弘历，[⑬]即清高宗，生平无须冗述。二为集体编纂，如《周易引得》作者为哈佛燕京学社。[⑭]三为作者待考，

[①] 卢松安编、山东省图书馆整理：《易庐易学书目》，济南：齐鲁书社，1999年，第268页。
[②] 同上，第209页。
[③] 同上，第539页。
[④] 同上，第23页。
[⑤] 同上，第55页。
[⑥] 同上，第159页。
[⑦] 同上，第25页。
[⑧] 同上，第252页。
[⑨] 同上，第225页。
[⑩] 同上，第77页。
[⑪] 同上，第550页。
[⑫] 同上，第135页。
[⑬] 同上，第231页。
[⑭] 同上，第99页。

如《新镌断易大全》作者余兴国。① 四为现代人，如郭沫若、顾颉刚、闻一多等。若正史记录作者生平，则不迻录，仅标出处。如《易原》作者程大昌，略历仅曰"宋史本传"。②《易传灯》作者徐总干，略历栏曰"见四库提要师吕祖谦"。③ 查《四库总目提要》曰：

> 《易传灯》一书，诸家书目俱不著录。朱彝尊《经义考》亦不载其名。惟《永乐大典》散见于各卦之中，题其官曰"徐总干"，而不著名字，又载其子子东序，谓其父尝师事吕祖谦、唐仲友。考《宋史》，徐侨尝受业于祖谦，著《读易记》、《尚书括旨》等书，祖谦门人又有徐侃、徐倬，序无明文，不能定其为谁也。④

可以参详。至若他书纪录则稍撮写之，如《易图通变》作者雷思齐，略历栏曰："宋亡，弃儒服为道士，居乌石观，后终于广信。事具袁楠[桷]所撰墓志铭。"⑤ 考袁桷之文曰《空山雷道士墓志铭》，于其著述颇有论及。⑥ 对于不甚知名的作者，《易庐目》亦时有考据。如《周易古义》作者姜丹书，籍贯栏曰"浙江黄岩"，略历栏曰："见黄岩县志孝友传。"⑦ 可知卢氏尝检核此书。书中序跋或齿及作者背景及著书经过，《易庐目》自会采用。如《河洛图说》作者李锡书，略历栏曰："二十领乡荐，三十成进士，以家贫应棉上主讲五年，应学人请著此书。"⑧ 他如《周易解诂》作者丁晏，略历栏曰："道光元年举人，官内阁中书，加三品衔。"⑨《理象解原》作者肫图，略历栏曰："宗室德沛之从弟。"⑩ 此类资料出处，《易庐目》则不逐一拈出矣。

此外，《易庐目》尚有一参见之法，如易庐书号123为《易数偶得》，著者杭辛斋，略历栏曰"见182"。⑪ 编号182之卡片今已不存，然犹可想见。又如书号668为明严而宽《易经补注备旨》，文光堂藏板。⑫ 编号768则题曰《易经备旨》，嘉庆丁丑刻本，⑬ 二者同书异板。768之略历栏谓严氏"崇祯进士，南都亡破嘉定时自缢"，

---

① 卢松安编、山东省图书馆整理：《易庐易学书目》，济南：齐鲁书社，1999年，第166页。
② 同上，第195页。
③ 同上，第183页。
④ [清]永瑢主编：《四库全书总目提要》，第14页。
⑤ 卢松安编、山东省图书馆整理：《易庐易学书目》，第190页。
⑥ [元]袁桷：《袁桷集》，长春：吉林文史出版社，2010年，第463—464页。
⑦ 卢松安编、山东省图书馆整理：《易庐易学书目》，第79页。
⑧ 同上，第75页。
⑨ 同上，第61页。
⑩ 同上，第55页。
⑪ 同上，第60页。
⑫ 同上，第318页。
⑬ 同上，第370页。

668 则空白。依一般体例，严氏略历当系于 668 之下，而于 768 采参见之法。可知卢氏生前于此目尚未完成，故难以进一步贯彻此法也。此外，略历栏下尚有一小栏曰其他著作，然不尽完备，兹不一一。

8. 序 者

自六朝僧祐《出三藏记集》开始，目录家即有于各书条下抄录序跋的传统。限于卡片的篇幅，《易庐目》无法迻录各书序跋的全文，然亦会于序者栏条列之。如丁裕彦《洪范宗经》，条列了陈富俊序、贾桢序、宋庆和序。[①]又如彭作邦《周易史证》，则条列了安化罗绕典序、彭作邦自序。[②]复如丁泽安《自得斋易学》，共有《易学节解》、《易学三编》、《易学附图》、《易学汇说》四种，每种各自有序。《易庐目》则将各序一并列于序者栏。[③]再如黄以周《周易故训订》，序者栏则有黄以周自序、唐文治跋。[④]刘方璇《易悟》，有长白廷桂跋、铅山熊枚题辞。[⑤]程川《朱子语类易编》，有程川自书说。[⑥]程汝继《易经宗义删》，有湖南逸民葛寅亮序、吴士熙易经宗义删小引。[⑦]沈该《易小传》有进易小传札子、鸣野山房主人志。[⑧]王又朴《易翼述信》有方望虞札。[⑨]杭辛斋《学易笔谈》有学易笔谈述指。[⑩]洪其绅《易通》有其自撰原起。[⑪]蔡清《易经蒙引》有奏刻易经蒙引勘余。[⑫]奉敕编《日讲易经解义》有牛钮等呈疏。[⑬]朱元升《三易备遗》有中书省照札。[⑭]何楷《古周易订诂》有张天如太史来书、黄幼元宫允来书。[⑮]吴大廷《读易随笔》有宗干题词评识。[⑯]李铉《周易义例》有天倪阁记考。[⑰]李锡书《河洛图说》有见庵日记。[⑱]程一夔、李阶林《周

[①] 卢松安编、山东省图书馆整理：《易庐易学书目》，济南：齐鲁书社，1999 年，第 3 页。
[②] 同上，第 5 页。
[③] 同上，第 7 页。
[④] 同上，第 11 页。
[⑤] 同上，第 23 页。
[⑥] 同上，第 14 页。
[⑦] 同上，第 15 页。
[⑧] 同上，第 24 页。
[⑨] 同上，第 247 页。
[⑩] 同上，第 45 页。
[⑪] 同上，第 248 页。
[⑫] 同上，第 331 页。
[⑬] 同上，第 291 页。
[⑭] 同上，第 311 页。
[⑮] 同上，第 50 页。
[⑯] 同上，第 57 页。
[⑰] 同上，第 60 页。
[⑱] 同上，第 75 页。

易两读》有李阶林序说及赞。①吕祖谦《晦庵先生校正周易系辞精义》有宜都杨守敬校记。②张国铨等《吹万集（一）》有湛翁诗序、吹万集选录。③以上所叙诸序跋、题词或代序，皆刊于原书之中。此外又偶有记录手批情况者。如陆绩注《京氏易传》云"有近人批注"。④此即非刊于书中之评论文字，当为旧藏者所批记。

总而观之，《易庐目》于序跋之著录颇为详尽，唯其栏额曰"序者"可商榷之。盖此栏着眼于序跋本身，而非诸序作者。

9. 目录附凡例

《汉书·艺文志》云："刘向校书，每一书已，辄条其篇目，撮其旨意，录而奏之。"⑤"条其篇目"即编录目次，"撮其旨意"即撰写提要。《易庐目》承刘向体例，亦有目录附凡例、提要两项。兹先观前者。一般而言，《易庐目》会以条列形式呈现目次，然因篇幅考量又有精简。如贾声槐《易断辞》条云：

1. 卷首
2. 卷 1—2，上经，下经
3. 卷 3，系上，系下，说卦，序卦，杂卦⑥

查其所列，可推知卷1为上经，卷2为下经。然《易庐目》则并为一条，以省篇幅。又如熊朋来《熊氏经说》条云：

1. 附录熊朋来传
2. 卷一易说
3. 卷二易诗书古韵
4. 其余五卷系说他经⑦

因《易庐目》之主题所限，《周易》以外之内容则不作详细叙述。复如耿南仲《周易新讲义》条云：

5. 纪昀等提要
6. 卷 1—4 上经

---

① 卢松安编、山东省图书馆整理：《易庐易学书目》，济南：齐鲁书社，1999年，第83页。
② 同上，第112页。
③ 同上，第165页。
④ 同上，第71页。
⑤ ［汉］班固：《汉书》，第1712页。
⑥ 卢松安编、山东省图书馆整理：《易庐易学书目》，第172页。
⑦ 同上，第190页。

7. 卷4—6 下经（鼎卦以下原缺）①

书中所缺部分于目次处标出。又有限于篇幅而不分卷之书，或各卷并无标题者，则以简要文字述其形式及编次。如东方朔《灵棋经》条云：

> 共卜23卦，象，断及注解②

又如李登墀《中华易学》条：

> 卷1—4 杂论易学计36则③

民国以后新式不分卷之书籍，则亦抬出各节之标题。如黎翔凤《周易探原》：

1. 释易
2. 释八卦
3. 释六十四卦上下
4. 释象象
5. 易传非孔子作
6. 易传作者
7. 周易中文化状况
8. 周易之表层魔障
9. 周易符号应用之展开④

观黎氏书中并无目次，《易庐目》所录可谓令读者一目了然。

发凡起例的工作，自《春秋》三传即已开展。为免读者臆测，后世著书者往往会自撰凡例，交代其书的宗旨、内容、体裁、结构以及编写规定或说明。凡例一般为条列形式。就《易庐目》的体式来说，自不可能全部过录。故《易庐目》会于目次之末附标凡例。如赵如源《扬子太玄经》条云："太玄经凡例。"吕佩芬《经言明喻篇》条云："例言10则。"⑤新田兴美喜男《周易讲义》条云："著者例言三章。"⑥如是不一而足，甚为明晰。然笔者以为，凡例虽为条列形式，内容却与作者自序颇有相近之处。某些并无凡例之书，吾人每须倚赖自序以推求其

---

① 卢松安编、山东省图书馆整理：《易庐易学书目》，济南：齐鲁书社，1999年，第83页。
② 同上，第112页。
③ 同上，第165页。
④ 同上，第71页。
⑤ ［汉］班固：《汉书》，第1712页。
⑥ 卢松安编、山东省图书馆整理：《易庐易学书目》，第172页。

著作体例。故此，将凡例部分附于序跋栏，似较置于目次栏为更佳。

10. 提要

提要一栏，若其他书目已有提要，且所论允洽，则《易庐目》仅列此目以供检核。如朱震《汉上易集传》条云："见四库总目经部易类二。"①杨方达《易学图说会通》条云："见四库总目经部易类存目四。"②他目不录者，则出以简短文字，或平议内容，或考订作者，或辨析书名，或比勘版本。兹分别举例以见之。平议内容方面，如朱云龙《河图道原》条：

> 此节略医家运气采辑众说以注河图之书。③

可见其书涯略。又如翟云升《焦氏易林校略》条：

> 此书以世行焦氏易林无善本，宋椠亦交相龃龉，因参合勘证，未详存疑，极见审慎。④

一方面参详原书作者之自序，一方面又考察其校勘工作之质量，方得出"极见审慎"之论断。又如李钧简《周易引经通释》条：

> 此书采群经释易取材渊博，繁称饰说在所难免，学易者亦可资为旁证之用。⑤

不仅道出此书瑕疵，亦点出可如何运用此书，可谓学者津筏矣。此外又偶有过录佳说以见其书之特色者，兹不赘。

考订作者方面，如《梅花数全集》条：

> 此托名邵雍以行卜之书。⑥

寥寥数语，以见此书之伪。郭京《周易举正》条：

> 此书唐艺文志不载，后出定伪托。并郭京之名亦古有无疑似之间。⑦

指出《新唐书·艺文志》并无著录此书，其伪托可能性甚高。又《周易诂要》条：

> 此书，传为乾隆年匕书，未著撰者姓氏，内容并不诂象数，则仍义

---

① 卢松安编、山东省图书馆整理：《易庐易学书目》，济南：齐鲁书社，1999 年，第 134 页。
② 同上，第 390 页。
③ 同上，第 2 页。
④ 同上，第 35 页。
⑤ 同上，第 34 页。
⑥ 同上，第 1 页。
⑦ 同上，第 210 页。

理之学也。①

列出相关传闻及内容概要，以备学者来日之考据。螺岗居士《玄空秘旨浅注》条：

> 此形家之言也。玄空秘旨为明幕讲僧著，此为其注。螺岗居士，李青之号。②

点出此书原作者为何人，以及著者本名。

辨析书名方面，如茹敦和《周易二闾记》条：

> 此书系李慈铭订。盖敦和原题二闾者，据自序，指会稽城外有茶闾、姜闾二东西闾师。尝以易义质之而记其语。慈铭易之为左闾右闾。③

此据书中自序以解书名。又如郑汝谐《易翼传》条：

> 见四库总目经部易类三。名东谷易翼传。④

四库著录之书名略不同于卢氏藏本，故《易庐目》于提要两存之。

比勘版本方面，如朱熹《凤仪易经》条：

> 此覆刻朱本义，扉页题遵依正韵，则明人坊版也。⑤

据扉页提及之《洪武正韵》，断定此书为明代坊刻本。吕祖谦定《周易古本》条：

> 此依清内府仿宋椠周易本义校正之本。⑥

虽无详细考证，然可资读者鉴别。

三、结　语

笔者认为《易庐目》尚有两点可商榷之处，兹一并论述于此。其一为书籍选取：如编号375为王懋竑《朱子年谱》，⑦此书仅有甚小部分涉及易学，是否适合纳入《易

---

① 卢松安编、山东省图书馆整理：《易庐易学书目》，济南：齐鲁书社，1999年，第3页。
② 同上，第59页。
③ 同上，第163页。
④ 同上，第20页。
⑤ 同上，第11页。
⑥ 同上，第83页。
⑦ 同上，第170页。

卢目》，犹待讨论。又如编号 528 为姚宽《西溪丛话》，卢氏谓"此笔记中有论考据易卦者持论精切"。①历来笔记、别集中亦每有论《易》理者，若准此例则收不胜收矣。其二为重复纪录：如编号 24、183 皆为民国十六年铅印本张右峰《周易说象》。然前者有提要而后者无，后者著录贺培新序而前者否。②持以比较，见其出入。又如编号 275、1188 皆为黄泽《易学滥觞》，然前者视后者多出目录、略历两部分。③甚或李道平《周易集解纂疏》，编号 1266、1267 皆为此书，著录内容也几乎一样④，不知何故。又如编号 251、1235 及 1273 皆为胡秉虔《卦本图考》。卡片 1273 并无提要，而 252 提要曰："此书以朱说卦成象立为精，而谓纵横曲直、反覆相生、无所不可则似太宽，且本义于卦变歌十九卦外有自某卦某卦来者，牵曳无际，未免启后人凭臆说之渐，故考诸家之说及汉人解易之语，案之于经，以成是书。"⑤而 1235 提要则云："此书多援据李鼎祚集解，案之于经，周汉人解易"此本某卦"与"此卦某本"之成法说明。"⑥比对之下，卡片 252 并未齿及李鼎祚集解，而卡片 1235 并未道及胡氏对前人的不满，二者固无扞格，然须参看方可。

如张宗友所言，《易》基本上处在经部或经类之下，而二级类目。就体系而言，有的在《易》下还有子目，如《通志·艺文略》分为古易、石经、章句、传、注、集注、义疏、论、说、类例、谱、考正、数、图、音、谶纬、拟易，凡十七子目。焦竑《国史经籍志》子目十四：古易、石经、章句、集注、疏义、论说、例、谱、考正、音、数、图、谶纬。祁氏《澹生堂书目》厥目有九：古易、章句注传、义疏集解、详说、蓍卜、图谱、古解考正、谶纬、拟易。⑦清初朱彝尊编《经义考》，遍罗经部知见书籍，其中易类共七十卷，占了四分之一的篇幅。然而，朱氏却并未为易类书籍明确分类。《易庐目》虽有分类，却冗碎芜杂，几近于未分，此固因其乃未定稿，然似亦仅聊备一格而已。至若著者与别字、略历，虽偶有草率处，然基本无大舛误。唯序跋及凡例部分，限于表格体例而无法全文逐录，不能无憾。

总括而言，《易庐易学书目》为藏书目，非朱氏之知见目，于乾嘉迄近现代

---

① 卢松安编、山东省图书馆整理：《易庐易学书目》，济南：齐鲁书社，1999 年，第 244 页。
② 同上，分见第 12、87 页。
③ 同上，分见第 122、586 页。
④ 同上，分见第 626、627 页。
⑤ 同上，第 111 页。
⑥ 同上，第 610 页。
⑦ 张宗友：《〈经义考〉研究》，北京：中华书局，2009 年，第 103 页。

相关著作致力搜罗，似有《经义考·易类》续编之意。其优胜之处，在表格形式之一目了然，及提要之精赅、书名、卷册、版本之明晰。尤其提要方面，时引《四库全书总目》等书，四库未收者自撰提要，多能以寥寥数语概括一书得失，或考订作者、版本，颇见学术根柢。故《易庐目》除反映近代易学书籍收藏和出版的面貌，最大价值仍在辨章学术、考镜源流。目前《易藏》之编纂工作业已展开，究《易庐目》之体例，盖不无先驱之鉴乎！

（陈炜舜，香港中文大学中文系副教授）

易学三论

易学是由《易经》开其端，《易传》集其成，探讨宇宙、社会与人生的天人之学，即现代所谓的哲学。

以现代哲学理论体系之宇宙本体论、社会人生价值论、思维方法论之哲学三论，来解构易学理论体系，可以概括为易道论、易德论、易术论，概称之为易学三论，此乃本文之主题。

一、易道论

易道论是易学理论体系之宇宙本体论。

道这一哲学范畴在《易经》中多次出现：

《复》卦的卦辞中说："反复其道，七日来复，利有攸往。"这句卦辞的意思是：复返以其自身之道，七天将返转回复，利于前往。

《小畜》卦的初九爻辞说："复自道，何其咎？吉。"这句爻辞的意思是：复返以其自身之道，哪会有什么咎害呢？必然吉祥。

《随》卦的九四爻辞说："有孚在道，以明，何咎？"这句爻辞的意思是：只要诚信合于道，又光明磊落，还会有什么咎害呢？

以上三条卦爻辞中的"道"，皆有规律之义。在《易经》的卦爻辞中表明：凡是合于"道"，用现代哲学范畴来说，合乎规律的活动，皆吉而无咎。

道家哲学创始人老子吸取《易经》的哲学内涵，对《易经》中具有规律意义之道，加以阐发，提出："执古之道，以御今之有。能知古始，是谓道纪。"（《老子》第十四章）这是说：根据古之道，来驾御当今之有。能知晓古之开端，就是"道"的纲纪。

老子从《易经》中具有规律含义之道这一哲学范畴，进而探究"道"的本源之义，提出："道者，万物之奥。"（《老子》第十二章）这是说：道是万物之所以成为万物的奥妙。用通俗的语言来说，即道是万物的本源。

老子指出：作为万物之奥的道，与一般可以言说之道是不同的。《老子》第一章开篇就说："道可道，非常道。"这是说：可以言说的道，就不是永恒的"道"。表明老子从哲学范畴概括出的道，是不可以用言语来言说的永恒之道，是"玄之又玄"的奥妙之道，正因为"玄之又玄"，所以才能成为"众妙之门"。即一切奥妙之所出，也就是万物的本源。

作为万物本源之"道"是最高的哲学范畴，是不可以言说的。"道常无名。"(《老子》第三十二章)然而为了使人对"道"有所感知，老子对"道"又进行多方面的描述。《老子》第二十五章中说："有物混成，先天地生。寂兮寥兮，独立而不改，周行而不殆，可以为天下母。吾不知其名，字之曰道，强为之名曰大。""道"或者曰"大"，是对先于天地之生、作为天地之母的勉强名字。用哲学术语讲，即"道"或曰"大"是天地万物的本源的勉强称谓。

《老子》第三十四章中说："大道泛兮，其可左右。万物恃之以生，而不辞。"这是说：大道像泛滥的河水一样啊，谁能控制？万物依靠它生存，而它对万物不加干涉。《老子》第四章中说："道冲而用之，或不盈。渊兮，似万物之宗。"又说："吾不知谁之子，象帝之先。"这是说：道虽然空虚而作用却没有极限，它是那么深渊啊！像是万物的祖宗。我不知它来自何方，好像在上帝之先就已存在了。这些是对道为天地万物本源的进一步论述。

老子还对道产生万物作了表述："道生一，一生二，二生三，三生万物。万物负阴而抱阳，冲气以为和。"(《老子》第四十二章)这是说：道展现为混沌的统一体(《易传》中称之为太极)，混沌的统一体(太极)展现为阴阳二气(《易传》中称之为两仪)，阴阳二气交合而形成阴、阳与合和之气。阴、阳、合和之气而产生万物。万物都是背阴而抱阳，而由阴阳激荡而成对立统一的和谐之体。

通过上述诸章的论述，表明老子吸取《易经》中蕴涵规律之义的"道"这一哲学范畴，建构以道为核心的道学理论体系，并进而将"道"升华为天地万物的本源，论述了道与阴阳的关系。

老子对《易经》中隐而未显的哲学内涵的阐发，以"道"解易，为易学理论体系之易道论建构了理论基础。

《易传》是《易经》的阐释，包括《彖传》上下、《象传》上下、《文言》、《系辞传》上下、《说卦传》、《序卦传》、《杂卦传》十部分。《彖传》是断定一卦的意义的，《象传》是表明卦、爻的象征的，《文言》是对乾、坤两卦的阐释，《系辞传》是泛论《易经》的道理的，《说卦传》是泛论《易经》的大意的，《序卦传》是泛论六十四卦的序列的，《杂卦传》是泛论六十四卦的"二卦并而相错"关系的。

关于易学理论体系之易道论的论述集中在《系辞传》与《说卦传》中。《易传·系辞传上》中指出:"《易》与天地准,故能弥纶天地之道。仰以观于天文,俯以察于地理,是故知幽明之故;原始反终,故知生死之说;精气为物,游魂为变,是故知鬼神之情状。与天地相似,故不违;知周乎万物,而道济天下,故不过;旁行而不流,乐天而知命,故不忧;安土敦乎仁,故能爱。范围天地之化而不过,曲成万物而不遗,通乎昼夜之道而知,故神无方而易无体。"这是说:《易》的创作与天地相准拟,所以能涵盖天地之道。用《易》所涵的天地之道,仰观天上日月星辰的文采,俯察地上的山川原野的纹理,就能知晓幽隐无形与显明有形的事理;推原事物的初始,反求事物的终结,就能知晓死生的道理;考察精气所形成的事物,气魂游散造成的变化,就能知晓鬼神的情实状况。明了易理和天地的道理相近似,所以行动就不会违背天地自然的规律;它的智慧遍及万物,其道足以匡济天下,所以不会出现差错;普遍地推行而不会流溢泛滥,乐其天然而知其命数,所以无有忧愁;安其环境而敦厚地实行仁义,所以能泛爱天下。易道广大足以范围天地的化育而不致于偏失,足以曲成万物而不使遗漏,足以通乎昼夜之道而无所不知,所以神奇奥妙不拘泥一方而易道变化而定于一体。

这一大段是关于易与天地之道以及易道对于人们认识、把握宇宙万象变化之神奇奥妙的总体论述。

《易传·系辞传》中提出:"形而上者谓之道,形而下者谓之器。"

"形而上":意谓有形可见的事物之上的东西,即无形的,相对有形的、具体的东西而言;"形而下":指有形可见的具体事物。"道"是属于形而上的,器物是属于形而下的。"形而上"与"形而下"、"道"与"器"成为中国哲学最根本的哲学范畴。

"形而上者谓之道",这一易学理论体系之易道论最高范畴的提出,显然是《老子》第一章开篇所言"道可道,非常道"命题的哲学表述。"形而上"之"道"与"形而下"之"器"一对哲学范畴的提出,表明探究宇宙本体的哲学理论思维的确立。

《易传》还对易之天道、地道、人道作了论述。"《易》之为书也,广大悉备,有天道焉,有人道焉,有地道焉。"(《易传·系辞传下》)

《易传·说卦传》对易之天道、地道、人道内涵作了进一步阐发。"昔者圣人之作《易》也;将以顺性命之理;是以立天之道曰阴与阳,立地之道曰柔与刚,立人之道曰仁与义。兼三材而用之,故《易》六位而成章。"

从以上这段文字来看,《易传》认为,上古圣人创作《易》是为了"顺性命之理",即顺合万物的性质和命数变化的规律。因此,《易》的体系"广大悉备",涵盖了天道之阴阳、地道之柔刚、人道之仁义。这虽然是由赞叹《易》而发,然而把天道、地道、人道视为一体,在哲学上来讲,是确立了一个包括天道、地道、人道的宇宙论体系。天道、地道属于自然界，人道属于社会人生，宇宙则包括自然与人类社会的统一体，即"天人合一"的宇宙观，此乃易学理论体系之易道论。

二、易德论

易德伦是易学理论体系之社会人生论。

"德"这一哲学范畴在《易经》中已多次出现，以德性命名的卦有"谦"、"恒"、"中孚"等。在卦爻辞有更多"德"及以德性解卦者。如"谦"卦"初爻：谦谦君子，用涉大川，吉。六二：鸣谦，贞吉。九三：劳谦，君子有终，吉。六四：无不利，撝谦。六五：不富以其邻，利用侵伐，无不利。上六：鸣谦，利用行师，征邑国。"谦卦以谦德命名，六爻皆以谦德行事，皆为吉祥。恒卦的卦辞曰："恒，亨，无咎，利贞。利有攸往。"这是说：恒卦象征恒久，坚持恒德，则亨通，无有咎害。利于守持正德，利于有所前往。"相反，如果不能坚持恒久之德，就会出现不好的结局。"九三"爻辞曰："不恒其德，或承之羞；贞吝。"说明《易经》是以"德"来告诫人们趋吉避凶的。

儒家创始人孔子与《易经》关系密切，"子曰：加我数年，五十以学《易》，可以无大过也。"（《论语·述而》）孔子思想的发展，经历了两个发展阶段，即五十岁之前，"祖述尧、舜，宪章文、武"（《中庸》），建构以仁与礼为核心的伦理道德思想体系；五十岁以后，通过研《易》涉及天人之学，为其伦理道德思想提供理论依据，将其提升为道德哲学。孔子的道德哲学，体现他以"德"解《易》的《易传》中。

孔子治《易》，早在《庄子·天下篇》中已有记载："丘治《诗》、《书》、《礼》、《乐》、《易》、《春秋》。"治有研究、整理的意思。庄子是战国时代思想家，对孔子多有评论，这一孔子治《易》之说当为可仗。《史记·孔子世家》中说："孔子晚而喜《易》，序《彖》、《系》、《象》、《说卦》、《文言》，读《易》，韦编三绝。"说明《易传》中的《彖传》、《系辞传》、《象传》、《说卦》、《文言》为孔子所作。《易传》中所论述的道德哲学理论是孔子思想的体现。

《易传》中的道德哲学理论是易学理论体系中的易德伦。

《彖传》是对卦名、卦辞的阐释，贯穿着以德释《易》的思想。如《大有》的《彖》曰："'大有'，柔得尊位大中，而上下应之，曰'大有'。其德刚健而文明，应乎天而时行，是以元亨。"《谦》卦的《彖》曰："谦，亨，天道下济而光明，地道卑而上行。天道亏盈而益谦，地道变盈而流谦，鬼神害盈而福谦，人道恶盈而好谦。谦尊而光，卑而不可逾，君子之终也。"

《象传》是对卦象、爻象的阐释，贯穿着以德释之。其中释卦象的"大象"，皆为从卦象的象征，引伸出君子的德行与事业，如《乾》卦的《象》曰："天行健，君子以自强不息。"《坤》卦的《象》曰："地势坤，君子以厚德载物。"《象传》中释爻象的《小象》也贯穿着以德释之。如《乾》卦的九二《象》曰："见龙在田，德施普也。"《蛊》卦的六五《象》曰："乾父用誉，承以德也。"

《文言》是对《乾》、《坤》二卦所作的阐释，通篇贯穿着以德释卦的思想。《文言》以四德释《乾》的卦辞：元、亨、利、贞。"元者，善之长也；亨者，嘉之会也；利者，义之和也；贞者，事之干也。君子体仁，足以长人；嘉会，足以合礼；利物，足以合义；贞固，足以干事。君子行其四德者，故曰：元、亨、利、贞。"《文言》对《坤》卦以德释之时提出"积善之家，必有余庆；积不善之家，必有余殃"的原则。

《系辞传》是对《易》的整体阐释，《系辞传上》中说："夫《易》，圣人所以崇德而广业也。"把圣人作《易》的主旨归结为"崇德广业"。并提出："富有之谓大业，日新之谓盛德。"指出善与恶是人之德行、事业成败的关键。"善不积，不足以成名；恶不积，不足以灭身。""乐天而知命，故不忧；安土敦乎仁，故能爱。"

《易传·系辞传下》以德释卦："是故《履》，德之基也；《谦》，德之柄也；《复》，德之本也；《恒》，德之固也；《损》，德之修也；《益》，德之裕也；《困》，德之辨也；《井》，德之地也；《巽》，德之制也。《履》，和而至；《谦》，尊而光；《复》，小而辨；《恒》，杂而不厌；《损》，先难后易；《益》，长裕而不设；《困》，穷而通；《井》，居其所而迁；《巽》，称而隐。《履》，以和行；《谦》，以制礼；《复》，以自知；《恒》，以一德；《损》，以远害；《益》，以兴利；《困》，以寡怨；《井》，以辨义；《巽》，以行权。"

《易传·说卦传》进一步将易德与天道性命联系起来。指出："昔者圣人之作《易》也，幽赞于神明而生蓍，参天两地而倚数，观变于阴阳而立卦，发挥于刚柔而生爻，和顺于道德而理于义，穷理尽性以至于命。"又说："昔者，圣人之作《易》也，将以顺性命之理，是以立天之道，曰阴与阳；立地之道，曰柔与刚；立人之道，曰仁与义。"将易德上升为道德哲学，易德论是易学理论体系之社会人生价值论。

三、易术论

易术论是易学理论体系之思维方法论。

《易经》产生于人们预测行动吉凶的需要，预测吉凶是人之有目的活动的表现，而人之活动有目的性是人之区别于动物的标志之一。

也就是说，从人之所以为人开始，其行动都是有目的性，即行动之前都要预测其行的吉凶，以趣吉避凶。《易经》就是我国上古预测吉凶实践中形成的一个预测系统。这一预测系统是由阳（—）阴（--）两个符号组成八卦：乾（☰）兑（☱）离（☲）震（☳）巽（☴）坎（☵）艮（☶）坤（☷），用以推测吉凶以成就事业，这就是《易传·系辞传上》中所说："是故《易》有太极，是生两仪（阴阳），两仪生四象，四象生八卦，八卦定吉凶，吉凶生大业。"由八卦两两相重而成乾（䷀）坤（䷁）泰（䷊）否（䷋）坎（䷜）离（䷝）既济（䷾）未济（䷿）等六十四卦。复卦六爻，计有三百八十四爻，构成一个完整而有序的符号体系，用以占筮吉凶。在长期的预测实践中，不断总结占筮的命中率而归纳整理，又形成卦辞、爻辞文字系统。由符号系统与之相配的文字系统而形成《易经》，不仅在中国，而且在世界上也是独一无二的奇书宝典。

《易传·系辞传上》中说："圣人设卦观象，系辞焉而明吉凶，刚柔相推而生变化。是故，吉凶者，失得之象也；悔吝者，忧虞之象也；变化者，进退之象也；刚柔者，昼夜之象也；六爻之动三才之道也。是故君子所居而安者，《易》之序也；所乐而玩者，爻之辞也。是故君子居则观其象而玩其辞，动者观其变而玩其占。"

《易传·系辞传上》中保存了用蓍草占筮之法："大衍之数五十，其用四十有九，分而为二以象两，挂一以象三，揲之以四以象四时，归奇于扐以象闰，五岁再闰，故再扐而后挂……是故四营而成《易》，十有八变而成卦，八卦小成，触类而长之，天下之事毕矣。"这一筮卦方法，与龟卜以灸龟甲而自然呈兆，视兆而判断吉凶不同，而是通过数的推演求出爻变而成，表现出的是人谋。明清易学大家王夫之对两者作了比较。他在《周易内传·系辞上传》中说："大衍五十而用四十有九，分二挂一，归奇于揲，审七、八、九、六之变，以求肖于理，人谋也；分而为二，多寡成于心，不测之神也，鬼谋也。"又说："若龟之见兆，但有鬼谋而无人谋。"说明《易经》的筮占是通数理的推演而成卦，表现了人的智谋。表明易术是人运用独特的象数智能推演来探求事物发展的规律以预测吉凶。

《易传·系辞传下》探讨了《易》的变化规律。指出："《易》之为书也，原始要终以为质也，六爻相杂，唯其时物也。其初难知，其上易知，本末也。初辞拟之，卒成之终。若夫杂物撰德，辨是与非，则非其中爻不备。噫！亦要存亡吉凶，则居可知矣。智者观其彖辞，则思过半矣。二与四同功而异位，其善不同；二多誉，四多惧，近也。柔之为道，不利远者。其要无咎，其用柔中也。三与五同功而异位，三多凶，五多功，贵贱之等也。其柔危，其刚胜邪？"这是对六爻所处的不同爻位而判断吉凶。初爻代表事物的开始，上爻代表事物的终结，初爻吉凶尚难以判断，上爻则吉凶已经表现出来，所以"其初难知，其上易知"。二爻与四爻的爻位不同，二爻处于下卦的中位，故多赞誉；四爻处于上卦的下位，故多惧。三爻与五爻的爻位不同，三爻处于下卦的上爻，故多凶；五爻处于上卦的中爻，故多功。表达的是儒家中庸之道取中的原则的思维方法。

取象比类，以类取，以类予是《易》的逻辑推理的基本原则和方法。《易》通过卦象进行类比、类推来进行吉凶的预测。《易传·说卦传》对八经卦所代表的物象作了扩展，如"乾，天也，故称乎父；坤，地也，故称乎母；震一索而得男，故谓之长男；巽一索而得女，故谓之长女；坎再索而得男，故谓之中男；离再索而得女，故谓之中女；艮三索而得男，故谓之少男；兑三索而得女，故谓之少女"。这是以天地父母、长男长女、中男中女、少男少女来说明八卦之间的关系，目的在于以卦象来推断人与人之间的关系。进而又将乾（☰）的物象扩展为："乾为天，为圆，为君，为父，为玉，为金，为寒，为大赤，为老马，为瘠马，为驳马，为木果。"坤（☷）的物象扩展为："坤为地，为母，为布，为釜，为吝啬，为均，为子母牛，为大舆，为文，为众，为柄，其于地也为黑。"其余卦如震（☳）、巽（☴）、坎（☵）、艮（☶）、兑（☱）的物象都作了类似的扩展，来进行更大范围的类比推理，以预测吉凶。

《易传·系辞传上》中提出："一阴一阳之谓道，继之者善也，成之者性也。"这是说：一阴一阳的对立转化就叫做道，禀受之者称之为善，顺而成之者称之为性。这是说：人的性命之善在于禀赋阴阳之道。阴阳刚柔的对立统一是宇宙万物运动变化的根本规律。易学理论体系中之方法论是象数辩证思维方法论。

《易传·系辞传下》中说："夫易，彰往而察来，而微显阐幽，开而当名，辨物、正言、断辞，则备矣。其称名也小，其类物也大；其旨远，其辞文，其言曲而中，其事肆而隐。"表明《易传》将《易》从占筮之术上升为象数辩证思维逻辑以指导人们行动的易术论。

四、结　语

易道论、易德论、易术论之易学三论，构成易学完整的理论体系。易学是中国先秦哲学之集大成。

先秦以来，中国哲学的发展以易学为主导，道家吸取了《易》之道，以道解易，对易学之易道论作了阐发；儒家吸取了《易》之德，以德解易，对易学易德论作了阐发；阴阳家、法家、兵家吸取了《易》之术，对易术论作了阐发。历代哲学家皆从解易中吸取智慧，建构其理论体系，以推进易学的发展。

中国哲学的发展，可以概括为易学开多学，多学归易学。易学不仅是中国哲学之根，又是中国哲学之干，可谓中国哲学之根干。

（李书有，南京大学哲学系宗教学系教授）

《周易》八卦哲学思想的特点

一

《周易》由八个基本卦两两相重，共为六十四卦。卦的两个卦符或与此相似的数字一和六，是和卦辞爻辞一起配套就有的。有何根据？根据就在《颐》、《大过》、《鼎》、《小过》这些卦形及卦辞爻辞的组成上。《颐》卦就像口和上下两排牙齿组成的"口颐"。如果不是用今天所见两个卦符或一、六两个数字组成，就不可能有这样的"口颐"之形并被命名为"颐"。爻辞说："观颐，自求口实。""观颐"，指的就是观看《颐》的卦形，好像把它挂在面前、指给你看一样。这"口颐"里面没有东西，是空的，所以要"自求口实"。径直译成观看自己的嘴巴就错了。试问，谁能看到自己的嘴巴呢？《鼎》的卦形也是如此。它之能名为"鼎"，配上有关的爻辞，也是因为使用了今天所用的两个基本卦符或一、六两数字的缘故。《大过》卦则是如人过河，由足至头都在水中，所以第六爻说"过涉灭顶"。如果不是初六和上六都是阴爻，像水，中间四阳爻，像人，就不可能有上六"过涉灭顶"的爻辞。《小过》则如鸟飞之形。如果不是中间两爻为阳爻，其上其下皆为两阴爻，就不可能形如鸟飞，而在卦爻辞中以飞鸟为象，写下"飞鸟遗之音"等辞句。所以两个卦符的出现应是与六十四卦同时。

上海博物馆楚简《周易》，已在使用这两个卦符。

这两个卦符，我们今天认为一者代表阳，一者代表阴，分别称为阳爻阴爻，当时他们是否这样称呼？不得而知；但编纂者以之代表两类不同性质的物和力量则是肯定的。《乾》卦由三个"—"符号组成，重卦为六个"—"符。卦中出现的物象是飞龙、天、大人。龙在当时及远古以来，就被认为是飞升的动物，是君主、王、首领的身份象征，故它代表的是一种向上的和在上的物和力。《坤》卦由六个"--"符组成，卦中出现的物象是"牝马"及"霜"、"冰"这类寒冷之物，与《乾》卦正好相反。公元前827年虢文公谏周宣王行籍礼，说，立春至二月朔日，"阳气俱蒸，土膏其动"。公元前780年伯阳父论地震，说：阴气在上，阳伏而不能出，故有"震"。都将向上的力量——气命名为阳，向下的力量气命名为阴。

向下的力压制了向上的，但压是压不住的，激烈的斗争终于引发了地的大震。《震》卦的卦形和伯阳父论地震的观念正好一致。这些说明，"—"这个符号被赋予了雄性的、向上的、飞升的、扩散的、热的、光明的性质，而"--"则相反。既然这两个卦符在《乾》、《坤》、《震》卦中代表这样相反的物"象"与力，其他的卦也就可以推知了。虢文公及伯阳父虽不生活在周初，但此种观念必已流行和出现甚早。故阳爻和阴爻或一与六作为符号，代表两类相反性质的物与力等，应是六十四卦形成时既已如此的。许多论著认为当时阴阳两字指向阳面与背阴面，《周易》卦爻辞中之阴字指树荫，否认《周易》有阴阳观念，这是不能成立的。

卦符、卦辞与爻辞的结合形成了《周易》，而皆具有两个特性，即数和象，《周易》即是卦符、卦辞与爻辞之象与数形成的体系。

数指什么？本文认为：

1. 指八卦和六十四卦的卦符；

2. 指"大衍之数"——由数生卦的规律；

3. 指指天地之数，即以后所谓《河图》、《洛书》。它与"大衍之数"是两个不同的"数"，不应混淆。一者讲筮法，在汉代由太史掌握；一者讲天地生成之数，在汉代，由掌天文时历的官员掌握。

4. 指七八九六在卦的生成中之内在运动和变化规律；

5. 指卦的两两相偶，非覆即变；

6. 指六十四卦某卦由某卦运动变化而成，如朱熹《周易本义》所示；

7. 指以后逐渐出现的解易方法，如互体、飞伏、位、承、乘、应等。王弼的《易例》属于此类。

象指什么？

1. 指八卦代表之基本卦象；

2. 指卦辞和爻辞，它们都是作为"象"出现的；

3. 指一些卦所特有的象征物，如《乾》之龙，《坤》之牝马，《渐》之鸿，《中孚》之豚、鱼，《大过》之枯杨，《小过》之飞鸟，《睽》之睽孤，《明夷》之明夷，《夬》之夬，等等。

宇宙万物都是数和象的结合。每一"象"有自己特定的"数"。圆是"象"，其"数"的特性是径1周3。方是"象"，其"数"的特性是4比1。一年的运动是4（季）的变化和循环，是360日的周而复始。太阳在二十八宿中的运动，反映为时历的周而复始。由"数"的变化即可知"象"的特点。音律学中，不同音调表现为十二律（象），而每一律皆具有特定的"数。"由"数"的"三分损益"即可得到十二律。圆和方可以转化，因为两者虽有形象的不同，但内在的基础是

"数"，是由"数"的变化决定的。《系辞》说："一阴一阳之谓道。"这个"道"是内在地包含着"数"和"象"两个因素的。

八卦具有的基本卦象是：天、地、雷、风、水、火、山、泽。有学者以为它们是构成宇宙自然的四大元素：地、水、火、风，与古西腊德谟克利特之原子论及印度地水火大风说类似。但四元素构成说乃机械论思想，所注重者是自然物及其组成要素，力求剖折每一物之构成成分，对之孤立地进行解剖。这种研究与思维方式，与《周易》恰相对立。

《周易》八卦的"象"基本上是"事"、"事情"，非客观静止不变的自然物。"天"不是我们所仰望的"天空"，而是以光明向上的、积极进取的性质和力量出现的"物象"，在《乾》卦中它与大人、与"龙"之象相关联；而这些"象"亦非取其静止的形态与特性，而是取其进行也即运动的特性，如"天行"，如"潜龙"——下潜中的"潜"。"潜"，非静态的完成式，非形容词。《乾·文言》："潜之为言也，隐而未见，行而未成，是以君子弗用也。"亦指明其动态义。《坤》代表之"地"，其面貌与性质不是自然的大地，而是一具有"直、方、大"之品性的"物象"，与"牝马"——被领导、顺从的事物相联系。"直、方、大"是动态的进行式而非完成式。《坤·文言》："坤至柔而动也刚，至静而德方，后得主而有常，含万物而化光。坤道其顺乎，承天而时行。"强调坤的动态义。"初六：履霜，坚冰至"，"履"乃不断积累之过程，非对静止状态的形容。《震》之雷电、地震，也不以其自然的本来面貌出现，而是一种带有"天意"的"天象"，具有警示和威罚的作用。《离》代表火与为明，也只是一种"象"。在《革》卦中，从天文学看，指"心宿"、大火。在《象传》中，它是水火相生相息矛盾之一方面。在卦爻辞中，日昝之"离"是一种"天象"，意味灾难将至。《坎》有时代表水，有时代表坎险，作为水也非孤立静态的水，而是流水。《艮》之"山"不是本然的"山"，是"兼山"，连绵不断、一层高过一层，是动态而非静态。《兑》之"泽"，不是自然的静止的大湖，是包容之象。《巽》之"风"不是自然物之风，是风教的象征。故八卦非代表自然物之地水火风也。

《周易》的大多数卦名亦多取进行、运动之义。《屯》为积聚、屯积；《蒙》为覆盖；《需》为等待或相濡；《讼》为打官司；《师》为行军打仗；《比》为亲附……《既济》的意思是既已下河，就要勇敢向前。既已开战，就拼死战斗，是进行式，非已渡了河的静止完成式。《未济》是济而未完成，仍然在济。如此等等。这些实际都是"事情"、"事象"。龙、牝马、豚鱼、飞鸟、鸿等也是以其运动行进之状态出现的。豚鱼之象征忠信指它年年从大海回溯到出生地产卵这一事请。牝马之象征臣服、温顺，是指它必须有公马领导才能成群而安定这件事情。故当我们说《周易》表达了一种宇宙观时，完全不是说它像西方的原子论或印度的地水火风说，而是指其卦象系统是一个贯穿天地人、囊括了天地人之"象"与"数"的"大全"，能预测将要来的"事情"，而世界即是由种种"事情"组成的。

"事情"是人做的。离开人的实践与观察就不可能有任何事情。人对事情的观察角度和关切点，对它的评价，都由自己的目的、立场决定，因此都打上了人的、主体的深深的烙印，是主客的统一，是天和人的合一。故《周易》之"宇宙"不是中性的没有任何价值意义的纯客观自然，而是一个有活动目的和方向的自然，是一种价值的存在。《系辞》说"天地之大德曰生"，"生生之谓易"，事物之欣欣向荣，生生不息，持续发展，是《周易》——"天地"的大德或目的，亦是人文创造的中心和价值的根本。

二

西方哲学中，宇宙常被设想是由各个部件、局部（实体，如原子）按机械方式组装成的"机械"。古希腊的天文学与欧几里得几何学有密切关系，天体被认为是一些形状固定的球体，有固定的距离和运动轨道。对宇宙的看法本质上是机械论的世界观。《周易》则是一种有机系统观，宇宙被认为是一个自动运动自动收缩膨胀的风箱——"橐籥"，有如老子所说："天地之间其犹橐籥乎，虚而不出，动而愈出。"风箱的收缩膨胀是由人进行和操纵的，宇宙的运动——膨胀收缩则被认为是自控的。《系辞》说："乾坤，其《易》之门也。""阖户谓之乾，辟户谓之坤，一阖一辟谓之变，往来不穷谓之通。"认为《易》——宇宙也是一个风箱，像门一样，自动地开和闭。以后汉儒说："天地之气，合而为一，分为阴阳，判为四时，列为五行。"（董仲舒：《春秋繁露·五行相生》）"阴阳虽异，而所资一气也。阳用事则此气为阳，阴用事则此气为阴。阴阳之时虽异，而二体常存，犹如一鼎之水而未加火，纯阴也；加火极热，则更阳矣。"（《董子文集·雨雹对》）发挥的就是《周易》这一宇宙——自动自控之有机系统的观念。孟喜的卦气说则是《周易》和董仲舒这一说法的易学表现。

这种宇宙观，《系辞》对它有一概括，谓："形而上者谓之道，形而下者谓之器。"又谓："一阴一阳之谓道。继之者善，成之者性。""道"指的就是"一阴一阳"的运动变化规律。因其是内在的，抽象而不可见，故谓"形而上"。"器"则是成形的"结构"，是可见的，故谓"形而下"。这亦成为中医学之人体观。《黄帝内经·六微旨大论》说："非出入则无以生长壮老已；非升降则无以生长化收藏。是以升降出入，无器不有。故器者生化之宇，器散则分之，生化息矣。""人体"被认为是一个由阴阳（能量、信息）新陈代谢、出入升降自动控制平衡的"生化之宇"，或"器"。中医之能形成一整套和西医不同的医学原理体系，如很早就发现人体的"穴位"系统，形成经络理论（经络是信息、功能系统，非实体组织）和针灸治病的一整套方法；很早就发展了望、闻、诊、切的辩证施治，号脉成为判断病情的主要手段，而"脉博"不是别的，正是人体之内在信息的表达。号脉（统计、对比、归纳、分类）即可判定病情，因而完全不必重视人体解剖。在这种人体观中，每一器官不能离"系统"而存在，只有在"系统"中才成为它自己，才表现出它的功能和属性。因此眼睛不好要治肝，清肝明目。"肝开窍于目"，"肝"功能正常了，眼睛就自然明亮了。由于这样的"一套"卓有成效，因而西医的"一套"就被堵死而不能在中国发展了。西医对人体的看法即是视人体为各个独立零件组成的"机械"，故膝盖坏了，换个木制膝盖；胃坏了，切掉半个；心脏不跳了，安个起搏器；眼睛不好，专治眼睛。局部不是和全整体有机联系，而是可分割和独立出来的，人体只是把不同的部件组装在一起。可以说，西医是建筑在原子论和亚理士多德四因说：质料、形式、动力、目的之机械组合的基础上的。柏拉图《蒂亚欧篇》论人体，认为是心、肺、肝、脾、头等一件件的器官机械式地组装而成的。西医的"四体液说"认为血液、粘液、胆汁和忧郁汁在人体中的组合决定了人的脾气和性格，都体现这种思路或思维范式。

　　《周易》的宇宙观、人体观及思维方式和近现代的系统论、控制论、信息论属于同一思想类型。不过近现代的"三论"以西方近代科学的发展为基础；《周易》为代表的"三论"式宇宙观则多基于直观和猜想，缺乏这种基础。①

　　《周易》所谓"继之者善，成之者性"。"继"是史伯论"和同"所说"和实生物，同则不继"的"继"（《国语·郑语》）。"继"指"生物"的持续发展、生生不息，包括社会在内。一个社会它要能持续发展，必须组成它的各因素——物质、能量（生产、工商、活动、社会风气等）是流动的、活跃的，信息的交流是畅通的，享有充分自由的；相互配含、和谐而统一。改革开放三十年，中国有了翻天覆地的变化，归根结底是把社会每个组成分子的能量、潜能——聪明才智、积极性、创造性，从被重重束缚的僵死状态中调动和发挥出来了。信息开放，有了较前更多的自由。一个社会，其制度的优越，归根结底是能使成员自由而全面的发展，整个社会充满了自生自发的旺盛的生机活力，而真正成为一"继之者善，成之者性"的生命共同体。没有这种自由，信息不能有充分的自由流动，个人的创造性被压

---

① 参阅金春峰：《汉代思想史》第四章、"汉代自然科学方法论及其与哲学的相互影响"，中国社会科学出版社，2006年，第94—121页。《剖析中国古代的宇宙模式兼论其对自然科学的思维方式与研究方法的影响》，载《哲学：理性与信仰》，台北：东大图书出版公司，1997年，第69—101页，原载香港《明报月刊》1988年10月号。

抑，它的文学、哲学、艺术、科学，就不能有迅猛的发展，就不能"继之者善"，更不可能"成之者性"，形成真正自己的新特性了。

三

许多人认为《周易》之占筮是算命。算卦就是算命。这种看法是错误的。

"命"是命定、宿命——绝对的必然性。它不可改变，更非人力所能改变。如能改变那就不是"命"了。它既不可改变，这样的"命"算出来了，就与"不算"无异，与吉凶悔吝无关。

《周易》是算卦，是预测一件事情的吉凶悔吝，是针对行动或要做的"事情"的。"极数知来谓之变。""动则观其变而玩其占"，即观察事情、行动之发展而预知其吉凶悔吝。"极数"即彻底通晓事情的发展变化规律。"数"，规律之意。

孔子说："不恒其德，或承之羞。"——"不占而已矣"，即不必占问，即可知"不恒其德"一定是有悔吝的。《周易》全书大部分所讲，都是这种"不占"而知的吉凶悔吝，也即规律性的经验总结。"直方大，不习无不利。""拔茅茹以其汇。""入于穴，有不速之客三人来，敬之终吉。""师出以律，藏否凶。"如此等等都是"不占"而知吉凶悔吝的。

许多卦上九上六的爻辞是凶的。《乾》上九："亢龙，有悔。"《比》上六："比之无首，凶。"《噬嗑》上九："何校灭耳，凶。"《复》上六："迷复，凶，有灾眚。用行师，终有大败，以其国君凶，至于十年不克征。"《中孚》上九："翰音登于天，贞凶。"《大过》上六："过涉灭顶，凶。"《否》九五："休否，大人吉。其亡其亡，系于苞桑。"……这些多是以教诫的形式出现的，是经验教训的总结，和"师出以律，藏否凶"一样，是告诉你不能这样做。如果你要执意违反它，则结果一定是凶的，因而凸显的是人自己的选择和作为。

《系辞》说："君子动则观其变而玩其占。"荀子说："善观易者不占。"所指都是这种"不占"之占。吉凶悔吝中有些是无法改变的，所谓"无力回天"，"大势已去"，"气数已尽"。此种情况也属于不占而知吉凶。如"城覆于隍"等等。

在吉凶悔吝由人决定的种种事情中，按《周易》的看法，能通晓事情发展之规律与变化而驾驭之，可以趋吉避凶；道德、人品好，亦可以趋吉避凶。《周易》更强调的是道德、人品、人格的因素，故对"恒"的品德、谦的品德、忠信的品德特别推崇。

"恒"在已知的《周易》两种早出卦序中，无论通行本抑或帛书卦序，都居于中心地位，即第三十二卦。这并非偶然的巧合，而是反映了《周易》对"恒"的景仰与崇拜。在巫术文化传统中，自殷以来，最权威和最高的大巫叫"巫恒"。《周礼·司巫》："国有大灾，则帅群巫以造巫恒。"也就是去祭拜巫恒，请求护佑。帛书《系辞》："易有大恒，是生两仪，两仪生四象，四象生八卦，八卦定吉凶。吉凶生大业。"通行本"大恒"改成了"太极"。"太极"是抽象名词，不知指什么。"大恒"则指伟大的"恒德"。意思说，因为《易》有伟大的恒德，因而能产生两仪四象八卦这样的算卦系统，回答人们吉凶祸福的提问。要想占卦灵验，占问者个人也首先要具有虔诚专一的品德。孔子引南人的话："人而无恒，不可以作巫医。"《恒》卦九三爻辞说："恒其德，贞，妇人吉，夫子凶。"都说明"恒"对于筮占和一切事业的重要。以后，《象传》把"恒"提高为宇宙赖以运转的根本德性。《老子》中，恒也受到崇拜。通行本《老子》五十六章："致虚极，守静笃"，郭店楚简本文字为："致虚，恒也；守静，笃也。"虚静的极致就是恒，就是笃。孟子说："无恒产而有恒心者，惟士为能。""恒"被认为是"士"独具的高级品德。"恒"这种道德，要求做人做事要持之以恒，有恒心，有毅力，决不三心二意、一曝十寒、半途而废。《周易》把"恒"德凸显出来，认为是做人做事成功的保证。

"谦"之为卦，是虚而能受之象。山本在上，现在却自居于下，地本在下，却被山置于其上。就人事言，就是贵而能下民，高而能下贤。周初的政治家总结殷人失败亡国的教训和周人胜利的经验，特别提出重视小民疾苦、倾听下民呼声的重要，说："天视自我民视，天听自我民听。"统治者要放下身段，到下贱的老百姓中倾听他们的疾苦和意见，这就是谦虚。在六十四卦中，从卦辞到爻辞，无一不吉的就是《谦》；与谦性质相近的《升》卦、《损》卦、《泰》卦也是吉的。

《泰》的卦象是天地交泰。天在下，地在上，阳在下，阴在上。《庄子》说："至阴肃肃，至阳赫赫。肃肃出乎天，赫赫出乎地，两者交通成和而万物生焉。""万物生焉"也可解为"万利生焉"。"泰"就是和谐、通泰，政通人和。和谐的前提是，在上面的能自觉地到下面，屈尊于下，也就是"谦"。

《周易》对忠信的特别推崇表现于《中孚》卦。中通忠。《说文》："孚，卵孚也。从爪，从子。一曰信也。""孚"的本义是孵化。有小生命要孵发出来，故从爪从子。"子"，小生命也。《中孚》的卦形有类如此，中间两阴爻如腹中之有物——生命。实有其物要出来，且一定会出来，故为"有孚"。卦辞讲"豚鱼吉，利涉大川，利贞"。豚鱼之"孚"（孵）是最为忠信的。太平洋的鲑鱼，一定要回到阿拉斯加陆地的淡水河上游产卵，历尽艰险，百折不回。瀑布、急流，它们一跃而上，北极熊的血口在等着，但它们毫无畏惧，可谓前仆后继。达到目的地，卵产完了，即在河中死去，可谓"生死以之"。小鱼出来了，又游回到大海，然后再回来产卵，年年如是，代代如是，绝不改变。长江的中华鲟，一代一代，一定要到三峡上游产卵，没有任何力量能改变它们。河豚亦每年要从海里回到长江下游产卵。鲤鱼跳龙门亦是为了产卵。故豚、鱼是无限忠信艰贞之榜样。做人真能如豚、鱼一样，一定是吉的，能"利涉大川"做大事的。《周易》讲"孚"的卦爻辞最多，凡能"有孚"的，凶可以变吉，否则吉也可变凶。

《困》卦、《大过》卦、《蛊》卦则表彰独立不惧、遁世无闷的人，表扬为理想而献身的人。这种人格也是趋吉避凶，使事业取得成功的保证。

孔子晚年读《易》，韦编三绝，说："假我数年，五十以学《易》，可以无大过矣。"在帛书《要》中，孔子又说"吾观其德义耳"。

《周易》六十四卦即贯彻了"德义"的思想。认为《周易》只是占卜书，《周易》的卦爻辞只是占卜记录，这看法是错误的。

对于占卜，荀子说："君子以为文，而百姓以为神。"占卜的解说是由太史之类的高级谋士依据情势做出的，归根结底是人文智慧而非神喻。《左传》记录了占卜23事。同样的事情，同样的卦爻辞，掌筮的人对吉凶祸福的解释，可以恰然不同。《国语·晋语》四："公子亲筮之，曰：'尚有晋国。'得贞《屯》悔《豫》，皆八也。筮史占之，皆曰：'不吉。闭而不通，爻无为也。'司空季子曰：'吉，是在《周易》，皆利建侯。不有晋国，以辅王室，安能建侯？我命筮曰："尚有晋国。"筮告我曰："利建侯。"得国之务也，吉孰大焉？震，车也；坎，水也；坤，土也；屯，厚也；豫，乐也。车班外内，顺以训之，泉原以资之，土厚而乐其实；不有晋国，何以当之？震，雷也，车也；坎，劳也，水也，众也；主雷与车而尚水与众。车有震，武也；众而顺，文也。文武具，厚之至也，故曰屯。其繇曰："元亨利贞，勿用有攸往，利建侯。"主震雷，长也，故曰元。众而顺，嘉也，故曰亨。内有震雷，故曰利贞。车上水下必伯。小事不济，壅也；故曰"勿用有攸往"。一夫之行也。众顺而有武威，故曰"利建侯"。坤，母也；震，长男也。母老子彊，故曰豫。其繇曰："利建侯行师。"居乐出威之谓也。是二者，得国之卦也。'"这是一个显例。司空季子就卦辞及卦象卦德立论，不涉爻辞。筮史则就贞屯悔豫皆八立论，认为是闭而不通之兆，卦爻辞没有意义。两种相反的判断不是筮占本身显示的，乃解卦者发挥己意而成。屯卦：震下坎上，雷火为坎水所压，完全可以解释为凶。豫卦：坤下震上，地有大震爆裂而出，亦可解为凶象。但司空季子不仅解为吉，且据卦象卦德做了一番治国行师的大义理的解说，对重耳进行了一次修德进业的教育。确如荀子所说，"君子以为文，而百姓以为神"。

《系辞》说："《易》有圣人之道四焉：以言者尚其辞，以动者尚其变，以制器者尚其象，以卜筮者尚其占。"四种功能中，前三者是主要的，都属人文。后者虽是占卜，属神道设教，其主要功能作用亦是人文的。朱熹说："圣人作《易》

本是使人卜筮以决所行之可否，而因之以教人为善，如严君平所谓'与人子言，依于孝；与人臣言，依于忠'者。故卦爻之辞只是因依象类，虚设于此，以待扣而决者，使以所值之辞决所疑之事，似若假之神明，而亦必有是理而后有是辞，但理无不正，故其叮宁告戒之词，皆依于正。"（《朱子文集》卷三十一《答张敬夫十八》）对此做了精辟的概括。

我有一本著作，名《人文典范的原创——〈周易〉导读与简注》，全书即阐述这一思想。希望得到专家和读者的指正。

（金春峰，原人民出版社编审）

"参同"易学小史

汉代的神仙方术著作《周易参同契》是世界上现知最早的外丹理论著作，同时也是讲述内丹术的经典[1]。《周易参同契》的一个显著特点是借助汉代易学构筑炼丹理论，大量借用《京氏易》和《易纬》构成系统的象征符号。王明先生列举《参同契》与汉易学有关者，一曰纳甲说，二曰十二消息说，三曰六虚说，四曰卦气说[2]。朱伯崑先生将《周易参同契》的月体纳甲说与郑玄易学中的五行说、荀爽的乾升坤降说、虞翻的卦变说等并列，统视为东汉时期象数之学的发展[3]。萧汉明先生归纳《周易参同契》中易学的三个特征，一是以乾坤坎离四卦建构的天地结构模型，二是效法河图天地全数得到的《契》数，三是乾卦六爻之象模拟月相的死生盈亏和以阳气盛衰升降之说补纳甲法纯用阴历之不足[4]。

道教易学内容丰富。道教的义理、方术、科仪、医学、文学、建筑和艺术等方方面面都吸收了易学的内容[5]。这些内容被吸收后是否都属于道教易学的范围，学者间尚有分歧意见。比如对《太平经》表述的易学内容，就"仁者见仁，智者

---

[1] 请参阅拙文《周易参同契的黄老养性术》，《宗教学研究》2004 年第 4 期，第 17—26 页。又载《道学研究》2006 年第 1 期，第 2—17 页。

[2] 王明：《〈周易参同契〉考证》，见氏著《道家和道教思想研究》，北京：中国社会科学出版社，1984 年，第 250—267 页。

[3] 朱伯崑：《易学哲学史》第 1 卷，北京：华夏出版社，1995 年，第 197—244 页。

[4] 萧汉明：《〈周易参同契〉的易学特征》，陈鼓应主编：《道家文化研究》第 11 辑，北京：三联书店，1997 年，第 49—57 页。

[5] 关于道教易学，请参阅：

卢国龙：《道教易学论略》，陈鼓应主编：《道家文化研究》第 11 辑，第 1—24 页。

陈耀庭：《道教科仪和易理》，陈鼓应主编：《道家文化研究》第 11 辑，第 338—357 页。

詹石窗：《易学与道教思想关系研究》，厦门：厦门大学出版社，2001 年。

詹石窗：《易学与道教符揭秘》，北京：中国书店出版社，2001 年。

段致成：《道教丹道易学研究——以〈周易参同契〉与〈悟真篇〉为核心的开展》，台湾：台湾师范大学国文学系 2004 年度博士学位论文。

章伟文：《宋元道教易学初探》，成都：巴蜀书社，2005 年。

见智"①。笔者以为，道教吸收易学内容后的讲述或运用，凡达到学术的层面或构成系统者，称得上是狭义的道教易学。凡仅仅引述或简单运用易学者，属于广义上的道教易学。

《周易参同契》对易学的表述和运用，从狭义上讲亦称得上道教易学。因为《周易参同契》对吸收的易学有所改造和发展，并且构建了理论体系。朱伯崑先生从易学史的角度评价说：《参同契》标志着汉易发展的另一倾向，成为后来道教易学的先驱。《参同契》创建了道教解易的系统，其在道教史和易学史上都起了很大的影响。②《周易参同契》创建的炼丹理论和方术，张广保研究员称之为"周易参同学"③，曾传辉研究员则称"参同学"④。《参同契》创建的道教解易的系统，即创建的炼丹术易学，不妨称之为"参同"易学。

三国虞翻曾经注释《周易参同契》，萧汉明先生说："（虞翻）没有把魏伯阳《周易参同契》看作是《易》外别传，这种胸襟后世儒者罕有及之者……《周易参同契》之月相纳甲说，经虞翻援用后，在后世儒者中引起程度不等的反响。"⑤有学者认为《黄庭经》是《周易参同契》金丹思想的进一步发展⑥。但总的看，《周易参同契》在相当长时期里影响不大。至唐代，《周易参同契》开始大显，不少内丹、外丹经均举起《周易参同契》的旗帜，注释《周易参同契》者渐多。如唐代元阳子《周易参同契注》、《金碧五相类参同契》⑦、无名氏《周易参同契注》、后蜀彭晓《周易参同契分章通真义》等。

自唐代始，外丹术开始走下坡路，而转向内丹术的人逐渐增多。伴随着这一潮流，《周易参同契》亦更多地受到内丹家的重视。正如陈国符先生说："至唐代，推崇《周易参同契》为内丹要籍。"又说："隋唐内丹书，多言阴阳八卦四象五行，铅汞龙虎，多援引《参同契》、《龙虎经》、《金碧经》。此时外丹书亦用此说，

---

① 请参阅：
张涛：《〈太平经〉易学思想初探》，《文献》1999年第2期，第94—111页、第257页。
章伟文、孔祥宇：《试论早期道教与易学的关涉——兼论〈周易参同契〉反映了汉代金丹道教的思想》，《中国道教》2005年第5期，第27—33页。
② 朱伯崑：《易学哲学史》第1卷，华夏出版社，1995年，第222、223、243页。
③ 张广保：《〈周易参同契〉的丹道与易道》，《宗教哲学》第4卷第3期，第109页。
④ 曾传辉：《元代参同学》，北京：宗教文化出版社，2004年。
⑤ 萧汉明、郭东升：《参同契研究》，上海：上海文化出版社，2001年，第184、185页。
⑥ 詹石窗：《〈黄庭经〉的由来及其与易学的关系》，《古籍整理研究学刊》2000年第4期，第1—5页。
⑦ 金正耀判定《道枢》卷34《参同契下篇》是《金碧五相类参同契》的宋代别本，并以此为据，在陈国符考证"系唐人注"的基础上，断言《金碧五相类参同契》和《周易参同契注》的正文和注文均为元阳子撰（金正耀《〈金碧五相类参同契〉宋代别本之发现与研究》，《道教与炼丹术论》，北京：宗教文化出版社，2001年，第101—102页）。

但不及内丹应用之多而广。"①笔者将唐代以来依托《周易参同契》的内丹术简称为"参同"内丹术。②依托《周易参同契》，主要目的在于依托"参同"易学。

"参同"内丹术的发展，引起了"参同"易学的变化。卢国龙研究员归纳了《参同契》注释学的发展规律。他说，内外兼综诠释《参同契》，造成了丹术层面模棱两可的结果，使得宋代诠释《参同契》的风气必然向偏重内丹的方向转化。这种转化出现两种新趋势，其一是纯以内丹法注解《参同契》，其二是创造内丹经典的意识在成长。③

北宋张伯端著《悟真篇》，远承《周易参同契》，讲述"参同"丹法。王沐先生说《悟真篇》的第三个渊源是继承了《参同契》④。卢国龙研究员论《悟真篇》说："其本体论思想建立在《参同契》流系丹道理论的基础上。"⑤张伯端不仅远承《周易参同契》，而且又以《参同契》注我，用陈抟易学充实了内丹术的理论基础⑥。卢国龙盛赞张伯端"在思路上曾借鉴王弼《易》学"，在学理性的"层面上，张伯端甚至表现一个哲学家深闳气象，而不只是一个优越的内丹家"⑦。可以说，《悟真篇》将"参同"易学发展为"参同悟真"易学。《悟真篇》甚至成为解读《周易参同契》的"钥匙"，人们在注释《周易参同契》时往往援引《悟真篇》。明罗钦顺强调这一点说："仙家妙旨无出《参同契》一书，然须读《悟真篇》首尾贯通无所遗，方是究竟处也。"⑧

盖于北宋神哲二帝时期，出现了钟吕丹法。钟吕丹法是参同清修内丹术与吕洞宾崇拜结合的产物，以"参同悟真"易学为内丹术的理论基础。钟吕金丹派随后形成，盖形成于两宋之际⑨。南宋时期，白玉蟾创立了钟吕金丹派南宗，后人就将张伯端视为南宗祖师，将《悟真篇》视为南宗祖经，北方的钟吕金丹派全真教

---

① 陈国符：《道藏源流考》下册，北京：中华书局，1963年，第445、390页。
② 参阅拙文：
《隋唐五代的性风气与阴丹术源流（上）》，《道韵》第11期，第238—260页。
《隋唐五代的性风气与阴丹术源流（下）》，《道韵》第12期，第282—291页。
《隋唐五代参同和非参同清修内丹术》，《宗教哲学》第42期，第59—70页。
③ 卢国龙：《〈悟真篇〉的丹道渊源》，《道韵》第6辑，第211页、第207页。
④ 王沐《〈悟真篇〉丹法源流》，《道协会刊》第7期，第54—61页。又见《悟真篇浅解》，北京：中华书局，1990年，第348—358页。
⑤ 卢国龙：《〈悟真篇〉的丹道渊源》，《道韵》第6辑，第211页。
⑥ 参阅拙文《〈悟真篇〉的文本及丹法》，袁行霈主编：《国学研究》第21卷，北京：北京大学出版社，2008年，第176、177页。
⑦ 卢国龙：《〈悟真篇〉的丹道渊源》，《道韵》第6辑，第208页。
⑧ ［明］罗钦顺：《困知记》卷下。
⑨ 参阅拙文《钟吕金丹派的形成年代考》，《天问》丙戌卷，南京：江苏人民出版社，2006年，第347—370页。

遂被称为北宗①。由此开始，钟吕金丹派成为道教内丹派中的主流派别，钟吕丹法成为道教内丹术的主流丹法，《悟真篇》与《周易参同契》并列为"参同"内丹术的权威经典，注释《周易参同契》和《悟真篇》成为钟吕金丹派的重要功课。如宋代钟吕金丹派内丹家陈显微著《周易参同契解》，连理学宗师朱熹也著《周易参同契考异》。"参同悟真"易学得以广泛流传。

元俞琰对"参同悟真"易学有所发展。俞琰潜心研究《周易》和丹道三十余年，著《周易参同契发挥》、《易外别传》、《周易参同契释疑》等。朱伯崑先生说：俞琰以邵雍的先天图解释魏伯阳的《周易参同契》。俞琰继承陈抟、邵雍、朱熹的传统，进一步将道教炼内丹的理论同邵雍易学结合起来，成为宋易中以图式解释《周易参同契》的代表②。萧汉明先生指出："俞氏治道教易，以魏伯阳《周易参同契》为宗，会通邵雍的先天之学，遍采唐宋以来内丹诸学派之说，参以伊川、横渠、朱熹之论，着重阐发道教内丹修炼的功理功法。"将先天图引入道教易，寻找宋代图书易与汉代象数易两者之间的连接点，是俞琰道教易的特征。"炼丹术一向注重天道与人道的吻合，但多零散之论，或者语焉不详，未能形成理论系统。俞琰通过总结古代天文、医术和炼丹术的成就，并以易学的结构框架和自然哲学，实现了这一理论的系统化建构……至俞琰始大量引入易学基础理论，且援《易》象建构了众多的人体丹术模型，不仅使丹术有了坚实的理论基础，同时也大大丰富了医学研究的方法论"③。

明清时期注释《周易参同契》者仍然不少，如明陆西星《周易参同契测疏》和《周易参同契口义》、清陶素耜《参同契脉望》、仇兆鳌《顶批周易参同契脉望》和《古本周易参同契集注》、傅金铨《顶批上阳子原注参同契》、纪大奎《周易参同契集韵》、吕惠连《周易参同契秘解》等。这些注释虽在理论方面无突出的发展，但仍起到承载和接续"参同悟真"易学的作用。如明陆西星《周易参同契测疏》下篇曰："炉火之事一大《易》之道也。"④清仇兆鳌《古本周易参同契集注》上卷曰："丹道之与易道适相符合耳。"⑤吕惠连《周易参同契秘解》卷一曰："不明乎易者，不足以读《参同契》之书也。"⑥这些都是秉承《周易参同契》"三道由一"的基本精神的。

（朱越利，四川大学宗教所教授）

---

① 参阅拙文《全真教南宗的形成》，熊铁基、麦子飞主编：《全真道与老庄学国际学术研讨会论文集》上册，武汉：华中师范大学出版社，2009年，第127—162页。
② 朱伯崑：《易学哲学史》第3卷，北京：华夏出版社，1995年，第33—42页。
③ 萧汉明：《论俞琰易学中的道教易》，陈鼓应主编：《道家文化研究》第11辑，第265—291页。
④ 《道藏精华》第二集之四《方壶外史》，自由出版社印行，1982年，第523页。
⑤ 仇兆鳌：《古本周易参同契集注》上卷，上海：上海古籍出版社，1989年，第93页。
⑥ 胡道静、陈耀庭、段文桂、林万青主编：《藏外道书》，成都：巴蜀书社，1992年，第25、81页上。

彝文献记载的先天八卦文化体系概论

何谓先天八卦？《易传》说："古者庖牺氏之王天下也，仰则观象于天，俯则观法于地。观鸟兽之文与地之宜，近取诸身，远取诸物，于是始作八卦，以通神明之德，以类万物之情。"这就是所谓的"先天八卦"。庖牺即伏羲，故也称"伏羲八卦"。先天伏羲八卦是彝、汉易理哲学文化的先河。彝族先民源源不断地世袭传授效用先天精气易八卦历法数理二元哲学文化体系。汉族先民自周文王以先天"洛书"推演出后天八卦是为《周易》。中国易理哲学由此而形成彝、汉两种文字为载体的先、后天八卦文化体系。《周易》随着汉文化的发展盛世已成为"群经之首而享有世界、宇宙代数学科学皇冠上的明珠"的美称。《先天易》全然记载于彝文古籍文献，而逐渐走向消失。笔者研究彝文易经三十余年，为救书、救史、救学科，在此专题介绍彝文献记载的先天八卦文化体系。

一、先天八卦体系创制过程

彝文献记载的先天精气易八卦包容有自然物质的辩证唯物主义和易象神化唯心主义两大哲学思想体系。所谓的自然物质辩证哲学，就是从精气→影形→阴阳→动变→数变→质变→量变，到进化为演进的辩证唯物主义思想体系。易理学上称之为"无极生太极，太极生两仪，两仪生四象，四象生八卦，八卦演生万物"。易象神化是古人的文学艺术手法，是唯心主义哲学的根子。彝族先民为了先天易学的最佳传播，即将精气易八卦天文历法体系中的易象星宿拟人为万物之神，于是凡神都有星（仙）神（魔）人（名人）三个名称，并加以故事情节，使之静态变为动态而栩栩如生。树神崇拜是古人以八卦易象星宿分野和编排人类社会地位及人生价值，以统一民心教化治国的方法，谓之天人感应，即天文、地理和人文社会科学一体化。易象星宿的神化文学故事传说，派生了神创造世界一切的唯心主义学说流派。唯物论和唯心论的根子均出自于先天八卦的易理和文学艺术。

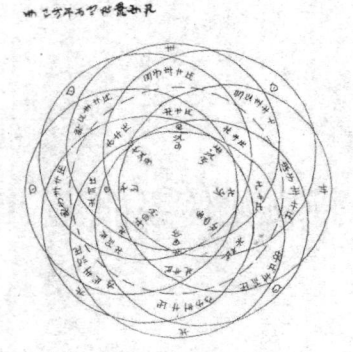

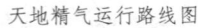
天地精气运行路线图
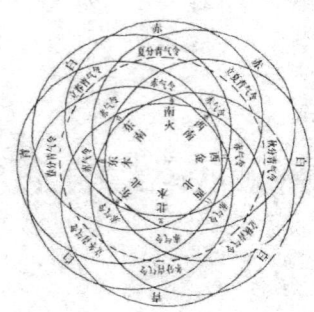

1. 万物均由清浊精气运生

轻清精气上升为天，重浊精水下降成地。清气变青天，浊气变赤地。太阳为青天之灵，月亮为赤地之魂。天地日月相结合，万物才会有生长。

青气线路有四条，赤气线路有四条，按规线运行，共有九条路线。清气运行，赤气相应，赤气运动，青气相交。白天气上升，黑夜气下沉，清浊气以之分明。

2. 精气结合运动生阴阳太极

清气升形成青天，浊气降形成赤地。天地圆周拟360度，清浊精气取白昼黑夜为象，白昼为阳太极，黑夜为阴太极。阳运三气成象称乾，阴运三气成形称坤，乾坤象卦定位南北，各占180度。

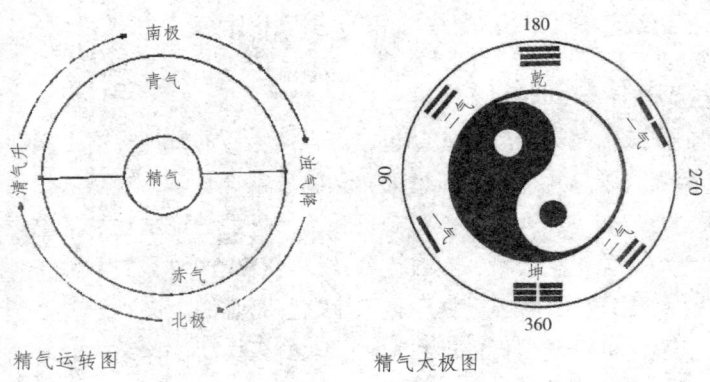

精气运转图　　　　　精气太极图

3. 两仪生四象

白昼黑夜分两仪。白昼仪为乾象，黑夜仪为坤象。白昼黑夜的结合以日月为论。乾阳在坤中谓之坎，其位在东，坤阴在乾中谓之离，其位在西。白昼黑夜两仪演生乾南坤北和坎东离西四象卦，四象各占90度。

彝文献记载的先天八卦文化体系概论　255

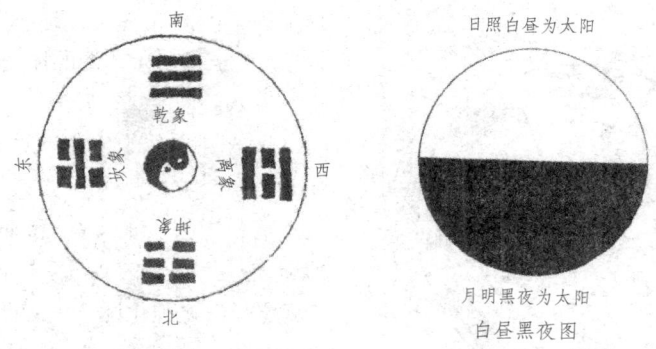

白昼黑夜图

4. 八卦布局

布卦是有规律的，按顺时方向，乾一气交坤生震卦，位在东北角，乾二气交坤生坎卦，位于正东，乾三气交坤生艮卦，位在东南。坤一气交乾生巽卦，位在西南，坤二气交乾生离卦，位于正西，坤三气交乾生兑卦，位在西北角。乾坤震巽坎离艮兑八卦对应居八个方位，各占45度。

5. 人文八卦

人文八卦乾父坤母：乾道运生男象卦，乾上气交坤生长男卦，乾中气交坤生中男卦，乾下气交坤生少男卦。坤道运生女象卦，坤上气交乾生长女卦，坤中气交乾生中女卦，坤下气交乾生少女卦。

《易经·说卦传》论述说：先天八卦"乾天也，故称乎父；坤地也，故称乎母。震一索而得男，故谓之长男；巽一索而得女，故谓之长女；坎再索而得男，故谓之中男；离再索而得女，故谓之中女；艮三索而得男，故谓之少男；兑三索而得女，故谓之少女"。彝书《突鲁厘咪》说："乾象天为男，坤象地为女，男女相交则有生长。然乾一交于坤以生长男，命其名鲁（震）；坤一交乾以生长女，命其名朵（巽）；乾二交坤以生中男，命其名且（坎）；坤二交乾以生中女，命其名舍（离）；乾三交坤以生少男，命其名亨（艮）；坤三交乾以生少女，命其名哈（兑）。即八

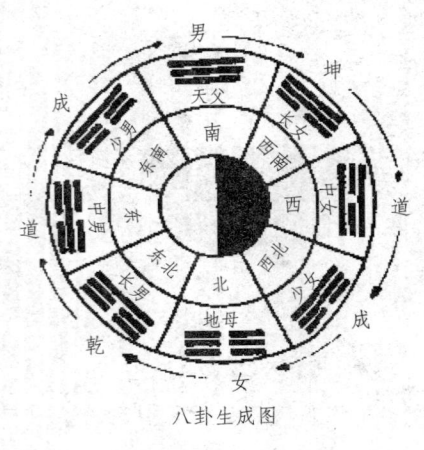

八卦生成图

卦陈列，由此天称父，地称母。"彝汉易学对先天八卦生成图的描述故然相同。

6. 八卦演生二十四象

将八卦定位为立春、春分、立夏、夏分（至）、立秋、秋分、立冬、冬分（至）之点后，把天干地支配合圆布在四周，即谓之八卦演生二十四象，各占15度。仪式文学以之神化说："说的二十四象，由八卦作演变。自八卦中的乾父先演变，乾父变成了天马象，其左边变有了丙象，右边变有了丁象。坤母者演成了鼠象，左边变有了壬象，右边变有了癸象。坎次男者演变成了兔象，左边变有了甲象，右边变有了乙象。离次女者演变成了鸡象，左边变有了庚象，右边变有了辛象，震长男者，其左边变有了牛象，其右边变有了虎象。巽长女者，左边变有了羊象，右边也变有了猴象。艮少男者，左边变有了龙象，右边变有了蛇象。兑少女者，左边变有了狗象，右边变有了猪象。乾坤天地间，太空一派明朗。天干属相有分布。精气盈中央，天干配属相，各自有方位。"

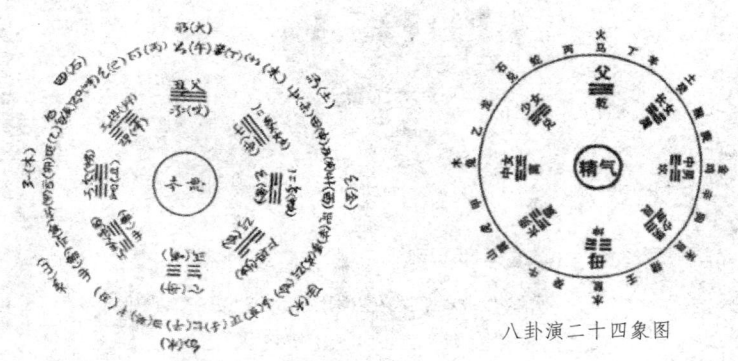

八卦演二十四象图

7. 天地象数五生十成河图布局

基数一三五七九以白圆点为象称天数，偶数二四六八十以黑圆点为象称地数。天地数按太极八卦方位进行布局。一在北，二在南，三在东，四在西，五在中央，六在北，七在南，八在东，九在西，十与五相应在中央。以五行分布，一六属水，二七属火，三八属木，四九属金，五与十属土。历数的运算从一而始于北方壬癸水。天干地支配合是日程名称，六十花甲子为一轮，六十轮甲子数3600年圆满即称洪水潮天，淹没了世界。五生十成布局图因此而称"河图"。

彝文献记载的先天八卦文化体系概论　257

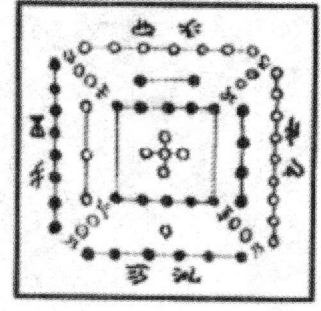
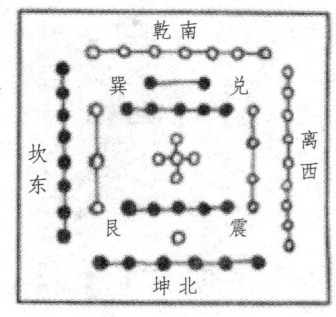

乾南坤北，坎东离西，震居西北，巽居东南，艮居东北，兑居西南。"天一地六属水，地二天七属火，天三地八属木，地四天九属金，天五地十属土，各自主一象。这五生十成，是天地术数之象，五十五数中，乾阳数二十五，是苍天之象数，坤阴数三十，是黑夜之象数。五行水位气运终，终而象数变，江河流不尽，总是后浪推前浪，术数演算也无终止。"

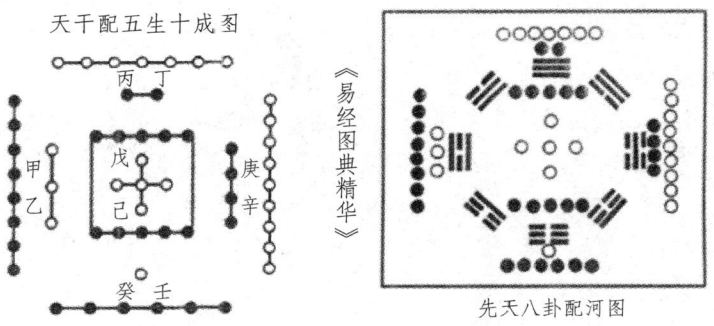

天干配五生十成图

天地象数五生十成（河图）布局图　　　先天八卦配河图

8. 盘古人体术数络书布局

把天地象数按太极八卦方位布列成人体骨络形象，即谓盘古人体术数络书布局。天九置于头是乾宫之象数，天一置于尾是坤宫之象数，天三置于左是坎宫之象数，天七置于右是离宫之象数，天五置于中宫是太极五方象数。地二置于西南角是兑宫象数，地四置于东南角是巽宫之象数，地六置西北角是震宫之象数，地八置东北角是艮宫之象数。盘古人体术数络书按太极八卦方位布列，故也称九宫八卦图。

"五行中的水，拟作人和血；五行中的金，拟作人的骨架；五行中的火，拟作人的心；五行中的木，拟作人的筋脉；五行中的土，拟作人的肉。会动有生命，

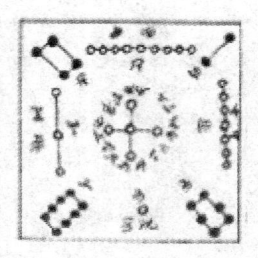 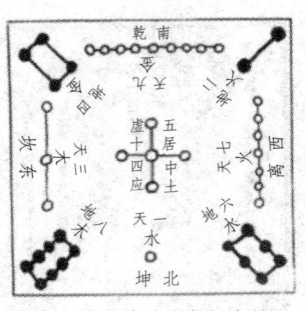

盘古人体术数（络书）布局图

如同乾天理。乾天的太阳，拟作人的眼；乾天中的风，拟作人的气；乾天中的雷鸣，拟作人言语；乾天之晴朗，拟作人喜悦；乾天中雾罩，拟作人心怒；乾天中的云，拟作人的衣。乾天中星辰，八万四千颗，人的发毛也有八万四千根；苍天的圆周，三百六十度，人体也有三百六十骨节。人体同于乾天体，人文同于天理，见人知天体，知天如见人。武洛撮此人，一体囊天界，五行司五令，五令生灵魂，清气主心灵，浊气管生命，土管中央。北方的海水，见了土不流，南方的心火，见了土则过。眼见触动心，生鼻则通气，有水生知识。有火生文化，血通则生气，有气才有精。人体的布局，按乾九宫八卦相论，不通则无生。苍天黑地相量度，论乾坤九宫精气。左眼目拟作金太阳，行运从东方木，右眼目拟作银月亮，起运自西方金，眼目代表乾坤阴阳。心气眼为主，所见心所知，脾气耳为主，所闻应于脾，肾为雾气象，味道肾来辨，肝以口为主，所语由肝来开明，眼目失了明，是浊气所染，口言不清，是生气有刑克，心思无虑，是不知乾坤礼义。盘古人体同于天体，是这样拟布的。"

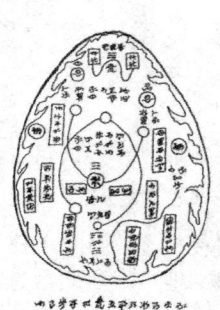 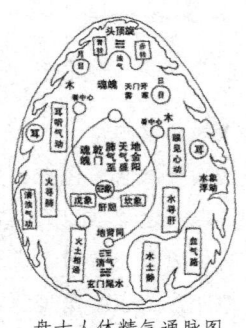

盘古人体精气通脉图

"精气是人生的本原，人体内的青赤气，运动于人体的各个部位，以应象卦理论全然知晓。四象生八卦，每卦都形象，应验于人体，乾阳四象验于人的头，坤阴四象应于人的躯。八卦中的坎以应人的舌，八卦中的离以应人的皮，八卦中的震以应人的肩，八卦中的巽以应人的口，八卦中的艮以应人的目，八卦中的兑以应人的耳。还有五脏六腑也按四象八卦作布局。乾阳四象应于大肠，苍天十二层理论，大肠以应十二节；坤阴四象应于小肠，乾坤四象八卦化二十四象，小肠以应二十四曲。坎象应于心，离象应于肾，震象应于胃，巽象应于肺，艮象应于胆，兑象应于肝，如此去布局，不必再赘述。四象八卦有布局，要有五行相与生。乾天中的五行，即按南北东

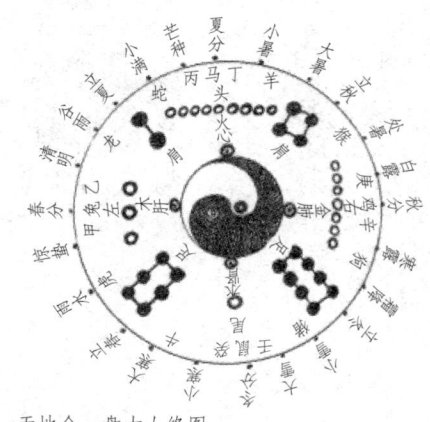

天地合一盘古人络图

西中以应日月星云。坤地中的五行是金木水火土，人体中的五行是肺肝心脾肾。苍天黑地间，凡有命会动的，难以计数，风与流水同，久长久远，理论丢不得。五行的原理，还不止这些。乾坤天地降福禄，人类才有生。人的脑髓变水气，与肾脾相应。七窍者，大肠小肠与之通。人的生气在生门，大肠和胃与之通，会于脐下，青气通道有三条，第一条通往心肺，第二条通向肾脏，生于七窍，第三条通过肺气至肛门。赤气通道有三条，末尾这条通过生殖器至头顶和尾门。中间这条通过胛椎至脑髓，头的这条从肛门通往腹部至头顶。青赤气通道六条，不停地流通，屎尿朝上倒，是怪火气重。水火不容是相克，若是金不克木，五行相生的话，气穴之位在脐下，准是有动力。不通即无生，就得观脸色。写下人体的生理，救命即救生，留之于后世。"

　　注：《天地合一盘古人文道法纲纪图》是以天地的五行与人的心肝脾肺肾配合而布局，于是以人文主宰天地。心属南方丙丁火，蛇马羊属相配合也属火；肝属东方甲乙木，虎兔龙属相配合也属木；脾属中央戊己土，四季月属相牛羊龙狗配合兼属土；肺属西方庚辛金，猴鸡狗属相配合也属金；肾属北方壬癸水，猪鼠牛属相配合也属水。如此配当天地人的五脏和天干属相与五行的属性，即谓之天时地利加人和，是为人统天地的人文文化道法纲纪格局。古人以之艺术神话："盘古人的五脏就是天下的五行岳山，石是它的牙，土是它的肉，草木是它的毛，风是他的气，流水是它的血，雨是它的泪，雷是它的怒，晴是它的喜，阴是它的哀。"盘古人以太极而称天父地母，天父叫弭古鲁，地母叫弭阿哪，天九地一，左三右七，二四为肩，六八为足，五居中央的黑白阴阳圆点布局是它的骨体骨络形象，彝语称偶撮蒙野数，汉语称"洛书"。盘古人的格局俱有天地人三才的运局而谓之世纪元年——笃热，每笃热（世纪）120年，三世纪360年是为一元而有六气。

9. 天地五行与人体五脏

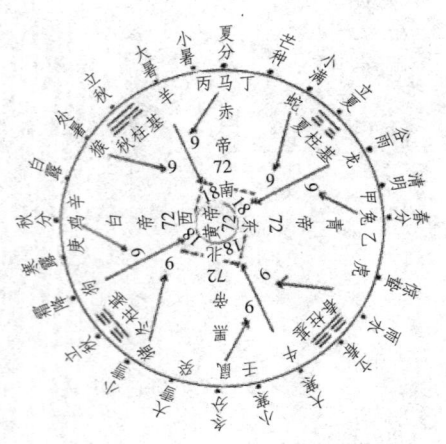

"天光临大地，乾谱（历法星辰运律）应人间。盘古人居天地间，上为天、下为地，生存靠地养。乾性刚而贤，坤性柔而美。人生始于肾，肾属水而黑，壬与癸辅助。有水则生木，肝属木而青，有甲乙辅助。木上乃生火，心属火而赤，丙与丁辅助。火灰乃生土，土属脾而黄，戊与己辅助。有土则生金，能知乾天理，顶盖旋又圆，黑白太极旋，黑白太极理，能知坤地情，乾宇宽又大，青赤相生成。宏伟宇宙（盘古）人，日月目光亮，取道于荣日，取法于曜月。生鼻通气息，毛多养血气，以乾坤生衍，乾坤相同道，取之为人皇道。肝主春，心主夏，肺主秋，肾主冬，脾主四季。五脏四时寻，筋脉通血路。生克论五行，讲寒暑，论饥饱。冬夏衣着乱，春秋不相合。天时不顺应，气候不调合。五行相克病，讲生理知识，脉络要分清，肠胃两相生，肾脾两相长，肺肝相对应。论病期长短，断寒暑疾病，看瘟疫传染，行采药炼丹，依生理研作。五行与五脏，这样配成的。"

注：天图应于地理，天干属相和五行八卦配合布成盘图，甲乙与虎兔龙属木居东，主春时令90天；丙丁与蛇马羊属火居南，主夏时令90天；庚辛与猴鸡狗属金居西，主秋时令90天；壬癸与猪鼠牛属水居北，主冬时令90天；戊己属土居中央，主四季月的活动时令数。即从春夏秋冬的季月中减出前后9天作为活动时令数属于戊己土，因此龙狗牛羊兼属中央戊己土，也就是说每时节的90天当中丑未辰戌四个季月的前后9天和共18天是活动时令数，4个18天就是72天，是属戊己土的占有数。这样一来，四方加中央的金木水火土五行各占72天，是为全年共有72个火候气象的计算方法，每五日为一个火候。古人以之艺术而神话："洪水朝天淹没了世界，只剩下兄妹二人，听从观音老母的指意，到西山头滚下磨盘，两块磨盘自然合拢，示意兄妹成亲。事后，养下的五子相分土地，大哥得东方，二哥得南方，三哥得西方，四哥得北方，小兄弟得中央。兄弟五人又来分四季，大哥得春季，二哥得夏季，三哥得秋季，四哥得冬季，小兄弟没分得四季，就由每个哥哥分给他十八天。"所谓的磨盘即指天地圆局图，兄妹成亲是指八卦的配合，五子即指金木水火土，相分土地和时令是指五行的方位和气象火候的计算法则。图中只示意出震巽艮兑四个卦符，而四卦的位置是在立春、立夏、立秋、立冬之点，因此，艺术神话中就把它们拟化为四颗撑天柱的础石。

10. 十二月信息象卦历

译："古有祖之文，古有妣之史，震巽相交配，震巽繁衍了，繁衍在四方。乾坤有交配，乾坤繁衍了，繁衍在四方。晚晓相结合，宇宙定位了，以中分四方，三极十二门。沽色尼弭主，主管第一门，能色能尔府，主管第二门，布色哪弭勾，主管第三门，厄色吐弭塔，主管第四门，呢色厄，主管第五门，呢吐勒武额，主管第六门，呢吐吉娄娄，主管第七门，举奢哲署宏额，主管第八门，笃塔直，主管第九门，弭塔弥，主管第十门，吐采佐，主管第十一门，厄索撮作佐，主管第十二门。宇宙十二门，开于甲戌年，辟于乙亥月，其日为丙子，时候是丁丑，这样开辟起数的。"

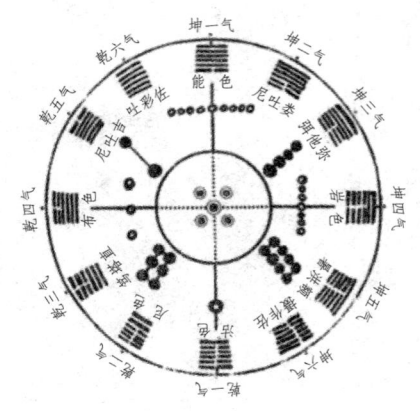

重迭象卦太阴纪元历十月岁图

释：十二月信息象卦示意图，是以八卦重叠而按子午卯酉为天局，丑未辰三戌为地局，寅申己亥为人局，定四向卦星位，一阴一阳作排列。所谓第一门，讲的子门，卦名叫沽色尼天君。第二门即午门，卦名叫能色能地王。第三门是卯门，卦名叫布色教化师。第四门是酉门，卦名叫岩色史师。第五门是丑门，卦名叫尼色岩二神。第六门在未，卦名叫尼吐娄二仙。第七门在辰，卦名叫尼吐吉。第八门在戌，卦名叫暑宏额。第九门在寅，卦名叫笃塔直。第十门在申，卦名叫弭他弥。第十一门在巳，卦名叫吐彩佐。第十二门在亥，卦名叫撮作佐。卦值名称译写在示意图中。《象集备要通书》则按顺时针方向序列而统称《十二月信息卦》："正月建寅，泰卦，自立春正月气。二月建卯，大壮卦，自惊蛰二月气。三月建辰，夬卦，自清明三月气。四月建巳，乾卦，自立夏四月气。五月建午，姤卦，自芒种五月气。六月建未，豚卦，自小暑六月气。七月建申，否卦，自立秋七月气。八月建酉，观卦，自白露八月气。九月建戌，剥卦，自寒九月气。十月建亥，坤卦，自立冬十月气。十一月建子，复卦，自大雪十一月气。十二月建丑，临卦，自小寒十二月气。"

年周历度为天，月份运率为地，天地间的天九地一，左三右七，二四为肩，六八为足，五居中央之人体术数即谓之盘古人氏。信息卦值中的每爻代表一气1800年，六气卦符即代表10,800年，是为月亮信息卦的月会运数，12月月会共运129,600年。然天的运数开于戊戌年，地的运率辟于己亥月，坤阴运年时代的颛顼建亥历，以十月初一为年节由此而产生。古人以之而艺术神话："开天辟地，盘古氏生其中，天为360度，129,600星斗，盘古也就有360骨节，129,600毫毛和孔窍。日长盘

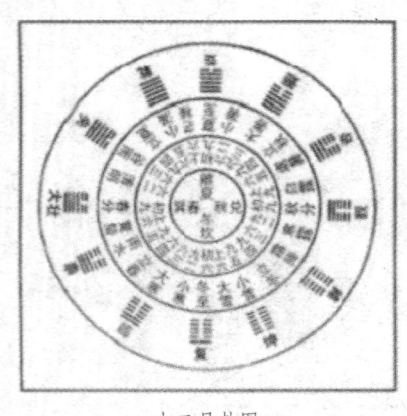

十二月卦图

古也长，天长极高，地长极大，盘古人也长得极高大了。"《三五历纪》记之为："天地混沌如鸡子，盘古生其中，万八千（实数10,800）岁，天地开辟，阳清为天，阴浊为地，盘古在其中，一日九变，神于天，圣于地，天日长一丈，地日厚一丈，盘古日长一丈，如此万八千岁，天极高，地极深，盘古极长，后乃有三皇。"

又称十二辟卦、十二消息卦。辟为君主，是说十二卦乃为十二月之主。阳盈为息，阴虚为消；《乾》卦为盈，《坤》卦为虚。自《复》卦至《乾》卦为息卦，表示阳气逐渐增长的过程。其中，《复》为一阳生，《临》为二阳生，《泰》为三阳生，《大壮》为四阳生，《夬》为五阳生，《乾》之六爻皆阳，表示阳息已极。从《姤》卦至《坤》卦为消卦，表示阴气逐渐增长的过程。《姤》为一阴生，《遁》为二阴生，《否》为三阴生，《观》为四阴生，《剥》为五阴生，《坤》之六爻皆阴，表示阴消已极。以上阴阳之爻有规律可循的变化，体现了阴阳二气不断消长的全过程，闪烁着事物由量变到质变的辩证法思想光辉。

11. 八卦二十四象定日月出没方位

地气上升，天气下降运生禄，人生也要靠日月阴阳才有孕生。乾象还没有产生之前，太阳已有了，坤象还没有出现，月亮已经有了，它们的形象以象卦为代表。日月阴阳相结合，万物才会有生长。根据自然的生态原理，最先还是日月阴阳生万物。太阳是青色的象征，月亮是赤色的代表。有了青赤的概念，才定就乾坤。乾坤相结合，造就了万事万物，凡会动有生命的，都是日月刚柔结合的结果。青赤气相交，青气通道有四条，赤气线路有四根，中央是精气的生路，共有九条路。自东到西是日月的规线，共有二十四方，一月一周转，一转即一周，一周即月周期（晦明望）。一年十二月，太阳按六条青赤线运行。正月和九月，日出乙地没于庚方，二月和八月，日月均出兔（卯）地没于鸡（酉）方，日月相伴，运道同线，四象分明，二月青气漫，八月青气赤气溢。三月和七月，日出甲地没于辛方，月出兔地没于狗（戌）方，四月和六月，日出虎（寅）地没于狗方，月出甲地没于猴（申）方，五月十一月，日出震地没于兑方，月出乙地没于庚方，十月十二月，日出龙（辰）地没于猴方，月出甲地没于辛方。日月的出没，定局就这样。

代表青气之精的太阳运动谓之为乾男，取月明日计量。代表赤气精的月亮运动谓之为坤女，以晦明象作计量。明晦运率各为十五日。日升月往，轮回无已。

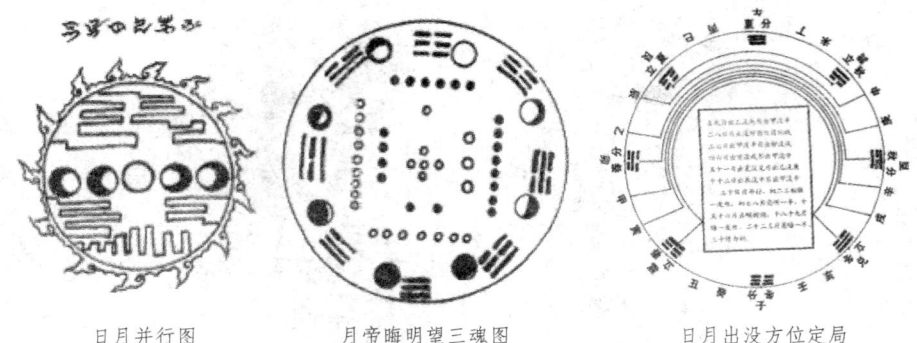

日月并行图　　　月帝晦明望三魂图　　　日月出没方位定局

青赤精气所照清新，所至降福禄，理论就这样。坤地按月运，初二初三间，日月并行，相错不过一发丝。初七到初八，太阳转角度，月也照半边，半暗半明。十五十六间（子时），日照乾天，月明坤地，形象明显。乾阳坤阴气接合，坤阴气上涨，银月明朗朗，清浊气分明，阴阳气运生出万物。十八到十九，日又转角度，月也转角度。二十二、三时，日转角度，月之有象，精气的结合，月亮明一半，半阳半阴。月运接交在三十，日月相并行，日运青气，月动赤气，以月率观象。坤运局的中央，代表青赤气的星辰上亿数。会动有生命，福禄显光辉，是精气的结合。写其原理留后世，造就后世人的精明。太阳是青气之精为男，放光万物才有长。月亮是赤气之精为女，有晖万物才有生。乾坤精气生万物。

12. 定年界月界

"先有四象，才有了星云。人生愚昧谈不上智高和禄位。同样的道理，没有文化的社会，就象天湖地海，混沌一团。黄太祖阿匹额索说的，要定下这年界和月界。若没有这年界，人就没有高尊，若没有这月界，人就没有文化，也就没有精气的理论来传播。人体有个头顶，高尊策举主（天道的拟人名称）差使古稀老人，站在堂琅山顶上，按乾阳坤阴运局，讲述了一番年月的理论，确定了一年为十二月，四时节令以冬春秋夏周而复始。鼠相十一月，牛相十二月，虎相一月，兔相二月，龙相三月，蛇相四月，马相五月，羊相六月，猴相七月，鸡相八月，狗相九月，猪相十月。春天三个月以东象为主，以五行木掌春时令。夏天三个月以南象为主，五行中的火掌夏时令。秋天三个月以西象为主，五行中的金掌秋时令。冬天三个月以北象为主，五行中的水掌冬时令。乾阳运局以苍天为象，拟定圆周三百六十度，以之而定一年为三百六十天。乾局的一周，也是日月的一周转，一天定为十二时，主乾坤阴阳十二层，一时阴阳各半，一时划八份（刻）。春时的一天，鸡鸣（开叫）时圆满。太阳的自转，移位九十度会。一月定为30天，到了五月是阳数生阳体，黄道星轮转一次，即是宇宙的一周，一天十二（阴阳）时。乾阳日数起于鼠年，

 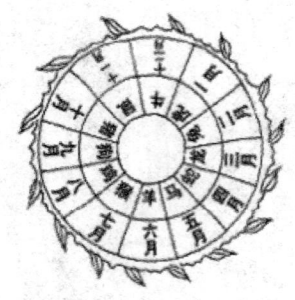

年界月界图

一年十二月，坤阴岁首月份起牛月，人文运数起于虎日。一月三十天，划之为六气，会动有生命，五日一火候，是这样拟定的。定年界和月界，依乾局划分部落，社会的知识文化跨进了文明，按坤局命爵排位掌权，福禄有层次。会动有生命，为了治理天下，按年月定界法，划部落界线。写其理论留后世。"

注：所定年界，圆周天360度，太阳一天行一度，一度即一天，360天是为年界；所定月界，即一年360天是月亮的十二次晦明周期，每周期30天是为月界。太阳的生日是初一，月亮的生日是十日，大年的生日是正月朔日，年月日时的周而复始都在夜半鼠（子）时。年月日时均以十二将（属）相星为记名，周而复始的轮算。

13. 年十二月气象流程角度划段法

生物的生长气象，春长冬枯，这些现象，都是乾坤精气结合的反应。精气的有生是指清气上升和浊气的下降，气退即为藏。气象有流程，一个流程一地令。十一鼠相月，是为乾一气，十二牛相月，是为乾二气。十一十二月，是萌气掌时令。三月龙为主，是为乾五气；四月蛇为主，是为乾六气，此二月长气管时令。五月马为主，是为坤一气；六月羊为主，是为坤二气，此二月沉气主时令。七月猴为主，是为坤三气；八月鸡为主，是为坤四气，此二月收气掌时令。九月狗为主，是为

年十二月气象图　　　　年十二月气象图

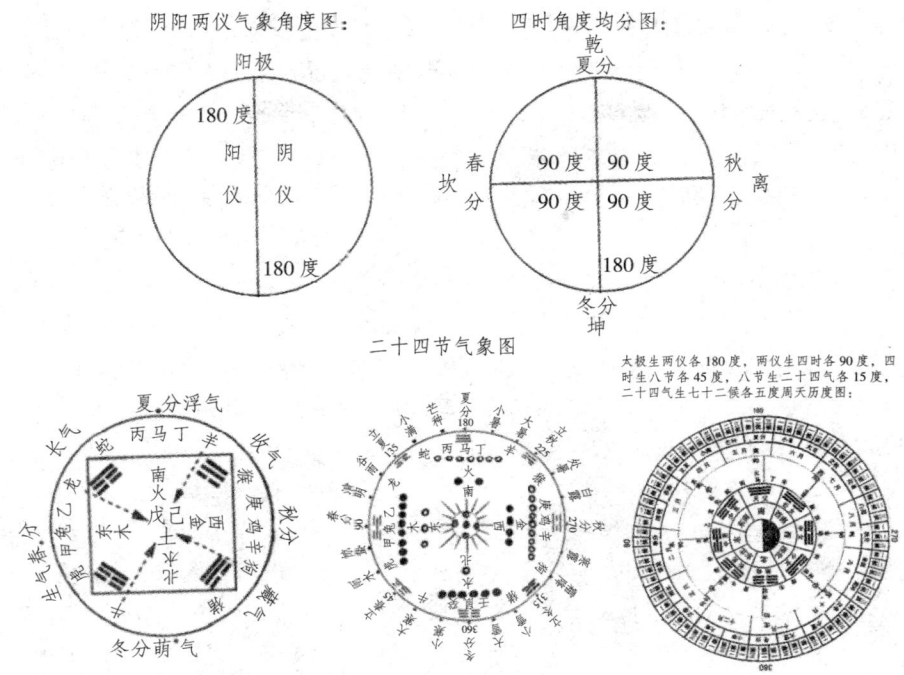

坤五气，十月猪为主，是为坤六气，此二月藏气管时令。月份的主宰，写其象留后世。

注：天圆图也就是八卦定四立四分8个45度的十二气二十四节时度划分分法的规图。圆周天360度，太阳一天计一度，按月亮的晦明周期定立月份，年有12次月亮的晦明周期，每周期为30日，谓之为一气，每气分为两节，每节分为三个火候，年360日即有十二气二十四节七十二个火候。正月气起"立春"，15日至雨水节，二月气起惊蛰，15日至春分节，是为阳春火候气象已有一半运数45日了；三月气起清明，15日至谷雨节，四月气起立夏，15日至小满节，五月气起芒种，15日至夏分，示意阳夏火候气象已满半数45日；六月气起小署，15日至大暑节，七月气起立秋，15日至处署节，八月气起白露，15日至秋分节，意示阴秋火候气象已满45日；九月气起寒露，15日至霜降节，十月气起立冬，15日至小寒节，冬月气起大雪，15日至冬分，示意阴冬火候气象已满45日；腊月气起小寒，15日至大雪节，又15日复于立春日，周而复始。八卦定四立四分，推得气节火候日数，统称为气候年程，即是古人在长期实践中得出的农牧科学时制化，是按太阳的运行日数进行定额计算的，故名先天八卦太阳周天历法。它的规图叫做弚道局，意为"周天历度道法纲纪图"。

二、彝、汉同源的伏羲八卦盛世历史

彝族先民是中国西南文明最早的主体民族,自黄帝时代与汉族先民同源分流。伏羲先天八卦精气易二元哲学是彝汉文化的先河。周文王演先天"洛书"(盘古络书)术数为"后天文王八卦",发展盛世为今天的汉文化。伏羲先天八卦文化体系则由彝族先民源源不断地继承和发展应用到如今。《易经》根据传说录载的"包牺"即是古彝语"布包(圣师)希弭遮"的简称。由于语言文字的演变和转化,远古的历史全都成了传说。于是多家易著根据传说而产生"包牺"、"炮牺"、"庖牺"、"伏戏"、"伏牺"、"密牺"、"伏羲"等颇多同名异写。宋代才开始统一用"伏羲"。彝族和汉族均有记录历史和文化的古老文字,古彝文献是先天易的载体,古汉文献是后天易的典籍。彝汉文古籍是中华民族精神文化的智慧宝库,是中华民族文明发展的物质见证。

彝族古代文明社会历史悠久。早在公元前45世纪就以先天精气易八卦天文历法数理教民务农,按时节栽培五谷,养殖牲畜良种而进入初期文明。在今云南点苍建五谷圣地,教化时制科学管理农牧业生产技术而开辟文明天下。以春夏秋冬四时分立春、春分、立夏、夏分、立秋、秋分、立冬、冬分八节,八节又划二十四节气象,二十四节气象又分七十二个气象流程火候。气象火候历法验用于牧业和五谷生产。按五行八卦十二将相星布局絜块分野,分别教化部民,按时制科学化管理农牧业而发展经济,即称举菊禄姆国。以崇拜代表天地道的中央太极星象而谓之实索时代。以文化体系称恒布吐实楚教化时代,即乾阳运历天皇纪元时代。帝王世纪年始于希弭遮纪,每纪120年。五纪600年为一元。根据历法乾坤纪元制度划定历史界标。乾阳坤阴合运3600年,按六元分天地人纪元划界。希弭遮、遮道古、古珠舒、舒阿列、列阿恒五纪600年,是乾阳运历上元天纪年数,即公元前4437—公元前3838年。中元地纪为恒乍耿、乍耿作、作何采、采阿苴、苴阿色五纪600年,即公元前3837—公元前3238年。下元人纪为色阿主、主迫娄、迫娄道、道弭能、弭能倭五纪600年,即公元前3237—公元前2638年。乾阳运历天皇时代三元十五纪1800年期间,以先天八卦时制历法教民农牧技术。在农牧业生产技术日益发展的同时,冶金丝绸业发展盛况空前,于是随着工业技术的发展盛世,政治、经济和文化教化活动中心移治铜锡圣地卓阿纪堵晋宁,即进入坤阴运历地皇纪元时代:倭阿索、索阿德、德斯所、斯所朵、朵毕余五纪600年是为上元天纪元年数,即公元前2637—公元前2038年。毕余堵、堵司赛、司赛陀、陀阿大、大阿武五纪600年是为中元地纪元年数,即公元前2037—公元前1438年。阿武哺、哺珠鲁、鲁珠武、武洛撮、撮珠笃五纪600年是为下元人纪元年数,即公元前1437—公元前838年。阿武哺继皇帝位后,中央皇国迁治诺弥阿卓甸,即今沾益，塑震卦阳神鲁偶吐为偶像崇拜。

坤阴运历地皇时代上中下三元十五纪1800年，时制农牧、金属冶炼、养蚕织绸、高架建筑、常用器物等生产技术日益发展。生产力的空前发展也导致了氏族部落性质的分化。被黄帝授封在江水（四川、重庆）一带的青阳一支，侧重织绸与工业技术的发展，能沾（成都）即织绸圣地故名。古糯（贵州）为手工业技术王国。被黄帝授封在若水（云南）一带的昌意一支，注重冶炼和铸造技术，卓阿纪堵（晋宁）即冶铸圣地故名。德纪禄（昆明）为轻工业技术圣地。乌蒙山区一带主要是养马，以供南北地区交通运输工具，良马盛名天下。

国家民族是由文化融合形成的，部落氏族是国家民族的分流。从黄帝到西周时期是彝、汉先民同源分流而祥让帝位的时代。坤阴运历地皇纪元时代，冶金、丝绸业盛世，即随冶、织业分流宗派体系。恒赤叩（天府）——尼弭（青阳玄嚣）——蟜极——高辛帝喾——唐尧放勋——虞舜——鲧禹这一支，往宜宾向成都、重庆及至贵州，发展成为有技术而能工艺精的苟葛族群体系。侧重纺织和手工业经济。商周以后才出现后天文王八卦的独立文化体系，而逐步发展形成今天的汉文化族群。道弭诺黄帝——弭诺俦昌意——俦阿索颛顼——索阿德——德斯所——斯所朵——朵毕余——毕余堵——堵司赛——司赛陀——陀阿大——大阿武——阿武哺——哺珠鲁——鲁珠武——武洛撮——撮珠笃——笃弭，这一支即在云南和乌蒙山区一带，发展成为伏羲八卦文化族群体系而称诺索即今彝族的自称。彝汉同源分流历史，《史记》有记载：'黄帝娶于西陵之女嫘祖为正妃，生有二子，其后皆有天下。其一曰玄嚣，是为青阳，青阳降（封）居江水（指金沙江及长江中游，即今四川和重庆）；其二曰昌意，降居若水（指红河与红水河流域一带）。昌意娶蜀山氏女，曰昌仆，生高阳有圣德焉。黄帝崩，其孙昌意之子高阳立，是为帝颛顼也。"《中国史稿》说："颛顼一支发展成为彝族远古先民的一部分。"

中国著名史学家司马迁和郭沫若都说黄帝族是彝族远古的先民，彝书中也有明确记载，黄帝氏族最初是分布在西南地区。《史记》载："黄帝崩，葬桥山。"《中国史稿地图册》上标的桥山是在晋宁和保山之间。彝族先民在颛顼继帝位时的文化宗旨、治国方略及其领地，司马迁在《史记》中作下了精辟的总结："帝颛顼高阳者，黄帝之孙而昌意之子也。静渊以有谋，疏通而知事；养材以任地（因地用贤），载时（时制历法）以象天，依鬼神（八卦易象）以制义，治气（精气易）以教化，絜诚（封域）以祭祀。北至于幽陵（河北），南至于交阯（越南），西至于流沙（沙漠），东至于蟠木（会稽山）。动静之物，大小之神，日月所照，莫不砥属。"彝书记载葛禹即大禹，是堵毕德的第六代孙，与笃勒策一起推理日月运动规律，精确历度，改制历法。禹祭巫山是为汉族文化兴起的地方。《世本·帝系篇》载:"颛顼生鲧,鲧生高密,是为禹。"是说颛顼帝时代派生了鲧(葛夷)族,后鲧族中出了个高密,他就是大禹。禹祭巫山即成为夏商周文化族群的始祖。彝、汉族先民自黄帝分封青阳和昌意治长江和红河与红水河流域后,兄弟族间禅让帝位。《史记》记载:"黄帝崩,其孙昌意之子高阳立,是为帝颛顼也。"又说:"颛顼崩,玄嚣之孙高辛立,是为帝喾,高辛于颛顼为族子。"

根据彝族历史世纪元年法与汉族历史朝代法考证。恒赤叩(天府)与道弭诺黄帝纪同时代。尼弭(青阳玄嚣)与弭诺俸昌意纪同时代。蟮极与俸阿索颛顼帝纪同时代。高辛帝喾与索阿德纪同时代。唐尧放勋与德斯所纪同时代。虞舜与斯所朵纪同时代。夏朝与毕余堵、堵司赛、司赛陀、陀阿大四纪同时代。商朝与大阿武、阿武哺、哺珠鲁、鲁珠武四纪同时代。西周与武洛撮、撮珠笃、笃弭三纪同时代。东周与笃弭嫡系弭克克、克迫默、迫默珠、珠鲁蒙、鲁蒙娄、娄阿德、阿德布、布体妥、体妥诺、诺克博十代君主王朝同时代。

三、先天八卦的传承与文字载体经书

彝族《教化歌文》是执教师耄史在祭祀教化场合宣唱加表演的五言经典诗歌和史诗典籍,概称"咪古"(诗歌),云南彝族译称"梅葛"。《教化歌文》以问答形式解说八卦象理论,具有哲理性的比兴手法而精彩易受。布祭祀场景仪式诗文叫《纪头数》(说型书),年节颂歌叫《举卓咪》(欢庆诗或称"喜庆经"),嫁女场合演唱的歌文叫《阿媚凯数》(嫁女书),结婚场合演唱的歌文叫《禄韦数》(祝婚书),丧祀场合演唱的悼念歌叫《凯咪数》(送别书)。教化歌文全是五言诗歌体载,以演唱形式进行全民教化,故称《咪古》(理论诗歌)。《咪古》是社会文明的教科全书。天文、地理、历史、政治、经济、军事、哲学、数理、医疗、社交、文艺、体育、饮食、建筑、婚丧、祭祀等社会实用事内容无所不包。因此,《咪古》书籍量数最多,内容极为丰富,形式多样,语言流畅精彩。于是《咪古》伴随着彝族的风规礼俗世传而不衰。丰富多彩的《咪古》文化造就了彝族能歌善舞的社会文明。

彝族历史文化以先天精气易二元哲学贯通纵横。精气易二元哲学的基本理论构成是精气论、形影论、阴阳论、动变论、数变论、质变论、进化论等七大基本理论。精气易的基本原则是清浊精气结合而生万物。精气易的基本运程七局层次是乾坤精气结合、天地的高深与纵横结合、乾坤精气的运动结合、乾坤基数至九反本为一、乾坤易象神通结合、天象圆图与地形盘图结合、天道为父地道为母的阴阳男女卦结合。精气易运程也称太极运历层次。精气易八卦勾股历法理论的推导程序是清浊精气结合、青赤气的结合演变、乾坤天地的关系、阴阳精气结合生万物、天地

精灵日月运动规线、宇宙规图的取象、金木水火土五行布局、十二将相星的五行属性、奇偶数的阴阳属性、五生十成河图术数布局、十生五成盘古人体术数络书布局、天地精气运行路线、八卦演生二十四象布局、乾坤男女五行属性的生克关系、盘古人体图与天体图结合应用、天与人的生理关系、日月出没定律、日食月食原理、年月日数的界定、萌生长成收藏六气时度段的界定、世纪元年术数进制法、闰月与大小月份制、雨露霜雪气象时节推算、阴阳云雾雷电的阴阳关系、天数始于子地数起于丑人数运生于寅等历算法则理论。易哲理论以《咪古》（理论诗歌）结合祭祀活动教化于民。专载易哲理论的《咪古》文献有《精气论》、《精气流程》、《青赤气配合》、《阴阳太极》、《青赤气易》、《青赤气运历》、《青赤相对论》、《象卦论》、《象卦起源论》、《象卦运历层次》、《乾坤运历》、《震巽运历》、《坎离运历》、《艮兑运历》、《五生十成》、《十生五成》、《盘古人体术数》、《八卦配合》、《天地运历》、《白黄道》、《天壬地癸》等，数量之多，容量之大，颇有此兴文彩。彝族先民尚以生动流畅的易哲理论诗歌互比攀交，歌舞显身才华。晋代常璩《华阳国志·南中志》记载："夷（彝）中有桀黠能言议屈服众人者，谓之耆老，便为主（君）议论好譬喻物，谓之'夷经'。今南人言论虽学者也半引夷经。"这就是西南地区古彝文经典诗文教化于民的客观记录。从而表明了先天易理哲学文化体系在彝族社会中得到普及利用的历史事实。

四、伏羲先天八卦的社会实用性

世间的每一项科学无不为了人类社会的实用性而发明创造。伏羲先天八卦的科学原理来于自然而服务于人类社会。最初是为了五谷作物的种植耕作，而观察天地自然始作历法八卦。随着时间的推移和生产技术的先进性发展，伏羲先天八卦的自然社会科学理论逐步形成体系。历代科学家无不以之易哲为准绳，深化科学理论而继续发展。中国最早的天文历法、地理风水、社会历史、建筑工艺、军事兵法、阴阳疗疾、祭祀卜筮、伦理道德、生活起居等诸事的原始科学性，无不启蒙于伏羲先天八卦的天地与人的道法纲纪。直言之，天文星象学验用于人类即产生社会地位及人生价值，历法学使人类的生活起居有了规律性，地理风水文化使天地自然与人类和谐共生，天地人文道法使社会发展进程有了时代学标尺，九宫八卦与时柱文化使建筑造物工艺逐步走向升华，八卦布局的对应结合理论造就了时代英雄的军事兵法，精气的相生相克阴阳疗疾理论奠定了医药学的基础，八卦易象星宿的分野和统属关系及其信息理论启迪了人类的占卜法，人文八卦阴阳结合而衍生万物的理念即产生伦理道德和婚姻制度及社会关系。特别是婚丧节庆和祭祀活动的先天八卦理论教化制度，造就了人类能歌善舞而天下文明。于是《系辞》说:"易有圣人之道四焉。以言者尚其辞,以动者尚其变,以制器者尚其象,以卜筮者善其占。"历代圣人都是以先天易沟通天下人的意志,奠定天下人的基业,判断天下人的疑问而世以崇拜。

五、结 语

  彝族历史文献所记载的先天八卦精气易二元哲学理论文化体系、精气易象的文学艺术神话、西南民族的远古历史和风情习俗传统文化,从汉文献中是无法得到的。为此,彝族历史文献具有较高研究价值。研究它把中华民族文明史推进到公元前48世纪—公元前45世纪,研究它亮出西南民族历史和文化的全部根底,以弥补中国通史在西南版图上的空白。研究它让先天精气易二元哲学解答世间一切神秘的问题。

(龙正清,贵州省赫章县民族宗教局译审)

由"易学在蜀"说到早期易学入蜀及其路向

周易在古老的中华文化中具有十分突出的地位,故历来有《易》为群经之首以至本原的说法。汉代班固的《汉书·艺文志》就云:

> 六艺之文,《乐》以和神,仁之表也;《诗》以正言,义之用也;《礼》以明体,明者著见,故无训也;《书》以广听,知之术也;《春秋》以断事,信之符也。五者,盖五常之道,相须而备,而《易》为之原。①

此应为刘歆《七略》原文,则班氏与刘氏父子之说,实代表了汉代以下共识。而在汉代以后,易学在巴蜀地区不仅师承不绝,有案可稽,并且广为传播,极为兴盛而富有创新,以致宋代理学大师程颐明确指出:"《易》学在蜀耳!"②此说既出,影响深广,遂形成易学史上之一大共识,故巴蜀近代著名学者刘咸炘在其《蜀学论》中云:"《易》学在蜀,如诗之有唐矣。"于今观之,易学在蜀,不仅并非向壁虚言,且渊源有自。

秦汉以后,蜀地易学源流不仅大致可考,而且其学特色鲜明,名家辈出,或娴于义理,如尹默、苏轼、张栻、李杞等;或精研象数占筮,如严君平、范长升、李鼎祚、谯定、黄泽、来知德等;或冶义理象数等于一炉,如阳枋、魏了翁等;甚至或别出心裁而另行拟易,独树新帜,如扬雄、王长文、卫元嵩等。历史上巴蜀易学不仅著述汗牛充栋,推陈出新,且每以集大成之作而引人注目,影响广泛,如李鼎祚、房审权、魏了翁等。明清之际,因长期战乱动荡,巴蜀易学的发展出现曲折,但仍有成就。近世以来,西学东渐,巴蜀易学又有新的发展,不仅近代有标志易学开新之郑寿全、唐宗海等医易学家,而且出现了出现了郭沫若、唐明邦等在易学研究方面影响卓著的现代学者。

易学在蜀的兴盛,应与四川山水的特质相关。巴蜀地区多大小江河、大山丘

---

① [汉]班固:《汉书·艺文志》之《六艺略序》。
② [元]脱脱等:《宋史·谯定传》记:"袁滋入洛,问《易》于颐。颐曰:易学在蜀耳,盍往求之!"

陵和山丘间的坝子，也有面积可观的成都平原、西昌平原，地形地貌极富多元和多样性，风光集雄浑、险绝、秀美、神奇、灵异于一体，尤以"山水太极"著称，自然地理、风水堪舆极具太极意味，是易学发展兴盛的极好环境，昭化、阆中等地尤为典型。然而巴蜀地区易学的发生发达，更有历史上人文地理条件和传统的深刻因素。

大体而言，易学在秦汉以后兴盛于巴蜀，而且巴蜀《易》学富有特色。据研究，其学者从有史可考的临邛胡安以来，多隐居传道授徒，其研习《易经》虽然亦兼有学、术，并不乏名师大家，但总体以应用、卜筮为先，相对不重义理著述，正说明其渊源有自，不同于战国以后中原《易传》系统。治《易》主要着重应用、卜筮，正是早期易学特征，《易传》是战国时代产物，说明蜀地易学应在此前就已经产生。

但现有史料尚不能证明易学的主要发源地就在巴蜀。

那么巴蜀易自何而来呢？人们首先很容易想到的就是文翁化蜀。《汉书·循吏传》载：

> 文翁，庐江舒人也。少好学，通《春秋》，以郡县吏察举。景帝末，为蜀郡守，仁爱好教化。见蜀地辟陋有蛮夷风，文翁欲诱进之，乃选郡县小吏开敏有材者张叔等十余人，亲自饬厉，遣诣京师，受业博士，或学律令。减省少府用度，买刀布蜀物，赍计吏以遗博士。数岁，蜀生皆成就还归，文翁以为右职，用次察举，官有至郡守刺史者。又修起学官于成都市中，招下县子弟以为学官弟子，为除更徭，高者以补郡县吏，次为孝弟力田。常选学官僮子，使在便坐受事。每出行县，益从学官诸生明经饬行者与俱，使传教令，出入闺阁。县邑吏民见而荣之，数年，争欲为学官弟子，富人至出钱以求之。由是大化，蜀地学于京师者比齐鲁焉。至武帝时，乃令天下郡国皆立学校官，自文翁为之始云。文翁终于蜀，吏民为立祠堂，岁时祭祀不绝。至今巴蜀好文雅，文翁之化也。①

文翁本为庐江舒人，其故里在今安徽省舒城县，汉景帝后期受命出任蜀郡守。从这条记载很容易产生蜀地易学始自文翁化蜀，易学是其时自域外传入的印象。因为当时蜀地尚且"辟陋有蛮夷风"，文化上似乎一片荒芜。有见于此，《传》文载文翁才"选郡县小吏开敏有材者张叔等十余人亲自饬厉，遣诣京师，受业博士，或学律令"。文翁此举，以及其又兴郡学，并加以"学官弟子""高者以补郡县吏，次为孝弟力田"等引导措施，可谓影响深远，故后世盛称"至今巴蜀好文雅，文翁之化也"。当时京师的博士所授之业为今文经学，应当包括易学，由张叔等同

---

① ［汉］班固：《汉书·艺文志》之《六艺略序》。

行之人带回复传授于巴蜀地区,后世称"益部多贵今文而不重章句",盖渊源有自。易言之,西汉中期以后巴蜀地区易学重要源头之一,当即文翁时引入之京师博士传授之学。

但易学真的自此才开始在巴蜀流传吗?史实当非如此。

史载巴蜀传易者,西汉时期就有胡安、司马相如、赵宾、严君平、扬雄等人。司马相如早在文翁化蜀之前就已经声名卓远,则其受业读书,更在此前。其《子虚赋》有云:

> 游于六艺之囿,驰骛乎仁义之涂,览观《春秋》之林……修容乎《礼》园,翱翔乎《书》圃,述《易》道。①

习于六艺,尤其娴于《周易》,方能"述《易》道"。当然,自战国晚期以来,从关中到巴蜀,就已举世盛称"栈道千里,通于蜀汉"②,交通发达,不排除相如之学有早就受到中原尤其京师影响的可能,但这也可证蜀地学术包括易学并非始自文翁化蜀。须要指出的是,据明代曹学佺《蜀中广记》卷一三引文,蜀汉末年至西晋蜀地著名史学家陈寿的《益部耆旧传》就曾明确记载,司马相如的经学系授自蜀地学者胡安:

> 胡安,临邛人,聚徒于白鹤山,司马相如从之受经。③

曹学佺同书卷七四"白鹤山"又云"司马相如从胡安先生授《易》于此",应有所据。从上述记载可知,胡安隐居于临邛白鹤山授徒,与京师博士显属不同路径的民间学者,其学术渊源应然相异。临邛乃秦举巴蜀后经营的古蜀重镇,是秦地和关东六国移民聚居之地。由此看来,胡安可能是战国中晚期以后移民的后裔④,其学术与东周时期的中原应有渊源关系。秦焚书坑儒,但不烧"医学、卜筮、种树之书",故秦与关东移民得以在蜀地广泛传播《周易》。

蜀地易学另一可能的来源,是东周时期的楚地。

文献和出土资料反映,春秋战国时期,楚国势力和楚文化都曾持续地西渐巴蜀地区,并伴有楚人移民来到蜀地。文献反映其移民数量、规模达到相当水平,以至直到汉代,时人还有"江州以东,滨江山险,其人半楚"之说。⑤移民中有大

---

① [汉]班固:《汉书·司马相如传》。
② [汉]司马迁:《史记·范雎蔡泽列传》。
③ [明]曹学佺:《蜀中名胜记》卷一三《邛州》;王文才、王炎编:《蜀志类钞》,成都:巴蜀出版社,2010年,第24页。
④ 从司马相如以中原王朝官名司马为姓氏,可知其亦为移民后裔。
⑤ [晋]常璩著、刘琳校注:《华阳国志校注》,成都:巴蜀书社,1984年,第48—49页。

量的贵族和知识分子，如在达县、万源等川东地区，就长期流传有楚相春申君故里之传说，并载于宋元以来的地志。综观各方面的资料，这一传闻，似非空穴来风。考诸现存传世文献，川东春申君故里传说最早见于北宋《新定九域志》。该书"达州"条下云：

     万顷池，《图经》云：楚公子黄歇所居之遗也。①

所谓《图经》，显系更早的文献。自此而后，今存文献中，明代曹学佺《蜀中名胜记》亦引南宋王象之《舆地纪胜》称："（县）东北八十里，万顷池，是春申君故居。"②《元一统志》③、《大明一统志》同之。④当地清以来地方志均承袭其说，或云在达县，或云在万源县，具体位置一时难以确定⑤，要之皆属于古代达州，亦在今达州市地域内。

不仅如此，先秦蜀地最后的开明氏王朝，史载就是春秋早期"荆人鳖灵"溯江而上，来到成都平原建立的。⑥依上古惯例，鳖灵或曰开明氏自然是举族迁徙而来，易学或早在此时就已经传入。

值得注意的是，汉代蜀地的易学大师扬雄⑦，正是由楚地迁来的移民后裔。《汉书·扬雄传》亦记扬氏祖先出自春秋时期晋国大夫叔向之后，"号曰扬侯，会晋六卿争权……扬侯逃于楚巫山，因家焉。楚汉之兴也，扬氏溯江上，处巴江州……汉元鼎间避仇，复溯江上，处岷山之阳，曰郫"。扬氏之族应当是先投奔楚，被楚王安置在广虚之地的巫山，其地已属川鄂邻接的峡区，后又辗转经由巴地江州，最后到达成都平原的郫县，落居之地在今郫县农科村一带。

至于扬雄的老师严君平，应为更早的楚移民之后，本叫庄君平，因避东汉明

---

① ［宋］王存撰，王文楚、魏嵩山点校：《元丰九域志》（下）附录《新定九域志》（古迹）卷八，北京：中华书局，2005年，第681页。
② ［明］曹学佺：《蜀中名胜记》卷21"太平县"条，重庆：重庆出版社，1984年。
③ ［元］孛兰盻、岳铉元等编，赵万里校辑：《元一统志》，北京：中华书局，1966年。
④ ［明］李贤、彭时等：《大明一统志》，三秦出版社影印明天顺五年刻本，1990年。
⑤ 如［清］《嘉庆达县志》记载："万顷池，治北。相传为春申君故里，其旁平田可百顷，有花果园林。考古《志》在州东北一千三百里，深山穷谷，人迹罕到，广袤万余顷，为邻邑诸水之源。所云治北者，恐误。"（详《嘉庆达县志》卷六《山川》，第5页）是其并存二说，后者当已在今万源境内。民国《达县志》亦云："万顷池，旧《志》在治北。相传为楚春申君故里，其旁平田可百顷，有花果园林。按：今治东南柳市滥泥湖亦有此名。池周数百步，形长扁，绝类鱼池，中泥淖不可耕，农人留以蓄水，相传系春申遗迹。别无可考，亦无花果园林，或名鉴湖。"（1938年版民国《达县志》卷二《舆地门·池》，达川市地方志办公室1998年10月校印，第105页。）
⑥ ［汉］扬雄：《蜀王本纪》，［清］严可均《全上古三代秦汉三国六朝文》辑本，黄冈王氏木刻本。
⑦ 扬雄为郫县人，少时曾从君平游学，仿《易经》而撰《太玄》。

帝刘庄讳而改称严君平，亦是历史上声誉显赫的易学大师。①君平以庄为姓氏，应为先秦蜀地岷山庄王的后裔，而岷山庄王则出自楚庄王之宗族，以庄为氏②，东周时期随楚势力的西进而来到蜀地。

楚地在东周以降易学颇盛，近年来得到考古出土文献的确证。20世纪70年代，长沙马王堆西汉早期墓葬出土的帛书《周易》③，不仅经、传兼具，且与传世通行本颇相异趣。如经文中的卦序就与通行本完全不同，而传的内容亦与"十翼"很不一样，文字差异颇大。而在近年出土的战国楚简中，易学亦占有相当显著的地位。战国晚期的韩非子曾明确说过"儒分为八"，可知儒家内部亦派系颇纷繁，持论各有不同。如《荀子》所列儒者的学习经典中并没有《周易》，而郭店楚简明确将《周易》与儒学诸经并立，说明楚地的儒学自有其流派特色，易学为其学术传承的重要内容，这在上海博物馆近年来收藏整理发表的战国楚简《周易》中得到进一步确证。④楚地易学的古老源流，和严君平、扬雄师徒所属之楚系移民后裔，提示我们蜀地易学的来源之一，当为长江中游的荆楚地区。⑤

蜀地易学的另一更古老的来源，应为关中——天水地区。关中是西周王朝的政治、经济、文化核心地区，其西部与陇东天水邻接之地则是周原，为先周著名的摇篮，周王朝的发祥地，历代盛传文王重卦演易之地。天水亦即古代成纪，则为自古传说中伏羲的故里，易学发源之处，亦即伏羲首创八卦之圣地。东亚大陆上不少地方如河南淮阳等地都有伏羲的传闻，多属相对后起之说，乃伏羲族群及其文化西兴之后东渐、南渐的结果，其祖源应不出西部甘肃天水地区。天水——关中一带，是中华最重要的几位人文初祖伏羲、炎帝、黄帝的传说故里，亦为以《周易》为代表的中华文化的孕育发祥之地。

这里先说蜀与周王朝的关系，借以略窥周人易学南传之可能线索。古代盛传文王被纣囚禁于羑里，遂体察天道人伦、阴阳消息之理，重八卦为六十四卦，并

---

① 严君平为西汉晚期成都人，他"雅性澹泊，学业加妙，专精《大易》，耽于《老》《庄》"。（《华阳国志》卷十上）"卜筮于成都市，以为卜筮者贱业，而可以惠众。人有邪恶非正之问，则依蓍龟为言利害。与人子言依于孝，与人弟言依于顺，与人臣言依于忠。各因执导之以善，从吾言者已过半矣。"（《汉书》卷七二）郑樵《通志·艺文略》"五行"家《易》占类著录有《周易骨髓诀》1卷，注曰"严遵撰"；《宋史·艺文志》"筮龟类"亦有《严遵卦法》1卷。惟二书不见于汉唐之间著录，是否后世依托，待考。
② 徐中舒：《试论岷山庄王和滇王庄蹻的关系》，载氏著《论巴蜀文化》，成都：四川人民出版社，1982年，第177页。
③ 何介钧：《马王堆汉墓》，北京：文物出版社，2004年。
④ 马承源主编：《上海博物馆藏战国楚竹书》（三），上海：上海古籍出版社，2003年。
⑤ 或谓孔子传《易》蜀人商瞿；商瞿五传至汉初田何。按商瞿是否蜀人尚无确证，而孔子生活年代距离汉初已两三百年，若孔子传易于商瞿，商瞿至田何不可能才五传，足见其说之粗疏。

作卦爻辞，即所谓"文王拘而演《周易》"，可见周代确为易学发展的关键时期。综合考察各类史料，周人与蜀的接触互动，最早见于近年来出土的周原甲骨文。周原甲骨于20世纪70年代末出土于陕西省岐山县凤雏村西周遗址，一共清理出卜用甲骨17,000余块，其中有字甲骨292块，共计有单字903个，合文12个。① 学界根据卜辞内容等分析，认为这批甲骨的年代在周文王至昭王时期②，跨先周至西周早期，其中有2片甲骨的卜辞含"蜀"字：

第一片（H11：68）
伐蜀
兹
第二片（H11：97）
蜀
克

这两片卜甲因为过残，一般未单独断代。李学勤先生认为"伐蜀"、"克蜀"即《逸周书·世俘》所记"新荒伐蜀"之事③，则时在武王刚克商之后不久。徐锡台先生则根据《尚书·牧誓》中蜀等八国参加武王伐纣，认为周不可能克商后即伐蜀，将其定在周文王经营江汉之时。④两说时间差距并不太大。看来蜀、周关系与蜀、商关系较为相似，均有战有和。不过，相对而言，西周政治中心离蜀地毕竟更近，蜀人尊奉之的时候也相对多些，至少在西周时期王室较为强大的早、中期，蜀为其较为稳定的联盟成员。

先周时期，周文王自周原出发经营江汉，向南扩展势力，必然要遇到早已经据有陕南的古蜀，矛盾冲突难以避免，因而有周原卜辞所谓"伐蜀"之举。但看来双方很快就结成了同盟，所以在接下不久的武王伐纣时，蜀国遂成为其最重要的盟邦之一而名载《尚书·牧誓》。《华阳国志·巴志》亦云："周武王伐纣，实得巴、蜀之师，著乎《尚书》。"在灭商后，蜀当与诸盟邦一样，因功受到周王室嘉奖。故《史记·周本纪》记克商之后，周人"乃罢兵西归。行狩，记政事，作《武成》。封诸侯，班赐宗彝，作《分殷之器物》"。刘宋裴骃《集解》引郑玄云：

---

① 陈全方：《陕西岐山凤雏村西周甲骨文概论》，《四川大学学报丛刊》第10辑，1982年。
② 徐中舒：《周原甲骨初论》，《四川大学学报丛刊》第10辑，1982年；李学勤：《西周甲骨的几点研究》，《文物》1981年第9期。
③ 李学勤：《西周甲骨的几点研究》，《文物》1981年第9期。
④ 徐锡台：《周原出土的甲骨文所见人名、官名、方国、地名浅释》，《古文字研究》第1辑，北京：中华书局，1979年。

"宗彝，宗庙樽也。作《分器》，著王之命及受物。"成都市下辖之彭州竹瓦街出土过两批西周窖藏青铜器①，其中的两件商觯，分别铭有"覃父癸"、"牧正父己"。徐中舒先生研究指出，这是商朝晚期两个家族之器，应是蜀人参与武王伐商之役的战利品或周王赐品。②所论甚是。看来《逸周书·世俘》所记"新荒伐蜀"之事，当属克商之际的一次摩擦，很快就已敉平，故西周时期，蜀、周关系应稳定了相当一段时间。《逸周书·王会》记周成王大会诸侯于成周时，诸侯朝贡献礼，其中有"蜀人文翰"，即蜀人所贡为色彩美丽的鸟，这大概与杜宇王朝崇拜鸟的信仰传统相关。

蜀、周之间在周初前后关系的密切，在考古学上也有佐证。前些年在宝鸡市境内发掘的鱼国墓地，出土明显属于典型蜀文化风格的器物，如陶尖底器、柳叶形青铜剑、青铜罍等，③时代跨周文王、武王至昭王、穆王时期。其铜器铭文显示，鱼国与周人的关系颇为密切，已经融入了周王畿内的政治秩序。

据《古本竹书纪年》：

> 夷王二年，蜀人、吕人来献琼玉，宾于河，用介珪。④

是直至西周中期，蜀、周间仍保持了朝聘关系，这也许与西周王朝在晚期以前保持了较为强势的地位有关。

由上可知，从先周到西周时期，笃行《周易》的周室曾长期与蜀地有密切的互动关系，易学由此传入蜀地可谓大有可能。

那么能否把易学的入蜀时间作更进一步的上推呢？答案似乎也是肯定的。这就涉及到传说中的伏羲、五帝时期巴蜀与秦陇地区的历史文化联系了。

巴蜀与秦陇自古在地理上相互邻接，族群、文化的交流互动由来已久。如远古伏羲及紧随其后的炎帝、黄帝，均向有其联姻族群居于巴蜀的传说。先看炎帝神农氏，《史记·五帝本纪》正义引《帝王世纪》记载："神农氏，姜姓也。母曰任姒，有蟜氏女，登为少典妃，游华阳，有神龙首，感生炎帝。人身牛首，长于姜水。有圣德，以火德王，故号炎帝。"华阳，乃古代习称的华山，亦即秦岭以南包括大巴山南北的广大地区。根据这一传说，炎帝的母系族群生活在秦岭北麓的姜水流域，其父系族群则生活繁衍于包括秦巴一带的华阳。如果说炎帝乃是其父系族群生息于华阳，那么更早而且以发明八卦著称的伏羲，则有其母系华胥

---

① 王家祐：《记四川彭县竹瓦街出土的铜器》，《文物》1961年第11期；范桂杰、胡昌钰：《四川彭县西周窖藏铜器》，《考古》1981年第6期。
② 徐中舒：《记四川彭县蒙阳镇出土的殷代二觯》，《文物》1962年第6期。
③ 卢连成、胡智生：《宝鸡弓鱼国墓地》，北京：文物出版社，1988年。
④ 方诗铭、王修龄：《古本竹书纪年辑证》，上海：上海古籍出版社，1981年，第53页。

氏居于巴蜀之传说。宋代罗泌《路史》卷十《后纪一》云:"太昊伏羲氏……母华胥居于华胥之渚。"其子罗苹注引《记》云:"所都国有华胥之渊,盖因华胥居之而名,乃阆中渝水之地。"①可知宋以前即有伏羲之母华胥居川北阆中之传说,乃反映巴蜀地区久已与黄土高原的陕甘一带有族群通婚互动之史影。再如四川西部的雅安市芦山县出土的汉末建安十年樊敏碑,碑铭记樊敏先世源流说:

> 肇祖伏戏,遗苗后稷,为尧种树,舍漆从岐。天顾亶甫,乃萌昌发;周室衰微,霸伯匡弼。晋为韩魏,鲁分为扬。充曜封邑,厥土河东。肆汉之际,或居于楚,或集于梁。君缵其绪,华南西疆。滨近圣禹,饮汶茹汸。②

樊氏出自姬姓,原本西部族群,有西兴东渐,后来又辗转迁徙回到"滨近圣禹,饮汶茹汸"的"华南西疆"之史。

无独有偶,历代相传创制了三易中的《连山》和《尚书·洪范》九畴的圣王大禹及其族群,亦为西部民族,战国汉晋时期的大量文献亦反映其一西兴东渐之历史进程。③近年来在重庆市云阳县旧县坪发掘出东汉巴郡朐忍令景云碑,碑铭明确记载,蜀地梓潼人景云为大禹的后裔,其家族亦在楚汉之际回到蜀地;铭文并反映其"先人伯沇"也曾"匪志慷慨,术(述)禹石纽、汶川之会"。④这一珍贵的新出土文献资料无疑是上引传世文献之说的重要佐证,可知"禹兴于西羌"作为东周以降广泛流传之说,应有相当的史实依据。而大禹族群曾世居于川西北高原岷江流域的传说,似乎同样也反映了先秦蜀地与《连山》易流传之间的古老联系。

值得注意的是,樊敏碑明确追述其族"肇祖伏戏(伏羲)"。过去疑古之风盛行时,诸如"禹兴西羌"、樊氏"肇祖伏戏"、"黄帝二子青阳和昌意降居江水、若水说"这类传说,往往被斥之为妄腾之说。现在看来,这些传说并非前人的向壁虚造,而是历史的影子,往往有一定的史实素地蕴涵其间。兹以青阳和昌意降居传说为例,略作说明。《史记·五帝本纪》云:

> 黄帝居轩辕之丘,而娶于西陵之女,是为嫘祖。嫘祖为黄帝正妃,生二子,其后皆有天下:其一曰玄嚣,是为青阳,青阳降居江水;其二曰昌意,降居

---

① [宋]罗泌:《路史》卷十《后纪一》"太昊纪上",文渊阁《四库全书·史部·别史类》,台北:商务印书馆影印本,1986年。
② [宋]洪适:《隶释》卷十一,上海:上海古籍出版社影印洪氏晦木斋本,1985年,第128、129页。
③ 谭继和:《禹文化西兴东渐简论》;李绍明等主编:《夏禹文化研究》,成都:巴蜀书社,2000年;彭邦本:《禹族西兴东渐及其在黄河中下游的活动初探》,《社会科学研究》,2003年第1期。
④ 碑藏重庆三峡博物馆。碑文及其考释详魏启鹏:《读三峡新出东汉景云碑》,《四川文物》2006年第1期。

若水。昌意娶蜀山氏女,曰昌仆,生高阳,高阳有圣德焉。黄帝崩,葬桥山。其孙昌意之子高阳立,是为帝颛顼也。①

此说并非司马迁首创,而是至晚出自先秦文献《大戴礼记》、《世本》等,尤以今存《大戴礼记》的《五帝德》和《帝系》二篇已颇详尽,《五帝本纪》中该段文字基本即综合此二篇而成。其中所涉地名水名,多就在今四川省版图范围内,否则亦均在中国西部,且距离四川不远之地。前者如蜀山,顾名思义,就在蜀地,具体即川西北高原上岷山一带;西陵,文献亦载就在岷江上游今四川省阿坝州茂县的叠溪一带。后者如桥山,就在今陕西省黄陵县;而轩辕之丘,应在陕甘交界的宝鸡、天水之间。至于黄帝之子青阳和昌意降居的江水、若水,唐代司马贞的《史记索隐》明确指出"江水、若水皆在蜀"。②古书中之"江"或曰"江水",通常均指长江。而在晚明徐霞客赴西南实地考察,证明金沙江方为长江上游正源之前,玄嚣亦即青阳所降居之蜀地"江水",实指今岷江,具体而言,应指属于川西高原的岷江上游。至于"若水",司马贞又云:

《水经》曰:"水出旄牛徼外,东南至故关为若水,南过邛都,又东北至朱提县为卢江水。"③

由《索隐》所引《水经》之文验诸地图,可知《五帝本纪》所谓若水,即今雅砻江,在今攀枝花市境内汇入金沙江。可知青阳和昌意降居的江水、若水,均在川西地区。

这一传说近年来已经得到考古学的初步印证。在地处岷江上游正流和支流杂谷脑河流域的茂县、汶川、理县等地,考古工作者一个时期以来调查发现和正式发掘的新石器时代晚期遗址、遗迹已达80余处,形成了一个颇具规模、等第的网络。学术界大体的一个共识是,黄帝时代大致在距今5000—4000年左右,属于考古学上的新石器时代晚期,正是中华文明起源和初步形成的关键阶段。而岷江上游以茂县营盘山遗址为代表的新石器时代晚期遗址群,正好大致处于此一年代范围内。营盘山遗址位于茂县县城凤仪镇附近岷江东南岸的二级台地上,其年代距今约5500—5000年,平面约成长方形,面积近10万平方米,是岷江上游地区最大的新石器时代遗址,也是该地区广大范围内已经发现的新石器时代文化遗址群的中心。④总体上看来,营盘山大型遗址及周围遗址群反映,当时岷江上游地区的先

---

① [汉]司马迁:《史记·五帝本纪》,北京:中华书局,1959年。
② [汉]司马迁:《史记·五帝本纪·索隐》。
③ 同上。
④ 成都市文物考古研究所等:《四川茂县营盘山遗址试掘简报》,载成都市文物考古研究所编:《成都考古发现(2000)》,北京:科学出版社,2002年。

民共同体组织已发展到史前较高的历史阶段,呈现出颇为繁荣的社会状况,出土的文化遗物也揭示了遗址中生活的先民以早期农耕为主、辅以采集渔猎的定居生活,手工业则反映出较为高超的生产技艺水平。很显然,此期岷江上游以营盘山大型遗址为中心的遗址群,实为一个由若干不同规模或曰等级的聚落组合成的大型社会共同体。这与上述黄帝族支系南下川西北地区,并且与土著联姻的传说若合符契,也与传说中黄帝族群已经进入农耕定居时期,经济有了较为长足的发展,社会组织已经颇为复杂,处于文明时代前夕的状况基本吻合。从生产方式看,史前川西高原显然长期受到黄河流域,尤其上游炎黄族群故地甘青地区粟作农业文化的影响。如在距今约5000—5500年的大渡河上游哈休遗址,考古工作者从灰坑填土中浮选出了粟等农作物品种,因而推测其居民栽培的粮食作物主要是粟。[1]此种情形在文化更为繁荣的岷江上游地区营盘山遗址、波西遗址[2]、沙乌都遗址[3]中也得到反映。在这些遗址的出土资料中,既有土著文化的特征,又不同程度地存在黄河流域文化的因素。如在距今5000—5500年的营盘山遗址中,就出土了来自西北甘肃东南部的马家窑文化彩陶等文化因素,也受到了四川盆地北部和东部边缘地区同时期文化的影响。[4]波西遗址出土器物的文化内涵既与隔江相望的营盘山遗址有联系,又带有仰韶文化庙底沟类型晚期的特征,如出土的细泥红陶弧边三角纹彩陶敛口曲腹钵,就与河南陕县庙底沟遗址仰韶文化的 A3 碗(H10:128)、A10g 盆(H47:42)等的风格相似,且共存的双唇式小口瓶、尖唇敛口钵等其他陶器,以及细泥红陶及其纹饰所占比例最多的特征等,均属于仰韶文化庙底沟类型晚期。[5]沙乌都遗址也紧邻营盘山遗址和波西遗址,因而其时代据发掘者推测为距今约4500年左右,该遗址在文化内涵上不仅与营盘山等遗址脉络相承,且与成都平原上的宝墩文化存在较为密切的联系。营盘山、波西和沙乌都等遗址的上述情形,颇为清晰地揭示了岷江上游地区新石器时代文化来源的多元性。而在其遗址中出土的仰韶文化庙底沟类型和马家窑文化的彩陶,显然与黄帝二子从黄河中

---

[1] 陈剑、陈学志:《大渡河上游史前文化寻踪》,《中华文化论坛》2006年第3期;陈剑、何锟宇:《大渡河上游史前文化、环境与生业初析》,《四川文物》2007年第5期。
[2] 成都市文物考古研究所等:《四川茂县波西遗址2002年的试掘》,载成都市文物考古研究所编:《成都考古发现(2004)》,北京:科学出版社,2006年。
[3] 成都市文物考古研究所等:《四川茂县沙乌都遗址调查简报》,载成都市文物考古研究所编:《成都考古发现(2004)》,北京:科学出版社,2006年。
[4] 成都市文物考古研究所等:《四川茂县营盘山遗址试掘简报》,载成都市文物考古研究所编:《成都考古发现(2000)》,北京:科学出版社,2002年。
[5] 成都市文物考古研究所等:《四川茂县波西遗址2002年的试掘》,载成都市文物考古研究所编:《成都考古发现(2004)》,北京:科学出版社,2006年。

游地区轩辕之丘降居川西的传说正好相互呼应，形成颇具启发意义的互证，可谓王国维先生倡导的"古史二重证据法"的一个例证。

如果说炎黄时期的传说已经在考古学资料中初步有迹可寻，那么传说中更早的伏羲时期呢？考古学也提供了一定的印证。

在距今约 6000—7000 年的四川盆地北缘广元市中子铺遗址的原生堆积中，即出土有陶三足器的柱状小实足，发掘者认为颇接近陕西前仰韶文化的同类器形，[①]而陕西前仰韶文化即老官台文化或曰大地湾文化，并见于陕南汉水流域即有南郑龙岗寺、西乡李家村、何家湾、汉阴阮家坝、紫阳白马石和马家营等遗址。[②]广元张家坡遗址[③]、邓家坪遗址（距今约 5000—5500 年）[④]、绵阳边堆山遗址（距今约 4500—5000 年）[⑤]和宝墩文化遗址中，也均出土具有汉水上游龙山文化特点的黑皮陶，提示了川北、川西地区与汉水上游以至秦陇地区的新石器时代文化存在联系的线索，具体说应为由北向南的影响。与此同时，另据有的学者研究，在陕南龙山文化一些遗址中，也发现了以泥质灰陶和"红胎黑皮陶"为主的陶器，其器形有罐、盆、碗、高柄豆、高领球腹圜底罐、大口尊、器座、器盖等，文饰有绳纹、篮纹、压印纹、划纹、戳刺纹和指甲纹等，其中尤其以划纹为突出；这些遗物兼有中原地区龙山文化和江汉平原石家河文化的某些特点，而尤其与四川北部新石器文化（相当于龙山文化时期）更为接近。[⑥]有学者进而指出，到了龙山时期及其以后，汉水上游受到巴蜀相当大的影响，"可以说是巴蜀文化的范畴"。[⑦]这些在宝山遗址发掘之前即已经获得的资料表明[⑧]，早在新石器时代晚期，四川盆地与陕

[①] 王仁湘、叶茂林：《四川盆地北缘新石器时代考古新收获》，李绍明、林向、赵殿增主编：《三星堆与巴蜀文化》，成都：巴蜀书社，1993 年。
[②] 陕西省考古研究所、陕西省安康水电站库区考古队：《陕南考古报告集》，西安：三秦出版社，1994 年。
[③] 中国社会科学院考古研究所：《四川广元市张家坡新石器时代遗址的调查与试掘》，《考古》1991 年第 9 期。
[④] 叶茂林：《广元市邓家坪新石器时代遗址》，《中国考古学年鉴》1991 年，文物出版社；王仁湘、叶茂林：《四川盆地北缘新石器时代考古新收获》；李绍明、林向、赵殿增主编：《三星堆与巴蜀文化》，成都：巴蜀书社，1993 年。
[⑤] 中国社会科学院考古研究所：《四川绵阳边堆山新石器时代遗址调查简报》，《考古》1990 年第 4 期；王仁湘、叶茂林：《四川盆地北缘新石器时代考古新收获》，李绍明、林向、赵殿增主编：《三星堆与巴蜀文化》。
[⑥] 赵殿增：《巴蜀原始文化研究》，《巴蜀考古论文集》，北京：文物出版社，1987 年。
[⑦] 魏京武：《陕南巴蜀文化的考古发现与研究——兼论蜀与商周的关系》，载李绍明、林向、赵殿增主编：《三星堆与巴蜀文化》。
[⑧] 王仁湘、叶茂林：《四川盆地北缘新石器时代考古新收获》，载李绍明、林向、赵殿增主编：《三星堆与巴蜀文化》；马继贤：《广汉月亮湾遗址发掘追记》，《南方民族考古》第 5 辑，成都：四川科学技术出版社，1993 年；成都市文物考古研究所等：《宝墩遗址》，（日本）有限会社阿普（ARP），2000 年。

西的文化互动影响即已发生。需要指出的是，上古蜀中北向的文化联系主要取道于嘉陵江水系，在与陕南汉中地区之间的交通建立以后，接下来就是进而与关中地区和陇东地区联系。大体说来，蜀中与关中的文化联系分为两大路径：一是著名的褒斜道，需要经过汉中盆地。一是绕开汉中盆地，从川北沿嘉陵江河谷直接上溯其源头，逾陕南略阳，转经陇东徽县、两当县或进而抵达天水，或再入陕境，由凤县东北方向上抵宝鸡，进入关中。这段路径，史称故道。上述沿着嘉陵江河谷的通道上前仰韶时期文化遗物的发现，证明在传说的伏羲时代，秦陇地区就已经与巴蜀有了文化的互动。文化因素自身不会搬家，它们的流动，归根结底是通过人的流动或迁徙实现的。

准上所述，本文从昔人盛称的"易学在蜀"，论及易学入蜀的机遇或路向，从时空上综言之大致有五：一是蜀地自传说中的伏羲、五帝时期起很早，就与传说中的易学产生地有了文化联系；二是西周文王以来笃行易学的周室就与蜀地联系密切，周蜀联盟为周易的传入提供了契机；三是蜀地易学可能在春秋战国时期由楚文化持续西进时带来，上古楚地就盛行易学，上海博物馆藏战国楚简中已有周易可证；四是秦人据蜀时由北方移民传入，而始皇焚书但不禁卜筮种树之书，使得蜀地易学得以持续流播；五是西汉文翁化蜀过程中派到京城学习者带回。五者中愈往远古，固愈多蠡测成分，然亦非全然无据。而五者的叠加，遂导致了巴蜀地区易学的发生、发展和兴盛。

（彭邦本，四川大学历史学院教授）

道教生命文化中的易学应用

道教的历史发展中，道士们的修行除了解决自己的生命问题之外，也在帮助别人解决他们的生活或生命问题。目前的道教史都以东汉五斗米道、太平道的发展为道教的开端，这两个道团都以符水治病得到一般民众的认同。而道教文化的核心在其神仙信仰与鬼神文化，神仙信仰在于生命永恒的追求，道教对鬼神的关注则在与人们祸福吉凶相关的部分，仍是落到生命的焦点上。亦即早期道教的发展着重于对应人们在社会生存上的问题，帮助人们解决生存的问题、处理生活的困境，有其非常具体的实用性。

道本无言，寓道于法、寓道于术正是道教文化的特色，道教对易学的吸收与运用，遍及其宗教文化的各个层面，从"一阴一阳之谓道"的易理到纳甲、卦气、卦变、无极、太极、先天八卦、后天八卦、河图洛书等易数全部融摄入道教的义理、科仪、术数、医学、炼养之学中，以此发展成具体技术帮助人们解决生存的问题或排除生活的困境，可说易学是道教生命文化中的基础理念，道教由此基础理念发展出许多具体的宗教实践。

本文即将道教生命文化中的易学元素呈现出来，从而展现道教生命文化中的易学应用。道教的终极关怀在于对不死生命的追求，认为只要依循天道的理则，即可与天道相通。道教运用易学的理念，建构其对人生命的了解与生命转化的具体方法。因此本文论述的生命文化议题，聚焦于生命的认识、人们对生命最为关心的养护与救济问题及对道教最为好奇的生命预测与生命修炼文化中的易学应用。一方面呈现道教生命文化中应用易学的内涵，另一方面则论述道教如何将易学融入其神学特质，转化为道教易学，以作道教生命文化中易学元素的研究发端。

一、道教生命结构的易学应用

道教承袭道家思想，认为万物生成的根源为道。在老子的论述中，道是超越的存在，具有宇宙根源与规律的内涵，经高度抽象与概括后，以无称之。然而万物为有，虚无的道如何化生万物，在老子的原文中，只有"道生一，一生二，二生三，三生万物"的叙述。道教则以气的概念，呈现道无中生有的化生过程，用以理解"道生一，一生二，二生三，三生万物"的内涵，《灵宝毕法》云：

> 太元初判而有太始，太始之中而有太无，太无之中而有太虚，太虚之中而有太空，太空之中而有太质。太质者，天地清浊之质也，其质如卵而玄黄之色，乃太空中之一物而已。阳升到天，太极而生阴，以窈冥抱阳而下降；阴降到地，太极而生阳，以恍惚负阴而上升。一升一降，阴降阳升，与天地行道而万物生成也。①

此阴阳相生一升一降与天地行道的观念，乃道教吸收易学思想而来，《易纬·乾凿度》言：

> 故曰有太易，有太初、有太始有太素也。太易者，未见之气也。太初者，气之始也。太始者，形之始也。太素者，质之始也。炁形质具而未离，故曰浑沦。浑沦者，言万物相浑成而未相离也……易无形畔，易变而为一，七变而为九，九者气变之究也。乃复变而为一。一者形变之始，清者上为天，浊重下为地。②

道教吸收易学的思想，以气的概念，表现道从无到有、由一而至万物的生成变化之道，认为一切形物都有阴阳，一切万物都由阴阳二气交合而成；万物各自又阴中有阳，阳中有阴，在阴阳的变化组合中，以八卦呈现阴阳变化的各种属性。较为特别的是在气的概念上，道教赋予其神的特质，从而易理与神学合而为一：

> 粤有太易之神，太始之气，太初之精，太素之形，太极之道。无古无今，无始无终也。故易有太极，是生两仪，两仪生四象，四象生八卦，八卦定吉凶，吉凶生大业。言万物皆有太极两仪，四象之象，四象八卦具而未动，谓之太极。太极也者，天地之大本耶。天地分太极，万物分天地。人资天地真元一气之中，以生成长养。观乎人，则天地之体见矣。是故师言：气极则变，既变则通，通犹道耶，尸反者道之动。盖有物混成，先天地生，寂兮寥兮，独立而不改，周行而不殆，可以为天下母。母者，道耶，至矣哉。道之大也，无以尚之。夫道者，有清有浊，有动有静。但凡其人行道也欤，则生神矣。夫或躬废大方，则届于其亡信哉。③

---

① 《正统道藏·秘传正阳真人灵宝秘法·交媾龙虎》卷上，台北：新文丰出版社，1995年，第47册，第918页，本文所引《道藏》均新文丰出版社本，以下迳标明页数、册数。
② 《四部集要·易纬八种·乾凿度》，台北：新兴书局，1966年，第58—59页。
③ 《正统道藏·上方大洞真元妙经图·太极先天之图》，第11册，第487页。

就天地万物而言，天地根源于太极，万物源于天地，人资用了天地真元之气，所以人与天地同体。援用易理概念，叙述宇宙的缘起及运动变化，结合于人，以神的概念形容太易，显现易学变化的奥妙，融合易理于道教神仙信仰中，呈现出道教的宇宙与天人关系的连结。从人的身上可以了解天地的形体，从而可在道经的论述中，看见以八卦对应人体结构的内容。

心脏总论：

神在心为帝王，又为绛宫，为灵台，为中丹田，属火，太阳之精，上应荧惑，夏旺，其色赤，在方为丙丁，在象为朱雀，在道为礼，在卦为离。其形如未开莲花有三叶，见于内者为脉，见于外者为色。以口舌为门户，小肠为府，受肾之制伏，而驱用于肺，得肝则盛，见脾则臧。为五脏之主，正则辟邪，然多食咸则伤心，切宜慎之。

肝脏总论：

魂在肝，肝为丞相，属木，春旺，其色青，在方为甲乙，在象为青龙，在道为仁，在卦为震。其形有七叶。胆为将军，在肝左边第四叶内，见于内者为筋，于外者为爪。以目为户，以胆为府，受肺之制伏，而驱用于脾，得肾则盛，见心则臧也。然食辛多则伤肝，切须戒之。

脾脏总论：

志在脾，为丈夫，属二，四季旺，色黄，在方为中央，在道为信，其形如刀嫌。见于内者为藏，均养心肾肝肺，见于外者为肉，以唇齿为户，受肝之制伏，而驱用于肾，得心则盛，见肺则臧。喜甜好温，胃神附之，怕寒忌冷，磨则进食身安，否则病。若食酸多则伤脾，切宜省之。

肺脏总论：

魄在肺，为尚书，属金，秋旺，其色白，在方为庚辛，在象为白虎，在道为义，在卦为兑，其形为华盖。见于内者为肤，见于外者为毛，以鼻为户，以大肠为府，受一心之制伏，而驱用于肝，得脾则盛，见肾则臧。怕冷成嗽疾，食苦多则伤肺也。

肾脏总论：

精在肾，又号玄英，属水，冬旺，其色黑，在方为壬癸，在象为玄武，在道为智，在卦为坎。有二双，在左为烈女，右为命门，生带子透入泥丸宫。见于内者为骨，见于外者为发，以耳为户，膀胱为府，受脾之制伏，而驱用于心，得肺财盛，见肝则臧。食甘多则有伤矣。①

以上经文显现八卦为宇宙的缩影，人与自然、人与万物同构，人体的结构蕴藏着一切宇宙一切有形无的讯息，从自然到人文，以各自的分别现象展现，可以为脏器、五行、方位、颜色、季节、四灵、德目、归之于符号则为八卦，五脏六腑均有对应之卦：

> 肝卦震为雷、胆卦巽为风、心卦离为火、小肠卦坤为地、肺卦兑为泽、大肠卦乾为天、肾卦坎为水、膀胱卦艮为山。②

可见道教把人体视为阴阳五行四象八卦的生理表现，八卦为变化运算的符码，以呈现高度抽象的观念，道教以八卦认识人体结构，从而以八卦表达人生命复杂的运化系统，一方面抽象地诠释身心灵的运化机转，一方面藉八卦的显现具象的生理结构，内外表里之象、动静生息之化均涵藏于着天地宇宙的理则信息。

二、道教生命预测系统中的易学应用

道教对道家思想多有继承，关于生命的来源，指归于道，而道是宇宙的根源，也是律则。道家在天人关系上重视天，老子所谓"人法地，地法天，天法道，道法自然"。庄子也说："无以人灭天，无以故灭命。"道教吸收此一天人关系，认为人道应该要合于天道，人道应趋归于天道，趋归天道的落脚点在人道，因此早期天师道的二十四治、二十八治即是此一观念的具体表现，从人道走向天道的可能性，道教引用易学的概念，如卦气说、纳甲说、卦的数理、卦序的排列、等对于天道的敷演，非常清楚，汉易以八卦、十二辟卦、或六十四卦配一年的四时、十二月、二十四节气，纳甲法以天干地支配卦说明天道运行的规律。虽然除了易学，阴阳五行学说、天人合一、天人感应等思想，均能体现天道与人道关联的思维，都是道教生命预测术的理则基础。但道教的生命预测术，明显地以易为核心，融合阴阳五行、天人合一、天人感思等思想于其中，用以诠释人的生命发展趋势。

《易》本是卜筮之书，总结先民卜筮活动的纪录而成的理论总结。《周易》的内涵具有象数与义理两个层面，象是卦象，由形象而引申出意象的诠释，建构出《易》的义理内涵。因此象数与义理看似《易经》的两个学术发展面向，事实上象数是义理的推演变化的技术呈现，义理是象数推演变化纪录的象征性诠释，实为一体两面，只是在表现形式上，一着重于技术发展，一着重于诠释系统的建立。

---

① 《正统道藏·修真十书·杂著捷径》卷18，第7册，第513、514页。
② 《正统道藏·内丹还元诀》，第40册，第788、789页。

后人因其情性而有所偏重，忽略另一面的价值，从而分流象数、义理。

古代从事易卜筮的人归于史官系统，他们不仅有系统的知识养成背景，还是政府机构中的正式成员，和一般知识分子相较，需要对当时祭祀礼仪等宗教社会及政治活动、天文地理、历法、乐律、算术、医学有较深的认识，这样的人才不仅博学，还具备高度的思辨能力与对世事人情的体悟能力。以这样的人才所累积下来的智慧结晶，即是我们目前所见的《周易》。后世以《易》为群经之首，诸子百家之源，可见其中内涵知识与思想的丰富性与重要性。由于《易经》以八卦将具体事物符号化，从而拓展了适用范围，因此《易》是高度抽象化的思维，应用象征将象数与义理融为一体，以数的运算扩张其应用范围，以象征的诠释深化人事的对应，易从而能够展现天人之间幽微奥妙却又变化多端的内涵。

《周易》包括经与传两个部分。《易经》是一部占筮之书，《易传》是对《易经》的解释，运用《易经》的思维结构，呈现现实的社会内容：

> 天尊地卑，乾坤定矣。卑高以陈，贵贱位矣。动静有常，刚柔断矣。方以类聚，物以群分，吉凶生矣。在天成象，在地成形，变化见矣。
>
> 是故，刚柔相摩，八卦相荡。鼓之以雷霆，润之以风雨，日月运行，一寒一暑，乾道成男，坤道成女。乾知大始，坤作成物。乾以易知，坤以简能。易则易知，简则易从。易知则有亲，易从则有功。有亲则可久，有功则可大。可久则贤人之德，可大则贤人之业。易简，而天下之理得矣；天下之理得，而成位乎其中矣。[①]

《系辞》这段内容，诠释了易学的天道思想，天地为万物的准则，乾坤定位规范了贵贱之位，《易》透过乾卦、坤卦的符号象征尊卑贵贱的价值观念，具体的天地与抽象的尊卑之间经由符号连结成为相关。同时《系辞》也指出天地万物的变化规则是具体而明的，从天地的形象即可观察得知，由乾坤代表的阴阳、动静、刚柔互相交错生出八卦，八卦相互推衍生出六十四卦，天地万物都在这个变化规则中运行。就人而言，乾道成男，坤道成女；就物而言，乾为阳性物质，坤为阴性物质。易简约地把握天下之理，成就天下万物，这已说明了人与天均在同一个变化规则中。

人作为一个有限的存在，对于天道的变化，不易全然掌握，而人们认为神作为超越的存在能够全然掌握天道，通神以得变化之道，是人们进行占卜的原因。《易经》由八卦符号组成的系统，而后发展成为六十四卦，并对这八卦与六十四卦的

[①] 陈鼓应、赵建伟：《周易注译与研究》，台北：台湾商务印书馆，2000年，第577页。

符号系统，加以初步的解释，形成了卦辞与爻辞。作为卜筮之书，《易经》是以符号系统和卦爻辞来预测及说明人事的吉凶。卜筮本来是向神明求教，请求诸神预示吉凶。在卜筮活动中，求问者获得一个神示的卦，再由卦辞去解释所求之事的吉凶。卦辞所解释的是爻的变与卦的变，而卦爻乃是代表宇宙的符号，因而，因此卜卦就是从宇宙的变化中去看人事的活动。依天人在同一变化规则的认知，人道合于天道，所以从而得知顺逆，顺则为吉，逆则为凶，所以人事的变化完全可以从八卦符号系统的变化和卦爻辞对此变化的解释得到答案。

既然天道的变化有其规则，《易经》这套符号系统，具有天道变化的符号与累积天道变化诠释的经、传、系辞、象、彖等内容，它的结构与思维内涵则日益复杂。天神显示某种现象或对人间某类事情的态度看法，可以通过这一符号系统的变化得知，因此可以从推理的逻辑系统，看到事物之间的普遍现象。有了纪录可参考，人们即可不必透过卜筮了解天道变化理则，从而对于《易》的理解，从求神问卜的宗教思维，进入人文理性的思维方式。可见《易》的本质发展由天道引出人道，而易学的发展也因此模式，从天道的讨论转向人道的关注，然而这种转化并没有让天道与人道分离，反而建立上通天道下济万民的天人之路：

> 易与天地准，故能弥纶天地之道。仰以观于天文，俯以察于地理，是故知幽明之故。原始反终，故知死生之说。精气为物，游魂为变，是故知鬼神之情状。与天地相似，故不违。知周乎万物，而道济天下，故不过。旁行而不流，乐天知命，故不忧。安土敦乎仁，故能爱。范围天地之化而不过，曲成万物而不遗，通乎昼夜之道而知，故神无方而易无体。①

透过对于易经的了解，即可掌握天地变化的理则，从而可以周济万物，行道于天下，以此身安立命，承担与天地同化、赞天地化万物的任务：

> 易之为书也，广大悉备。有天道焉，有地道焉，有人道焉，兼三才而两之。②
> 昔者圣人之作易也，将以顺性命之理。立天之道曰阴与阳，立地之道曰柔与刚，立人之道曰仁与义，兼三才而两之。③

天地人之道互相对应，从天地之道可以习得人道。而所有变化的理则，天道地道人道均为同一范式，只是因着不同的情势展现不同的样态，在天以阴阳，在地以柔刚，在人以仁义。

---

① 同上，第 587 页。
② 陈鼓应、赵建伟：《周易注译与研究》，第 675 页。
③ 同上，第 688 页。

1.《黄帝宅经》中的易学应用

道教的生命预测系统,在原理上继承易学天道通于人道的概念;在方法上也继承易卦,卜道天于神明的感通;技术上则有继承易卦及由易卦发展出其他变体的生命预测术。《黄帝宅经》言:

> 夫宅者,乃是阴阳之枢纽,人伦之轨模,非夫博物明贤而能悟斯道也。就此五种,其最要者,唯有宅法而真秘术。凡人所居,无不在宅,虽只大小不等,阴阳有殊,纵然客居一室之中,亦有善恶。大者大说,小者小论,犯者有灾,镇而祸止,犹药病之效也。故宅者人之本。人以宅为家居,若安即家代昌吉,若不安即门族衰微。坟墓川冈,并同兹说。上之军国,次及州郡县邑,下之村坊署栅乃至山居,但人所处,皆其例焉。①

根据上文叙述,宅之所以与人的福灾有关,在于其中所具的阴阳之理。而宅是人之本,人居其中,是人生活的场域,"人以宅为家"更包含了人生命发展的延伸。所以说:"若安则家代昌吉,若不安即门族衰微。"由活人的居宅延伸的死者的墓穴同样都在这个阴阳特质的影响下。《黄帝宅经》认为小至个人,大至村落都邑,即使是简易山居,只要是人居身的地方,就受房子阴阳之气的影响。阴阳之气的影响力仍是由道教的宇宙观而来:

> 阴者,生化物情之母也;阳者,生化物情之父也。作天地之祖,为孕育之尊,顺之则亨,逆之则否,何异公忠受爵,违命变殃者乎!②

阴阳为生物之父母,天地之祖孕育之尊,阴阳为道之化,作为万物之根源,同时也是规律,因此顺之者亨,逆之则否。

在阴阳化生的观点下,天地有阴阳,万物有阴阳,宅屋坐落于地上,有天地的大阴阳与宅屋本身的阴阳属性。此两种属性是否相符合,则影响到宅屋本身天地之气的关系是否和谐,从而影响居住于其中的人与天地之气的和谐关系。所以《黄帝宅经》说:"若一阴一阳往来,即合天道自然吉昌之象也。"如此合天道自然吉昌的概念,落入现实的生活中,即居住场所的营建需掌握阴阳之气的特质。《黄帝宅经》将宅归类为阴阳两类,以八卦配属:

> 乾将三男震坎艮,悉属于阳位,即从西北乾位之震为阳明矣,坤将三女巽离兑,悉属阴之位。即从东南巽角顺之戌为阴明矣,是以阳不独王,以阴得,

---

① 《正统道藏·黄帝宅经》卷上,第8册,第101页。
② 同上,第102页。

阳宅为宜修阴方，阴不独王，以阳为得。如上说，亦如冬以温暖为德，夏以凉冷为德，男以女为德，女以男为德之义。《易诀》云：阴得阳，如暑得凉，五姓咸和，百事俱昌。所以德位高壮蔼密即吉。重阴重阳则凶……凡之阳宅即有阳气抱阴，阴宅即有阴气抱阳。①

以八卦代表八方，区分其中阴阳，从而出现了乾震坎艮四阳宅，与坤巽离兑四阴宅，再将九宫的概念容入其中，区分出房子的细部属性。然而房屋建构的理则必须因方位的阴阳属性，予以适当配置，使阴阳和谐，因此强调，阳不独王，以阴为得，阴不独王，以阳为得。阴阳相得为吉，重阳重阴为凶。

《黄帝宅经》以阴阳分宅性，配合十天干十二地支，把宅屋分成四面，各有其福德祸刑之方。福德之方宜清洁阔厚，认为是"天之福德，宅之财命"②；刑祸之方则不得太缩，又不宜太旺，言："缩复缩，犹恐灾殃，旺相逐福德之方。"③

关于宅屋建造的时机，《黄帝宅经》则讲究与天道的配合说："二宅修造，唯看天道，天月德生气到，即修之不避将军、太岁、豹尾、黄幡、黑方及音姓宜忌。顺阴阳二气为正，诸神杀及五姓六十甲子皆从二气而生，列在方隅，直一年公事，故不为灾。"④

《黄帝宅经》内容的另一重心在于详列阴阳宅八卦及十二地支方在福德刑祸上的神煞，如乾为天门，巽为地户，天门之处宜平稳实，不宜绝高壮，犯之则会发生损家长、大病、头项等灾。亥方神煞为朱雀，是龙头所在，为父之命座，犯者对父有害。壬为大祸，母命座，主飞灾口舌。子为死丧之煞所在，为龙右手，长子妇之命座，犯之失魂伤目水灾口舌。癸为罚狱勾陈，次子妇命座，犯之口舌斗讼。丑为县狱，少子妇命座，犯之鬼魅盗贼。火光怪异等灾事。寅为天刑、玄武，为龙背，庶养子妇长女命座，犯之伤胎系狱，被盗败亡。甲方主宅形，次女、孙男等命座，家长病，头项诸伤

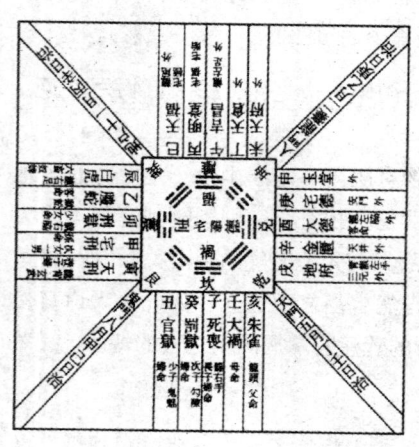

---

① 《正统道藏·黄帝宅经》卷上，第8册，2b—3a。
② 同上，3b。
③ 同上，4b，第103页。
④ 《正统道藏·黄帝宅经》卷上，4a—b，第8册，第102页。

折等灾。乙方神煞为滕蛇讼狱，客之命座，犯之妖怪、死丧、口舌。辰为白虎，龙之右足，主讼狱，为奴婢、六畜命座，犯之惊伤、腹寒、筋急等灾，亦主惊恐。①见附图：

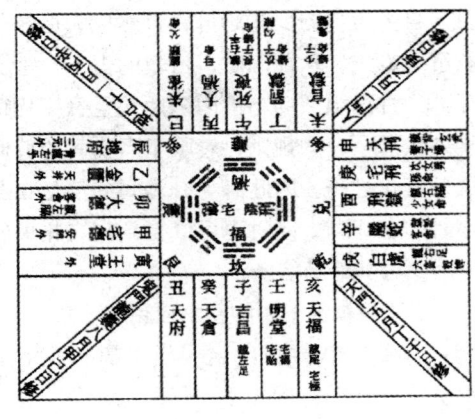

将宅中各方所对应的人与事整合而观，可知其中融入的八卦、十天干、十二地支中都具备天人之间的对应。乾为天，在身为首，在人伦为父，亥是龙头，乾亥在人事上代都代表父亲及与父亲有关之事。依此类推，所有家族成员包括奴婢牲畜，只要是在家宅中居住的，都受整个家宅阴阳之气的运转所影响。气有其运行的律则，因此只要根据气的运行律则，察其对应之顺逆，即可推论相对之人事。

其次，在《黄帝宅经》的叙述中，可看出以龙象征宅，依各方位配以首尾、手脚、腹背，于是将宅屋想象或为一个神圣的生命体。此想象的生命体与居住于其中的真实生命体——人及一切动物，有着同信息的连结，例如乾天门，连结父，又与头项相关，故而不可任意对应，须使其阴阳之气和谐为吉，否则即可看到对应人事的负面连结呈现，也就是各类祸害的发生。

可以说《黄帝宅经》结合了易经八卦、九宫、天干地支、神煞等术数文化，呈现"人因宅而立，宅因人而得存，人宅相扶，感通天地"②的天人感应思想，应用于人的生活场域中，可见堪舆是透过高度概括与象征思维的术数推演，达到人们穷天理以究人事的生存需求，以期改善人的生活状态。

堪舆形成一个具有规范性同时又有指导性的繁复知识系统，用以判定宅屋的吉凶，也因人屋同体并与天地感应。而古人已经累积相当多天地阴阳消息变化的经验法则，以此对天地阴阳变化解则的把握推论。堪舆从判定宅屋的吉凶延伸到依据宅屋的形势，推测居住于宅中的人的生活变动与生命发展的未来趋势，形成一种生命预测系统。

占卜是对未来事项发展求问于神灵或超自然力量的预测系统，关键在于人神之间的交感。道教以生命为关注核心，而与生命发展息息相关的大自然、社会以

---

① 《正统道藏·黄帝宅经》卷下，第 8 册，1b—3a，第 106 页。
② 同上，卷上，6a，第 104 页。

及人自身运事的变化趋势,自然成为道教关注的焦点,占卜即是对应此三个议题的解答方式。从渊源看,道教的占卜,主要出于易经的学说。周易卜筮是运用象征的一种思维活动,由阴阳两爻重叠变化衍生成八纯卦及六十四卦。六十四卦的排列依照一定的规则,着眼于事物间的彼此联系与相互作用,用以表现事物的发展及变化过程。因此卦与卦之间的信息相互交流,因此当求得一卦时,不仅取得该卦的主信息,同时也可以得到与之相关的其他隐性信息。判断时以本卦为主,同时参考其他卦信息。

2.《灵棋经》中的易学应用

道藏中有《灵棋经》《灵棋本章正经》两经,灵棋以十二颗棋子为工具进行占卜,是易经占卜的变形应用。《灵棋经》称:

> 灵棋象易而作,以三为经,四为纬。三以上为君,中为臣,下为民,四以一为少阳,二为少阴,三为太阳,四为老阴,少与少为耦,老阴与太阳为敌,得耦而悦,得敌而争。或失其道,而耦反为仇;或特其行,敌反为用,阳多者,道周而助,阴盛者,志异而乖。①

此文为刘基所作的序,直言灵棋是象易而作,《灵棋本章正经》共有一百二十五卦,内容包括经解两大部分,每卦由卦名、象辞、棋型、注解构成。卦名为六字体,如《旱腾课大通卦》、《渐泰课受福卦》。许多卦名是由《周易》而来,像《小过课小成卦》;有的卦名由卦爻辞语汇而来,如《习坎课虚劳卦》;有的则是依所问事命名,如《病患课潜通卦》、《雨灾课难处卦》、《口舌课耗吉卦》。卦名下所标的符号是棋型,而其下的解说文字就是棋辞,所以从卦名、形式,都是仿易而作。棋辞多为四言。《灵棋经》序中说明卜卦程序,首先请神:

> 祝曰:天地合其德,日月合其明,四时合其序,鬼神合其吉凶。皇天无私,惟德是辅。兹日太岁,某月某日,乡贯姓名。谨焚香,奉请四孟诸神、四仲诸神、四季诸神、十二辰官,上启天地父母,太上元君,左日右月,五星北斗,二十八宿,四时五行,六甲阴阳,明堂岁德,天十二神,地十二祇,岁月日时直事功曹使者:伏念某时生兹者,所伸情旨,盖为某事云云。心有所愿,意有所疑,沉吟犹豫,请为决之。吉当言吉,凶当言凶。
>
> 得失是非,惟卦是推。恭望圣慈,明彰报应。
>
> 又呪云:唵吽吽嚩呢哒哩吽咤敕。一炁念三遍。即以十二棋子一时掷之,依上、中、下成卦,即按其辞,定其吉凶。占讫,送神词曰:向来奉请,仰

---

① 《正统道藏·灵棋经序》,5b—6a,第39册,第469、470页。

叩灵棋，已沐感孚，今当奉送。愿返云霞之饰，请回霄汉之宫。来时降恩，去时留福。凡有召请，一如故事。①

灵棋占卜非道教所创，据《灵棋经》序说有人以为汉武帝命东方朔占卜，也有说是黄石公传授张良的，又有人认为是淮南王所用之祕术。道教吸收了灵棋占卜，融入其文化体系中，使其具有道教色彩，在请神祝辞中应用的咒语，太上元君、六甲阴阳、岁月日时值事功曹使者之名，为道教神祇。

灵棋的主要卦辞载于《灵棋本章正经》中，以下以《升腾课大通卦》为例说明其内容：

> 从小至大，无有颠沛；自下升高，遂至富豪，宜出远行，不利伏韬。颜云：以小慕大，可致富贵，若居大慕小，则有危亡。又云：天地既位，圣人参之，经纶草昧，开元造始。
>
> 故曰：自下升高也。立功创制，无往不善。不可阴谋密计。不宜老病。婚姻难合，纯阳故也。占行人未归。系狱者出。市贾有利。
>
> 何云：士宦高迁，宜显不宜隐。病者不宜住暗处，宜出外避之吉。口舌无害，居家大富。行师吉，战斗苴。
>
> 孕生男。田蚕渔猎大获，吉。
>
> 解曰：从小至大，阳始生也。三人同心，宜游行也。不利伏韬，其道光明也。
>
> 此课三位俱阳，少阳方长，故为从小至大，自下升高之象。占者得之，创事立业，求名觅利皆吉。讼者道求直。行人吉而未归。不可为阴谋诡秘之事，病者增重出外避之吉。②

从解读灵棋的内容看，灵棋是以卦形推衍事理的，卦辞简单地把卦形的特质表述出来，从小至大，自下升高，并且判定事理，无有颠沛，遂至富豪，宜出远行。注解之词则更具体陈述卦辞之理，更依卦形衍生出更多具体事项的吉凶。例如之所以不宜密谋是卦形纯阳，老病婚姻不宜也是卦形纯阳，怀孕生男也因卦形纯阳而断，宜出游是卦形纯阳，主三人同心，可见其吉凶的解读以卦形的阴阳属性与事物的阴阳属性对应，宜阳的事物在纯阳卦中为吉，宜阴或宜阴阳中和的事物得纯阳卦则不吉。其次灵棋的解读，是针对生活需求而解卦的，所以有出行、讼狱、生育、婚姻、田蚕、渔猎、仕宦、贾市、老病、出行、创业等对应事项。

道教生命预测的理论基础，源自于其宇宙观。人的生命由道而来，人与天地

---

① 《正统道藏·灵棋经序》，7a—b，第39册，第470页。
② 《正统道藏·灵棋本章正经》卷上，1a—2a，第39册，第475页。

是同源同构的存在，因此天道即是人道，天道表象于天地万物，人们透过观察天地万物，即可体察天道。易卦是圣人仰观于天，俯察于地，观鸟兽之文与地之宜，经文化的累积整合于社会经验，而产生诠释易卦的经传系辞等文本，本就是卜筮文化与人文思维的结合。《易经》的天道观为诸子百家所吸收，也为道教文化所吸收，其问卜于神祇的卜筮行为，更与道教神仙思想相合，因此道教的生命预测术中，易学为不可或缺的理论与技术。

三、道教生命养护文化中的易学应用

道教对生命的认知从来源与结构均融入易学观念于其中，具易理结构的生命，其养护自然与易理相通，最直接的表现，即在《元始无量度人上品妙经内义》以易经理念对于养生的诠释。

《内义》曰：

> 说经五徧者，天五生土也。乃离寄戌，而土炁孕于离也。凡物生于土而终于土，如上乃五行之生数也。久病痼疾者，按《道藏》曰：人者，物之灵也。寿本四万三千二百余日，其神三万六千元阳真炁。本重三百八十四铢，内应乎乾䷀。不知保而政之散，是以中道夭阏。乾者，六阳具而未知动作施泄，知此修行即神仙也。自十五岁至二十五，施泄不止，则真炁亏四十八铢，存者其应乎姤䷫。嗜欲之甚，加十岁则又亏四十八铢，存者其应乎遁。又不知养，更加十岁，又亏四十八铢，存者其应乎否。至此乃天地之中炁，又不知养，更加十岁，其亏七十二铢，存者其应乎观䷓。又不知养，更加五岁，其亏九十六铢，存者其应乎剥䷖。又不知养，八八六十四卦，元炁终矣。其应乎坤䷁。坤者，纯阴也。唯安谷气而生，故名苟寿。人至于此，去死不远，不复能修丹，其或戕败之甚者，又不逮此而尽也。元炁消减，岂非久病痼疾乎。一时复形者，既修此道，真神日壮，元炁日盛，复命返本，安乐长年，此之谓也。①

从生命来源而言，物生于土而终于土，人为万物之一，在五行生数之律则中，生为阳死为阴。养生即以阳气的存养为标的，从十二消息卦论人生命发展过程不能存养阳气以致亏失的自然流化现象，说明人由生到死过程中阳消阴长的渐进发展程序。基于此一理念，而有应十二消息卦而来的养生功法，明代养生家高濂录于《遵生八笺》中的十二月坐功，即依十二月、二十四节气，依循节气的对应功法治相对应的疾病，时间都在子丑寅卯阳气上升的时间，借天地阳气养自身阳气。

---

① 《正统道藏·元始无量度人上品妙经内义》卷1，1a—2a，第3册，第238—239页。

大体而言，道教的生命养护文化，奠基于《易经》一阴一阳之谓道的阴阳平衡理念，强调人体阴阳之气的和谐为健康的基础，从阴阳对立互根与动静消长的思维，思索阴阳和谐于人体的重要性。从而透过人为操作致使人体达到阴阳和谐的效用，表现在具体的生命养护操作上，则善于运用大宇宙的阴阳之气弥补个人生命运转过程中阴阳耗损的状态，使其回复平衡，借以维持生命的健康。故而其养生的原则强调顺应自然界的阴阳消长变化，四时要调适作息，一日之中也要注意时辰变化中阴阳之气的变化。日出而作，日落而息，即是配合大自然的阴阳，而人的活动也有动静的差异，依四季而调摄精神、饮食等。

四、道教生命救济文化中的易学应用

道教符咒是以符号文字或语言的方式进行神人交感，以达施行愿望的宗教法术，道教吸收巫术信仰中的符咒文化，融入其教义思想义理与神仙结构，而自成体系。从而有以符箓道法为主的道派持续发展其应用层面与方法，日渐系统化，而结合剑、印、镜等法器的运用，让道教符咒文化更显多元样貌。道教认为符能驱使鬼神给人带来祸福，咒可经由口中诵念的口诀得以除灾降福。符咒可分别使用，也可合并使用。

符咒运用于人的生存困境中，有其道教义理：

> 道者虚无之至真也，术者变化之玄使也。道无形，因术以济人，人有灵，因修而会道。人能学道，则变化自然，道之要者，深简而易知也。术之祕者，唯符与气、药也。①

术是无形之道，用以济人的变化应用，其祕要在于符、气、与药。因此符是道的变化应用，其目的在于济人，符内含有道。关于这点，《云笈七签》有清楚的说明：

> 一切万物，莫不以精气为用。故二仪三景，皆以精气行乎其中。万物既有，亦以精气行乎其中也。是则五行六物，莫不有精气者也。以道之精气布之简墨，会物之精气以却邪伪，辅助正真；召会群灵，制御生死；保持劫运，安镇五方。然此符本于结空太真，仰写天文，分置方位，区别图像符书之异。符者，通取云物星辰之势；书者，别析音句铨量之旨；图者，画取灵变之状。然符中有书，参似图像；书中有图，形声并用。②

---

① 《正统道藏·云笈七签·序事第一》卷45，1a，第583页。
② 《正统道藏·云笈七签·符字》卷7，4b—5a，第157—158页。

在一切万物均以精气为用的气化宇宙观思考下，符是道的精气布于简墨，结合物的精气，用以却邪伪，召会群灵，制御一切对生命危害的因素。也就是把一切生命的危害也视为气的变化，含道精气的符之所以可以制伏变气，其作用方法是移精变气。基于道是万物之根源，是万物的律则，所有的气统摄于道的原理，因此含道之精气的符，可移转对人生命有危害的变气。

据詹石窗的研究，道教符咒法术中富含的易学象数内含，认为以引符字行文中的二仪是明显由周易而来；"精气行乎其中"一语，可视为阴阳中含有精气；"三景"的含义，对应易之三爻，其间有天地人的法象，认为日月星可以转化为天地人；而"通取云物星辰之势"，取《周易·系辞上》"一阖一辟谓之变，往来不穷谓之通"与《周易·系辞下》"古者庖牺氏之王天下，仰则观象于天，俯则观法于地，观鸟兽之文与地之宜，近取诸身，远取诸物，于是始作八卦，以通神明之德，以类万物之情"。①一样蕴含着创制者对客观事物的感知、认识和抽象过程。就个别符法的运用于生命救济的治疗上，道教以符治病为其医疗特色。其中符的运用也见易学的融入，以"玉蟾真水十芒祕符"为例：

> 右符，存天上浩月十芒在空中，与我面相对。有玉蟾跃入吾口中，直入肾中，如银色。口吐真水。良久，天上月中水炁十芒于中；有白炁照兆肾中，其蟾出，乘光一吸，开目吹笔上。然后，点朱书之，符成，治一切热病，有回生之功焉。②

在《无上玄元三天玉堂大法》经文中，说明此符为月光符，芒以十数成数，耦为阴。以存思的方式，取月中极阴之气，治一切热病。阴之极数为十，即根据《周易·系辞上》。真水为坎卦，对应月与肾，此符的图解即明言玄阴坎象，水盛凝阴。除了以易理融于符中，运转天地真气能量作为生命救济之法，道教符咒中亦见融入八卦符号的运用，如《八卦罡咒》：

> 吾为天神下坤宫，巡震兴雷离火红。巽户下令召万神，禹步交乾登阳明。坎乡掷雨荡妖凶，腾天到地斩妖精。兑金锋芒八卦神，直向艮宫封鬼门。天昏地黑日月不明，邪神鬼道无路逃形。急急如律令。③

禹步高道步罡行法所踏之行步，为召役神灵之法，常以八卦为具体路线顺序，行走轨迹形成九宫八卦图，咒中所谓下坤、交乾，即为依九宫八卦之理行法，透过八卦符号的运用，以具象的行为展示抽象的能量运用。

---

① 詹石窗：《易学与道教符号揭祕》，台北：大展出版社，2003年，第283页。
② 《正统道藏·无上玄元三天玉堂大法·玉蟾真水十芒祕符》卷28，4b—5a，第6册，第511页。
③ 《正统道藏·太上三洞神咒·八卦罡咒》卷3，16a—b，第2册，第666页。

五、道教生命修炼文化中的易学应用

1. 外丹修炼的理论基础

阴阳五行说触及各种物质形态的相互变化规则，被金丹家奉为炼丹的思想原理，成为金丹术的理论基础。唐代丹经《张真人金石灵砂论》言：

> 大道冲融，而包天地，驱策阴阳，成乎宇宙。天形阳而左旋，地质阴而右转。日为阳精而昼行，月为阴灵而夜流，日月垂曜，而人生乎其中，抱阳而负阴。圣人法象天地，辨别阴阳，外合造化，以成还丹。①

阴阳是大道行气以生万物的根源，日月代表阴阳的精华，人也抱阳而负阴，说明人与天地同构，而人生命的奥秘即在阴阳。金丹也是依循宇宙原理，掌握此天地奥秘而发展的：

> 还丹者，取阴阳之精，沄天地造化之功，水火相济，自无入有，以成其形，岂若砂汞独阴为体，无阳配生，不能合四象，运五行，所以孤阴不育，寡阳不生，阴阳配合，方成还丹。②

金丹的炼制效法是天地、阴阳、四象、五行的运化，原理与人的生命运化相同，也是道的运行。因此能助人返道，得不死的生命，从工具的制造开始，即讲究与天地相仿：

> 夫大丹炉鼎，亦须合真天地人三才，五神而造之。其鼎须是七反中金二十四，应二十四气。内将十六两铸为圆鼎，可受九合，八两为盖。十六两为鼎者，合一斤之数，受九合，则应三元阳极之体，盖八两则应八节。鼎并盖则为二十四两，合其大数。其鼎须八卦十二神定位，然后将其合了紫金砂入于鼎中，紧密固济，莫令泄阳气，则致于炉中。③

> 造炉。诀曰：于甲辰旬中，取戊申日，于西南申地取净土，先垒土为坛，坛高八寸，广二尺四寸。坛上为炉。炉亦高二尺四寸，为三台，下上通气。上台高九寸，为天，开九窍，象九星。中台高一尺，为人，开十二门，象十二辰，门门皆须具扇。下台高五寸，为地，开八达，象八风。其炉内须径一尺二寸。然致鼎于炉中，可悬二寸，下为土台子承之。其台子亦高二寸，大小令匀鼎相当然，则运火烧之。④

---

① 《正统道藏·张真人金石灵砂论·释阴阳篇》9a—b，第 31 册，第 694 页。
② 同上，《朱砂篇》4b，第 691 页。
③ 《正统道藏·大洞炼真宝经九还金丹妙诀·鼎炉火候品》11a—b，第 31 册，第 721 页。
④ 《正统道藏·大洞炼真宝经九还金丹妙诀·鼎炉火候品》11b—12a，第 721 页。

在鼎炉的形制上应天地三才、五行、八卦、二十四气，即是打造小宇宙。

外丹以炼制黄金白银为尚，何以黄金白银有令人长生不死的神效，丹经也有所说明：

> 黄金者，日之精也，为君。服之，通神轻身，能利五藏，逐邪气，杀鬼魅。久服者皮肤金色。金生山石中，积太阳之气，熏蒸而成性，大热，有大毒，傍蒸数尺石，皆尽黄化为金色，况煅炼服之者乎。近金生者，名曰金英。次而生者，名曰金华。远而生者，名曰金贼。百步而生者，名曰金芽。若以此金作粉屑，服之销人骨髓，焦缩而死也。黄金者，太阳之正气，日之魂，象三魂也。白汞者，太阴之正气，月之魄，象七魄也。合而服之，即不死。黄金是西方庚辛金，白汞是北方壬癸水，水乃金之子也。古人曰：食金如金，食玉如玉，金之性坚。煮之不烂，埋之不腐，烧之不焦，所以能生人。药金服之，肌肤不坏，毛发不焦，而阴阳不易，鬼神不侵，故寿无穷也。①

黄金为太阳之精，对应人的三魂，服之能通神身轻，是依阳气上升的特质而理解的，白汞为太阴之精，对应人的七魄。因此黄金白汞合服，是阴阳之气的强化，以汞的金性代表不朽的阴阳之气，藉由服入人体，使人体同样具备不朽的阴阳之气，这是金丹能使人长生不死的理念依据。而之所以能够藉由服用炼制的金丹从而不朽，主要原因有两个，一是黄金白汞合服，可得金水相生的生气；二是从气的特质而言，同气相求，金性不朽，人服食炼制的金丹也同金性而不朽。但是黄金白汞未经炼制，具有毒气，必须经由炼制去其毒性。认为黄金是西方庚辛金，白汞是北方壬癸水，是金之子，是五行概念的运用。

金丹是效法阴阳之道的修炼法，而人是阴阳造化所生，炼丹跟天地造人是同一理则，因此服用金丹是从万物之中，取其阴阳之气，如同饮食般可成为人体运作所需的能量：

> 一阴一阳曰道，圣人法阴阳，夺造化。故阳药有七，金二石五，黄金、白银、雄雌、砒黄、曾青、石硫黄，皆属阳药也。阴药有七，金三石四，水银、黑铅、硝石、朴硝，皆属阴药也。阴阳之药，各禀其性，而服之，所以有度世之期，不死之理者也。②

阴阳之气为人生命元气，万物各含阴阳之气，金丹是透过炼制，使药石转化

---

① 《正统道藏·张真人金石灵砂论·释阴阳篇》1a—b，第 694 页。
② 《正统道藏·张真人金石灵砂论·成金篇》6a—b，第 692 页。

为人可服食的丹药，将其阴阳之气纳入体内，对人体发生转化作用。

除了黄金白汞，水银、朱砂、雄黄都有其阴阳属性：

> 银者，白金也。少阳之精，而生于阴，为臣。服之通神不死，坚筋骨，微热，有小毒，即铅中所产也。位属西方，太白之精。《龙虎经》曰：离女为日，坎男为月。九霄君曰：南方之水，北方之火，阴以处阳，阳以处阴。往来有则，一浮一沉。为夫为妇，并意齐心。年终性毁，共枕同衾。是子午之位，龙虎列居者也，不可单服。①

> 雄黄为君，服之通神。向阳生曰雄，背阳生曰雌，一体同产，故夹错而生山石中。至热，有毒，乃少阳之精，作丹服，补泥丸，实脑户，养三宫。②

> 水银者，月之精也。生于阳，为臣。服之轻身不死，辟精魅，通神明，杀三尸，清五藏，除九虫，断邪气，而生于丹砂。③

药石既分阴阳属性，炼制服用即强调阴阳相配，有些药不可单服。在炼制过程中，也要注意夫妇子母配偶相生之理：

> 大凡制汞成宝，须要子母留恋，夫妇欢合，方能成丹，舍此而求不可。汞以硫为夫，金银为母，得硫则坚，得金银则实，夫妇子母之道存焉。子母尚义，时乎可离。夫妇尚情，理不可去。所以朱灵二砂，虽出处不同，俱是硫汞配合成体，得全夫妇之道。④

> 窃谓金丹大药，上全阴阳升降，下顺物理迎逢。圣人所谓格物致知，大槩不过子母相生，夫妇配偶之理。须藉水火无私之力，结搆铅汞二物之精。要得真土擒铅，真铅制汞，加以手法火候，故能超凡入圣，返老还童。⑤

阴阳配偶母子相生是天地造化之理，而在阴阳相配、子母相生的理则下，生生之息不停。从而认为仿效这种模式操作在金丹的炼制上，可以得到宇宙赋予万物中的道性，即所谓"金性不朽"，透过服食从而将此不朽金性转嫁于人，因此人即可具有与该物同样的特质。

外丹既然是模拟天地宇宙的造化，把天然矿物置于炉中锻炼，从而取得其中宇宙生生的根源——道，其工具和方法自然也是模仿天地宇宙，因此鼎炉等工具

---

① 《白金诀》2a，第 690 页。
② 《雄黄篇》3a—b，第 691 页。
③ 《真汞篇》5a，第 692 页。
④ 《正统道藏·丹房奥论》3a—b，第 32 册，第 261 页。
⑤ 同上，序 1a，第 259 页。

的设置及方法,都以天地宇宙为模型,具备阴阳四象五行八卦等元素。意大利学者 Andrea Aromatico 对于炼金术的原理有以下论述:

> 用火操作的炼金术士研究最简单的受造物,目的只是试图在小宇宙里重复上帝在大宇宙里做过的那些事情。他希冀透过综合运用全部知识来重建一个小宇宙,所以一直关心测定其外加的步伐,并且将其与大自然的步伐联系起来。①

道教外丹炼制将道生阴阳万物的理则,以阴阳五行四象八卦,运用于药物的属性、药物的配合、药物的炼制、药物的变化上,并且在器具的应用与技术的操作中都融入这些元素,强调火候与气候相合,炼丹本身即是重复宇宙创生的过程。丹道是以宇宙论为基础,以人为的手法复制宇宙生生之道,如前引《释阴阳篇》所强调:"圣人法象天地,辨别阴阳,外合造化,以成还丹。"而还丹的最终目的是服食使人长生不老,意味着道性的扩充可由法象宇宙生生原理的方式,掌握其生生能量移植于人体内,从而扩充人内在道性,转化人的生命属性使人从具有道性的生命存在转化为道。

2. 易学与内丹修炼

内丹以人体为丹炉,因此外丹的理念基础完全适用于内丹,由因此外丹丹经引述《周易参同契》之理念,而内丹丹经依然可见《周易参同契》的理念为其证明。外丹与内丹的差别只在"求之于外"与"求之于内",外丹将鼎炉神室模拟宇宙,内丹以人体模拟宇宙,以天地是大宇宙,人体是小宇宙的天人合一思想,把身体视为包含一切的小天地,都是鼎炉与身体宇宙模型,因此理念相同,术语相同,操作原理亦同,只有操作实务上有所差异。

内丹以精气神为药,所有的炼功原理与机制,都针对精气神的探讨,如同外丹的理论建立在道教的宇宙论基础上,内丹的理论同样表现出道教的宇宙观,张伯端云:

> 夫炼金液还丹者,则难遇而易成。要须洞晓阴阳,深达造化,方能超二气于黄道,会三性于元宫;攒簇五行,和合四象,龙吟虎啸,夫唱妇随,玉鼎汤煎,金炉火炽,始得玄珠有象,太一归真。②

阴阳四象五行三元龙虎意谓坎离的隐语呈现八卦的元素,仍是一阴一阳之谓

---

① Andrea Aromatico 著,李晓桦译:《炼金术——伟大的奥秘》,上海:上海书店,2002年,第40页。
② 《正统道藏·紫阳真人悟真篇序》10a,第4册,第371页。

道的宇宙之理的呈显。虽然金液还丹是外丹名词，但其实指的是内丹，又说：

> 大丹妙用法乾坤，乾坤运兮五行分。五行分兮常道有生有灭，五行逆兮丹体常灵常存。一自虚无质兆，两仪因一开根。四象不离二体，八卦互为祖孙。万物生乎变动，吉凶悔吝兹分。百姓日用不知，圣人能究本源。顾易道妙尽乾坤之理，遂托象于斯文。①

这是读《周易参同契》而思考内丹之理的内容，宇宙创生的次序是由太极生阴阳，阴阳生五行八卦，万物在这样的顺生过程中有生有灭，而内丹则是从八卦、五行逆返阴阳，回归于道。

在内丹看来，人的身体即是宇宙造化的缩影，凡外在所有事物，身体内亦有之。因此，内丹修炼活动就在身体中进行。②因此在内丹的进行中，可以看到仿效宇宙的内涵，《悟真篇》言："安炉立鼎法乾坤，煅炼精华制魄魂。"③又言："先把乾坤为鼎器，次将乌兔药来烹。"④安炉立鼎效法天地之则，把人体视为天地的缩影，乾是头，坤是腹，指泥丸与下丹田。因此在丹经中，可以看出身体和天地同构的内涵，《罗浮山志会编》引《龙虎金液还丹通元论》云：

> 龙虎宝鼎即身心也，身为炉鼎，心为神室，津为华池。五金之中惟用天铅，阳中有阴，是为婴儿；即身中坎也；八石之中惟用砂汞，是为姹女，即身中离也……中央戊己，是为黄婆，即心中意也。火居木，水之处金，皆本心神。脾土，犹黄芽也。⑤

内丹以外丹的术语转化为向内锻炼的修炼方法，外丹中以鼎炉与天地同构的概念也同样引入。而天人同构的概念，是人体为鼎炉的依据，因此身是炉鼎，心是神室，药物即身内阴阳之气，分别指肾气与心气，黄芽是脾土，天地有五行，身中亦有五行。而《灵宝毕法》则直接描述此天人同构的对应：

> 夫人身中以心比天，以肾比地，肝为阳位，肺为阴位。心肾相去八寸四分，其天地覆载之间比也。炁比阳而液比阴，子午二时比夏至冬至之节，卯酉二时比春分秋分之节，以一日比一年，以八卦时比八节。子时肾中炁生，卯时炁上到肝，其炁旺阳，升以入阳位，春分之比也。午时炁到心，积气生液，

---

① 《正统道藏·紫阳真人悟真注疏》卷8，1a—b，第4册，第351页。
② 萧敬铭：《反身体道——内丹密契主义研究》，第275—276页。
③ 《正统道藏·紫阳真人悟真三注》卷3，1b，第4册，第396页。
④ 同上，1a。
⑤ 《故宫珍本丛刊·罗浮山志会编》卷4，13b—14a，第263册，海口：海南出版社，2000年。

夏至阳升到天而阴生之比也。午时炁中液生，酉时液下到肺，其液盛阴，降以入阴位，秋分之比也。子时液到肾，积液生气，冬至阴降到地而阳生之比也。日月循环，周而复始，若能保养内守，无损无亏，自可延年。①

不只是天人同构，而且强调天人间阴阳二气运行是一致的，因此审察天地之造化，从而依法在体内运行，即可得道。大道虽然不可捉摸，但是天地阴阳的运行有迹可循，循天地之阴阳，运体内之阴阳，则可突破人生命的限制，从有进入无。

内丹是在体内效法无中生有、有中生无的各种天地变化，体内二气的融合如天地阴阳二气氤氲，完成造化之功。因而陈致虚强调，内丹修炼宜了解朔望弦晦天地日月运化之妙：

> 每月朔旦子时，日月合璧于癸，薄暮会于鼎毕之上，此喻火之初生也。当此之时，纯阴已极，微阳将生，是谓潜龙。三日之晡，月生庚上，真阳已肇，庚属西南。《易》曰：西南得朋，乃与类行。《参同契》曰：神功变成震，三日月出庚。盖是时也，药物纔生，水源至清，未曾挠动，有气无质之际。大修行人急向此时，具一只智慧眼，则而象之，亦如太阴初受一阳之气，亦似坤之下爻交乾之初爻而为震，乃比人身纯阴而生一阳。即我师云：先天一气自虚无中来，点汞而入鼎也。是时鼎内阳气初布，砂汞立基。②

人体内的阴阳之气，其运行变化与天地阴阳之气同，而天地阴阳之气以日月为象，因此可从日月运行体会阴阳之气的变化，从而对应到人体内阴阳之气的炼养，因此修行者可从朔晦依时把握修炼。

内丹的修炼虽以精气神为主，先天精气神虽抽象，但依道教对生命的认知理念，先天精气神依于形体中，只要了解人体特质，即可运作。而人体特质，与天地宇宙同构，理则亦同，因此内丹的修炼依循其理即可。所以道经强调内丹修炼首重对人体内天地理则的了解，以下就《内丹还元诀》讨论：

> 夫修道者，先明五行，次晓四象，辩阴阳颠倒之术，识七宝运用之法。九仙真炁，须凭脏腑之中，八卦内属，要知出处之因。彼中细琐，一一具陈，铅汞黄芽，列篇于后。③

道教把人体视为阴阳五行四象八卦的生理表现，一切内丹修炼以人体为操作

---

① 《正统道藏·修真十书·杂著捷径》卷25，1a—b，第7册，第541页。
② 《正统道藏·上阳子金丹大要须知》卷7，3a—b，第4册，第443页。
③ 《正统道藏·内丹还元诀》1a，第40册，第788页。

对象，根据天道运行的理则，及天道与人体对应的知识，发展出能实际运作的修炼方式。其目的在于转化人的生命形态，合精气神为一，由三变一，从而回归大道。

六、结　语

　　生命为道教关注的核心，长生成仙的信仰，追求的是生命质、量的无限延伸，此即道教教义中道的意涵。关于道的呈现，道教吸收一阴一阳之谓道的易理思想，表述道生万物的运化内涵，从而决定了道教生命文化的各个面相必然涵盖易学内含的特质，从生命结构中以易学之理说明生命之源，以八卦融入人体结构中，展现以易学认识生命的特质。生命的根源以易理为基础，八卦为展现易理的符号应用，因而运用易学预测生命发展的趋势，成为道教生命预测文化中的重要理论依据及运算系统。同样的生命养护与生命救济的层面，也基于生命来源及生命结构内含易学，必然包含易学元素。在生命修炼文化中，易学既是理论，也是操作技术的依据。可见道教生命文化对易学的吸收，掌握易学原理与技术、抽象与具象、论述与演算、人文与神学的精华，并与其自身宗教特质合而为一，既建构了道教易学，也让易学发展出宗教应用的面相，因此道教生命文化对于易学的应用多元而丰富，值得学界关注。

（张美樱，佛光大学未来与乐活产业学系助理教授）

汉代象数易学及其在易学发展史上的地位

汉代是易学史上一个举足轻重的关键时期。由于先秦易学的传授历经秦火之后并未中断，使得汉易的发展有了一个得天独厚的基础。汉武独尊儒术，力倡经学，《周易》又被尊奉为六经之首，对《周易》的研究和解说也成了专门的学问，这就为汉易取得前所未有的发展和光大提供了坚实的保障。从易学史的角度来看，汉易的最主要成就，是形成了一个以卦气说为核心的哲学体系和象数结构图式，它不仅在易学发展中起到承先启后的重要作用，而且对中国哲学史、学术思想史乃至文化史都有深远的影响。

一、《周易》群经之首地位的确立

秦汉两季，国家由长期的分裂重新走向统一。国家的一统，不仅仅外在地体现在诸如"车同轨，书同文"之类的政令统一上，其对整个社会文化以及由社会文化作为背景和依托的人们的思想和观念的影响同样是决定性的。两汉时期是中国思想发展史中的一个具有特殊地位的阶段。按照冯友兰先生的观点，在哲学方面，自孔子至淮南子为子学时代，自董仲舒至康有为为经学时代，"在经学时代中，诸哲学无论有无新见，皆须依傍古代即子学时代哲学家之名，大部分依傍经学之名，以发布其所见。其所见亦多以古代即子学时代之哲学中之术语表出之"[①]。子学时代（也就是雅斯贝斯所谓的"轴心时代"）向经学时代转变，从话语形式上看，意味着思想体系的建设已经从框架的基础建构转向内容的完善、扩充，这也意味着中国传统思想在结构上业已原型初具。这样一个承先启后的历史转折主要发生在西汉时期。汉代哲学气魄雄浑，结构阔大，它结束了先秦百家争鸣、诸子蜂起、"道术将为天下裂"的局面。各种学说百川汇海，融会贯通，为以后中国哲学的发展，奠定了基础和方向。这个起承转合的过程发生在一个并不太长的时间段里，它之所以能够对后世哲学思想的发展起到方向性的指导作用，乃是在于这个时期的哲学思想核心紧紧扣住

[①] 冯友兰：《中国哲学史》下册，上海：华东师范大学出版社，2000年，第3—4页。

了诸如天人关系、宇宙生成、古今之变之类具有根本意义的命题和范畴，通过对先秦思想中相关内容的整合、提升，发展出一整套包括了世界观和方法论在内的具有内在一致性的理论体系,并试图将这些理论作为世俗国家政治制度建构的根本依据。在这一套典型的"宏大叙事"结构中，"道"仍然是其灵魂所在。

从现象上来看，从战国末期到西汉前期，中国传统思想已经过反复的冲突、交融，业已形成了一个基本的共识结构，在这个结构体中，阴阳学说与五行学说以及气论、道论的合流是一个核心的要件和标志。"合"成了这个历史时期体现在社会生活各个层面的一个共同的特征，尽管"合"的形式和内容对于不同的历史阶段和不同的社会领域又有着各自不同的特色。话语作为社会生活的一个主要标志，尽管在内容方面众说纷纭，但是各种言说所透露出的观念上的整合趋势却清晰可辨。在这个时期，"道"作为一个终极观念预设的符号已经在各种表述中反复出现，其具体内容也多与"太一"、"一"之类具有根本或本原、统一意味的概念相联系。这在《吕氏春秋》、《淮南子》、《春秋繁露》等文本中屡见不鲜，甚至新近出土的汉代简帛之书中，这样的观念也随处可见，足见其深远的影响力。因此，在秦汉时期，相应于一个统一的国家政权，在人们的思想观念中也存在着一个相对"统一"的思维范式，并通过"经"学的形式在话语中体现出来。这一点随着汉武以降"罢黜百家，独尊儒术"的全面贯彻而得到不断的强化。

从今天的立场上来看，汉代知识话语与权力话语的合流是藉助对"六经"的重新诠释来实现的，作为儒学主干之一的易学自然走的也是相似的路数。

西汉经学中的易学传授，有今文经学与古文经学两个系统，前者为官方易学，后者为民间易学。从对社会和历史的影响来看，受到官方支持的，以象数为主要研究内容的今文易学是汉易的主流，因而也是汉易的代表。汉代是易学史上第一个理论建设的鼎盛时期，由于卜筮本来就是古代巫史文化中"通天"的主要手段之一，易卦的符号与其相应的筮法又具备足够的自洽性，所以由此演化出天道的推衍形式也是理之所然。汉易由孟、京而至《易纬》诸篇，天道的秩序通过易道的结构形态借助当时天文历算的发展而臻于完备。《汉书·张衡传》中有云："圣人明审律历，以定吉凶，重之以卜筮，杂之以九宫。"这个杂揉了律历、卜筮、九宫等多种结构的占测、决策体系，实际上就是以卦气占候为思想核心的"弥纶天地之道"的易道的新形式。正是由于提供了这样一个形式化的"天地之道"，《周易》在"六经"中无与伦比的中心地位由此凸显出来。《汉书·艺文志》关于"六经"各自的地位和效用有如下的总结："六艺之文，《乐》以和神，仁之表也；《诗》以正言，义之用也；《礼》以明体，明者著见，故无训也；《书》以广听，知之术也；《春秋》以断事，信之符也。五者，盖五常之道，相须而备，而《易》为之原。故曰：'《易》不可见，则乾坤或几乎息矣。'

言与天地为终始也。至于五学，世有变改，犹五行之更用事焉。"《乐》、《诗》、《礼》、《书》、《春秋》各有其用，且因时而变，只有《易》是五学的根本，且"与天地为终始"，亘古不变，无可置疑地成为群经之首。

二、汉代象数易

春秋以降，夏、商、周三代旧有的政治体制和文化秩序分崩离析，与旧时代相应的以"天命"为核心的天道观也遭到怀疑和解构。一个出于人的理性思辨、具有形而上学意义的"道"作为宇宙的源起和本体，被以老子为代表的道家首先提出。战国以后，"道"的概念为主要的诸子流派所吸收和发挥，具有自然意义的宇宙之"天"的观念也逐渐与"道"的概念相融合。战国后期至秦汉之交，天文、数学、音律、医学等学科的发展开拓了人们对世界和自身的认识，诸子百家在趋于融合的过程中，形成了一股"究天人之际，通古今之变"的思潮，古老的阴阳五行思想与这些思潮相结合，渐渐发展成为一套在逻辑结构上显得相当系统、规整的理论体系。在这个理论体系中，"道"的根本意义被归结于"天"之"道"即"天道"之中，所以"天道"就取代了原先的神性之"天"、"帝"而成为世界的最高主宰和最终依据。因此，对于"天道"的理解体现在实际操作的层面上就更多地依赖于对体征"天道"的自然变化规律的认识和把握。在这种观念支配下，原先用以探测神意的卜筮开始推动了理性的支持，天人之间的"交通"需要一种新的具有共识基础的方法。"月令"图式、卦气说等以阴阳五行、天人感应为结构基元和基本原理的新型占术应运而生。对于这类新占术，司马谈在《论六家要旨》中有较为辩证的看法："夫阴阳、四时、八位、十二度、二十四节，各有教令。顺之者昌，逆之者不死则亡，未必然也。故曰'使人拘而多畏'。夫春生夏长，秋收冬藏，此天道之大经也。弗顺则无以为天下纲纪，故曰：'四时之大顺，不可失也。'"从历史的角度看，这套新占术与过去的卜筮相比，在思想观念上有两种明显不同的特点："其一，它的对象是物质性的宇宙，是对自然的物质显现作解说，不再是卜筮中的人神对话。其二，新占术在占测过程中，偶然性大大减少。阴阳顺逆、五行生克及其中包含的数学、天文、律历学说，使得新占术更多地具有演算的性格，其结果也可能在现实中找不到占验，但结果的得出却是有公式可循的。这两种特征使得新占术成为一种'人谋'，更多地摆脱了原始文化的特征，而抹上了人文色彩。"[①]随着这种新占术的话语霸权的建立，秦汉两季的卜筮文化也发生了重大的改变。一是从阴阳五行说繁衍出许多新的占术形式，这些占术形

[①] 徐兴无：《〈易纬〉的文本和源流研究》，国家古籍整理出版规划小组主办《中国古籍研究》（第一卷），上海：上海古籍出版社，1996年，第265页。

式倾向于用"数术"而非"卜筮"来概括。在《汉书·艺文志》的《数术略》中，各种占法的排列次序是天文、历谱、五行、蓍龟、杂占、形法，足见阴阳五行思想在汉代业已是各种占法的主要理论依据。二是传统的卜筮也开始转变形态，将阴阳五行纳入其新的结构形式之中。《史记·日者列传》中司马季主论卜筮之道有云："分别天地之终始，日月星辰之纪，差次仁义之际，列吉凶之符。"褚少孙补《史记·龟策列传》，引龟策占卜之书《记》中取名龟之法，就分龟为北斗、南辰、五星、八风、二十八宿、日月、九州、玉等八种，又引卫平对宋元君之语及孔子之语，也均以阴阳刑德五行日辰之说言龟卜之道。

就易学本身的发展理路而言，《易传》虽然将占筮的形而上学哲理与新天道观结合在一起，完成了占法的筮理构建，但对指导实际操作的筮法而言，尚未形成一套体系化的新方法规程。汉代的象数易学正是从这一点入手，通过改变卦序结构，附会律历之学，在阴阳之气的基础上运演阴阳五行的结构变化，以体现"一阴一阳"之易道和天道。在这一方面，孟、京易说理论成就和影响最为突出，具有开创性的意义。他们的理论经过后世的进一步发展和整合，最终在《易纬》中得到系统的总结。

在易学史上，汉代似乎是象数易学独领风骚的一个特殊历史时期。在这个期间，孟喜、京房、郑玄等人对前人在象数领域的诸多创见进行了系统的整理和总结，并努力将"象"、"数"的推衍之术模式化，藉此以象数之学构造出一个系统而精制的天人关系规则，并试图通过这些规则的共识化和概念化，完成对现实社会的改造。成形于这个时代的《易纬》就是在这个意义上，继《周易》的经、传之后，象数易学思想又一次具有里程碑意义的理论建构。由于其中融合了大量当时最先进的天文、气象等方面的知识成果，进而进一步拓展了人们沟通天人的视域，丰富了"象"和"数"的内涵，并使得观象运数的"推天道"的方法论重心从传统的以"象"为关注焦点的卜筮模式转向更具有理性"逻辑"色彩的"数"的运筹上。然而，这样一个试图将"天道"与"人事"直接相对应，并把对应关系精确化、模式化，并进而达成某种共识的努力，最终由于其理论结构的机械和繁琐，而在实证过程中暴露出其理念预设的荒诞而导致失败。

1. 易道的阴阳五行结构

虽然"一阴一阳"之道已经作为了一种核心思想在《易传》中有了详细的阐述，但就《易传》中的这些相关内容而言，主要还是一种义理的概念性诠释，相应的象数结构显得还相当粗糙。随着阴阳五行在获得长足发展的天文、历法、医学、气象等诸多学科领域内广泛的结构性应用，与这些学科有着密切关联的易学因此而获得了丰富的用于结构建设的资源。由于作为易学结构基元的易卦卦象符号与阴阳观念具有先天性的亲和力，从而使得阴阳观念有了一个可以符号化表征的形式系统。随着五行思想的融入，阴阳五行之学与易学通过这个形式系统的建构而更紧密地结合在一起，相得益彰。这种结合在汉代发展到了高峰，并使得阴阳五行与易学成为一个统一的有机整体。

（1）卦气说

卦气说最主要的特点是融天文历法、阴阳五行、人事灾异的占测为一体，形成了一个易学、占候之术、宇宙图景相统一的结构图式。从文献记载来看，形制初具的"卦气"说首见于西汉孟喜所著《孟氏章句》。此书在唐代尚存于世，《新唐书·艺文志》中有"孟喜章句十卷"的记载，故唐人僧一行得以见之。孟氏之说的要义如《新唐书·历书》一行释"卦议"所云："十二月卦出于《孟氏章句》，其说易本于气，而后以人事明之。"据此可以推知，孟氏卦气说的核心内容，是以阴阳之气的消长来解释《周易》，以《周易》卦象来解说一年节气的变化（即以六十四卦配四时、十二月、二十四节气、七十二候），并以此来推断人事的吉凶。这些内容正是卦气说的要义。沿循这个理路，可以将卦气说的相关理念追溯到更早的时期。"三易"之一的《归藏》有"复子，临丑，泰寅，大壮卯，夬辰，乾巳，姤午，遁未，否申，观酉，剥戌，坤亥"（马国翰《玉函山房辑佚书》）的文句，其说与孟喜的十二辟卦的概念完全吻合。除此之外，在唐人陆德明《经典释文》和李鼎祚《周易集解》中得以保存只言片语的《子夏易传》中也可以找到与卦气观念有关的内容。①

历法是与天地运行之道关系最为密切的一个专门的知识系统，在一个以阴阳五行为宇宙图式基本架构的时代里，历法数量化结构也必须得到阴阳五行的诠释。在历法与阴阳五行观念相互融合的过程中，历法的数量模式又为阴阳五行的数量化提供了最具合理性的借鉴蓝本。随着天文观测水平的提高，基于观测和推算而制订的历法也日臻精细、完善，以一个简单的线性阴阳消长程序来模拟一年实际的寒暑更替就显得多有牵强。因此，源出于"月令"图式的卦气说在汉代最重要的结构性拓展之一就是孟喜卦气说中的"四正卦"和"六日七分说"。

所谓"四正卦"，就是以坎、震、离、兑四卦在空间方位结构上正居北、东、南、西四方，在时间结构上分主冬、春、夏、秋四季，其中每

图1 四正卦图

---

① 刘大钧：《"卦气"溯源》，《中国社会科学》2000年第5期。

卦六爻，共二十四爻分主一年中的二十四节气。图1是朱震在《汉上易传》中引李溉卦气图所制的四正卦图。

孟氏的这个四正卦之说主要本于当时天文历法的最新成果和《易传·说卦》中的有关提法，是历法与易学相结合的产物。时令节气的观念在以农耕为主的古代中国社会中起源很早。在春秋时期，已有"分"、"至"、"启"、"至"的概念以代表八气。《吕氏春秋·十二纪》、《月令》、《灵枢经·九宫八风》以及《周髀算经》中对八气说都有所发展。汉代以降，节气说更趋完备。《淮南子·天文训》中已有了准确、详细的二十四节气的记载，其所用名称与排列顺序至今仍有广泛使用。这些成果为孟喜四正卦说提供了充足的历法依据。而关于卦与方位、四时的配合，孟氏四正卦说主要得之于《易传·说卦》中所谓"万物出乎震。震，东方也……离也者，明也。万物皆相见，南方之卦也……兑，正秋也，万物之所说也……坎者，水也，正北方之卦也"的说法。

四正卦说在易学史乃至思想史上具有重要意义的原因之一就是，它是图式化的时方相应观念的典型代表。所谓"时方相应"就是认为，"节气与方位之间有对应关系，四方与四时、八方与八节、十二方与十月、二十四方位与二十四节气之间无论是在气候、物候方面，还是在阴阳五行的多少衰盛方面，都具有同等意义"[①]。时方相应的核心思想是时空统一，这种观念的形成应该与天地的周期性运动有关，是可以测量的四维时空模型化的根本依据所在。后世各种形式的时空组合都是这一理路的展开，易道的推衍也不例外。

孟喜另外一个对后世易学产生深远影响且在其卦气说中占据重要位置的学说是"六日七分说"，即以《周易》六十四卦中除坎、震、离、兑分主四方、四时外的其它六十卦与一年的三百六十五日又四分之一日、七十二候相配，其中，一日分为八十分，则全年为六十卦均分后每卦各主六日七分。此外，孟氏还将每一节气分为初、次、末三候，一年二十四节气细分为七十二候，再将六十卦与之相配，以中孚卦配十一月冬至初候，作为一年节气之始。

卦气说是融入了天文历法的一种新的象数理论形态，它将象数易学的两个立足点——卦象和蓍数的外延做了有效的扩展，使得"弥纶天地之道"的易道从观念上的凌空虚蹈落实在周期性天地运行过程的结构图式之中。这种话语的转换具有革命性的意义，尽管相关的观念在《周易》已有局部的体现，但运用易卦符号系统地图解天地及其运行的规律并形成相应的理论阐述却是汉易的突出贡献。从此，作为通天手段之一的易占才从一事一应的具象分析转向结构化的"道"的"数

[①] 鄢良：《三才大观》，北京：华艺出版社，1998年，第258页。

理"推演和衍说。孟喜之后京房等人在此理路上的发展，使得这套理论在结构形式上日臻完善。

卦气的要质是阴阳二气，所谓"积算随卦起宫，乾坤震巽坎离艮兑，八卦相荡，二气阳入阴，阴入阳，二气交互不停，故曰'生生之谓易'，天地之内无不通也"（《京氏易传》）。阴阳二气的升降变化是卦爻象变易的根本原因，由于阴阳二气的变化，卦爻才有相交、相荡、相争、相合、升降、消长。尽管结构细节不尽相同，但这样的一个理路在各种卦气说中都是一脉相承的。

（2）卦序说

卦序指的是在一个结构系统内八卦或六十四卦的排列次序。八卦的卦序有多种形式，其中，以所谓先天八卦和后天八卦为最基本的两种形式，其它形式也各有所本。六十四卦的卦序更为复杂，所体现的不同的社会意识形态、伦理道德观念和宇宙图景各不相同，作为易道的一个重要体现形式，卦序也是象数易学的核心命题之一。

孟喜的四正卦和"六日七分说"的六十卦配日也是一种卦序的形式。它是其卦气说的符号化表征。其内在理路是阴阳二气的消息盈虚，与通行本卦序一样，都是理念化的不同表达形式。

在八卦的排列方式中，有两种最基本的象理结构。一是所谓天地卦序，即前述之先天八卦的序，其排序是乾、兑、离、震、巽、坎、艮、坤。如果将阴阳爻分别用今天的二进制数字0、1来表示，则这个卦序是一个非常标准的顺序数列。二是所谓的父母卦序，即按照《易传·说卦》中的说法，以阴阳爻在卦中的爻位为准则，以乾、坤为父母，以震为长男、坎为中男、艮为少男，兑为少女、离为中女、巽为长女，帛书《周易》卦序中八卦经卦的排列就是这种卦序中六子的少长之序。

这是一种具有倾向性的治易思路的转换，在这里，原先起着"现场指导"的各种天道和人道观开始退居"幕后"，易卦卦象符号本身的结构理路开始浮现在操作的层面上。这意味学的话语的建构已不局限于理念的表述，符号的结构开始成为一个重要的关注对象。在这一理路上，沿着帛书的《周易》卦序的思想，京房的八宫说是一个重要的里程碑。

所谓"八宫"，即八经卦按照父母生六子的长少之序，以乾、震、坎、艮、坤、巽、离、兑八个本卦的重卦为"八宫卦"或"八纯卦"，每一宫卦又统率另外七个卦，宫卦称为上世，所统七卦依次为一世、二世、三世、四世、五世、游魂、归魂，所谓"易有四世，一世二世为地易，三世四世为人易，五世八纯为天易，游魂归魂为鬼易"（《京氏易传》）。以卦为一个基本单元，爻为基本元素来建构卦象，是京氏易学的主要内容。

（3）纳甲说

纳，有纳入之义。所谓纳甲说，是将历法中的天干地支纳入到易卦的结构之中。此说始倡于京房。他将八宫卦各配以十天干，其各爻又分别与十二地支相配，具体原则是："分天地乾坤之象，益之以甲乙壬癸。震巽之象配庚辛，坎离之象配戊己，艮兑之象配丙丁。八卦分阴阳、六位、五行，光明四通，变易立节。"（《京氏易传》）

在时方相应的观念之下，原本用以记时的干支符号系统也被用来表示方位。在阴阳五行的大结构中，干支系统自然也被纳入在内。干支的阴阳属性是由干支在各自的序列中所处位置的奇偶数性决定的，奇数位为阳，偶数位为阴。十干分阴阳在春秋战国时即已有之。至于干支的五行属性，《淮南子·天文训》中有如下之说：

> 甲乙寅卯，木也；丙丁巳午，火也；戊己四季，土也；庚辛申酉，金也；壬癸亥子，水也。

十干的五行属性基于十干与方位的对应关系，甲乙为东方，东方为木之位，故甲乙属木。其他依次类推。十二支的五行属性来源于十二支与十二月的关系。十二月份为四时，分别为木、火、金、水之气旺盛主时之季（土不独主时而寄旺于三月辰、六月未、九月戌、十二月丑这所谓四季之月各十八日，故以辰、戌、丑、未属土），所以就以各支在其所代表的月份所在的"时"（季节）定其五行属性，即寅（正月）、卯（二月）在春，春木旺，故寅卯属木，其余仿此。

用现代的观点来看，时方相应的干支系统很像是一个多维的时空坐标系，纳甲理论将这样的一个"坐标系"叠加在易卦的卦象体系中，就使得原本与某种具象相应的卦象符号具有了抽象的时空结构，卦与卦、爻与爻之间的也有了某种更具体的规则可循。正因为如此，这样的结构的形成可以在更广泛的领域中应用，而易占本身也获得了方法的全面更新。汉代以后，对筮占的工具和方法有着革命性改造的"火珠林法"，正是"祖于京房"（张行成《元包数总义》），而易道的结构图式也由过去的阴阳扩展为阴阳五行。

由于五行的引入，使得易卦的卦性关系中增加一项新的结构层次。

无论是卦气说、卦序说还是纳甲说，说到底其实质都是试图将易道的结构阴阳五行化，其意义朱伯崑先生有很好的概括和总结："从哲学史上看，孟京易学，特别是京房易学，通过其卦气说，建立起一个以阴阳五行为世界间架的哲学体系。这个体系是汉代阴阳五行学说的发展。京房将八卦和六十四卦看成是世界的模式，以为《周易》既是自然界又是人类社会的缩影，作为世界变易的基本法则即阴阳二气的运行和五行之气的生克,即表现在八卦和六十四卦及三百八十四爻之中。这样,便将西汉以来的自然哲学更加系统化了。尽管他将《周易》中的筮法,引向占候之术,宣扬了天人感应的迷信,但他提出的世界图式对后来的哲学家们探讨世界的普遍联系,很有启发的意义。特别是,他以阴阳二气解释《周易》的原理,借助于当时天文学的知识和理论,阐述《周易》经传中关于事物变化的学说,这是对先秦易学的一大发展……这对后来的哲学家探讨世界的本原及其运动变化的规律,都起了重要的影响"[①]。

2.《易纬》:天道易说

《易纬》是纬书的一个部分。所谓纬书,苏舆在《释名疏证补》中释为"纬之为书,比傅于经,辗转牵合,以成其谊。今所传《易纬》《诗纬》诸书,可得其大概,故云反覆围绕以成经"。由此可见,纬书是依傍经义产生的,是汉代特殊历史背景下对儒家经典的话语解释。《易纬》是对《周易》经传所作的解释,其文本早佚,部分内容经后人辑佚,现存主要有《稽览图》、《乾凿度》、《坤灵图》、《通卦验》、《是类谋》、《辨终备》、《乾坤凿度》、《乾元序制记》等八种,其中《乾凿度》"自《后汉书》,南北朝诸史及唐人撰《五经正义》,李鼎祚作《周易集解》,征引最多,皆于易旨有所发明,较他纬独为醇正"(《四库全书·经部一·提要·易类》)。

从语言形式上看,《易纬》诸篇多效仿《易传》释易的形式,从不同角度对《周易》以及易学中的一些核心问题作出阐发:从涉及的相关内容来看,其理论来源主要是《易传》和孟京的易学思想,并在此基础上有所总结和提高,形成一系列的旨在贯通天人之道的以占验为主要形式的象数易学理论。这些理论虽然有不同的结构模式,但都是以"太易说"为核心的天道观的体现,这个天道观也是两汉易学世界观的代表。

《乾凿度》有曰:

> 昔者圣人因阴阳,定消息,立乾坤以统天地也。夫有形生于无形,乾坤安从生?故曰有太易,有太初,有太始,有太素也。太易者未见气也,太初者气之始也,太始者形之始也,太素者质之始也。炁形质具而未离,故曰浑沦。浑沦者言万物相浑成而未相离。视之不见,听之不闻,循之不得,故曰易也。易无形畔,易变而为一,一变而为七,七变而为九。九者气变之究也,乃复变而为一。一者形变之始,清轻者上为天,浊重者下为地。物有始有壮有究,故三画而成乾。乾坤相并俱生,物有阴阳,因而重之,故六画而成卦。

[①] 朱伯崑:《易学哲学史》(第一卷),北京:华夏出版社,1995年,第155—159页。

这是一个完整的包含了世界、筮法、易卦在内的宇宙生成程序,它把宇宙视作一个由简单到复杂、由隐至显的自然生成过程,"气"、"形"、"质"是这个生成过程中具有物质形式的几个渐次发生的环节。在从无到有的过程中,"浑沦"是一个关键所在。从太易经过太初—太始—太素几个不同的阶段,通过代表"气变"的易数的推演,即"变而为一,一变而为七,七变而为九"而达到"浑沦"的状态。用易数"一"来表征的这个气、形、质皆备而未分的状态就是《易传·系辞》中的"太极",是万物生成的起始点。从这个环节开始展开的天地、八卦的生成过程与《系辞》中"易有太极,是生两仪,两仪生四象,四象生八卦"的描述基本一致。

《乾凿度》作为解《易》的著作,所以要讨论宇宙天地的起源问题,其主旨所在乃是为其卦气理论提供终极意义上的哲学依据。值得引起特别注意的是,在这样的宇宙观中,"天"的神性已被某种结构化的过程所取代,以节气为代表的自然的变化可以借助易卦卦爻的变化来体征。因为卦画源于阴阳二气变化,"于是《乾凿度》便把筮法中的阴阳之数和阴阳二气的变化揉合在一起,认为气的变化具有数的规定性,阳气的变化为一、七、九,阴气的变化为二、六、八。这样筮法中的七、八、九、六之数,便成了阴阳二气的代号……《易纬》将阴阳奇偶之数同阴阳二气的变化紧密结合在一起,使筮法中的奇偶之数上升为表达气运动变化的范畴。认为数的变化不仅可以说明节气的变化,而且可以说明世界从无到有的变化过程。这就为汉易中的象数之学提供了理论基础"[①]。

与这种天道宇宙观相呼应的是其"三易"之说的方法论思想。在《乾凿度》中,"易"的重要意义是"所以经天地、理人伦而明王道","易"的具体含义包括三个方面:"易者,易也,变易也,不易也。管三成为道德苞籥"。关于"易"——简易之义,曰:

> 易者以言其德也,通情无门,藏神无内也。光明四通,效易立节;天地烂明,日月星辰布设;八卦错序,律历调列,五纬顺轨,四时和栗孽结。四渎通情,优游信洁。根著浮流,气更相实,虚无感动,清净炤哲;移物致耀,至诚专密。不烦不挠,淡泊不失。此其易也。

关于"变易",曰:

> 变易也者,其气也,天地不变,不能通气。五行迭终,四时更废。君臣取象,变节相和,能消者息,必专者败。君臣不变,不能成朝。纣行酷虐,天地反,

---

[①] 朱伯崑:《易学哲学史》(第一卷),第170—171页。

文王下吕，九尾见。夫妇不变，不能成家。妲己擅宠，殷以之破。大任顺季，享国七百，此其变易也。

关于"不易"，曰：

> 不易也者，其位也。天在上，地在下。君南面，臣北面；父坐子伏，此其不易也。故易者，天地之道也，乾坤之德，万物之宝。至哉易，一元以为元纪。

所谓简易，意即淡泊不失，至诚无为；所谓变易，乃谓天地万物、四时节气均随气变而不断更新；所谓不易，实指天地秩序和人伦纲纪不可改变。在《易纬》中简易、变易和不易是易道的三种特性，是与天道相一致的。太易无形，易无为，故无所不为；以其简易，故能变易。易由"简"而"变"，是天地本原发生气变并由气变衍生万物的方式，万物的生成根据在于相互对立的阴阳二性，阴阳二气的消长又通过筮数的变化来体征，故而万物的变化就归结于天与地，阳与阴感应互动的固定关系，以而被纳入一个不易其位的天尊地卑的格局之中。

正是基于这样的一种宇宙观和方法论，反映在对占术形式进行改造和更新的《易纬》的象数理论，才能较之前代对《周易》本身所具有的象数思想做更深入的研究和发挥，从而将自然、社会、人生纳入到一个新的天人之道的框架之中，建立起一个具有神秘色彩的以占验为主要内容的新易学体系。

从孟、京易学到《易纬》，汉代易学通过借助阴阳五行的结构图式和天文律历的相关知识完成了对筮法的改造，创造出可以通过形式的运演而推算未来的新占法。由于这些占法借用了易卦的卦象符号和相关的筮数原则，故而也被纳入到易学的体系之中，从而极大地扩展了易道的形式结构，使其"真正""与天地准，故能弥纶天地之道"，并进而成为天道的体现形式。就像《春秋说题辞》所说的那样，《易》"气之节，含五精，宣律历，上经象天，下经计历，《文言》立符，《象》出其节，《彖》言变化，《系》论类迹"（《古微书》卷十一），成为六经之首也是天经地义的了。

三、汉易与方术、方技

在现当代以科学为根本理念依据的知识背景下，诸如方术、方技或曰术数（数术）一类的名词对于大多数人来说已经相当生疏，即便有所了解，也多半将其与封建迷信归为一类。然而在20世纪之前的2000年里，这些名词却表征着一类特殊的知识体系，特别是在汉代，它们更是几乎成为涉及今天被称之为自然科学的，当时的全部相关知识的代名词。

在汉代以及其后相当长的历史时期内，研究"天道"的学问就可以被称为"数术之学",而研究人类自身生理、性命的学问则被称为"方技之学"。从总体上看,这类术数方技之学大致可以分为三个系统:"一个系统是与天文历算有关的星占、式占等术,一个系统是与'动物之灵'或'植物之灵'崇拜有关的龟卜、筮占,一个系统是与人体生理、心理现象、疾病、鬼怪有关的占梦、厌劾、祠禳等术。"① 这些术数方技之学究其根本,一如《四库全书总目提要·子部·术数类》中总结的那样:"术数之兴,多在秦汉以后。其要旨,不出乎阴阳五行,生克制化,实皆《易》之支派,傅以杂说耳。"

《周易》本于卜筮。虽然从历史上看,卜筮原只是上古众多以巫术为源头的方术中的一类,但是由于汉代以降"独尊儒术"的意识形态化,作为"六经"之首的《周易》的权威话语地位日见稳固。其影响力自然会波及社会生活的各个方面,原先与之并无直接关系的一些东西也必须借助其话语才能得以在社会生活中继续存在。所以,从今天的角度看古代的方术,而将其纳入易学支流的格局之中,也就很自然了。况且各种形式的方术同样都是以"推天道以明人事"为根本的方法依据,以阴阳五行为基本的世界图式。

卜筮固有的趋利避害的现实功利诉求在社会生活中具有广泛的共识基础,原本就是易学一个重要组成部分的、以趋吉避凶为现实价值取向的各种占测、卜算,通过延用易学中的一些核心观念和术语来实现其实际运算操作实践的话语描述和理论支持,这就是今天依然可以见到的易学在民间的一般知识结构中的特殊形态——方术,或曰"术数"。尽管从表面上看,各种形式的方术庞杂芜乱,其中的很多内容在现在看来,其对自然现象和人类本身的认知还相当肤浅,故存在着浓厚的迷信成分,但如果对不同内容的方术加以仔细甄别,可以发现,诸如式法、命理、相术、堪舆一类流传较广、历史悠久的方术不仅具有相对发育成熟的理论形态,而且与卜筮相类似,在其实际操作推演过程中,除了必须依从某种程序之外,操作者个体心智的充分调动和身心投入是必不可少的内在决定因素。虽然这些方术的形式和程序、工具有所不同,但其中都包含了一种特殊的认知方式——术数之知。当代新儒学大师牟宗三先生在《才性与玄理》中关于术数之知有一段非常精辟的阐述:"易学中术数一路含有一种知识之形态,此形态既不同于科学形态,亦不同于'无知而无不知'之境界形态。试言如下:(1)此路中含有一种步运之术;(2)阴阳变形有其必至之势,此即为定数……此步运之术有二特征:①客观方面不是基于抽象之量概念……而是基于具体的感应之几……预测的确知是象征的直感,而不是机械的推断……②依此在主观方面,透过此步运之术而为具体的预测,

---

① 李零:《中国方术考》,北京:人民出版社,1993年,第81页。

其心灵活动完全是直觉的，并不是依照逻辑数学的法则而推理……全靠心智之明与感觉之锐……科学之知是'以量控质'……术数家之知是'以质还质'，心保其灵，物全其机，而以象征的直感为媒介，故能'以物宛转'，'极变化而觉未然'……故术数象之知亦可以广泛有效而具客观妥实性。其妥实性是落在那具体而活泼的事实上，而不是落在那抽象而机械的量上。"①

从整个人类的历史来看，各种各样形式的方术几乎在人类各个群体的社会生活中都曾经甚至仍然在扮演着重要的角色。从本质上来说，方术是人类了解世界和自身的一种特殊类型的方式，虽然它们也有或缜密或空疏的观念预设，但究其根本，在时空的变动中把握不同事物或事件之间对应关系的发生是各种方式殊途同归的共同旨趣。在方术的认知结构中，作为结果发生的事件与诱发这一结果的其他事件的关系并非一定具有逻辑上的因果对应，虽然这其中也不乏固定的程序运演，但在现象与将要发生的结果之间起决定作用的是方术具体实施者的心智、情感的非常态表现。所以，虽然同样是以为人们的决策活动提供可资利用的依据，在预测未来的向度上，方术是不可能像以可重复性的实证为根本判据的现代科学那样，通过参数的设定和累积求得概率发生的推理性结果。正是由于这种对于事物特殊性的专注，方术很难作为一种对于世间万物的解释体系而成为社会群体普遍接受的观念预置，所以在社会交往的层面上也就不具备互通性，而在发达的社会话语中几乎被完全遮蔽。

解释世界是在人类知性上较之了解世界具有更高层次的一种本质性社会属性。显而易见，解释是在了解基础上的一种提升，是更全面、更抽象化的了解。各种各样对于世界包括发生、发展的各个环节的解释是构成人类思想观念的基本内容，更是维系人类社会化生存的根本依据所在。所以，社会的话语权力是通过对解释权的掌持来体现的，社会中所有的言说也因而以此为根本的归趣，在社会文化层面上存在的方术也不例外。

就中国传统文化中的方术而言，象数之学之所以成为大多数方术普遍尊奉的理论依据，除了前文提及的社会意识形态方面的原因之外，象数易学本身所提供的对于世界的特殊解释形式是这些方术自我组织所赖以进行的内在机制。从"推天道以明人事"为易道的根本"法门"来说，以"象"、"数"为特殊符号形式和运算法则，以操作者个体的超常心智活动为根本运算机制，从现象"推衍"出某种可以决定现象变化方向和结果的规律性普遍原则，是象数易学的主要内容。从理论形态上看，义理之学更多地立足于这些认知的成果之上（当时其中也包括

---

① 牟宗三：《管辂之术数》，收入罗义俊编《理性与生命——当代新儒学文萃Ⅱ》，上海：上海书店，1993年，第280—282页。

直接取材于实践经验的内容），进行人文意义上的发挥、推理，以获得更具一般普遍意义上的对世界的解释，其根本的理性诉求在于"明人事"，即对"人事"的规范或曰"人道"的构建。而象数易学的焦点始终"定格"在对"天道"的揣摹和模拟上，虽然"明人事"也是其现实的功利诉求，但这一诉求的对象往往只是个别性、个体性的祸福兴衰，所以其思想价值也更多地通过对"天道"之"推"的过程来体现。

虽然象数易学，特别是与之相关联的各种方技数术，更侧重于对世界的"了解"过程，它们在"解释"世界方面也有着鲜明的特色，与义理之学注重理性的陈述相比，象数易学最突出的特点是观念的形式建构。这既是"推"的运演工具，也是所"推"之"天道"的呈现方式。在易学的成熟形态中，各种形制的图式是易学构架的基础单元，易道的义理陈述也是由此而发轫。这些图式往往有着复杂的起源，其中的核心部分与上古的巫术操作有着密切的联系。随着源自于巫术的许多认知逐渐向知识转化，这些图式也在自身的不断完善过程中由"独知"向"共识"转型。这个转型的过程从文献遗存来看，集中发生在春秋战国，特别是秦汉时期。这个时期也是易学学统的成型期，更是中华民族精神文化建设的奠基时代。正是在这个时期，易学的发展路向经过反复的冲突和选择初步确定，后世思想发展赖以扩张的基础资源也基本积蓄完成。从结果来看，一些图式由于无法调和其中固有的"独知"与"共识"的矛盾而退出话语的主流，另一些则完成了"共识"化的建构而成为此后理论建设的基础，并且在历史的过程中渐渐沉淀在社会文化之中，成为整个民族精神世界的基本框架和理念预设。

从认识论的角度看，以具象和直观思维为典型特征的象数思想所构造的以"象"为基本元素、以"数"为基本法则的认知结构，是一个以关系实在为核心内容的世界的图式结构。在这个结构中，所有的结构单元和关联法则都是变动不居的，无论是"象"还是"数"，都具有相当宽泛的外延，而没有严格而绝对的界定。尽管阴阳、八卦以至于五行分别给出了这个结构下事物的基本类属性，这些属性在事物不断的运动变化中又并非一成不变，而且常常需要通过与其他事物发生关联才能得以显现某种暂时的规定性，所以它们并不具备现代认识尺度下的"概念"的意义。究其原因，乃是在这个认知结构中，所谓的认知"主体"始终是与"客体"相互关联、相互规定的，即《易传·系辞》所谓"神而明之，存乎其人"。因此，在这个结构中的世界图式就不是一个"绝对"、"客观"的外在图像，而是一个具有浓厚"主体"色彩的"画境"。所以，这样一个具有很强主观"独知性"的认知结构很难被划归通过实证和逻辑推理构造出来的，以广泛"共识"为基本属性的社会性的理性知识框架体系中。

四、汉易在易学发展史上的地位

东汉以后，虽然郑玄、荀爽、虞翻等人在易学的象数理论上均有所发展，但其思想理路已经基本上框范在由《易纬》兼收并蓄的各种模式化的结构之中，他们除了对一些结构细节进行了补充和完善外，并无实质性的开拓和创见。这意味着在《易纬》中达到极致的天道图式建构，开始在易学甚至在整个思想文化中逐渐沉淀下来，渐渐地成为一种不言而喻的共识背景而被悬置起来。历史发展随后的进程也进一步验证了这一结果。虽然宋代象数易学借所谓"河图"、"洛书"的话题再度勃兴，进而还形成了所谓的"图书派"，但推究"河"、"洛"的数字结构，不难发现它们无非是九宫数图的翻版和展开而已。至于在象数易学史上占据重要地位的邵雍的"元、会、运、世"之说，其思想理路的来源也依然不出于卦气、卦变和爻辰说的基本观念框架，只不过其形式结构更加精致，也更加合乎卦符本身的数理逻辑结构。

像汉易这样着力于形式化构造的象数之学占据话语主导地位的现象在中国思想史上只是昙花一现。魏晋玄学的兴起，"尽黜象数，说以老、庄"（《四库全书总目·经部·易类小序》），"江左诸儒并传其学"（孔颖达《周易正义·序》），象数由此见绌于"玄理"，义理易学遂大行天下。此后，对于易道的理念建设，其重心也由形式复归于内容，复归于"本体"。

在汉代的主流话语中，"推天道"的目的在于"明人事"，这已不独为易学所专注，也是所有知识的现实价值所在。仰观俯察、演算推理都是旨在发现宇宙自然的"合理"秩序，这些"合理"的秩序又都是作为某种具有终极存在意义的意志体现，在儒生获得了对话语的主导权后，所要"明"的"人事"就表现为儒门的纲常礼教的社会理想。一旦这套理念与市俗政治的权力结合起来，原本在个别性的社会群体中共享的理念和相应的知识就成为全社会性共识的主体。当市俗的统治权力借助这些共识为自己成功地找到终极的合法依据，并进而通过制度化的"转识为法"而巩固和强化了统治的权力以后，这套"宏大叙事"就以无可置疑的面目成为纯粹外在的国家意识形态，而不再允许体察和验证。随之而来的后果是整个体系的机械和僵化，思想的活力也因此而丧失殆尽。

在易学的范畴中，两汉的象数理论试图将易道完全形式化努力的最终结果是"入于禨祥"，成为一套牵强附会的繁琐哲学。其症结就在于形式化的共识建构对于其成立条件的强烈依赖。当随着观测和计算水平的发展而获得的天地运行周期的实测数据，不再与其理念预设的基本数字结构如60、360、384之类相吻合时，当自然和历史的变迁更多地表现出随机性的一面时，这套"公理化"的形式系统难免在变化多端、纷繁复杂的现实面前，显得捉襟见肘。

魏晋以后，随着市俗政治体制在汉代确立和完备，相应的社会观念共识也已经由杂驳趋于一致，进而形成具有惯性的文化传统，并且以各种具体的知识的形态成为左右人们思想的根本因素。作为对汉易牵强附会、无限类比的思维模式的反动，思想本身具有的张力促使一些不满足于既有共识的独立思想者重新回到个人化的思考中，重新在体验和经验中寻找个人的理想寄托和智慧的源泉。于是对于一些思想的"精英"来说，形而上学的玄奥无际就成了他们思想驰骋的新天地。这些"不切于民用"的精神关怀由于立足于个人独知，因而较少禁锢和束缚，最具思想的活力。在具有形而上学意义的诸多命题中，本体的存在形式和性质始终是思考和争论的焦点。虽然在"为天地立心"的冲动背后有着沿续数千年的强烈的"圣人"情结，但相关思想的展开不仅开拓了认知的领域，而且通过对终极意义的追索潜在地颠覆着市俗政治体制的合法性依据。这种思想理路实际上将方法论的立足点重新放置到个人的实践活动中。对易道的理解也从形式化的天地运行模型重新回到"无方"、"无体"的简易状态，并通过"极深研几"的摸索和体悟达到"精义入神，以致用也，利用安身，以崇德也"（《易传·系辞下》）的自我圆成的境界。因此，虽然在历代的各种方技数术中，依然有沿袭汉易的象数结构模式，继续构造自然和人生变化运行图式的企图和努力，但就体现思想水平和高度的哲学话语来说，"时中"的命题却逐渐成为对一阴一阳、生生不息的"易道"最为生动的诠释。

尽管在"道"的范畴中"天道"与"易道"两个概念在原则上并没有根本的差异，但以"弥纶天地之道"为宗旨的易道显然更具主体性认知的色彩。作为易道核心内容的阴阳思想，既是一种世界观也是一种方法论。换言之，它既是"了解"世界的手段，也是"解释"世界的理念，这是在当代社会生活中一种早已生疏的意态，在现代科学观念支配下的学术视域内，只能勉强加以客观化的描述和分析。如果将"易道"简单视为文本中的一个词汇和符号，受语言本身的局限，很难将其与人的心智联系起来，一番梳理所能得到的结果只能是平面化的知识性片段。然而如果将这些片段串联起来，却也可以透过现象化的表层线索窥测到心智本身的发展理路，这个理路在《易经》——《易传》——《易纬》三个核心文本的思想承续过程中表现得最为显著。这是一个认知从初级的经验到观念再到高级的话语陈述和图式模型的过程，也可以视作是"易道"在主体思想中发生、发展的基本过程。所以，就易学所蕴含的思维模式而言，这样的一个过程对其形成有着决定性的作用。同时，这一过程也折射出在历史发展的进程中，话语权力与话语的言说者之间存在的微妙的张力变易。

（倪南，江苏省海外联谊会、江苏省周易文化研究会理事）

道教斋醮科仪中的周易思想
——以道教斋醮禹步为例

周易是中华传统文化的组成部分,是道家道教思想的来源之一。《周易》中有关乾坤、八卦的思想,是道教斋醮禹步的理论基础。道教斋醮禹步蕴涵的周易思想,还是道教学研究中值得探讨的问题。

一、道教斋醮禹步的起源

道教步罡踏斗是斋醮时礼拜星斗、召请神灵的法术。步罡踏斗又名步罡蹑纪、步罡履斗、步纲蹑纪、飞罡蹑纪、踏纲步斗等。在斋醮法坛上占方丈之地,铺设罡单,罡单绘制四灵(青龙、白虎、朱雀、玄武)、二十八宿和九宫八卦,象征九重之天。高功法师脚穿云鞋,在罡单上随着道曲,存想九天,按星辰斗宿之方位、九宫八卦之图,以步踏罡斗,即可神驰九霄,启奏天界神仙。

高功步罡踏斗之步伐,史籍道经中又称之为禹步。禹步因大禹创行而得名,所谓大禹创行禹步的说法,首见于战国诸子的记载。周尸佼《尸子·君治》说:"禹于是疏河决江,十年不窥其家,足无爪,胫无毛,偏枯之病,步不能过,名曰'禹步'。"①《荀子·非相》"禹跳汤偏"句,唐杨倞注引《尸子》说:"今羽士作法,步魁罡,即谓禹步也。"②西晋皇甫谧《帝王世纪》,尧命大禹为司空,继鲧治水,大禹劳身涉勤,"手足胼胝,故世传禹病偏枯,足不相过,至今巫称禹步是也"。③东晋道经《洞神八帝元变经·禹步致灵第四》记载禹步来源说:相传大禹治水时,至南海之滨,见有鸟禁咒,能令大石翻动,而鸟禁咒时必踩出奇异步伐,大禹遂模仿此步伐,运用于治水之方术。由于此术很灵验,又是大禹模仿创作,人们就称之为禹步。

关于禹步起源的说法,来自于民间的大禹传说,但鸟禁咒能翻动大石一事,似乎并不是虚无缥缈的神话。五代孙光宪《北梦琐言·逸文卷第四·鹳捕蛇》载:

---

① 《尸子》卷上,《百子全书》,杭州:浙江人民出版社,1984年影印本,第3册。
② 《文渊阁四库全书》,台北:台湾商务印书馆,1986年,第695册,第901页。
③ [唐]欧阳询撰,汪绍楹校:《艺文类聚》,上海:上海古籍出版社,1965年,第1册,第390页。

"南方有鹳食蛇。每遇巨石，知其下有蛇，即于石前，如道士禹步，其石阣然而转，因得而啖。里人学其法者，伺其养雏，缘树以篾絚缚亘其巢，鹳必作法而解之。乃铺沙树底，俾足迹所印而仿学之。"①关于南方民间禹步可以禁蛇的灵异，唐宋史籍多记载此民间传说。禹步作为巫术的一种步伐，唐宋时期民间称之为"南法"，宋周去非《岭外代答》卷十《虫鱼门》"南法"条说："尝闻巫觋以禹步咒诀，鞭笞鬼神，破庙殒灶……邕州溪峒有禽曰灵鹊，善禹步以去窒塞。又有鸠鸟，亦善禹步以破山石。"②可见民间所谓南法即巫法。清纪昀《阅微草堂笔记》卷十七载：啄木鸟"能禹步劾禁"，有人"以杙塞其口，而锯平其外，伏草间伺之。啄木返，果翻然下树，以喙画沙若符篆，画毕，以翼拂之，其穴口之杙，铮然拔出如激矢"。③可见禹步来源于鸟之禁咒的民间传说，确乎有自然界的实证。

对于禹步来源的民间传说，道教进行了神学色彩的阐释，赋予禹步以天真传授的神圣意义。宋元妙宗《太上助国救民总真秘要》卷八说："禹步者，云大禹治水以成厥功。盖天真授此步诀，以制神召灵，遂因名为禹步耳……禹步是禹受于太上，而演天罡地纪，出为禹步。"④将某种法术托为天真所授，这是道经中常见的说法。唐代道经《金锁流珠引》卷二还绘有禹步的三步九迹图，声称此图是老君授大禹。明代道经《道法会元》卷一百七十二说：禹步的三九之迹，一十二迹，一十五迹，"皆夏禹皇帝以步洪波之间，履步治水，开道役神，功成登真"。⑤关于禹步起源的另一种说法是："禹步其来甚远，而夏禹得之，因而传世，非禹所以统也。"⑥此说将禹步的起源推至远古社会，夏朝的开创者大禹也仅是禹步的传人。这种说法更具有古老神秘的色彩。

其实，禹步最早是古代巫师跳神的步伐，巫师以此步召役神灵，因此人们称之为巫步。西汉扬雄《法言·重黎》说："昔者姒氏治水土，而巫步多禹。"⑦说明汉代已认识到禹步与巫步有关。东汉道教创立以后，禹步成为道教召役神灵的法术。道教承袭巫师的禹步，这里可以列举一条证据。睡虎地秦简《日书》甲种载："禹步三，勉壹步，呼皋！敢告曰：某行无咎！先为禹除道。"⑧此禹步用于远行消灾灭咎。道教认为禹步行之免三凶，所谓三凶即"天地雷霆之险，山川鬼神之险，

---

① [五代]孙光宪撰，贾二强点校：《北梦琐言》，北京：中华书局，2002年，第446页。
② [宋]周去非撰，杨武泉校注：《岭外代答校注》，北京：中华书局，2006年，第445—446页。
③ [清]纪昀：《阅微草堂笔记》，上海：上海古籍出版社，1980年，下册，第437页。
④ 《道藏》文物出版社、上海书店、天津古籍出版社联合出版，1988年，第32册，第103页。
⑤ 《道藏》第30册，第109页。
⑥ [宋]张君房撰：《云笈七籤》卷六十一，《道藏》第22册，第427页。
⑦ [汉]扬雄撰：《扬子法言》卷七，《文渊阁四库全书》第696册，第324页。
⑧ 睡虎地秦墓竹简整理小组编：《睡虎地秦墓竹简》，北京：文物出版社，1990年，第223页。

禽兽蛊魅之险"。①古代道士入山修道时，为避免百邪虎狼毒虫盗贼的伤害，常常运用禹步法术以劾治鬼魅。东晋葛洪《抱朴子内篇·登涉》载道士：

> 往山林中，当以左手取青龙上草，折半置逢星下，历明堂入太阴中，禹步而行，三咒曰："诺皋！太阴将军，独开曾孙王甲，勿开外人；使人见甲者，以为束薪；不见甲者，以为非人。"②

皋、诺皋都是呼唤神灵的长啸声。《抱朴子内篇》所谓的太阴将军，为道教的隐形之神。《抱朴子内篇》记载的两种禹步法，一种是先出左足，一种是先出右足，但相同的都是三步，这就是《日书》"禹步三"的沿袭。东晋时禹步法已成为道教法术的大宗，《抱朴子内篇·登涉》说："凡作天下百术，皆宜知禹步。"③《抱朴子内篇·仙药》中亦提到禹步法，说明东晋道教已风行禹步。道教史上的高道，大都是谙熟禹步之道的。清杭世骏《三国志补注》卷五《蜀书·刘二牧传》载："亮曰可建星坛一所，为都督借风，数日即可破曹矣。瑜大喜，令人于南屏山下筑台三层，插二十八宿，旗色按六十四卦，用一百一十人侍立左右，禹步踏罡，三上三下而去。至其夜，东南风起。"④宋洪迈撰《夷坚丁志》卷十《王侍晨》记北宋高道王文卿：

> 因府治醮祷雨，命为高功，王请于府前立棚，令道众行绕其上，己独仗剑禹步于下。方宣词之次，星斗满天，已而暴风驾云，亦从西北隅至。烛尽灭，震霆一声，甘雨倾注。其徒惧而下，王已去矣。⑤

唐段成式《酉阳杂俎》卷二《玉格》载吴猛与许逊：

> 至辽江，及遇巨蛇，吴年衰，力不能制，许遂禹步敕剑登其首，斩之。⑥

《金锁流珠引》卷六说：

> 昔有道士刘根，常行此三元之步，后散为九迹禹步。如此三年，一切神鬼敬而受使，力能移山河。⑦

道教承袭禹步之法，甚至称大禹为黄帝玄孙，为得道仙人，并尊大禹为太极

---

① 《太玄宝典》卷中《大禹步章》，《道藏》第22册，第877页。
② 《道藏》第28册，第236页。
③ 《道藏》第28册，第237页。
④ 《文渊阁四库全书》第254册，第1013页。
⑤ [宋]洪迈撰、何卓点校：《夷坚志》，北京：中华书局，1981年，第3册，第1049页。
⑥ [唐]段成式撰、方南生点校：《酉阳杂俎》，北京：中华书局，1981年，第19页。
⑦ 《道藏》第20册，第383页。

真人、紫庭真人。①唐代道经《金锁流珠引》卷七甚至说禹步是"太上老君授禹，禹因传世，谓之禹步"。②大禹所传禹步具有神秘色彩，道经中称之为天罡之步。

二、步罡踏斗的易学原理

步罡踏斗被视为玄机要旨，其中蕴涵着周易八卦的思想要素。《抱朴子内篇·仙药》记载早期道教的禹步法说："禹步法：前举左，右过左，左就右。次举右，左过右，右就左。次举右，右过左，左就右。如此三步，当满二丈一尺，后有九迹。"③禹步的三步九迹，是丁字九步，一步七尺，三七二十一尺。这是禹步最基本的步伐。其步先举左足，三步九迹，此步伐形成周易的离坎卦。东晋道经《洞神八帝元变经·禹步致灵第四》就说："三步九迹，迹成离坎卦。步纲蹑纪者，斗有九星，取法于此故也。"④此法在道教的科书中，称之为三步九迹星纲。《云笈七签》卷六十一《服五方灵气法》就说："先习五气一年，乃习三步九迹星纲，一年无差，然后行诸禁法，随意克中如神也。能清慎守道，久久飞仙度世，古人真仙圣王，皆得之以佐世治俗。"⑤《抱朴子内篇·登涉》的禹步法，虽然是先出右足，但同样是三步九迹。禹步经道教行法者的推演，便成九十余种，举足不同，咒诵各异。

道经中所见的禹步斗罡有：七星禹步、三步九迹法、三五迹禹步法、十二迹禹步法、天地交泰禹步法、交乾禹步法、五星罡、七星罡、三台七星罡、七星斗罡、北斗七元罡、北斗七星罡、九星罡、禹步九迹罡、禹步九灵斗罡、九凤破秽罡、九凤雷火破秽斗罡、三步丁罡、三五飞步罡、火轮罡、火铃罡、禹步罡、三台罡、三宝罡、遣将罡、神虎罡、交泰罡、交乾步斗罡、既济斗罡、未济斗罡、八卦斗罡、五行相生罡、五行相杀罡、金光范围罡、召出仙灵官将罡、禹王三步九迹罡、朝天奏谒罡、制魔伏怪罡、二十八宿罡、蹑地纪飞天罡法等。其中的三五步罡，被视为万罡之祖。道经中还有五星罡图、七星罡图、北斗罡图、七元空常罡图、踏飞步空常罡图。《道藏》中有专门的《太上洞玄三洞开天风雷禹步制魔神咒经》。

道教如此丰富的禹步罡法，以运用于不同的法术。在道教斋醮科仪中，罡步是与行法相配合的，不同的科仪有不同的罡法，各罡步履路线不同。如水火炼度科仪，高功要步北斗玄枢罡。当代道教常行的铁罐施食科仪，高功的步罡有三宝罡、

---

① 《金锁流珠引》卷一说大禹治水，"功满后三十年，肉身升仙。禹今为太极真人，群臣时见"。《金锁流珠引》卷五注释说"太极真人，夏禹也"。唐杜光庭《墉城集仙录》卷三《云华夫人》说大禹："遂能导波决川，成其功，尊五岳，别九州，而天锡玄圭，以为紫庭真人也。"
② 《道藏》第20册，第390页。
③ 《道藏》第28册，第214页。
④ 《道藏》第28册，第398页。
⑤ 《道藏》第22册，第427页。

九凤罡、五常罡、八卦罡等。以当代台湾道教的科仪为例：在禁坛仪中，高功在画有八卦的罡单上步先天斗、后天斗，步具有破秽功能的九凤罡。在炼度科仪中，高功步南斗罡、南北二斗罡。而朝科的演法，高功先后步四正罡，左脚跟点五行斗，步先天八卦罡、后天八卦罡，踏五行斗。

道教的禹步称为步罡踏斗，是因为禹步与星斗崇拜相融汇，使传统的禹步注入了新的内容，这是道教对先秦巫师禹步的继承发展。步罡踏斗的"罡"、"斗"、"纲"皆与星斗有关。罡，又称天罡，指北斗七星的斗柄，即北斗星第五至第七[①]；斗，即北斗，因北方有七星聚成斗形，故名北斗。而纲指斗纲，北斗第一魁、第五衡、第七勺三星称为斗纲。道教认为纲是连星，纪是缀星，相合以组成北斗星座。

古人认为北斗七星各有所指，《晋书·天文志》说北斗七星在太微北，枢为天，璇为地，玑为人，权为时，衡为音，开阳（闿阳）为律，瑶光为星。而在道教的神灵系统中，北斗七星成为崇祀的自然神。宋路时中《无上玄元三天玉堂大法》卷五说北斗七星是上真：第一太星精名玄枢上真，第二元星精名北台上真，第三真星精名九极上真，第四纽星精名璇根上真，第五罡星精名太平上真，第六纪星精名命机上真，第七关星精名玄阳上真。道教称北斗七星为七元解厄星君，居北斗七宫，即：天枢宫贪狼星君、天璇宫巨门星君、天玑宫禄存星君、天权宫文曲星君、天衡宫廉贞星君、闿阳宫武曲星君、瑶光宫破军星君。北斗七宫合左辅右弼二星，即洞明宫外辅星君、隐光宫内弼星君，共有九宫星君，称为九皇，或北斗九皇、北斗九宸。道教的禹步玄斗，即指北斗九宸应化分精而为九神。道教具有特色的北斗崇拜，衍生出道士修行的拜斗、卧斗诸法术，反映出道教北斗崇拜法术的多样性。

道教的北斗崇拜，衍生出修行的的斗法。暗喻正一之法的金锁流珠[②]，论述了与禹步相关联的斗法。宋元道经《金锁流珠引》卷五记载的斗法有：

衣斗、履斗、飞斗、戴斗、顺斗、倒斗、反斗、横斗、低斗、逆斗、昂斗、坐斗、行斗、卧斗、指斗、躩斗、务斗、魁斗、刚斗、柔斗、阴斗、阳斗、邪斗、正斗、收斗、捕斗、诛斗、禁斗、弘斗等法。并以禹步相添，正行正一之法，立能兴动风雨，天地顺心。[③]

道教如此丰富的斗法，具有北斗崇拜的特征。例如所谓卧斗，是在睡卧之际，

[①] 《道法会元》卷一百七十二说"天罡者，北斗破军星也"，则以天罡专指北斗第七星。《道藏》第 30 册，第 109 页。
[②] 《金锁流珠引》卷三说："正一之法，名曰金锁流珠也。"《道藏》第 20 册，第 365 页。
[③] 《道藏》第 20 册第 377 页。

存想七星在身，使魂魄不走，万炁归宫，则外邪不敢干试。履斗、戴斗又称为戴履斗。所谓戴履斗，是头上戴斗，足下蹑斗，此法用于驱邪。《道法会元》卷二百五十《太上天坛玉格下》记载九种斗名：飞斗、灵升斗、击魁斗、出斗、入斗、合纬斗、披斗、指罡斗、豁落斗，此九斗皆不离北斗，并要依式步罡。道教认为出入斗中，身强炁盛，延年益算，万邪皆避。

道教的禹步承袭先秦禹步祛灾的功能，并进一步融入了神仙信仰的内容。《金锁流珠引》卷二说："禹步，求长生、克灾害等用之。"①《洞神八帝元变经·禹步致灵第四》说："其欲召神见鬼，禹步最为急要。"②《金锁流珠引》卷五说："能知三五禹步之宗门，即入长生不死之道，此法妙秘，不传非人。"③道教规定授箓后，方可为人章醮，而在传授的经箓中，就有《禹步星罡》一卷。在道教传授的法箓中，就包括有禹步箓。道教的修仙炼真，降魔制邪，都以禹步为行法的基础。这就是所谓一切法一切行持，非斗真不能通真应。正因为如此，明代道经《道法会元》卷一百六十《禹步斗罡天策论》说："夫步罡者，乘于正炁以御物。诀目者，生于神机而运化。修仙炼真，降魔制邪，莫不基之于此。"④

道教禹步法的另一特点是与八卦配合。行法时在醮坛铺设罡单，或以清净白灰作星图及八卦之数，按八卦星图走罡步。在行步罡踏斗法术时，高功立于地户巽上，面向神坛，握固闭气，叩齿存神。然后先举左足，踩于离卦，右足踩坤卦；左踩震卦，右踩兑卦，左从右并作兑卦，右踩艮卦，左踩坎卦，右踩乾卦；左踩天门，右踩人门，左从右并在人门上立。足踩九宫八卦，即为九迹，如此反复进退三次，称为三反，方闭目存神，调气归息。《洞神八帝元变经·禹步致灵第四》所载禹步法的罡图，是在室内以清净白灰为星图，并布置成八卦之数。行术者禹步斗罡的步伐是：

> 先举左足践离，右足践坤，左足践震，右足践兑，左足从右并作兑。乃先前右足践艮，左足践坎，右足践乾，左足践天门，右足践人门，左足从右足并，在人门上立。⑤

此后所念禹步法的咒语，就以周易八卦来述说禹步的法力：

> 乾尊耀灵，坤顺内弯，二仪交泰，要合利贞，配天享地，永宁肃清，应

---

① 《道藏》第20册，第362页。
② 《道藏》第28册，第398页。
③ 《道藏》第20册，第381页。
④ 《道藏》第30册，第1页。
⑤ 《道藏》第28册，第398页。

感玄黄，上衣下裳，震离坎兑，翼赞扶将，乾坤艮巽，虎步龙骧，天门地户，人门机衡，卫我者谁，昊天旻苍，今日禹步，上应天纲，鬼神宾伏，下辟不祥，所求如意，应时灵光，不顺之者并收伏魁纲之下，无动无作，急急如太上老君律令！①

步罡踏斗之宗教意蕴，是将醮坛转换为神界，高功踏禹步，掐指诀，念咒语，手舞足蹈，飞蹑罡步，如扶摇直上九万里之势，遥想行走于银河星汉，步入天界，会请神真下降醮坛。

道教的禹步之法，因与握固闭气、掐诀存想等法术配合，要掌握禹步之真髓并非易事。一般须先习五气一年，再习三步九迹星纲一年，经两年修习，方可临坛步罡行法。步罡踏斗是道教斋醮常用法术，宋马令《南唐书》卷二十四载，道士谭紫霄"寓庐山栖隐洞，其徒百余人。有道术，醮星宿，事黑煞神君，禹步魁罡，禁沮鬼魅，禳祈灾福，颇知人之寿夭"②。《历世真仙体道通鉴》卷四十三载，谭紫霄"得术精妙，能醮星象，事黑杀，禹步指诀，禁诅鬼魅，为人烧奏，禳祈灾祥，颇知寿夭"③。在历代文士的诗文小说中，也不乏禹步的记载。这里试举数例：

唐元稹《开元观闲居酬吴士矩侍御三十韵》诗曰：

禹步星纲动，焚符灶鬼詹。④

五代徐铉《步虚词》诗曰：

整服乘三素，旋纲蹑九星。⑤

宋文同游青城山，观张天师誓鬼碑，有感而作《誓鬼碑》诗曰：

谁能识奥诀，禹步学魁罡。⑥

《封神演义》第二十四回《渭水文王聘子牙》载武吉失手误杀门军王相，文王定罪抵命，武吉哀求姜子牙救命，"子牙三更时分，披发仗剑，踏罡步斗，掐诀结印，随与武吉厌星"⑦。《三国演义》卷二十一《孔明秋夜祭北斗》写诸葛亮病重，在军帐中设香花祭物，行法祈禳北斗，"日则计议伐魏，夜则步罡踏斗……

---

① 《道藏》第28册，第398页。
② 《中国野史集成》第5册，第83页。
③ 《道藏》第5册，第348页。
④ 《全唐诗》第12册，第4518页。
⑤ [清]李调元编、何光清点校：《全五代诗》，成都：巴蜀书社，1992年，第563页。下同。
⑥ 《全宋诗》卷四百三十三，《全宋诗》第8册，第5311页。
⑦ [明]许仲琳撰：《封神演义》，济南：齐鲁书社，1980年，上册，第225页。

姜维入帐，正见孔明披发仗剑，踏罡步斗，压镇将星"①。道教认为祈禳北斗，可以消灭解厄，保命延生。由此可见，禹步的确是道教的重要法术。东晋道经《洞神八帝元变经·禹步致灵第四》说："此为万术之根源，玄机之要旨。"②

三、步罡踏斗的宗教象征意义

道教斋醮法事中的步罡踏斗，其步伐蕴涵着宗教象征意义。禹步之法，先举左足，一跬一步，一前一后，一阴一阳，初与终同步，置足横直，步如丁字，以象阴阳之会。这种三步九迹，寓意三元九星、三极九宫，以应太阳大数。禹步三步九迹之"九"，在周易的数中乃是极致的数。周易三步九迹为既济卦，道教认为可得星纲真诀。东晋葛洪《抱朴子内篇·登涉》说道士往山林中，"禹步而行，到六癸下，闭气而住，人鬼不能见也。凡六甲为青龙，六乙为逢星，六丙为明堂，六丁为阴中也。比成既济卦，初一初二迹不任九迹数，然相因仍一步七尺"③。禹步是法天地造化之象，日月运行之度。道教认为禹步百日，诵咏斗章，可以与神潜通。

在中国传统文化中，"三"、"九"都是具有神秘意义的圣数。禹步的三、九亦具神秘的特征，但道教的禹步还蕴涵丰富的思想义蕴。道教禹步的三步寓指三元、三极，三元是人身之元精、元气、元神，又指上元天罡、中元人罡、下元地罡；三极指天、地、人三才至极之道，北斗枢、璇、玑三星即为代表。宋路时中《无上玄元三天玉堂大法》卷十九说：

> 夫步罡者，飞天之精，蹑地之灵，运人之真，使三才合德，九炁齐并，鬼神转旋天地，一步一指，一转一旋，造化中全神明在左。④

修真之士禹步踏罡，如登云霞，步三境，彷佛得众真侍卫的灵力。步罡踏斗有很强的宗教象征意义，斋醮坛场以方丈罡单，象征上天北斗，高功法师禹步于罡单，仿佛凝聚身中之三元，踩于北斗九星之上，置身三极九宫之中，无怪乎步罡踏斗有如此通神之法力了！

禹步斗罡，共有九步，各有其宗教象征意义。宋路时中《无上玄元三天玉堂大法》卷十九说步罡："一步象太极，二步象两仪，三步象三才，四步象四时，五步象五行，六步象六律，七步象七星，八步象八卦，九步象九灵。"⑤《太上飞行九晨玉经》

---

① [明]罗贯中：《三国志通俗演义》，上海：上海古籍出版社，1980年，下册，第1005页。
② 《道藏》第28册，第398页。
③ 《道藏》第28册，第237页。
④ 《道藏》第4册，第63页。
⑤ 《道藏》第4册，第63—64页。

的咒语就说："飞行禹步，徘徊九门，出入三清，天地长存。"①

道教还用日月运行来阐释禹步，显示禹步之道取法自然。明代道经《道法会元》卷一百六十《禹步斗罡天策论》说：

> 其禹步者，法乎造化之象，日月运行之度也。一月一交，一交三旬。三旬者，盈数也。一时三月九旬，是以一步一交，三迹象一时也。并足象天地交也。秋冬之孟，阴神也，故生杀制御用春秋，收藏积聚用冬夏。又云三步九迹者，法象三光九炁也。十二迹者，法于律吕也。又十五迹者，法三五之数也。因用制宜，存乎法诀。②

步罡踏斗的三五之数，分别对应八卦的艮、坎之数。张天师世传的三五飞步之术，其实就是三五飞步罡法。宋代通行的豁落斗罡法，正是三五禹步之枢要。《无上玄元三天玉堂大法》卷十九说：

> 禹步之法，世皆失其真也，盖世人多能言之，不能得之，得而不行，行而不专，故多不验，今世所行豁落斗，乃三五禹步之枢要，河图错综之数，岂特轻视为寻常所传差误，而不能变化通灵尔，今特正其讹而传其真……三五之神，贯通天地。③

此豁落斗，即河图豁落罡，又名九灵罡，或九灵祖罡。此法被视为步法之祖，禹步之宗。这种罡步的特点，是以节气顺逆，游行九宫，纵横皆十五步，其数与河图络绎错综，以成三才之道，经天纬地之数。法师行飞神之术，要步河图豁落罡，只要心通九星，足蹑九灵，身全九炁，自能通达。九灵罡的三五禹步，又称为三五步罡，它基于道教一生二、二生三的哲学思想。道教认为护身延生，莫大于斗真；拘魂炼阳，尤先于罡炁。三五具有"道"的象征意义，道教认为三五与一，皆为天地至精之数。南宋道士白玉蟾以五行解释五步，《海琼白真人语录》卷二说：

> 罡步多以五步推五行生克步之。如猫犬之伏蛇，进五步，退亦五步，进七，退亦七，四方按五行生成之数，及至蛇伏，然后害之。禹步惟五能合五行，久久升举，如八门遁甲、太乙六壬、孤虚之法，大要在罡步也。④

宋路时中《无上玄元三天玉堂大法》卷二十五《三五步罡法》解释三五说：

---

① 《道藏》第 6 册，第 675 页。
② 《道藏》第 30 册，第 1 页。
③ 《道藏》第 4 册，第 64 页。
④ 《道藏》第 33 册，第 123 页。

三象征道之三清，天地人之三才，神界之三元，人身之三部；五象征道之五老，上天之五星，大地之五岳，人身之五脏。人修三五秘法，使三田聚宝，五炁朝元，达到神全炁满，作为天地万物之灵的人，手指足履皆能合真，步罡之法才能贯通天地。"步罡者，强身活炁之法，安魂制魄之诀也。"①道教的步罡踏斗在行用中，逐渐形成一些禁忌规定，对此南宋高道白玉蟾有讨论。《海琼白真人语录》卷二论罡步禁忌说：

> 今之人履魁蹑斗，夫岂知有大禁忌者存。且如经云："子欲登真，莫触真人，真人第三星也。"又曰："子欲召灵，莫塞天门，天门文曲星是也。"凡步斗之法，切忌乾罡犯纪。如脚步横截而过，是谓之乾罡。如脚步误踏而进，是谓之犯纪。如干犯之时，随即就其星首谢可矣。②

明周思得《上清灵宝济度大成金书》卷二十四《登坛宗旨门》说步罡有三戒：其一飞步不许秉简。谓法师端简朝谒及将飞谒，以简付侍职，然后袖手掐诀步罡，次授简伏神。其二飞步不许倒行。谓法师步至四五六三位，宜自第四位回身，向后顺行，至第六位复回身，向前步去，并不得倒退步回。其三飞步不许单足。谓法师每进左足在一宫，即以右足合之。③因此，道教宣称"不知禹步之道，身不得升三清，三清亦无名籍。为地府不奏，天曹无名"。④

四、结语

周易八卦是中国传统智慧的产物，作为仪式中具有宗教象征意义的周易八卦符号，表达出中华先民对自然界阴阳运动规律的认识。道教步罡踏斗的九宫八卦图形，从根本上说是表现道教思想的。道教斋醮坛场法师的禹步，始终按九宫八卦布局行法，此深得周易思想天人关系的精要。本文的简略讨论，已大致可见道教斋醮科仪的禹步，确乎是周易思想在宗教祭祀坛场的运用，周易思想影响道教斋醮是多方面的，禹步仅是周易影响道教斋醮的例证之一。

（张泽洪，四川大学宗教·哲学与社会研究创新基地教授）

---

① 《道藏》第4册，第100页。
② 《道藏》第33册，第123页。
③ 《藏外道书》第17册，第51页。
④ 《金锁流珠引·序》，《道藏》第20册，第356页。

中国文化名城特克斯八卦风水论

一、中华风水学的八卦总纲

古称地理、堪舆、青乌、形法的"风水学",是国学研究的专门学问,其重要性正如先贤所说:"卜筮不精,咎于一事;医药不精,害于一人;地理不精,倾家灭族。"发展至今,风水学实际已成为吸纳了地质学、水文学、气候学、地理学、生态学、伦理心理学、景观学、环境学、建筑学、园林学、美学、古代营造学等在内的自成系统的中国有机建筑学理论,对国内外的建筑选址营建等产生了深刻影响。特别是我们站在特克斯县城中心审视其八卦方位后,更感受到其作为中华风水学总纲的要义,就是为人类建筑实现安居、康乐、趋吉等功能,适应利用气候生态环境,制定出选择地形、地貌、景观的建筑规划的指导性原则,故至今仍有其强大生命力和现实意义。

在《易经》由易卦、卦象、卦辞、卦德、易传构筑的易学系统中,"乾、坤、震、巽、坎、离、艮、兑"等八大纯卦,包含了自然与社会包括"风水"的指义、性质、作用,是毫无疑义的。古代圣人观天察地、尽览物性、穷探天理、洞悉人事的结果,不仅发现了宇宙万物一般的生命规律,也发现了以建筑协和自然、卫护人类的风水学特殊规律,若用《易·说卦传》关于"雷以动之,风以散之;雨以润之,日以烜之;艮以止之,兑以说之;乾以君之,坤以藏之"之说来描绘,那就是"滚滚春雷启动了世间万千项工程计划,微微和风立即把它们散播到四面八方;绵绵细雨滋润着新建的千屋万厦,暖暖红日又悄悄晒干了它们。巍巍高山屹立阻止着寒流侵蚀,渺渺平湖烟波荡漾地欢悦万物;浩浩瀚瀚啊,天道运行主宰一切,坦坦荡荡啊,大地深恩藏养万物"。正是在这雷风鼓动、乾坤化合,春山万物再度萌生的壮丽图景里,中华风水学成就了自己的生命宣言和建筑原则。

1. 顺天合道,天人合一的乾道原则。八卦中乾为天为阳,表示阴阳冷暖气候间的搏战,代表不可抑止的强健上扬的自然力量,包括人类修房盖楼、立命安身、蓬勃无穷的建设力量。《黄帝工经》中说:"夫宅者,乃是阴阳之枢纽,人伦之轨模。非夫博物明贤,无能悟斯道也。"它反映了古代先贤对人类发明住宅建筑,使之发挥聚合阴阳、模范人伦、博览众物、明贤悟道等重大功能的高度重视。乾卦风水学的旨义，就是洞察天心，化合阴阳，顺应民意，因势利导。大兴土木，按照天道运行与建筑规律，不违天时，保护生态，适应气候与自然环境，选择最佳地基、造型、格调和装修等，修建具有新时代风格特色的屋宇楼台，以满足人类日益增强的生存发展的建筑需要。

2. 风水宝地，择善而居的坤道原则。八卦之坤为地为阴。万物尊地为母，故《易经》盛赞大地厚德载物，《尚书·禹贡》将我国古代疆域划分为九州各大自然区，明代大地理学家徐霞客在游记中对中国山形地貌做了精妙描摹。坤卦风水学的精义，就是集古贤探地辨土之大戎，根据地貌、土质肥瘠润燥等，合理决策建筑选址。它既要求因地制宜，择善地而居，把房屋建在幅员广阔、风景宜人、土质厚实、房基坚牢、有利身心健康之地；也要求不忘人文环境影响，如孟母那样择善邻而迁，把家安在德丰俗美之社区，以遂大众人和地利、家兴业旺的美好心愿。

3. 防雷抗震，避灾免祸的震卦原则。八卦之"震"代表雷劈电击、地震山崩之象。为适应人类普遍的避祸延寿的心理和需要，震卦风水学以防震抗震、避震止震为要义，要求尽量避开多震多雷区、磁场电塔区、滑坡危险区等各类容易地震塌方、雷击辐射、泥石流倾泻的危地震区，避免正对车轮滚滚、震地发抖的大道建房，避免紧靠喧闹纷争、易爆藏险的广场闹市、衙门兵营治安家，明智选择无震抗震、温馨和谐、安稳幽静的处所修建屋宇，以利人居的安全康乐、人心的宁静平和。

4. 通风聚气，藏风养生的巽卦原则。八卦之"巽"代表周流寰宇，无所不入的风流气流，重风重气，其要义认为风与水为气之魂，要做到通风贯气，风生水起。其"藏风得水"、"藏风聚气"的"得气说"与"生气说"，都强调只有"生气"才能使生命健旺，力主通过探测风向气流，合理选址与规划建筑，努力使生活其间的人与动植物等，均获得源源不断、蓬蓬勃勃、欣欣向荣的生气，以避开使其郁闷患病、枯萎衰败的萧杀之气。而所有符合巽卦风水学原理的堂舍楼馆，都可让人一入其中，就深感风物宜人，生气勃勃，神清气朗。

5. 坐北朝南，采光取暖的离卦原则。八卦之"离"代表火焰和光明。万物皆靠阳光和火焰取得温暖，皆靠光明才能相见。故离卦风水学十分注重燃料能源的易取易存，居室的暖和舒适，厅堂窗户的通透明亮，厨房炉灶的安全方便，以及建筑物选址营建的采光取暖的合理规划等。北半球国家南向建屋可以充分地利用太阳的热能和光线，避开西晒的强光和北方寒潮，而南半球国家则相反。

6. 重视水情，兴利除害的坎卦原则。八卦之"坎"，表示水为生命之源、生气之泉。老子尚水，赞扬上善若水！三国时问世了我国第一部记述全国水系的专著《水经》，由北魏郦道元作《水经注》详解。坎卦风水学的妙义，正在于将水来方向视为长生之地，通过访察水脉、探河、挖井、引泉、浚流、辨水诸多功夫，辨析水量大小、水势急缓、河道走向、水质水味的不同，做好引净水、排污水、兴水利、除水害的泄洪引水蓄水工程，使建筑物因水而灵，因水而富，因水而净，因水而美，成为人见人爱的良院美宅。

7. 依山取势，稳重止乱的艮卦原则。八卦之"艮"代表山，尤其是林茂果丰、走兽飞禽、资源丰富的古人猿进化栖居地。我国早在第一部古代地理百科全书《山海经》里，就尽述了东南西北中各山的异状奇闻。艮卦风水学的"形势说"与"左青龙、右白虎、前朱雀、后玄武"的"四灵说"尤重择山，主张利用山脉来龙，在建筑物周边巧妙地形成卧龙、回龙、生龙等格局，阻止北风寒流对住宅的侵掠，形成一个局部温暖祥和的小气候，以达到适宜人居的目的。

8. 绕湖聚居，和睦安居的兑卦原则。八卦之"兑"代表湖，由于湖是地血气旺、烟波浩淼，生气益然，发挥水性于极至之处，故有欢乐柔美之象。强调傍水近湖之美，力主喜悦善言的兑卦风水学真义，就在于主张人们要选择生活资源丰富、土肥谷丰、莺飞鱼跃的湖边坡岸，建屋安家，休养生息，与邻居推心置腹，和悦交谈，共同融入友善相处的社区美好气氛之中。

二、中华风水学的"五化"升华

"风水学"具有宝贵智慧、无穷奥秘和巨大威力，源于人类与生俱来的对自己栖身地的优选优化需求。它既古老神秘，有科学的合理的因素，也精粹而芜杂，有玄学的乃至不可思议的神秘解释，可谓鱼龙混杂。如就其所涉及的地理论，它通常指空气在山丛地面的流动，江河湖泊水流的分布和去向，以及整个地球的生态环境；在天文方面，则包括了星相、天空大气层与地球气流水流之间，以及宇宙星际辐射、天体磁场效应之间的影响；在建筑学及家居设计方面，则涉及到外部生态环境与室内生命微粒子运动和人体生命磁场的相互作用，及其对人身心健康的微妙影响等。

从玄学的神秘主义角度看，风水就是在承认天、地、时、人、屋、坟互动合一的前提下，对决定了人的现状、未来乃至子孙后代前途的时空环境以及阴宅和阳宅的优选和改善。其阴宅迷信已由历史证实为谬误，而有的则是人类的可解之象或未解之谜，可加审验。

从科学的理性主义角度看，养生风水学是古人留下的丰富的生命文化结晶，其中不少可做现代科学的合理解释，或至少含有某些令observer心情舒畅的心灵抚慰作用，以及和谐自然与和谐社会的有益作用。

从数千年人类文明史看，风水学是中国古代与建筑环境规划有关的一门学问。它源自于人类早期的择地定居实践，主要内容是为选择地形、地貌、景观、气候、生态等各环境要素而进行综合评价，提出建筑规划和设计的一些指导性意见，说明哪些是应该追求的、哪些是应该禁忌的一般原则。这一点，我们可以从旧石器与新石器时代之交人们就开始注意选择优良的居住环境看出来。此后，在先秦发展为相地术、堪舆术，并逐步发展为风水术的风水学，深刻影响了中国宫殿、民居建筑的规划布局、设计施工、位置朝向以及营造时机等，形成了弥足珍贵的中华建筑传统文化。

改革开放以来，在党和政府关怀下，我国风水学正在为创意经济发展做出越来越大的贡献。通过本次"首届中国·特克斯世界周易论坛"集思广益的讨论，大家更清楚地认识到：风水学是中国古代关于建筑文化的学说，具有很强的实践指导意义，其发展宗旨是审慎周密地考察、了解和顺应自然环境，有节有制地合理利用和改造自然，创造良好的居住与生存环境，创造天时地利人和的"天人合一"的和谐至善境界，解决人类在何处何时以及怎样建理想的房子，实现安居乐业的大问题。在中华八卦总纲基础上，促进风水学向现代化、科学化、养生化、易理化、大众化的方向迈进，营构民族建设的宏伟工程，是全面振兴中华文化的迫切需要。其基本内容是：

1."现代化"，运用多媒体先进传播手段，让更多的人了解古老风水学的现代价值，取其精华，去其糟粕，敢于创新，用当代理念去阐释传统思想，促进其更好地服务于社会。

2."科学化"，不断适应新科技发展，善于将高新科技成果变成"点金石"，去点化和开掘传统风水文化资源，使其内在的光辉思想大放光芒。

3."养生化"，遵循易经'天人合一'的理论，将人体生命系统与自然风水系统整合为一，形成阴阳和谐、高长寿的的中华风水养生学理论，为当代人类身心健康服务。

4."大众化"，将中华风水学当成为广大人民福祉安康服务的指路灯，而不是只供少数贵族巨贾把玩独享的老古董。顺应全球建筑文化追求"环境、空间、文化、效益"目标的潮流。

5."易理化"，推崇易德，阐扬易理，使中华易经养生风水学与时俱进，升华完善，增强其学理性、养生性、时代性，真正对人类建筑家居文化产生积极影响。

总之，以易经八卦为总纲的中华风水学，是应人类生存繁衍需要而产生的全息生态建筑学，其丰厚深刻的建筑理念和生命智慧，必须通过风水学的"五化"升华才能有效推进。因为风水学只有科学化才能现代化，现代化才能大众化，大众化、养生化、易理化才能创新求存，永葆生命力。这五化正如五行相生相成，缺一不可，它有利于满足人民对建筑文化的需求，提升中国软实力。

三、特克斯八卦城的典范意义

五四新文化运动以来，国内对"风水"之说可谓见仁见智，或疑之而不解其真容真义，或恨之欲作为封建迷信而将其横扫，或爱之而深研其理造福人类。但有一点是不可否认的，即如果我们忽视"风水"，盲闯蛮干，毁林断水，乱盖乱建，任意胡为，只能遭到自然规律和历史的严厉惩罚，反之则会受益而得到永久而广泛的称赞。

中国西域天柱——新疆的国家历史文化名城特克斯县，就是世界上唯一完整按照周易卦爻规划建城，是遵守中华风水八卦总纲规律的典范。全城呈放射状圆形，面积为8平方公里，最早由南宋丘处机勘察定位，后于1937年由伊犁屯垦使兼警备司令邱宗浚按易理设计，督导施工，建成呈放射状的4环64条街，是国内唯一没有红绿灯却路路相通无拥堵的城市，至今已有75年。其功能齐全、百姓安乐、诸业兴旺、交通便捷的现象，暗含八卦玄机的神秘魅力，至今享誉海内外，引起了学术界尤其是龙年应邀出席本次"周易论坛"学者们的强烈关注和热烈评议。

特克斯据当地语与蒙语，分别有"野山羊多"和"原野水源纵横"之意，是各族聚居、水肥土美的难得的风水宝地。它座落于天山北麓西隅的特昭盆地，东方丝绸之路最西端的伊犁河谷乌孙高原上；东接伊犁州府伊宁市，有"青龙"达根别勒山环卫；南扼南疆拜城县，有阿特恰比斯平台山为"案山"，以及天山余脉起伏有致的朝山"朱雀"起舞；北连察布查尔锡伯自治县，有气势磅礴的祖龙乌孙山"玄武"垂头拱护；西邻与哈萨克斯坦国交界的昭苏县，有绵延百里的阿腾套山"白虎"蹲踞，四周被特克斯大阪、喀拉峻大草原、乌孙山环抱，由西面发源于"天山之父"汗腾格里峰的特克斯河绕城而过，确实具有山秀、草丰、隘峻、水氤、人杰的风水神韵美。

实地考察可见，据《周易》"文王后天八卦"设计的特克斯八卦城，于城中心八卦公园内，以象征太极的雕塑城标为轴心，通过四周刻有"天、地、雷、电、水、火、山、泽"的八卦花岗岩标识，再由外围象征易经64卦的64根铁柱引领，向外辐射"乾、坤、震、坎、艮、巽、离、兑"8条大街，并以4条环路相连。其中一环路为商铺和公共服务设施建筑群，二环路为行政企事业单位，三环路与四环路间是城镇居民小区，圆形街道呈放射状，环连外围的广阔田园，完全符合中华"和谐人居"对消除改革开放、经济增长、阶层位移、社会急剧变化所带来的地区差异、城乡鸿沟、民族矛盾、收入失衡、心理冲突、人际紧张、社会不稳等现象的时代要求。

从特克斯八卦城今后的可持续发展看，应该继续建设好以和谐美德、和谐家庭、和谐社区为主要内容和基本标准的"和谐人居"。这不仅是其今后产生宜居城市典范意义的重要抓手，也是其全面建设小康和谐社会，成为中亚旅游新热点的重要组成部分。之所以以确立和谐美德为前提，是因为"人居"亦即人心所居，是人安身立命、修养身心、谐和自然之需。人的道德追求和全面发展程度，决定了人的心理和谐、道德和谐的深度，深刻影响了人对自己生存方式的满意度，成为实现和谐人居的重要前提之一。特克斯政府在为各族人民办实事的同时，当注意以周易和谐理念作为建设和谐人居的要务，培养具有各族和谐美德的一代新居民，为和谐人居提供前提条件。

根据周易培育和谐美德的易理，和谐家庭是和谐社会的细胞。今后特克斯城只有善于吸收中华民族美德精华，形于外而生于内，制定"和谐家庭"新标准，如家庭成员和谐互助、父慈子孝、夫妻和美、婆媳和睦、邻里和谐相处等，掀起建设千百户"和谐家庭"的热潮，才能把八卦城的和谐人居建筑在和谐家庭的坚固基础上。

和谐人居还要以和谐社区为保证。丘处机信奉的道祖老子，很早就提出过"和光同尘"、"小国寡民"的政治理想，设计过一个甘其食、美其服、乐其俗的居民理想社会。如果将其视为一个"和谐社区"看，那是很有启发的。特克斯城的人口不多，社区不大，各族居民交往互助较容易。如能在周易泰德指导下，融汇市区居民普遍认同的政治文化、经济文化、饮食文化与民俗文化，就能形成一个稳定、安详、互助、同乐、和谐的文化生态圈，将八卦城的"和谐人居"建设成一个由内在的和谐心灵和外在的和谐环境构成的人类安居典范。

（柯可，广东省社会科学院国学研究中心主任、教授）

舆图与城市的历史空间及其文化变迁
——以佛山历史地图为例

  对空间的认知，特别是对地理空间的认知，远不是仅仅靠个人视域所能获得的。地图的绘制，反映了特定群体在特定历史阶段对所能控制地域或空间权力的理解。因此，地图基本上是国家权力的产物，需要按照一定的规范进行绘制，具有一定权力才可以观看。历史上，向强者"献图"（舆图），相当于割让领土，甘为臣仆。

  地图之为"图"，也不仅仅是视觉认知面对的图像。为了控制空间，特别是为了对所辖领地进行有效规划和管理，地图的绘制需要尽可能准确。古代舆图依据所谓"制图六体"——分率（比例）、准望（方位）、道里（距离）、高下（地形）、方邪（角度）、迂直（曲直）来绘制，但在缺乏精确量化测绘手段而又无法从空中观察和记录大地的古代，历史地图（舆图）在很大程度上，只能是古人对所处地域社会辖属关系及其文化空间关系的界定，是一种社会性、文化性的界定，而非自然地理意义上的测定，自然空间关系或区域和区域之间的边界相对而言比较模糊，类似于一种意象性的把握。也就是说，古人"看"到的地理之图像，其实是在貌似直观的视像（如缩略山水图）中描绘的人文地理之像和心意之像，更多的是所知的意象空间，而非所见的视像空间。

  当然，即使画得再粗略的简图，其间包含的地理空间信息还是不容忽视的。具体到一个城市，由于人们长期身处其中，建筑大小可量，街巷区域可分，建筑群的地理位置，城市格局的空间信息相对容易把握，可以在较实层面进行观测，再结合文字文献、考古资料和实地考察，也是能够获取丰富的地理空间信息，进行多角度研究分析的。

  现在，通过图像分析、地理信息系统（Geographic Information System，简称GIS）等方法，对历史地图（舆图）及其当代卫星地图进行比较分析，已经是历史人类学、人文地理学和图像文化研究等的课题。借助多学科视角，我们除了可以了解不同时代的人对一定地理状态（如山水体系、疆域区划）和空间布局（如街区结构、城墙城河、府衙庙宇、城市设施、交通系统等)的规划状况,还可以了解人们对空间关系(如空间的生态关系、政治结构、经济布局、意识形态等)的认知水平、表达形式和文化变迁的时空轴线。

一、舆图呈现的历史空间

在《山海经》等以中原为中心的地理空间格局中,岭南地区是边僻南蛮所居之地。之后,北方强势族群南下,通过战争、文化、移民,对岭南地区社会形成几次较大的冲击。但岭南地区在国人心目中,依然作为一个充军、流放、避难、移民的"天涯海角"之地。

佛山本土学者指出:"自先秦至两汉,佛山地区大致经历了三轮文化冲击波。第一轮,来自春秋战国时期长江流域南部地区居民向岭南的迁徙所造成的文化影响,以公元前382年楚悼王任用吴起为令尹'南平百越'为标志;第二轮,来自秦代的黄河流域,以秦始皇南攻百越,赵佗建立南越政权为标志;第三轮,发生在汉代,以汉武帝平南越为标志,大量移民带来了中原较为成熟的文明。"①无可置疑的是,无论因战争动乱还是经济开发,中原历代的大量移民,已经对岭南地区的族群结构、社会历史和文化形态产生了深远影响。溯源自北方的族谱,珠玑巷,南迁避难,聚族而居,客家群体,土客之争……这些关键词都指向历史上的几次大流徙。而流徙移民的散聚成团,无疑会促成大型聚落的形成。城市,也就在这种人口、财富、权力的聚集中悄然形成。

但仅此,我们还是无法勾勒出佛山古代城市的面貌。

地处珠江三角洲腹地的佛山,因唐代一次佛像发掘的事件而得名,那本是东晋年间佛教传入时的遗物,两百多年后在其遗址发现三尊佛像,该地因此而由季华乡更名"佛山",曾有佛山乡、佛山渡、佛山堡等称呼。②宋太祖开宝三年(970年)正式称佛山镇。③元代以前,佛山隶属南海县,其志书关于佛山的记载仅有"佛山渡"三字。④《明史》再次出现"佛山镇"之说:"(南海县)西北有三江巡检司,本治侧水村,后迁村堡。又有金利、西南有神安、又有黄鼎、又有江浦四巡检司。又南有五斗口巡检司,后迁磨刀口,又迁佛山镇。"⑤但明以前,未见有佛山的舆图。

---

① 商学兵主编:《佛山读本》,广州:广东人民出版社,2010年,第17页。
② [清]吴荣光纂《佛山忠义乡志》卷一,乡域志(三)述:"佛山向名季华乡,不知始自何时至唐贞观二年居人见塔坡冈夜辄有光,因掘地得佛像三,奉于经堂即塔坡寺,遂以佛山名乡。"道光十一年(1831)刊,载《中国地方志集成·乡镇志专辑》,南京:江苏古籍出版社,1992年影印,第30册。
③ 商学兵主编:《佛山读本·前言》,广州:广东人民出版社,2010年。
④ [元]陈大震、吕桂孙纂修:大德《南海志》卷十,河渡,上海:上海古籍出版社,1995年。
⑤ 《明史》卷四十五,志第二十一,上海:上海古籍出版社、上海书店,1986年,第7899页。

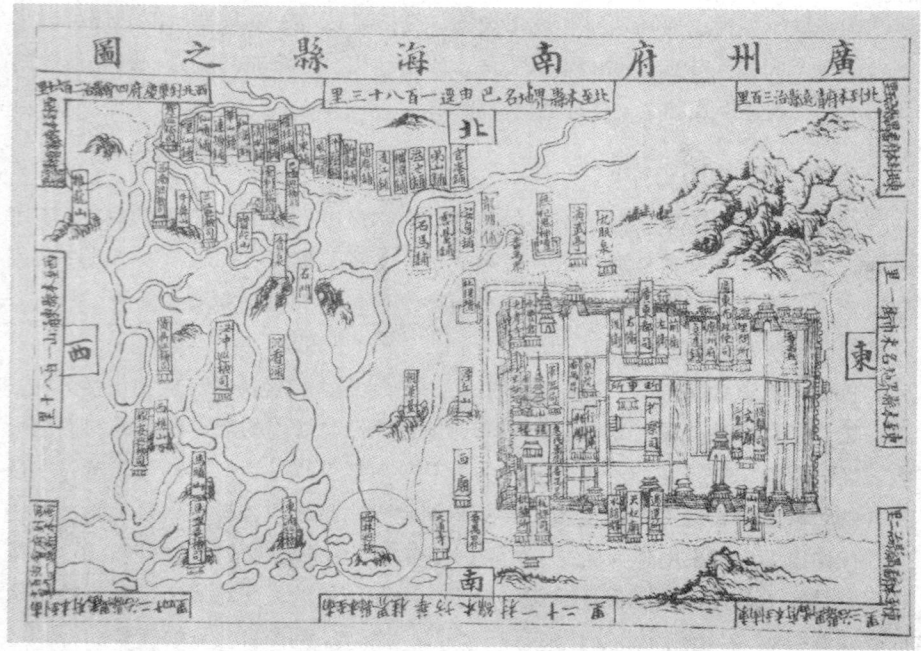

影印本《广州府南海县之图》，出自明刻《永乐大典》（姚广孝等于明永乐三年至六年奉敕监修、辑略），绘制时间大约为明洪武三年至十三年（1370—1380），现藏国家图书馆。引自广州市规划局、广州市城市建设档案馆编：《图说城市文脉——广州古今地图集》，广州：广东省地图出版社，2010年，第4页。

明刻《永乐大典》中的《广州府南海县之图》，是目前所见最早的与佛山有关的舆图。图上的南海县与广州府同在一座坚固的城邦之中。在南海县城外，西面标有石门、西樵山、泌冲巡检司、沉香浦、神安巡检司、西林巡检等，均为今佛山地界。从舆图上看，作为佛山地区行政首府的南海县县城，附设于广州府城内，与自己的辖区完全脱节。

大约绘制于清康熙二十四年（1685）至雍正七年（1729）期间的《广州府图》，标注"佛山"的是一个狭长平地，位于西樵山西北。周围的广州、高州府、三水县等都有城墙四围，已经形成城市，唯佛山只以几座灰顶黄身的小房子标示，顶多可以看做一些近水的聚落。

清雍正年间，佛山从南海县分出，设"佛山直隶厅"，直隶广州府，看来佛山城市的发展势头已经引起朝廷关注。尽管如此，佛山以后数番分和合，历史上行政权属关系变化较大，其辖区也随之不断变化。所以，明清时期官方绘制的舆图中，关于"佛山"的城市面貌几乎未见，大多还只是广州府西边的一些零散的乡邑。

但舆图未标示并不意味着佛山城市不存在，否则无法解释佛山在明清时已经成为中国四大名镇[①]之一的说法，也无法解释清末民初何以形成可与广州错位发展、互相呼应的大都市，并在20世纪50年代新政权成立后马上设"佛山市"的做法。所以，20世纪初由广东陆地测量局依据1913年二十万分之一图修改缩绘的地图《实测缩制广州市图》，可能会让以图观城的人大吃一惊：佛山城——原来已经很具规模了！[②]

这似乎在说明，舆图的历史空间，不完全是历史真实空

《广州府舆图》局部。约绘于清康熙二十四年（1685年）至雍正年间。引自广州市规划局、广州市城市建设档案馆编：《图说城市文脉——广州古今地图集》（广州：广东省地图出版社，2010年，第12页。）

间的投影，而是经由权力阐释本制建构的。不仅有时间的观察向度，同时也有生态、社会与文化的观察向度，是它们共同构成和呈现了一个地区的空间关系。

1. 舆图呈现的生态空间

中国古代山水画多半采用鸟瞰式的散点透视。而中国古地图绘制中的传统手法叫形象画法，即见山画山，见水画水，一目了然。这种形象化或意象化描述空间的视觉传统，也影响到科学领域的地理测绘。

约绘于清康熙至雍正年间（17世纪）的绢本设色《广州府舆图》，基本就是传统青绿山水画的风格。山水间隐藏的房屋为聚落，绘以城郭的是府州县城。这是典型的传统郡县城市的图式。小型城镇只以城墙标示，较具规模的核心城市（如广州府）则绘出一些标志性建筑，其余省略。管辖佛山的南海县附设在广州府城市规划中，置于城西；而今佛山主体城市禅城的所在地，那时则还是一片沙洲，山形低矮，水道环绕，虽有聚落，有一些标志性的寺堂建筑，却还没有形成古代意义的城邦。

[①] 即江西景德镇（瓷器）、湖北汉口镇（商业中心）、广东佛山镇（手工业）、河南朱仙镇（版画）。
[②] 本文所指涉的"佛山"或"佛山城"，主要指原佛山镇，即今佛山市禅城所在地。

《广州府舆图》与其说是一幅地图,不如说是一幅古代广佛地区田园诗般的"风景"卷轴画:西樵山植被苍葱,泉涌瀑流,周边区域青山连绵,绿水环绕,沙洲平坝宜耕,河涌回塘宜渔,城邦坚固,城外近水处干栏式建筑清晰可见,标明这是南方湿热之地。佛山镇四面环水,掩隐在树丛中,环境优美,楼舍豪华。

显而易见,这是一位具有艺术气质的画家描绘的地图。他描绘了一个和谐共处于大自然中的鱼米之乡,一个农业社会的理想空间。虽然可能因为过于直观而减弱了"地图"的相对宏观抽象,多了一些中观式的诗情画意而缺乏严谨比例和数据,但与西北大漠孤烟的画面相比,这种青山绿水的情景倒也符合岭南的整体生态现实。

美国视觉人类学家科利尔(Collier John Jr)指出:"为社区拍的第一张照片应该是全景的,给我们180度的视角来了解整个村庄类型和它的环境。这个社区是属于中心的还是分散式的?捕鱼社区应该是在船坞附近和港口周围,如果在一个较高的点拍摄它的全景,就像空中拍摄出来的一样,且可以提供直接的信息,包括土地保存权以及这个区域内不同社会文化群体的分界线,还可以使我们了解到这个区域内正在发生的变化……由空中拍摄的远景照片可以看出生态的易变性和土地使用的情况。不同环境中的村庄有着不同的结构,有时与环境相关,有时则与文化相关。农业和地理特征的关系——离沙漠多远、离海洋多远、离高山多远,田地类型——大田地、小田地,以墙、篱、栅栏为界的土地划分情况,从水源到排水沟出口的灌溉工程体系,土壤的肥沃性——肥沃的土地、贫瘠的土地,多岩石的土壤和冲积而成的三角洲土壤相比较,水蚀——土壤流失或者冲积运动形成土壤的地区……每一种文化都以特定的方式使用土地,也许差异不明显,但这些模式足以将不同人群区分开来,这是普遍的常识,人类学中专门的测量和比较可以证实这一点,从空中到地面所拍摄的社区结构的照片则为这种测量和比较提供了基础。"[①]中国画的散点透视技法,为无法进行空中摄影的古代,提供了一种类似空中观看的俯瞰视角。它不仅是180度的横向视角,同时也是将焦点透视无法看到的远景"拉近"的纵向视角。这种纵横交错的双重视角,对于古人理解和描述宏观的地理形态,无疑是极其重要的。而通过不同时期舆图的比较,我们也可以大致看到由于自然的水蚀淤积和人为建造基围经营沙田,而使珠江三角洲地区海岸线南移的空间生产过程;看到河流改道、水网形成、港渡密布、桥梁把分隔的洲岛连为一体的空间规划情景;看到以墙为界的郡县城市与乡村社会的空间分

[①] Collier, John, Jr. Visual Anthropology: *Photography as a Research Method*, p39. New York: Holt, Rinehart and Winston. 1967.

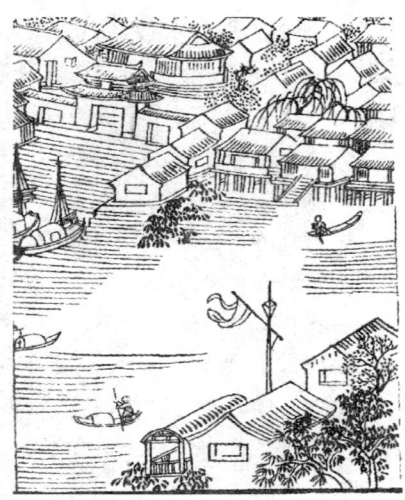

左:《广州府舆图》局部,近水干栏式建筑。同上引。
右:[清]吴荣光纂《佛山忠义乡志》中"忠义乡八景全图"之"汾流古道"局部,道光十一年(1831)刊。

割历史;甚至看到城市规划的空间控制,建筑格局的空间结构和样式等某些细节。如洲岛开发与沙田围垦,接纳了大量南下移民,而海岸线的大规模南移,洲岛城市的快速形成,亦可见"聚族合垦"对珠江三角洲地区宗族社会及其文化模式的形成意义重大。

关于城市建筑的细节,我们甚至在这样的舆图中可以看到。《广

广州一带近水干栏式建筑,1880年。

州府舆图》和清人吴荣光纂《佛山忠义乡志》中"忠义乡八景全图"之"汾流古道"中,都描绘了一些位于水边,以木架架空,置于水面上的建筑,这就是在南方和百越族群聚居区常见的建筑类型"干栏式"建筑。

近水干栏式建筑的描绘,生动反映了岭南地区建筑与生态环境相谐的情景。干栏式建筑主要有"千脚落地"式和半坡支架式(俗称"吊脚楼")两种,一般产生于湿热多水或峡谷陡坡地区,用以隔水防湿或充分利用水面和坡地。珠江三角洲地区常有水汛,水涨则居民迁于楼上。而干栏式建筑可架设于水边,或一半入水一半立地成为吊脚楼,可不畏潮汐涨落,亦可少占土地。它们被描绘在城外江边,说明城市的扩张和水运、水居已经成为当时的现实。我们在广州老照片中,

可以看到大片沿江或近水而立的干栏式吊脚楼。在城内，竹木构筑的干栏式建筑直到 19 世纪末 20 世纪初仍然成为建筑规划中的过渡样式（如岭南大学建校初期的临时教工宿舍）。而骑楼的设计，也来源于干栏式建筑。它们在拥挤的商业街区最大地利用了空间。直到现在，骑楼还是岭南地区城市建筑的标志性样式。

2. 舆图呈现的政治空间

一般认为，地图的政治属性占据着压倒一切的优势地位。城市最初是以卫君、守民为目的而建设起来的统治据点。（"筑城以卫君，造郭以守民。"[①]）佛山不是郡县城市，"统治于南海，实有鞭长不及之势"。在匪祸不绝的年代，地方精英希望国家加大行政力度，"倘能仿连山升厅，佛冈增设之成法，析南海番禺顺德三水四县分界之地，改分驻同知为直隶厅，俾之建城池备仓库，添兵卫，立学校，设监狱，庶几常有防守，急有军储，绝贼窥觎之坚，重省会咽喉之寄，是所望于当轴者志乡域"。[②]国家对于这样一块油水充足的地方，自然不会放过。仅《佛山忠义乡志》舆图和《佛山街略》记录的衙门和官员府邸，就有不少：五斗口司衙署、五斗总埠、都间府衙门、分府衙门、广州协右营左哨千总爷衙门、广州和粤海关税(馆)、冯大夫祠（内建敕命楼）、李参军祠、李尚书故宅、李中书宅、军营汛等，还专设接官亭，大小文武官员赴任，下属皆在此迎接。在舆图中，表现了关于辖区边界及其历史变化、布防、城内官衙及其附属机构的布局的情况。

但佛山因为行政级别不够，无权构设城墙等"守民"建筑。明代黄萧养之乱，欲掳掠佛山，此地"无城池守之"。[③]这促使佛山民众自发组织乡防，设立木栅，作为乡防。"乡防以诘奸宄，除盗贼，先事而防，非事至防也。佛山文武设官，水陆置汛。"[④]"汛"亦称"口子"，即各防卫点，在道光《佛山忠义乡志》舆图中皆有记录（计有新涌口口子、汾阳口子、新庙口子、城门头口子、山子口子、通济桥口子、大塘尾口子、朝市口子、大基头口子、弼头口子、经堂口子、大塘尾口子、龙母庙口子、大基尾汛、鹰背沙汛、栅下汛等）。在清道光年间修的《南海县志》卷之三"县治附省全图"中，佛山码头附近河岸有木栅图标，说明在无城墙防卫的地方，设立木栅也是个比较普遍的行为。

[①] [唐]徐坚等编纂：《初学记》卷二十四，居处部，都邑第一引《吕氏春秋》曰："玄筑城以卫君，造郭以守民，此城郭之始也。" 北京：中华书局，1962 年。
[②] 吴荣光纂：《佛山忠义乡志》卷一，乡域志，一，道光十一年（1831）刊，载《中国地方志集成·乡镇志专辑》，南京：江苏古籍出版社，1992 年影印，第 30 册。
[③] 同上。
[④] 吴荣光纂：《佛山忠义乡志》卷七，乡防，道光十一年（1831）刊，载《中国地方志集成·乡镇志专辑》，南京：江苏古籍出版社，1992 年影印，第 30 册。

清代无名氏绘制的《广东省城东部西部以及南部河岸地区军事图》，可以看到佛山这种布防情况的一些痕迹。据美籍学者庞百腾推断，此图约绘于 1850 年，是迄今可见的对佛山地域相关情况描绘较多的地图。①图以广东省城为中心，区域范围东至东江口石龙圩、东莞县城和虎门寨，西至西海（北汇入西江处注"上通三水""通肇庆"），南止沙湾、龙湾、碧江、陈村圩、登洲头，北至省城以北的南冈汛、水道通化县和从化及官窑圩。山标以天蓝色，水标淡青色，土地为白色，沙洲为黄色，军事设

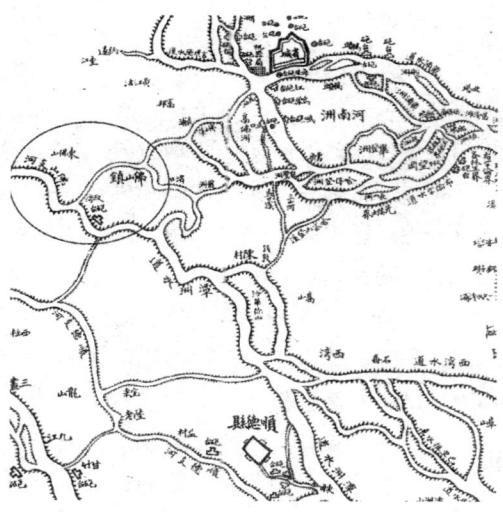

《沿海七省口岸险要图》局部。成图于光绪十三年（1887），清兵部七品京官程鹏绘。

施为赭红与蓝色相间之色。涉及佛山镇的分府署、五斗口司署，包括西樵山附近的江浦司署、主簿司署等图标均着彩色，佛山镇所在区或标记有兵防卫的各汛、卡，可以看到当年聚"铺"为"城"的一些痕迹。如张槎汛、朝市汛、山子村汛、新涌口汛、大湾汛、莲塘汛、大塘汛、通济桥汛、龙母庙汛、新庙汛、石湾水汛、石湾尾汛、大基头汛、大基尾汛、拦石汛、彩阳堂汛、汾阳汛、深村汛、赤下汛、军营汛、罗沙卡等，还有沙洲、水道等，内容非常丰富。从这些地名及其分布情况，我们可以大致窥见佛山镇的某些面貌。图上所指的一些地方，至今还是佛山市的标志性地名。

到后来，佛山镇靠发展工商业，经济实力雄厚，特别是铸造业已经成为珠江三角洲地区的龙头企业。铁炮的铸造和炮台的建设，成为国家和地方防务的重要部分。而炮台多筑于海口河道等要冲之处，主要防备从水道来的侵扰。成图于清光绪十三年（1887）的《沿海七省口岸险要图》和光绪末年的《广州六门水道图》，标出炮台、船坞、码头、机器局等的地理位置，"佛山镇"西南边有叙湾炮台，炮台西侧为"佛山支河"，还绘有虎门、蕉门、横门、磨刀门、虎跳门、崖门等"六门"的重要出海水道，其中水道以花码数字标出的深度，黑点为水道之浅处，

---

① 详见广州市规划局、广州市城市建设档案馆编：《图说城市文脉——广州古今地图集》，广州：广东省地图出版社，2010 年，第 67 页。

当属海防图。

《广州六门水道图》绘有虎门、蕉门、横门、磨刀门、虎跳门、崖门等"六门"的重要出海水道，其中水道以花码数字标出深度，黑点为水道之浅处，另用红圈标出各炮台的地理位置，应属海防图。成图于清光绪末年，现藏国家图书馆。[①]

另外，还有一些纪念建筑和机构，如义榕社（昔烈士霍仲儒醮享），也与当时的政治或意识形态相关。

3. 舆图呈现的经济空间

细摩珠江三角洲地区的历史地图，发现在很多地方都有"沙田"这样的地名标注，而且面积不小。而叫"沙田"的街、路、垌、镇，更是从广州一直南延到香港，布点广阔，重复不断。

"沙田"是什么？它们在珠江三角洲地区的空间生产中扮演什么角色？

唐宋以来，大量南下垦殖的移民，捞淤筑堤建塘，堤上植桑、栽种果树，塘里养鱼种藕（即所谓"栏基"、"桑园围"或桑基鱼塘、果基鱼塘），或在堤围之上兴建水闸，引水灌田。同时，采用人工措施促淤，加速沙坦淤涨，水面变成地面，借此形成"沙田"，大大地扩大了耕地面积。[②]这些自然形成和人工形成的大片肥沃冲积平原，接纳了一批批拓荒的移民，由此形成田地、村落和市镇。毫无疑问，桑基鱼塘、果基鱼塘式的沙田，是珠江三角洲地区最富商业气息的经济作物基地，既为农本，又带动了手工业、商业等系列产业。比如桑基围沙田利用桑基植桑养蚕，利用含铁的河泥与薯莨配合染制丝绸，这些颇富地方特色的传统农艺和手工艺，衍生出了顺德、西樵山等大批丝织印染制作作坊，使得类似香云纱这样的染绸工艺风行一时，成为岭南著名传统品牌。由于桑基围比一般农作物获利丰厚，以至于"从清乾隆年间到鸦片战争前，在珠江三角洲出现了第一次'弃田筑塘，废稻植桑'的高潮，使桑蚕区顺德、南海、香山（今中山）等县的桑田面积不断扩大"[③]。桑园围大大促进了养蚕、缫丝、印染和丝绸业的发展，佛山的三大支柱产业之一丝织和印染业的兴盛，当与此相关。

水运物流，是珠江三角洲地区经济地理的另外一个方面的重要特征，也是佛

[①] 引自广州市规划局、广州市城市建设档案馆编：《图说城市文脉——广州古今地图集》48 页。广州：广东省地图出版社，2010。

[②] 参见科大卫：《皇帝和祖宗：华南的国家与宗族》，卜永坚译，江苏人民出版社，2009 年；刘志伟：《在国家与社会之间：明清广东地区里甲赋役制度与乡村社会》，北京：中国人民大学出版社，2010 年；商学兵主编：《佛山读本》前言，广州：广东人民出版社，2010 年；李龙潜：《明清广东社会经济研究》，上海：上海古籍出版社，2006 年，等等。

[③] 吴郁文编著：《广东经济地理》，广州：广东人民出版社，1999 年，第 63 页。

山之所以成为"天下四大聚"之"物流大聚"之地的核心要素。与佛山并列同为"天下四大聚"的是北京、苏州和汉口。如果说，北京之大聚为聚权和聚财，那么，位于长江三角洲的苏州、水运中枢的汉口和位于水网密布的珠江三角洲的佛山，它们之为大聚，当为物流之聚，是新兴工商业城市的代表。

［清］吴荣光纂《佛山忠义乡志》中"忠义乡八景全图"之"汾流古道"，道光十一年（1831）刊。

珠江三角洲地区河道纵横，大地被大大小小的河涌沟渠切割成块。由于珠江下游出海口的三角洲地带水面宽阔，限于材料和技术，跨度太大的桥梁不易修建，大多只能以船渡或航运为主要交通，故岭南地区在古代文献的描述中"陆事寡而水事众"（晋代郭璞注《淮南子·原道训》）。水道既成为天然的通道，港口、码头或渡头在舆图中的位置也就比较突出。佛山地形主要是一片相对平缓的冲积洲岛，四面环水。北有汾江，东、南、西有佛山涌，土地被大大小小的河涌交错切割。水网密布的佛山，也由此成为珠江三角洲西江、北江的水运中心。

作为珠江三角洲西江、北江的水运中心的佛山，拥有许多物流转运集散的渡口、码头、津埠等。在不少历史地图中（如清光绪《广州六门水道图》等），均特别标示"佛山渡头"、"佛山正埠"、"汾水正埠"、"南堤市场"等地名，而"汾流古道"，在《佛山忠义乡志》里，也赫然荣列"佛山八景"之首景。

"汾流古道"者，指的是作为佛山主要水道的汾江流域水运的一般情景。既在清代文献中称其为"古道"，说明这条水道营运时间已经有些久远了。图中描绘之地，可能即佛山舆图常常会特别标注的"汾水正埠"这个水运集散地。在这里，我们可以看到房屋密集，已经具有一定的市镇规模。港口贾舶云集，各商号招牌或酒楼旗标招摇于市，水边有大小不一的多处码头。大码头有宽阔的石阶，上立三重牌坊门楼，当为重要口岸；小码头泊靠小型船只，在依江而建的干栏式建筑的栅栏间，有楼梯伸向水中。石阶、楼梯和屋前平台，都为客商停靠上下或货物装卸搬运之便。

"佛山八景"还有一景是"南浦客舟"，描绘了沿河而居、泛舟江浦的情景。"客舟"者，或曰载客之舟，或曰客商之舟，或曰客寓之舟，与小桥流水、渔舟唱晚的情调有些距离，而与佛山水网密布、水道通达的情景似更契合。这些水道曾是佛山商贸往来的门户，客舟、客商、古道、正埠，共同构成当时佛山"阅十八省之人物，接一万里之祥舸"①的主要画面。

"佛山八景"中"孤村铸炼"之也成一景，说明佛山人对于"景观"空间的独特理解。在传统中国的景观世界中，"村"与乡村与农耕密不可分。乡村和城市是二元对立的两种社会空间，乡村的文化空间也被刻板化为田园茅舍的那种样子。但"孤村铸炼"却让我们看到了一种完全不同的乡村景观。在碧树掩映的滨水村落，有烟腾起。但那不是含有柴草清香的缕缕炊烟，而是煤炭和金属混杂的刺鼻浓烟；不是农家乐式的桃花源景观，而是铁匠铸炼的前工业化场景。匠人在作坊里熔炉前挥汗如雨，挑夫担来煤炭或矿料，再把铸造好的铁锅从渡口转运到全国各地。《佛山街略》里记载的许多店铺，即是这一画面的更大背景。

"佛山八景"呈现的不仅是当时的景观，我觉得更有意思的是佛山人"观景"的态度。与那个时代流行的田园风光片式标志性"八景"的空间夸耀不同，佛山人把农本社会不屑的工业化商业化景观（计有水运物流的"汾流古道"、"南浦客舟"，商贸墟市的"冈心烟市"和手工业生产的"孤村铸炼"等），当作自己值得骄傲的新"八景"之一、之二，甚至之三之四，比重甚大地列入地方"史册"，这正反映了前资本主义转型时期，在南中国发生的微妙社会、文化和心理的变异，反映了珠江三角洲地区一个渔村墟市，在逐渐变成一个初兴的工商业城镇的过程中，民间对传统空间景观的重新界定。

但在"重农抑商"的社会体制中，商贸往往与"不法"或"投机"联系在一起。所以，在珠江三角洲地区，一直存在国家控制与地方商贸的博弈。国家机器在处理这方面问题上都很强势。对于国家垄断物资，如盐、铁等，缉私是国家控制的常态手段；如果对外贸易事关国家安全，实行海禁则为国家权力的极端行为。晚清绘制的《广东六门缉私地舆图》、《广东省河六门缉私舆地全图》、《沿海七省口岸险要图》、《广州六门水道图》等，以清同治三年（1864年）广东成立的查缉私盐的总巡厂"省河"和珠江口外的虎门、蕉门、横门、桅夹门、虎跳门、崖门六个缉私厂（并称"六门"）为主要水道关卡，主要查验盐船，处置私盐贩运。佛山地处西江、北江、东江三江汇流处，内河运输发达，西、北、东三江沿岸各墟镇，和下游的江门、澳门二埠，围绕着佛山，组成一张通贯两广内河、遥接沿海各郡的商业贸易网。②许多地方的货物集散，多在佛山完成，佛山自然会成为一个焦点。

---

① ［清］吴奎光《佛山正埠酒楼歌》。道光《佛山忠义乡志》卷五，乡俗志·习尚。
② 罗一星：《明清佛山经济发展与社会变迁》，广州：广东人民出版社，1994年，第252页。

4. 舆图呈现的文化空间

我们前面已经说过,与其说舆图是自然空间的测绘,不如说是当时社会的文化空间的意象性摹写。这种摹写有两个层面,一是显层的,即对具有文化的显性地标性进行描绘,比如在大多数舆图中,都会标示重要祠堂、寺庙、府学的位置;另外一个层面是隐层的,即对地舆风水的关注。

前面谈过,佛山的开发,乃至珠江三角洲地区的开发史,都和不同时代的移民分不开。移民为了争夺和占有资源,必须聚族而居,以宗族为核心凝聚亲缘势力。为了聚族,需建宗祠,使其成为宗族空间占有和群体认同的标识。遍布于城乡的各类大大小小的宗祠,成为宗族成功立足的一种标志性建筑。

在佛山,宗祠的建造与聚邑或城市的发展同步。根据民国《佛山忠义乡志》等文献记载,佛山镇的祠堂家庙等宗族文化景观,宋元时期约有5座,明代增加至28座,到清末民初,数量已达368座。较著名的有霍氏世祠、黄祠、灵应祠、宝贤祠、江夏祠(乡荐黄进士祖堂)、庞祠(荆门州上梓之祖)、郡马祠(刺史梁焯之祖)、梁祠等。最终形成了以祖庙为中心,宗祠、房祠、家祠、祖堂等为相应祭祀网络的庞大祭祀圈。佛山宗祠之多,以至于世有"佛山宗祠南海庙"的说法。

其实佛山镇的寺庙也不少。《佛山街略》等各类方志提及和舆图描绘的寺庙,就有祖庙、塔坡庙、天后庙、龙母庙、二帝庙、三官庙、四圣庙、五显庙、城隍庙、舍人古庙、铁佛古庙、华光新庙、真君庙、先锋庙、关帝庙、东岳庙、洪圣庙、武帝庙、文武庙、尉迟庙、财神庙、观音庙、仁寿寺、丰宁寺、三元宫、圣乐宫(奉祀北极大父母)、文昌阁、宣化宫等。除此之外,工商业发达的佛山还建有许多行业神祠,如陶师庙、药王庙、医灵庙、金花庙、太尉庙和元坛庙(祀石公或石元帅,"石行及锡箔、皮金、铜锣、铁、铸镂各行皆祀之")。《佛山忠义乡志》卷八,祠祀二)。另外,珠江三角洲地区的对外贸易和文化交流,也促使一些域外宗教落户佛山,如基督教和天主教。"基督教和天主教文化景观与祠堂和神庙等文化景观交错分布,而且各教会的布道范围有明显空间差异。明代以来,佛山祠堂景观由南部向中部扩展,基本形成了以中南部为中心的空间格局。其中,土著祠堂景观与侨寓祠堂景观相互混杂,反映传统血缘空间被打破,正适应了佛山城市化发展的趋势。"[①]

由于移民大多来自内地,深受主流文化熏陶,由于流放或祸乱不得不移民,处于边缘而又期冀回到中心。在科举时代,回到中心的唯一出路是读书。因此,

---

[①] 李凡:《明清以来佛山城市文化景观演变的研究》,中山大学2008年博士论文。

尊儒重教，知书达理，蔚然成风。仅佛山历史地图中标示的书院、学社之类，就有佛山书院、莲峰书院、田心书院、高第坊、花园别院（吴举人读书处）、厚俗社学等。在乡村，差不多每个稍具规模的村落，除了祠堂，最引人注目的就是各种书院。这些书院，使珠江三角洲地区的乡村，充满儒雅之气。

正是这种"敬祖尊学"的风气，在岭南地区，宗祠、寺庙、书院等建筑，成为惜墨如金的舆图特别要标注的城市文化或区域文化地标。

风水，是西方地理科学不谈的玄论，却是中国地理必谈的话题。传统中国的"地理先生"，指的就是研究堪舆之学的风水先生。大至王朝首都的建立，小至家居时运祖荫盛衰，无不谈风水。作为地理的风水，对应着天象与人文，这是中国社会文化空间的精神层面的传统之一，无法回避。

清人张人俊编《广东舆地全图》凡例[1]述："粤地为牛女翼轸之分野所属，地方甚广。"这是把广东地理放在一个整体宇宙模式中讨论。《广东全图》等舆图，特别强调佛山城市山形地脉及"两水环流"的形势。吴荣光《佛山忠义乡志》中"佛山形势龙脉图"，形象描绘了这种风水地理形势的风水格局。

在古代城市规划中，风水是必须考虑的因素。古人建城时，多注重对环境的利用疏导，如对水的利用。对大环境顺应，通过对地址的选择来趋利避害，对小环境引导和改造。《佛山街略》述及的文塔，即为风水塔："塔达七层，镇佛之水源，塔峻未几，三科而得陈、谈二解元矣，自此文风日盛。"吴荣光《佛山忠义乡志》，也谈到风水对人事的影响："转金鱼塘，有祠，两头水聚祠前，乃翰林陈解元之祖堂也，有翰林第。"

二、城市空间的文化变迁

人类学是对文化模式的一种探求，视觉人类学则可以通过对物象、图像和空间等的观察来认知和理解文化。地图是人类认知较大空间的视觉表达方式之一，测量与绘制这些地理空间的不同时间状态，既可以显示特定空间在不同历史时期的经济与文化形态的实际变化，也可以反映由于不同的社会结构、文化模式和观测技术而导致的话语变化，比如传统舆图与现代地图的表述差异、空间的漂移、空间的时态等。

空间不会是一成不变的。特别是城市空间，会随着时间的变化而变化。比如，沧海桑田的变迁，会影响地形地貌的状态；人口的增殖和移动，会使村落和城镇扩大或变异；权力、资本和知识，更将决定一个城市的发展规模、空间布局和空

---

[1] [清]张人俊编：《广东舆地全图》序，广州石经堂印，清光绪二十三年（1897）。

间表达。而佛山在历史上就不是一个按照传统国家行政管理体制被规划的县治城市，它的行政区划和辖属关系一直在变化。在不同时期的地图上，我们可以看到随着时代变迁而漂移的空间，看到空间的时间化呈现的漂移的时态，以及不同权力的界定使空间边界产生认知的漂移。

1. 漂移的空间

古代舆图和现代地图分属两个差异很大的观察、认知和表述系统，只能在一种比较模糊的界面上进行比对。虽然现在网络上的卫星地图提供了极大的方便，但由于时代变迁，卫星已经"看"不到的地理现象，还是需要比照传统舆图、历史文献以及当地人根据记忆进行手绘的示意图进行比较研究。

如果对比明清舆图和卫星地图，我们会发现两者之间的巨大空间差异。这种差异，既有空间在几百年的沧桑巨变中发生的实际差异，也有由于意识形态、文化模式等原因建构空间时的认知差异，以及观测手段和绘制技术的差异。

在明初《广州府南海县之图》、明末清初《番禺县志》"全城图"中，佛山原有地域皆散布于一些大大小小的洲岛上。越往南，水域越加宽阔。那已不是河涌，而是海洋了。

这些舆图描绘的情景，其实正与珠江三角洲的历史相吻合。人文地理学和历史人类学的大量研究，揭开了珠江三角洲地区沧海桑田之变的秘密。据研究，秦汉时期，佛山尚为一个较大的洲岛，广佛间隔着一片汪洋。也就是说，今天珠江三角洲的大部分，直至宋代之前，都仍沉在水下。唐宋以来，珠江一些主河道有所改变，佛山涌以上的北江各支流逐渐淤塞或变窄，人工沙田大量形成。[①]

到清代，舆图呈现的水面有所收缩，洲岛的面积渐渐显大。《广州府疆域图》、《广东全图》、《广州府附佛岗厅赤溪厅图》（见下节）等舆图呈现的佛山，与周边的洲岛距离渐渐拉近，甚至连为一体，水的形态开始类似于河涌的环流，而沙田的围垦已经把海岸线远推向南。

虽然舆图绘制的差异并不能代表真正的空间变异关系，但是，从明清以来的舆图散发的信息看，珠江三角洲土地的南延性"漂移"，却是一个基本的事实。如将舆图和卫星地图进行叠加对比，至少有一点是可以肯定的：在珠江三角洲地区，"水"的面积大大减少，而"地"的面积迅速扩张。今天繁华的都市，几百年前不过是沙洲滩涂，甚至可能还是汪洋大海。

[①] 参见刘志伟：《在国家与社会之间：明清广东地区里甲赋役制度与乡村社会》，北京：中国人民大学出版社，2010年；商学兵主编：《佛山读本》前言，广州：广东人民出版社，2010年；李龙潜：《明清广东社会经济研究》，上海：上海古籍出版社，2006年，等等。

2. 漂移的时态

前述图例提示了一个在空间分析中如何关注时间维度的问题。美国视觉人类学家科利尔兄弟曾经设想："我们有可能获得有关风景和全貌的历史照片，如果拍摄地点可以确定的话，我们可以在同样的地点拍摄新的照片，将两张照片中所包含的事物进行比较，则可以使田野工作者了解到重要的文化模式和变迁。"[1]这是在空间的观看中加入了时间的维度，或者可以视为空间的时间化。

然而，在舆图研究中，空间的时间化是不容易的。

中国历史上的舆图大多是一种写意的图示，缺乏统一的精确测绘方法，很难对不同舆图呈现的不同空间进行同步时态分析。

例如，从明初（1370—1380 年）绘制的《广州府境之图》，到清末的《七省沿海全洋图》和《广东省沿海图》，都延续了广州、佛山南面是一片汪洋的印象。佛山、顺德像一个海滨地区，而邻近的香山，则貌似一个位于浩淼水面之中的洲岛，和佛山、顺德隔着一片辽阔的洋面。

但在清宣统元年（1909 年）制图、印制的《广州府附佛岗厅赤溪厅图》中，隔开广州、佛山和香山的那片宽阔水域不见了，在珠江支流的水网格局中，三地已经连成一片。《广州府附佛岗厅赤溪厅图》采用方格绘法，相对准确地描绘了那个时期珠江三角洲地理的情形。图中特别标示了靠近出海口的几处沙田，我们可以看到，随珠江三角洲的形成和出海口的南移，佛山地区大片冲积平原已经成型，新垦大片沙田的位置，南移到了香山一带。

明初的《广州府境之图》自不必说，毕竟相距 500 多年，已经足以形成沧海桑田之变了。值得注意的是，清末的《七省沿海全洋图》、《广东省沿海图》和《广州府附佛岗厅赤溪厅图》，相距不过十数年，却有如此大的空间差异，而十分显然，这一空间的巨大"漂移"，是不可能在短时间内完成的。导致"漂移"的，其实是绘制舆图的人和方法。据考，清代由国家专设的"会典馆"绘制地图，除继续采用传统中国地图学（如使用计里画方的方格网）的做法，同时学习欧洲地图学，强调经纬坐标体系和平面位置的正确性。[2]《广州府附佛岗厅赤溪厅图》等，应该是这种绘制方法的实践。对比当代卫星地图，我们可以看到，晚清历史地图的测绘，大致与实际情况相当。

3. 漂移的空间界定权力

绘刻于清雍正十一年（1733）以后、乾隆三年（1738）间的《广州府图》，

---

[1] John Collier, Jr., and Malcolm Collier, 1967：31
[2] ［美］余定国著、姜道章译：《中国地图学史》，北京：北京大学出版社，2007 年，第 239—242 页。

佛山作为一个镇被标示，但位置偏北，处于广州的正西方，在北江之南，隔水北为蚬壳冈，西由北往南为灵洲山、旗峰山，东南为浔岗、柳波冲和荔枝湾。附近三水县、顺德县均有城墙环绕，佛山镇还是仅以房屋标示。这说明在以县设治的体制中，佛山还没有被纳入行政"城"的范围。成图于光绪十三年（1887）的《沿海七省口岸险要图》，省城、顺德县均标示城墙，而佛山镇依然只标一个地名。

但就是这个一直被传统郡县制度及其舆图忽略的无名洲岛，竟悄然发展成为商业和物流"天下四大聚"之一，与北京、汉口、苏州等并称同列的著名城市。它是怎么形成的？它在城市规划格局上与传统"郡县城市"有什么区别？这的确是值得探讨的问题。

这一被明清政府绘制的舆图忽略的事实，在20世纪初由民国政府绘制的地图得到呈现。从1920年广东陆军测量局绘制的《广州市图》和广东陆地测量局1935年依据1913年《二十万分之一民国图》修改缩绘的《实测缩制广州市图》（见前）看，此时佛山的城市占地面积已经颇具规模，形成可与广州互相呼应的大都市。此图标明比例尺，广州城和佛山镇等省会、县城及五万人以上城镇用"真形"即依据城镇房屋、道路布局形象描绘，房屋、村落、炮台及山岭、禾田均有标注。"佛山镇"基本形状清晰，内部分铺大致可见，各种通往佛山的路线也有标识。

通过上述地图的比较，我们很容易看到一个情况：明清地图和民国地图对城市空间的观看和理解，有着巨大的差异。据考，从康熙到道光年间，不到200年，佛山从6万人剧增至近60万人，成为中国具有50万以上人口的12特大城市（南京、北京、苏州、扬州、杭州、广州、汉口、福州、佛山、天津、上海、厦门）之一。[①]尽管佛山镇在明清时期已经与京都、江南等地著名城市齐名，和广州并称"省佛"，但在官修舆图上，它依然是一个在行政级别上不高的乡镇，没有资格享受围城规格的待遇。

鸦片战争之后，工商业之滞成为社会病灶。围墙中的农业郡国，内难抑社会变革的汹涌潜流，外难抗以坚船利炮开路的强势西风，内外交困，千年王朝不得不终结。民国政府因势而立，以发展工商业、促进资本流动为改善民生、强盛国家的当务之急，让人、财、物的"流迁"使死土变活。因手工业、商业和物流之"市"而生的工商业之"城"佛山，由此而从"非主流"摇身一变成为主流。所以，佛山在民国政府官修地图上，"突然"显赫夺目，原因在此。

值得注意的是，光绪《沿海七省口岸险要图》和民国初年绘制的地图，相距不过二三十年，却有如此巨大的差异，原因何在？如果仅仅以图论图，佛山城市

[①] 顾朝林：《中国城市体系》，商务印书馆，1992年，第115页。

变化的状况令人吃惊：这样一个连城墙都没有的聚落，怎么会"突然"聚为一个与广州并峙的大城市？

十分显然，民国初年地图标示的佛山城市，其规模和格局不可能是短时间内可以形成的。经实地考察，类似东华里这样的清代历史街区，其实早已具有较为成型的城镇格局，街道里巷均像模像样。如果综合各种相关历史资料，以图呈示，则我们可以看出，至少在明代，佛山核心区域已经形成基本城市空间格局。到清代，由于水运物流的需要，佛山的城市空间向北沿汾江两岸有所充实发展。

这种状态延续到清末民初，直至20世纪50年代，今禅城区域的佛山城市空间大致保持在一个状态。基本格局不变，只是随着铁路的开通，汾江西部沿岸的建筑有所增加。

也就是说，佛山核心城市自明清时期初具规模之后，直到20世纪50年代基本状态没有多大变化，但在明清舆图和民国地图的表述上，却有巨大的差异。这就引致了一系列有意思的话题：同是官方绘制的地图，为什么会有如此巨大的空间差异？空间是如何被"观看"和理解的？不同的权力对同一空间为何有不同的界定？

通过上面地图图像的比较，我们可以看出，早期"官方"绘制的地图，看重的主要是传统郡县体制规划的辖属关系，而不完全是地理区域的实际状态。"国家"对空间的理解和界定，是按中心—边缘的架构来观看的。因此，以"级"（级别）看"城"，用墙围城，这是一个以农为本、安土重迁的封建王朝对城市的理解。佛山在几百年间，从一个农村渔乡变成无墙而聚、"天下"闻名的工商业重镇，实际是在农本官本"郡县城市"的中国主流社会"计划外"的非主流产物。而以"市"（市集）观"城"，这是致力于发展资本主义的民国政府对新兴城市的理解。佛山这个工商发达的新兴城市，理所当然要引起民国政府的重视。空间还是那个空间，但在不同官方绘制的地图上，便有了巨大的空间认知差异。

佛山城市的空间格局，自从20世纪初一直延续到70年代，基本保持在一种城乡二元结构的相对稳定的状态中。城市体量自1951年设立以今祖庙街道为中心区域的佛山市，大致维持原状，核心城市和周边城镇之间相隔大片农田，城乡界限分明。

佛山城市空间发生较大变化是在改革开放之后。1983年，佛山开始实行市领导县的体制，辖中山等5县。1999年，佛山市下辖城区、石湾区两区，代管南海、顺德、三水、高明四市。2002年，国务院批准调整佛山市行政区划，原佛山市城区、石湾区和原南海市南庄镇的行政区域合并为禅城区的行政区域，几个各自为政的城镇点得以在行政上连成一片，统一规划。特别是90年代以来，佛山核心城市与周边乡村的广阔空间被大量工厂和商品房填补，原来分散的石湾、南庄等城镇点迅速聚合，蔓延成片，城市化进程飞快发展，终至形成以禅城为中心的规模空前的核心城市。

2002年以后，原来的县级城市南海市、顺德市、三水市、高明市皆撤市为区。佛山因此而成为了以包含原佛山镇、石湾镇和南庄镇几大镇合体的核心城市与南海市、顺德市、三水市、高明市几城联袂共生的超级城市。为了减少单一中心区的压力，佛山核心城市禅城区与其他各区形成"组团式"的城市建设关系，区与区之间既有隔离也有关联，在一种大区开发的整体架构中充分发挥地区的活力。

（邓启耀，中山大学人类学系教授）

图书在版编目（CIP）数据

八卦城谈易 / 龚鹏程编 .
——北京：世界图书出版公司北京公司，2013.7
ISBN 978-7-5100-6631-3

Ⅰ . ①八… Ⅱ . ①龚… Ⅲ . ①《周易》—文集 Ⅳ . ① B221.5-53

中国版本图书馆 CIP 数据核字（2013）第 152801 号

八卦城谈易：首届中国·特克斯世界周易论坛论文集

主　　编：龚鹏程	筹划出版：银杏树下	出版统筹：吴兴元
责任编辑：关静潇　张文华	营销推广：ONEBOOK	装帧制造：墨白空间

出　　版：世界图书出版公司北京公司
出 版 人：张跃明
发　　行：世界图书出版公司北京公司（北京朝内大街 137 号　邮编 100010）
销　　售：各地新华书店
印　　刷：北京正合鼎业印刷技术有限公司（北京市大兴区黄村镇太福庄东口　邮编 102612）
（如存在文字不清、漏印、缺页、倒页、脱页等印装质量问题，请与承印厂联系调换。联系电话：010-61256142-8021）

开　　本：690 毫米 ×960 毫米　1/16
印　　张：22.5　插页 4
字　　数：415 千
版　　次：2013 年 10 月第 1 版
印　　次：2013 年 10 月第 1 次印刷

读者服务：reader@hinabook.com 139-1140-1220
投稿服务：onebook@hinabook.com 133-6631-2326
购书服务：buy@hinabook.com 133-6657-3072
网上订购：www.hinabook.com（后浪官网）

ISBN 978-7-5100-6631-3　　　　　　　　　　　　　　　　　　定　价：49.80 元

后浪出版咨询（北京）有限公司常年法律顾问：北京大成律师事务所　周天晖 copyright@hinabook.com

版权所有　翻印必究